国家社科基金
后期资助项目

清代长江中游地区的仓储和地方社会：以社仓为中心

A STUDY ON THE GRANARY AND LOCAL SOCIETY IN THE MIDDLE REACHES OF THE YANGTZE RIVER IN THE QING DYNASTY:
Centering on Community Granary

白丽萍 著

中国社会科学出版社

图书在版编目（CIP）数据

清代长江中游地区的仓储和地方社会：以社仓为中心／白丽萍著．—北京：中国社会科学出版社，2020.3
ISBN 978-7-5203-3022-0

Ⅰ.①清… Ⅱ.①白… Ⅲ.①粮仓—经济制度—研究—中国—清代 Ⅳ.①F329.049

中国版本图书馆 CIP 数据核字（2018）第 193220 号

出 版 人	赵剑英
责任编辑	吴丽平
责任校对	张依婧
责任印制	王　超
出　　版	中国社会科学出版社
社　　址	北京鼓楼西大街甲 158 号
邮　　编	100720
网　　址	http://www.csspw.cn
发 行 部	010-84083685
门 市 部	010-84029450
经　　销	新华书店及其他书店
印　　刷	北京君升印刷有限公司
装　　订	廊坊市广阳区广增装订厂
版　　次	2020 年 3 月第 1 版
印　　次	2020 年 3 月第 1 次印刷
开　　本	710×1000　1/16
印　　张	20.25
插　　页	2
字　　数	354 千字
定　　价	98.00 元

凡购买中国社会科学出版社图书，如有质量问题请与本社营销中心联系调换
电话：010-84083683
版权所有　侵权必究

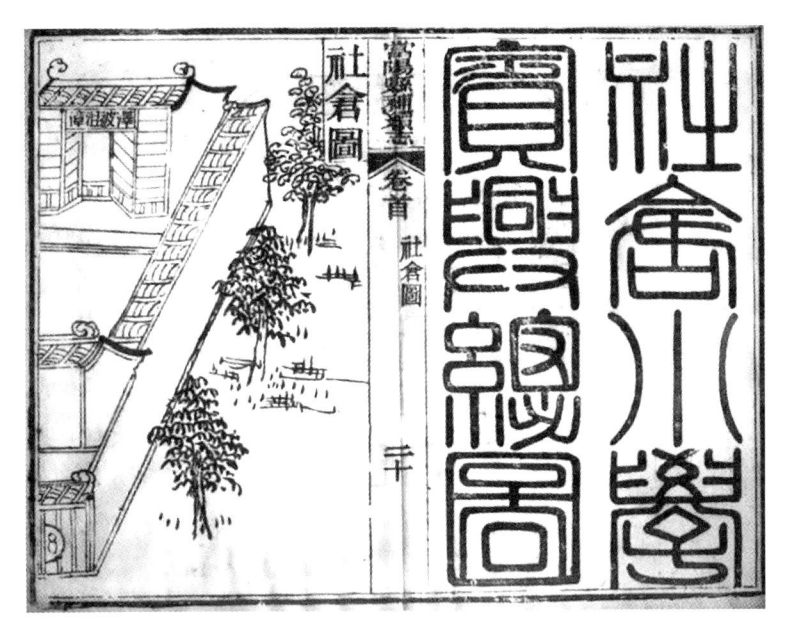

湖北省当阳县社仓图

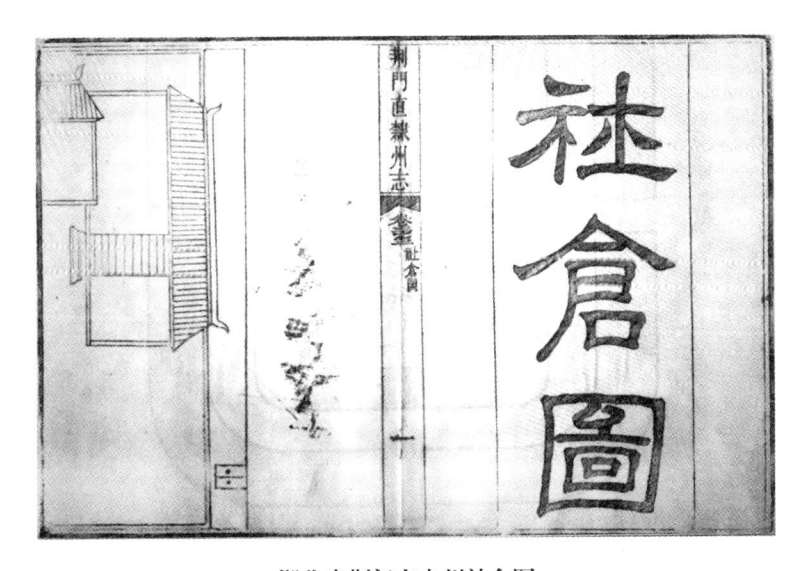

湖北省荆门直隶州社仓图

国家社科基金后期资助项目

出 版 说 明

后期资助项目是国家社科基金设立的一类重要项目，旨在鼓励广大社科研究者潜心治学，支持基础研究多出优秀成果。它是经过严格评审，从接近完成的科研成果中遴选立项的。为扩大后期资助项目的影响，更好地推动学术发展，促进成果转化，全国哲学社会科学工作办公室按照"统一设计、统一标识、统一版式、形成系列"的总体要求，组织出版国家社科基金后期资助项目成果。

全国哲学社会科学工作办公室

序

　　损有余以补不足,堪称中国先贤长期观察、思考天道、人心所得之一,为裕民食创立的仓储制度可谓一种主要体现形式。布罗代尔论及世界主要地区的饥荒时曾经有这样的看法:西方世界全靠气候的恩赐,灾难才不算太严重。中国则得益于农业技术和耕作制度的发达,以及可供灌溉和运输之用的堤坝运河系统。其实,包括社仓在内的仓储制度应该也是重要因素之一,于饥荒救助功不可没。众所周知,仓储制度在中国历史悠久,《周礼》中已可看到重视粮食储藏、调剂民食的思想和制度设计,有所谓仓人、廪人各司其职。延及后世,仓储的重要性愈加凸显,清代名吏刘衡有"民以食为天,谷为命;仓者,民之天也、命也"(《蜀僚问答》)之说。历代仓储名类众多,不胜枚举,然基干仍不出常平、社、义三仓。三仓之中,又以不无"居中"地位的社仓最为复杂,变化多而内容丰富。历史上各个朝代之间自不必说,即使清代,不同阶段的差别也显而易见,甚或发生过重大的转变。至于各个区域之间,尽管大一统且中央集权,相对的差异或特色却在所难免。

　　有清一代近三百年间,仓储制度不无兴衰起伏,除了汇集中国传统社会仓政之大成外,不仅还有清朝本身的特征,更有晚清发生的社仓制度具有转型意义的重大变化。其间经历的曲折和困难,自然与时代、社会经济发展阶段有紧切的关联。实施运行过程中出现的矛盾、纠结,很大程度上归结到管理制度上,而管理制度的问题又集中到官府与民间关系的处理方面。如何把握官府倡导、督察的度,怎样解决民办之心力难齐、步调散乱问题,一直是中国传统社会许多领域,尤其公共事务领域面临的一个难题。时人汪辉祖对此可谓深有体会,汪氏指出:"谈积储于民间,社、义二仓尚已。然行之不善,厥害靡穷。官不与闻,则饱社长之橐;官稍与闻,则恣吏役之奸。"(《学治续说·社义二仓之弊》)实际上官府参与之弊并不止于吏役,很多官员亦借此分肥。官府一旦参与就产生不正当的寻租行为,似成中国传统社会的痼疾,每每在相关领域暴露出来。官与民之间还有绅衿，具有公益事业性质的社仓，谷本积累、运行需要资金，但是，借贷的主体恰恰是缺乏资金的贫困民众，出借难缓须臾，还仓却不无延宕，甚至有借无还。另一方面，绅衿富户有余力、有资金，却不需要借贷，积极性不足。要借助绅衿的经济力量，就很难只让他们扮演为官为民分忧解难的角色。在"以仓养仓"模式下，协调官绅民之关系几为成败的关键。

长江中游地区的地理位置、自然条件、文化传统等，在一定程度上决定了其在中国社会经济格局中的特殊地位，历史上历经多次人口、文化大规模流动、沟通，南北东西之间，上游下游之间，来自各区域文化的、社会的要素经此汇聚，或者说诸多区域的社会文化要素都能够在这里看到，但看到的又非其全貌，因为这些要素相互交融结合，与本地原有的要素共同形成了具有综合性的区域特征。也许这正是选择长江中游作为一个区域进行研究的意义之一。即以与仓储密切相关的粮食而论，"湖广熟，天下足"取代"苏常熟，天下足"之谚，除了标示长江中游粮食生产、流通的重要地位外，于长江流域乃至全国考量，则不无更为丰厚的内涵。具体到社仓言之，长江中游与上下游、中游区域内平原湖区与山区、同属平原湖区之江汉平原与洞庭湖和鄱阳湖平原之间，即使行政区划上湖北与湖南、江西之间，无疑都存在值得深入探讨的异同、特点，而为尽可能获得接近历史实际的全国性认识所必须。

包括上述在内的诸多议题，本书均有涉猎，而且利用丰富扎实的史料，在不同的层次上，通过深入系统的分析，给出了自己的看法。不仅有制度史层面上的纵横向考察：长江中游区域内各省区之间的异同，在仓储制度整体中社仓的独特地位和作用，对常平、社、义诸仓异同之观照等；亦有整体史意义上的探讨，将制度、政策与实施相互联系，不仅看制度、政策之制定，还要看其在日常社会经济生活中的实际影响，官、绅、民各自的态度、行为，从更加全面、深层的视角理解仓储制度与民众日常生活的关系，超越灾荒救济甚或公益这种直接功用，看社仓演变的社会意义。这不仅深化了相关问题的认识，亦不乏有益的启示。

很高兴看到白丽萍博士的著作《清代长江中游地区的仓储和地方社会》出版，亦期待新史料的不断发现，传统仓储的研究取得更多的成果。是为序。

张建民

2018 年 8 月于珞珈山麓

目 录

序 ·· (1)

绪论 ·· (1)
    一 选题的意义与预期目标 ·· (1)
    二 学术研究回顾 ·· (3)
    三 研究理论和方法 ·· (19)
    四 基本思路与分析框架 ·· (20)

第一章 环境与制度：清代长江中游地区仓储和社仓建设的背景 ······ (24)
    第一节 自然地理环境与自然灾害 ································· (24)
    第二节 "不事蓄积"与"户鲜盖藏" ······························ (40)
    第三节 清代社仓制度的演变 ······································ (44)

第二章 兴盛与规范：康熙至乾隆朝长江中游地区的社仓建设 ······ (68)
    第一节 清代以前长江中游地区的社仓 ·························· (68)
    第二节 雍乾时期长江中游地区社仓的设置与分布 ············ (74)
    第三节 陈宏谋与长江中游地区的社仓规范 ···················· (102)
    第四节 社仓管理与社谷运营的核心和困境 ···················· (116)

第三章 动荡与衰落：嘉道咸时期的社会激荡与社仓命运 ············ (122)
    第一节 清代长江中游地区的社会冲突与社会动荡 ············ (122)
    第二节 社仓的衰落与调整 ·· (126)
    第三节 幻象：曾国藩振兴社仓的构想 ·························· (135)

第四章 重振与变革：同光时期江西、湖北二省的社仓建设 ········ (138)
    第一节 江西、湖北二省的社仓建设 ····························· (138)

第二节　社仓设置与管理方式的变化 …………………… (144)
　　第三节　晚清社仓的个案考察
　　　　　——以湖北省云梦县丰云社仓为例 ………………… (146)

**第五章　分流与合流：太平天国之后湖南省的地方重建与
　　　　积谷仓建设** ………………………………………………… (164)
　　第一节　同光时期湖南省的社仓建设规模和制度变革 ……… (165)
　　第二节　晚清积谷政策与实践 …………………………………… (170)
　　第三节　湖南省的积谷行动 ……………………………………… (176)

第六章　整体与关联：清代长江中游地区的社仓与其他类仓 ……… (189)
　　第一节　常平仓与社仓 …………………………………………… (190)
　　第二节　义仓与社仓 ……………………………………………… (206)
　　第三节　汉口镇的义仓 …………………………………………… (232)

**第七章　救助与控制：清代长江中游地区的社仓与基层
　　　　社会组织** ……………………………………………………… (237)
　　第一节　社仓与保甲、里甲制度 ………………………………… (237)
　　第二节　社仓与团练、团局 ……………………………………… (247)

第八章　权威与权力：清代长江中游地区的宗族、士绅与社仓 …… (253)
　　第一节　宗族与社仓 ……………………………………………… (253)
　　第二节　士绅与社仓掌控 ………………………………………… (259)
　　第三节　社仓管理和运营中的官员、吏胥、社长、借户与粮户 …… (269)

结语 ……………………………………………………………………… (275)
　　一　清代长江中游地区社仓的功能和实效 …………………… (275)
　　二　清代社仓实践中的中央与地方、官僚与士绅 …………… (285)
　　三　社仓与地方社会研究的区域性特色
　　　　——兼与长江上游和江南地区的比较 ……………………… (288)

主要参考文献 ………………………………………………………… (291)

图表目录

表1—1	唐以来长江流域水灾统计	(30)
表1—2	明清时期荆州府各州县水灾统计	(34)
表1—3	1—19世纪湖北省水灾统计	(35)
表1—4	乾隆朝各省社仓贮谷情况一览	(58)
表2—1	明代长江中游地区部分州县社仓建置情况	(70)
表2—2	明代江西乐平县社仓建置及积谷情况	(72)
表2—3	乾隆年间长江中游地区部分州县社仓数变化情况	(85)
表2—4	乾隆年间荆州府、岳州府各州县社谷存贮情况一览	(89)
表2—5	乾隆时期湖北、湖南、江西三省社谷数量变化统计	(89)
表2—6	清代江西省乐平县社仓分布情况	(97)
表2—7	清代湖南省浏阳县社仓设置与市镇分布	(99)
表2—8	清代湖南省东安县社仓设置与市镇分布	(100)
表2—9	雍乾时期湖北、湖南二省部分卫所社仓设置情况	(102)
表3—1	太平天国战争期间湖北、江西省部分州县社仓被焚毁情况统计	(129)
表3—2	嘉道咸时期江汉、洞庭湖平原部分州县社仓状况一览	(133)
表4—1	同治八年（1869年）后江西省各府州县社仓设置及积谷情况统计	(139)
表4—2	同光时期湖北省各州县社仓与前期对照	(141)
表4—3	云梦县丰云社仓社谷平粜价格与市场粮价对照	(155)
表4—4	云梦县丰云社仓每年收支情况一览	(157)
表5—1	清代湖南省宁乡县社仓前后期对照	(166)
表5—2	光绪三十四年（1908年）各省上报积谷数目统计	(174)
表5—3	晚清湖南省部分州县积谷仓建设情况统计	(178)

表6—1	嘉道咸时期湖南、湖北、江西部分州县常平仓衰亡情况统计	(192)
表6—2	咸丰年间湖南省部分府州县常平仓贮谷情况统计	(193)
表6—3	清前期湖南、江西部分府州县常平与社仓积谷情况对比	(196)
表6—4	清代江西省南昌府、广信府常平、社仓积谷情况	(196)
表6—5	清代江西赣州府义仓设置一览	(215)
表6—6	清代湖南省永顺府义仓设置	(216)
表6—7	道光年间江西省吉安府丰乐义仓官绅士民捐义谷情况统计	(219)
表6—8	清代江西省义宁州义仓、义田的设置	(222)
表7—1	同治年间湖南省湘阴县各团局分贮社谷情况	(251)
表8—1	光绪朝湖北省兴国州社仓分布情形	(256)
表9—1	乾隆年间长江中游三省社谷储量与人口对比	(277)
表9—2	乾隆年间湖南省辰州府各厅州县社谷与户口情况对比	(279)
表9—3	乾隆时期湖南省湘潭县社谷周转情况统计	(282)

图4—1	清末湖北省云梦县社团	(148)
图4—2	光绪《续云梦县志略》卷首《图》	(149)

绪　　论

中国是一个水、旱、风、病虫害、地震、冰雹、霜雪、雷电等自然灾害频发的国度，从古至今，灾害次数之多、危害之大世界少有。据有文献可考的记载："从公元前十八世纪，直到公元二十世纪的今日，将近四千年间，几于无年无灾，也几乎无年不荒，西欧学者甚至称我国为'饥馑的国度'（The Land of Famine）"。① 邓拓的寥寥数语道出了中国历史上自然灾害问题的严重性。近三十年来的自然灾害，像1991年南方洪灾，1998年长江、松花江、嫩江流域特大洪水，2008年汶川地震等重大灾害，人们仍记忆犹新，它给人民的生命财产造成的破坏和经济损失相当沉重。可以说，自然灾害的发生是不可避免的，它所产生的破坏也是伴随人类始终的，因此，防灾、减灾、救灾，也是人类社会一个永恒的课题。中国古代经过长期的积累和发展，已逐步形成了包括重农、仓储、兴修水利、林垦等积极预防措施，赈济、调粟、养恤、除害等灾时救助措施以及安辑、蠲缓、放贷、节约等灾后善后措施在内的一系列富有成效的防灾、减灾和救灾的思想、政策和措施，帮助人们渡过了一次次灾难，使中华文明得以延续、发展。其中在储粮备荒观念基础上建立的仓储制度，是历代积极提倡的一种救灾措施，也是几千年来行之于世的最基本的荒政制度之一。

一　选题的意义与预期目标

在传统社会，一般而言，自然灾害发生后，往往造成农业减产甚至绝收，接着就会发生饥荒。所谓饥荒，广义上是指天灾人祸之后生产衰退、经济秩序混乱、生活资料匮乏的社会现象。② 不管学者将"饥荒"或

---

① 邓拓：《中国救荒史》，北京出版社1998年版，第7页。
② 张建民、宋俭：《灾害历史学》，湖南人民出版社1998年版，第24—26页。

"荒"看作一种灾害还是灾害的后果,① 不可否认,其核心问题就是粮食问题。粮食供给的缺乏（或称粮食供给的失败）往往会在灾害发生后导致大量人口死亡,这是显性的后果。同时,如果政府对粮食问题处理不当,还会引发社会动乱等更深层次的后果,从而酿成更大的社会危机,威胁甚至颠覆统治阶级的统治。而在解决粮食问题的措施中,除了遇灾临时调拨、发放粮食之外,灾前预先积储即储粮备荒是一种行之有效、也是统治阶级十分重视的手段和方法。

传统社会储粮备荒的形式多种多样,但其中历时最久、影响最大的当属常平仓和社仓、义仓。一般认为,常平仓出现于汉,为官仓性质,设于府州县城,谷本主要由官帑采买而来,由官放官收,主要用于灾年平粜,通过抑制粮价的方式平衡粮价波动,救助灾民,由于其分布在城市,客观上主要以城中及近城百姓为施惠对象。而社仓和义仓则是与常平仓相辅而行的仓储,属民仓性质,谷本多由捐输而来,日常由民间自为经管,官方监督,灾歉之年以借贷、赈济等形式救助灾民和贫民,主要分布于各乡村,以乡村及偏远地区贫民为救助对象。与常平仓相比,社仓和义仓具有无须转运、操作灵活、赈救迅速等优点。笔者之所以选取清代长江中游地区的社仓与地方社会作为研究主题,首先即是因社仓植根于乡村,主要面向广阔农村的贫民,官、绅、民各色人等参与其中,故可以视为观察仓储与地方社会互动关系的一个较佳角度。同时,现有对储粮备荒仓储的研究中,多侧重于对明清时期仓储制度和常平官仓的宏观把握,社仓的专门研究特别是区域社仓与地方社会研究相对不足,近些年来情况虽有明显改观,但仍有较大的发挥空间。具体到对长江中游地区的研究中,视角多触及气候、环境变迁、资源开发与利用、农业生产、水利、农业灾害、移民与人口、商业、贸易等问题,近些年来,学界对基层社会的研究有所加强,市镇、社会信仰、基层社会控制、基层社会保障等问题都得到了学者的关注,取得了一些成果,然而,对仓储和社仓的研究虽已有一些成果出现,但是仍存在和地方社会的联动研究不足的缺陷。

因此,本书不仅仅着眼于清代长江中游地区社仓的制度性考察,而是

---

① 邓拓认为,"荒"应和"灾"联系在一起,所谓"灾荒"乃是由于自然界的破坏力对人类生活的打击超过了人类的抵抗力而引起的损害;而在阶级社会里,灾荒基本上是由于人和人的社会关系的失调而引起的人对于自然条件控制的失败所招致的社会物质生活上的损害和破坏。邓拓:《中国救荒史》,北京出版社1998年版,"绪言"第5页。而张建民、宋俭则认为饥荒是灾害的后果,张建民、宋俭:《灾害历史学》,湖南人民出版社1998年版,第24—26页。

将社仓放在当时的社会大环境下，揭示社仓发展与区域自然地理环境、自然灾害、地方政治、社会、战争等相互关系，透过社仓来反映地方社会的变迁。书中还探讨了社仓与常平仓、义仓之间的关联，与基层社会组织的紧密联系以及宗族、士绅在其中的作用，尽可能地为深化对仓储与地方社会相关问题的认识提供一个更为开阔的视角。

二　学术研究回顾

（一）国内研究状况

备荒仓储制度属于国家荒政的重要组成部分，从学术研究领域看属于灾荒史研究的一部分，对备荒仓储制度的研究和学界对灾荒史的研究息息相关。[①] 纵观学者们对清代荒政和仓储制度的研究，肇始于20世纪二三十年代，迄今为止的研究大致可以从以下三个方面予以梳理：

1. 从制度史角度对于清代仓储的整体研究

20世纪20—40年代，有关的学术研究成果主要是从古代荒政、民食、仓储制度的历史考察等角度对清代仓储制度有所涉及，其意义因此主要体现为对历代荒政、仓储制度、民食政策等的初步综合研究，[②] 为后来的进一步研究打下了基础。代表性成果有冯柳堂《中国历代民食政策史》，[③] 该书分上、下两卷共30章，上卷时间跨度自上古至明代，下卷为清代。下卷中，对清代的民食、灾荒救济等作了全面的阐述，内容包括务农劝更；屯垦；人口与仓谷之消长；常平、社等仓，漕运与京畿民食之关系；粮食调节、维护以及灾荒赈济等，是围绕民食问题对清代相关政策和

---

① 灾荒史研究本身具有学科交叉的特点，其内容相当广泛，涵盖了自然科学和社会科学的诸多问题，成果颇多，无法一一列举。本书主要关注其中有关清代荒政和仓储制度的研究。关于清代灾荒史研究的综述可参见朱浒《二十世纪清代灾荒史研究述评》，《清史研究》2003年第2期，第104—119页。

② 于树德：《我国古代之农荒预防策——常平仓、义仓和社仓》，《东方杂志》第18卷14、15期，1921年7、8月，第18—30、18—33页；徐钟渭：《中国历代之荒政制度》，《经理月刊》1936年第2卷第1期；刘广惠：《中国历代仓库制度与现代农业仓库的推进》，《经理旬刊》1936年第2卷第1期；沈文辅：《论古今中外之常平仓政策》，《东方杂志》1945年第41卷第6期，第20—27页；梁云谷：《中国救济事业之史的探讨》，《仁爱月刊》第1卷第12期（徐钟渭、刘广惠、梁云谷论文转引自周荣：《明清社会保障制度与两湖基层社会》，武汉大学出版社2006年版，第23页）；马君武：《中国历代生计政策批评》，中华书局1930年版；郎擎霄：《中国荒政史》和《中国民食史》，均为商务印书馆1934年版；王龙章：《中国历代灾况与赈救对策》，独立出版社1942年版；于佑虞：《中国仓储制度考》，正中书局1948年版等。

③ 冯柳堂：《中国历代民食政策史》，商务印书馆1934年版。

制度安排作出的较早研究。

邓云特（邓拓）的《中国救荒史》[①]被誉为我国第一部从宏观上完整、系统、科学地研究历代灾荒的专著，也是一部全面系统的中国救荒史研究专著。全书分三编，第一编"历代灾荒的史实分析"，第二编"历代救荒思想的发展"，第三编"历代救荒政策的实施"。第二编将历代救荒思想分为三方面加以论述，即天命主义的禳弭论、消极救济论和积极预防论。在积极预防论中，论述了历代以重农、仓储为重点的改良社会条件的思想和以水利、林垦为重点的改良自然条件的思想。第三编分述了巫术消极救荒的政策和积极救荒的政策，对应第二编救荒思想的发展，分别阐述了历代遇灾治标政策、灾后补救的政策、改良社会条件和改良自然条件的具体政策的内容和实施过程以及利弊得失。若从仓储制度研究的角度评价，与冯书相比，邓书是从"救荒"或者"荒政"的角度，将其视为积极预防灾荒的一种思想和政策，并对其历代运作形态、利弊得失作了分析，这些都对后来的荒政和仓储制度研究有所裨益，并使该书成为从事灾荒史研究的学者案头的必备书。

经历了20世纪50年代到70年代末的沉寂之后，80年代以来，随着中国改革开放政策的实施，学术界也迎来了久违的春天。特别是随着社会史研究的兴起，学术界由过去的"眼光向上"转变为"眼光向下"，开始关注起普通劳苦大众的生活，人们看到了自然灾害对普通群众生活的重大影响，开始把灾荒问题作为社会生活的重要方面，并且和政治、经济、思想、文化等联系起来，探讨社会历史的变迁。除此之外，联合国决定在1990—2000年开展"国际减轻灾害十年"活动，加之1991年安徽、江苏等8省遭受特大洪涝灾害，1998年长江、松花江、嫩江流域发生特大水灾等，这些国际活动和国内现实需要对灾荒史的研究也起到一定的推动作用。因此，灾荒史的研究逐步升温并趋向繁荣。

20世纪80年代以来的清代仓储研究从多个角度展开，若从制度史的角度来梳理，现有研究成果基本可以分为两个大的方面：一是继续从荒政角度切入，将仓储制度放在古代"荒政"体系中做更为深入的综合性研究。二是专门的清代仓储制度研究。应该注意的是，由于灾荒史研究方法的创新，除了历史学传统的研究方法以外，出现了历史学与社会学、人类学、经济学、统计学、管理学等学科交叉，从多学科、多角度研究灾荒以及救荒问题。

[①] 邓拓：《中国救荒史》，北京出版社1998年版。

国内学者有关清代荒政的研究成果虽然数量不多，但质量上却可圈可点，重要学者有李向军、叶依能、倪玉平等。其中以李向军的成果最具代表性，他在清代荒政研究方面颇有心得，于20世纪90年代初相继发表了一系列相关论文，对清代荒政基本内容、程序做了细致梳理，并对其中一些重要问题如荒政与吏治的关系、制度建设、社会效果等给予重点关注。在发表了系列论文的基础上，李向军于1995年出版了《清代荒政研究》①一书，该书被认为是一部清代荒政的拓荒之作，也是该领域少见的专门性著作。尽管由于成书年代和资料所限，全书分析所使用的理论工具仍为传统的马克思主义史观，如今看来减损了该书的部分价值，但仍无法掩盖该书在对清代荒政有关问题上的全面整理和观照的特色，尤其书后所附的全国主要省区灾况、灾蠲、灾赈年表，至今仍有重要的参考价值。该书分引言、灾荒概述、救荒的基本程序与救荒、备荒措施、荒政与财政、荒政与吏治、荒政评价六章内容，书中指出：清代救荒的基本程序有报灾、勘灾、审户、发赈等环节；救荒的主要措施有蠲免、赈济、调粟、借贷、除害、安辑、抚恤等；备荒的主要措施有常平仓、社仓、义仓等形式。其认为清代救荒的措施已完全制度化，并以立法的形式贯彻实施，因而清代荒政已发展到中国古代荒政的最高阶段。他还以扎实的史料为基础，详细论证了荒政好坏与吏治、财政之间的相关性，结论令人信服。大致说来，学者们不否认清代的荒政制度达到历史高峰，对清代统治得以长期延续功不可没。同时指出可以乾隆中期为分界，将荒政制度分为前、后两个不同时期，前期制度施行得力、救灾效果较为明显，而后期随着财政日趋紧张、吏治逐渐败坏而使得荒政体系弊端丛生、日渐溃败、制度难以发挥应有的作用，终致失序和崩溃。由此，仓储制度也随之衰败。②康沛竹还在《灾荒与晚清政治》③一书中对清代仓储制度前后期的变化作了探讨，着重揭示了晚清时期大多仓储有名无实这一历史事实的政治原因。

由于研究主题所限，学者们对荒政体系中作为备荒措施重要形式的清代仓储制度，仅做了必要讨论，无法进行更深入的研究。但是，弄清仓储制度在整个荒政体系中的地位和作用，是研究清代仓储制度的重要前提，这一点已成为专注于仓储制度研究的学者们的自觉意识。

---

① 李向军：《清代荒政研究》，中国农业出版社1995年版。
② 康沛竹：《清代仓储制度的衰败与饥荒》，《社会科学战线》1996年第3期，第186—191页。
③ 康沛竹：《灾荒与晚清政治》，北京大学出版社2002年版。

关于具体的仓储形式，尤其是重点或专门探讨清代社仓的成果，牛敬忠在《清代常平仓、社仓制度初探》[①]一文中重点探讨了清代常平、社二仓的发展演变，认为二仓在乾隆时期已经发展十分成熟，但嘉道以后逐渐衰败，至同光年间虽有重建，但与前期无法相比。在另一篇《清代常平仓、社仓的社会功能》[②]文章中他着重分析了清代常平仓、社仓的社会功能，他认为常、社二仓实质上是封建制度下的一种公共性食物积累，是封建政府对生产、分配过程施行的一种调节、控制措施，是存在于封建的小农经济基础之上的社会管理制度。它与保甲制度相经纬，并且通过其运营，客观上起到了对封建纲常及重本抑末、安土重迁等观念的维护作用，其主要功能体现在稳定社会秩序、维护农民最低程度的简单再生产、社会福利、社会公益事业等方面。他的观点相当有说服力，亦直观反映了20世纪八九十年代学者对于清代仓储性质的一般认识。张岩的《论常平仓与相关类仓的关系》[③]一文从常平仓的演变入手，着重论述了常平仓与社仓、义仓之间相互联系、相互补充的关系。此外，赵新安的《雍正朝的社仓建设》[④]一文则对雍正朝前后期社仓建设从兴盛到停滞的变化作了细致的阐释。

此外，还有一些著述也对清代的仓储及其相关问题有所涉及，冯尔康、常建华在《清人社会生活》[⑤]"社会救济"一章中对常平仓、社仓、义仓作了专门介绍。张建民、宋俭在《灾害历史学》[⑥]"农业时代的减灾救灾实践"一章中将明清仓储制度作为独立单元，对其内容、分布、作用等进行了中肯分析。

2. 多学科视野下的仓储与区域社会研究

从学界对清代仓储制度研究的成果来看，早期的成果主要集中在对仓储制度的整体研究上，比较注意对仓储制度的宏观把握，所利用的资料以会典、实录、文献通考等官书为主，对区域仓储制度的研究虽然也同时起步，但成果并不算多。应该说，在仓储制度的研究方面，整体研究和区域

---

① 牛敬忠：《清代常平仓、社仓制度初探》，《内蒙古师范大学学报》1991年第2期，第104—110页。
② 牛敬忠：《清代常平仓、社仓的社会功能》，《内蒙古大学学报》1991年第1期，第24—28页。
③ 张岩：《论常平仓与相关类仓的关系》，《中国社会经济史研究》1998年第4期，第52—58页。
④ 赵新安：《雍正朝的社仓建设》，《史学集刊》1999年第3期，第16—20页。
⑤ 冯尔康、常建华：《清人社会生活》，天津人民出版社1990年版。
⑥ 张建民、宋俭：《灾害历史学》，湖南人民出版社1998年版。

研究都很有必要，二者之间是相辅相成的关系。整体研究以仓储制度或某种仓储形式为研究对象，着眼于其在全国的推行情况，关注点在制度本身的发展演变上，侧重于制度层面的讨论，这固然有助于对仓储制度的全面认识和整体把握，但缺少其在具体地区运行实态的反映，从这个意义上讲，这种研究终究是不完整的。而区域研究正好弥补了这个缺陷，它以某一具体地区为研究范围，重视中央仓储制度在该地区内的实际运作，融合历史学、社会学、人类学、经济学、历史地理学等学科理论和方法对仓储和地方社会进行综合性的系统研究。加之，自20世纪90年代以来，随着学术研究的视野逐渐转向区域化、基层化，区域社会的研究开始升温，地方仓储与地方社会的关系成为仓储研究的问题之一，关注仓储在基层社会生活、基层社会控制与社会救济、地方福利等方面的深层意义，由此展示乡村救济和乡村生活的实态，进而勾勒官方与民间、官方权力与士绅活动、地方政治和社会变迁等之间复杂的关系。

仓储与区域社会研究方面，以广东、江南地区、四川为代表。广东地区的仓储研究较早出现，并形成了一定的规模。陈春声对广东的常平仓、社仓、义仓进行了详尽的研究，发表了一系列高质量的成果：《清代广东社仓的组织与功能》[1]《清代广东的社仓：清代广东粮食储备研究之二》[2]《清代广东常平仓谷来源考》[3]《论清末广东义仓的兴起——清代广东粮食仓储研究之三》[4]等，在这些文章中，他系统阐述了清代广东各类仓储形式的兴起、设置、仓谷来源、管理制度、具体运转、发展等，并深入论证了这一仓储体系在广东地方社会中的功能和作用。值得注意的是，通过对广东地区各类仓储的系统研究，他第一次将仓储制度的变化与社会学中的社会控制概念联系起来，认为仓储问题以往多被视为是一个经济问题，实质上它在更大程度上是一个社会问题，是一种社会控制形式，其演变反映了基层社会控制权的转移过程。他认为，广东仓储的演变反映了基层社会控制权逐渐下移的过程，体现出社会发展多样化的趋势。

---

[1] 陈春声：《清代广东社仓的组织与功能》，《学术研究》1990年第1期，第76—80页。
[2] 陈春声：《清代广东的社仓：清代广东粮食储备研究之二》，《纪念梁方仲教授学术讨论会文集》，中山大学出版社1990年版，第308—332页。
[3] 陈春声：《清代广东常平仓谷来源考》，叶显恩主编《清代区域社会经济研究》（下册），中华书局1992年版，第1094—1105页。
[4] 陈春声：《论清末广东义仓的兴起——清代广东粮食仓储研究之三》，《中国社会经济史研究》1994年第1期，第50—66页。

另一项比较突出的研究是一些学者围绕对《佛山义仓总录》这一资料的利用，集中对佛山地区的义仓进行的相关研究，主要成果有：高惠冰《清代前期的佛山义仓》、① 赖达观《略论清代佛山义仓》、② 冼剑民《清代佛山的义仓》③ 等，这些文章对清代前期佛山的义仓性质、救济方式、管理模式等作了全面而细致的分析，并指出了佛山义仓与珠江三角洲其他义仓的不同之处：通过将私人捐助的义仓店铺、船舶实行资产租赁保障了义谷的延续，凭借严格的管理制度以及完全的民办民管，不许官府插手，保证了义仓的有效运作，从而使得义仓克服了原有佛山社仓的流弊，承担起赈济灾荒、地方慈善、地方公共事务甚至是保卫家乡的军事用途等多种社会职能，稳定了地方社会秩序。

江南地区的区域研究一向繁盛，仓储问题的研究虽然不像其他方面的研究成果那样丰富，但却极具深度。吴滔以明清苏松地区为中心，对其仓储制度作了深入探讨，他的《论清前期苏松地区的仓储制度》④《明清苏松仓储的经济、社会功能探析》⑤《明清时期苏松地区的乡村救济事业》等文分析了该地区仓储制度的内容、特点、管理、运营、社会功能等，并论述了乡绅对于地方仓储的意义，以及社仓、义仓在乡村社区救济中的作用。他提出了"乡村救济网络"这一概念，并指出苏松地区的乡村救济活动是以一定的仓储积累（主要是"民仓"）为基础，通过与民间捐助、宗族救济、个人救济等形形色色的民间救济手段相互作用，共同塑造着乡村社会的救济网络。

苏州大学黄鸿山、王卫平《清代社仓的兴废及其原因——以江南地区为中心的考察》⑥ 一文从社仓制度本身的缺陷和吏治腐败两个方面讨论了清代江南地区社仓兴废的原因，认为江南地区的社仓制度存在借还难、任人难、劝捐难等弊端，本身易产生问题，加之清中后期吏治逐渐腐败，主管地方官吏与不法社长狼狈为奸，营私舞弊，社仓遂走向衰落。紧接着，他们在《传统仓储制度社会保障功能的近代发展——以晚清苏州府

---

① 高惠冰：《清代前期的佛山义仓》，《华南师范大学学报》（社会科学版）1985 年第 3 期，第 39—44 页。
② 赖达观：《略论清代佛山义仓》，《佛山大学学报》1990 年第 1 期，第 21—25 页。
③ 冼剑民：《清代佛山义仓》，《中国农史》1992 年第 2 期，第 63—69 页。
④ 吴滔：《论清前期苏松地区的仓储制度》，《中国农史》1997 年第 2 期，第 41—67 页。
⑤ 吴滔：《明清苏松仓储的经济、社会功能探析》，《古今农业》1998 年第 3 期，第 21—30 页。
⑥ 黄鸿山、王卫平：《清代社仓的兴废及其原因——以江南地区为中心的考察》，《学海》2004 年第 1 期，第 131—135 页。

长元吴义仓为例》①一文中，探讨了以往被学界忽视的传统仓储制度近代化问题，认为晚清义仓与前期相比，在继承传统的基础上出现了新的变化，保障面有所扩大，保障层次也有所提高，显示了从单纯的备荒仓储向具有近代色彩的社会保障机构的转变。

有关江南地区仓储制度近代化的探讨，另一项专门研究是吴四伍的《晚清江南仓储制度变迁研究》，②该文清楚阐明了江南地区仓储制度由前期的常平仓、社仓、义仓体系向晚清的积谷仓制度转型的变化。他对积谷仓的探讨显得颇具新意，给本项研究带来较大启发，笔者意欲探究，清代长江中游地区的仓储制度经历了怎样的转换，是否有和江南地区同样的现象存在。

四川省地处长江上游，王笛在《跨出封闭的世界——长江上游区域社会研究（1644—1911）》③一书第八章中对四川省地方仓储常平监仓、社仓、义仓的谷物来源，储谷实数与人口数对比等作了概括论述，分析了仓储演变的历程和原因。他在《晚清公共领域中的地方士绅、官僚与国家权力关系——以长江上游地区为中心》④中将社仓、义仓和义田、义捐视为"公共领域"的重要部分，这也是他的研究令人瞩目之处。他指出，社仓、义仓在康乾时期出现，并逐渐普及，和祠庙、会馆、地方教育等一起，意味着清前、中期社会的重建和公共领域的出现。到了晚清，新的公共领域得以发展，而以社仓为代表的传统地方福利事业衰落了。究其原因，人口扩张是最主要因素之一，人口压力导致粮食短缺，社仓没有充足粮源得以补充，当然这也和社会变化以及社仓自身缺陷不无关系。

近十余年，有关西北、云南、台湾、山东、广西、河南等地仓储与区域社会的研究成果不断出现，将区域社会研究不断向前推进，有助于人们加深对清代尤其近代以来地方社会变迁的理解。例如，吴洪琳对陕西社仓的研究成果有《论清代陕西社仓的区域性特征》⑤《清代陕西社

---

① 黄鸿山、王卫平：《传统仓储制度社会保障功能的近代发展——以晚清苏州府长元吴义仓为例》，《中国农史》2005年第2期，第67—77页。
② 吴四伍：《晚清江南仓储制度变迁研究》，博士学位论文，中国人民大学，2008年。
③ 王笛：《跨出封闭的世界——长江上游区域社会研究（1644—1911）》，中华书局2001年版。
④ 载陈锋主编《明清以来长江流域社会发展史论》，武汉大学出版社2006年版，第140—157页。
⑤ 吴洪琳：《论清代陕西社仓的区域性特征》《中国历史地理论丛》2001年第3期，第53—58页。

仓的经营管理》,① 都指出陕西社仓谷本主要来源于耗羡银购买这一区别于其他地区的特点,并分析了由此带来的经营管理上的特点和弊端。胡波《试析清代陕西黄土高原地区常平仓储粮规模的时代变化》② 一文探讨了常平仓储粮规模变化与政府对常平仓额储规模的规定、生产力发展程度、社会安定状况以及管理制度等之间的内在关联。王水乔在《清代云南的仓储制度》③ 一文中指出,清代云南仓储对稳定边疆民族地区的社会秩序所起的作用。同时指出,由于清代云南粮食一直短缺,加上仓储运行中的弊端,仓储的这种作用又是十分有限的。

岳现超的《清代广西社仓研究》④ 主要从清代广西社仓兴起的背景、发展演变、社仓的分布特点、谷本来源、运行管理及其社会作用等方面,对清代广西社仓做了全景式的素描,并通过与江南、云南之简单比较,提炼出广西社仓在创设时间、官绅力量对比和积谷规模上的区域性特征。吴霞成《清代山东仓储探究》、⑤ 王林《清代山东仓储的兴建、管理及存废》⑥ 二文,涉及山东省仓储的发展演变、设置与管理方式、内部结构、兴废原因等问题。赵鑫《清代河南仓储研究》⑦ 一文则对清代河南省常平仓、社仓、义仓的组织建构与管理、特点及作用和弊端等方面进行了完整的梳理。

具体到清代长江中游地区的相关研究,这是近些年来越来越受关注的地区之一,关于农业、水利、环境开发和保护、自然灾害、气候、资源开发与利用、移民与人口、市镇、商业贸易等方面的研究已经展开,成果丰硕,具体到关于仓储制度的研究,近十余年逐渐增多。任放的《明清长江中游市镇与仓储》⑧ 一文探讨了以往被人忽视的市镇与社仓之间的关系,指出了清代虽有州县立常平、市镇立义仓、乡村立社仓一说,但在实施中并非如此,在长江中游,因为市镇的巨大辐射功能,社仓常立于此,

---

① 吴洪琳:《清代陕西社仓的经营管理》,《陕西师范大学学报》(哲学社会科学版) 2004 年第 2 期,第 97—101 页。
② 胡波:《试析清代陕西黄土高原地区常平仓储粮规模的时代变化》,《陕西师范大学学报》(哲学社会科学版) 2002 年第 6 期,第 157—159 页。
③ 王水乔:《清代云南的仓储制度》,《云南民族学院学报》(哲学社会科学版) 1997 年第 3 期,第 59—62 页。
④ 岳现超:《清代广西社仓研究》,硕士学位论文,广西师范大学,2006 年。
⑤ 吴霞成:《清代山东仓储探究》,硕士学位论文,曲阜师范大学,2009 年。
⑥ 王林:《清代山东仓储的兴建、管理及存废》,"多学科视野下的华北灾荒和社会变迁研究"会议论文,2009 年。
⑦ 赵鑫:《清代河南仓储研究》,硕士学位论文,陕西师范大学,2013 年。
⑧ 任放:《明清长江中游市镇与仓储》,《江汉论坛》2003 年第 2 期,第 80—83 页。

以市镇为依托发挥着更大的功能。姚建平在《清代两湖地区社仓的管理及其与常平仓的关系》① 一文中指出，两湖地区社仓的分布呈现出里甲式层级结构，其管理和保甲制度相结合，其与常平仓相互影响、相互渗透，共同起着稳定社会秩序的作用。而其在《内功能与外功能——清代两湖地区常平仓仓谷的采买与输出》② 一文中则讨论了两湖地区常平仓的主要内容。

关于三省仓储的分别研究，有关湖南省的研究主要包括：杨鹏程《古代湖南仓储研究》，③ 郑利民《湖南仓储制度及其在赈灾中的作用和弊端》，④ 黄均霞、苏寒莎《论清代湖南社仓的地理分布》，⑤ 唐林生《清代湖南的社仓》⑥ 等，内容涉及清代湖南仓储制度和社仓的兴衰演变、救灾中的作用和弊端、地理分布等，但没有论及晚清时期湖南仓储的制度性变革。施由民《清代江西的仓储述论》⑦、李娜《清代江西仓储之建设与经营管理》⑧ 对清代江西省仓储的建设、发展特点、经营管理等做了分析。陈建凯在《清代江西社仓的时空分布与运营》⑨ 中对考察清代江西省社仓的状况以雍乾为主，嘉道之后的情形则未提及。

总之，多学科视野下的仓储与区域社会研究，其目的并非仅仅考察各地区仓储发展的异同，以此突出本区域的"特色"，而是在各地区仓储研究的基础上，共同建构起对于清代仓储区域实践的完整形象。更进一步，则是以"仓储"作为观察的窗口，来讨论清代中央与地方、官府与民间、官绅民之间的关系等问题及其和地方社会的相互影响，以此展现清代社会的丰富性和复杂性，并达到对于清代国家与社仓的更深层次的认识。

---

① 姚建平：《清代两湖地区社仓的管理及其与常平仓的关系》，《社会科学辑刊》2003年第4期，第98—102页。
② 姚建平：《内功能与外功能——清代两湖地区常平仓仓谷的采买与输出》，《社会科学辑刊》2005年第4期，第122—127页。
③ 杨鹏程：《古代湖南仓储研究》，《湖南科技大学学报》（社会科学版）2004年第4期，第69—72页。
④ 郑利民：《湖南仓储制度及其在赈灾中的作用和弊端》，《株洲师范高等专科学校学报》2003年第1期，第81—84页。
⑤ 黄均霞、苏寒莎：《论清代湖南社仓的地理分布》，《湖南工业大学学报》（社会科学版）2013年第4期，第124—129页。
⑥ 唐林生：《清代湖南的社仓》，《衡阳师范学院学报》2014年第2期，第93—96页。
⑦ 施由民：《清代江西的仓储述论》，《农业考古》1998年第3期，第249—254页。
⑧ 李娜：《清代江西仓储之建设与经营管理》，硕士学位论文，南昌大学，2012年。
⑨ 陈建凯：《清代江西社仓的时空分布与运营》，《农业考古》2016年第3期，第145—148页。

3. 有关清代荒政和仓储制度的功能和性质讨论

对于清代荒政和仓储制度功能和性质的认识，早期学者们多将其视为经济问题，陈春声、牛敬忠等人则认为它还是一个社会问题，用社会管理、社会控制来阐释仓储所蕴含的社会学意义。接着，则是"公共领域""社会保障"等概念的引入，为传统的仓储研究带来了新意。以"社会保障"概念为例，其本为西方社会行之已久的一项社会制度，其要旨在于为国家的每一个社会成员特别是低收入人群提供最基本的生活保障。在我国，着手构建有中国特色的社会主义社会保障制度也不过是近十年来的事。那么，这一纯西方的概念框架，是否能应用于我国古代的社会形态？尽管迄今为止仍有争议，如陈桦就曾批评过"社会保障"这一概念应用于中国古代社会的不严谨之处，他坚守对古代荒政体系的传统研究思路，即从社会救助的角度而非用时髦的"社会保障"概念来予以定位。他认为中国封建社会并不存在现代意义上的社会保障制度，即使是传统制度"集大成"时期的清代社会救助制度，仍然和现代社会保障制度在内容、救助目的、救助对象、标准、方式等方面存在着巨大差异，它没有今天的社会保险，也基本不存在社会福利，社会慈善工作更仅处于初始阶段[①]。

然而这并不妨碍另一些学者坚持从"公共领域""社会保障"入手讨论传统社会的仓储问题，早在20世纪90年代，就开始了此方面的探索。

张大鹏《朱子社仓法的基本内容及其社会保障功能》[②]一文大约是将仓储（社仓）制度和"社会保障"概念联系起来的最早尝试。这一将中国传统制度和近代西方理论勾连的大胆想法显然具有足够的新意和吸引力，为仓储制度的研究打开了一片新的天地。张品端《从社仓法看朱熹的社会保障思想》[③]循此进一步从社仓法分析了朱熹本人的社会保障思想。此后，将荒政、仓储制度与社会保障制度联系起来，探讨其中所蕴含的社会保障意义的论著不断增多。从研究时段看，这一思路涵盖了从宋到清期间的每一个朝代，尤其是对明清两朝社会保障制度的研究。

---

① 陈桦、刘宗志：《救灾与济贫：中国封建时代的社会救助活动（1750—1911）》，中国人民大学出版社2005年版，第31—32页。

② 张大鹏：《朱子社仓法的基本内容及其社会保障功能》，《中国农史》1990年第3期，第68—71页。

③ 张品端：《从社仓法看朱熹的社会保障思想》，《黄山学院学报》1997年第3期，第13—16页。

21世纪以来，关于明清社会保障制度的研究开始向纵深发展，使得这一领域逐步成长为新史学研究的独立领域。2001年，武汉大学历史学院张建民、周荣在该年"社会保障论坛"国际学术研讨会上提交了《明清农村社会保障体系的构建与运转》一文，提出了"明清农村社会保障体系"的重要概念，并对其内容、运转情况等进行了探讨。2006年，周荣出版了《明清社会保障制度与两湖基层社会》[1]一书，不仅梳理了明清社会保障制度的主要内容，而且以两湖地区的农村社会为视角，分析了制度的基层设计以及在区域社会的实践和延伸情况，分别对明清时期两湖地区的家族、宗族保障、"乡土互助圈"保障、同乡组织保障、慈善组织保障等做了深入细致的考察，进而对其中蕴含的官民关系、城乡之别及其互动做了理论归纳。此方面的探索，还有刘峰的《清代乡村社会保障体系研究》。[2]

由苏州大学王卫平牵头，带领黄鸿山、康丽跃等学生主攻清代社会保障制度研究，他们走的是由区域社会出发，窥视近代化背景下清代社会保障政策演变的路数。经过数年的坚持，俨然形成了一个研究梯队，陆续发表了相关研究成果。例如，黄鸿山、王卫平《传统仓储制度社会保障功能的近代发展——以晚清苏州府长元吴丰备义仓为例》，[3] 王卫平、黄鸿山、康丽跃《清代社会保障政策研究》，[4] 王卫平、戴卫东《明代传统社会保障政策述论》[5] 等。2005年，王卫平、黄鸿山出版专著《中国古代传统社会保障与慈善事业》，[6] 集中展现了他们的研究成果。该书分两大块内容，一部分是传统社会保障，包括中国古代传统社会保障制度的形成、发展与演变、元明清三朝的社会保障政策、明清时期的残疾人保障、宗族社会保障以及传统社会保障功能的近代发展等；另一部分是中国古代尤其是清代的民间慈善事业，并以江南地区为例，触及慈善事业的近代转型问题。

除此之外，还有一些著述涉及中国古代的社会保障问题，如龚书铎总

---

[1] 周荣：《明清社会保障制度与两湖基层社会》，武汉大学出版社2006年版。
[2] 刘峰：《清代乡村社会保障体系研究》，硕士学位论文，西北农林科技大学，2007年。
[3] 黄鸿山、王卫平：《传统仓储制度社会保障功能的近代发展——以晚清苏州府长元吴丰备义仓为例》，《中国农史》2005年第2期，第67—77页。
[4] 王卫平、黄鸿山、康丽跃：《清代社会保障政策研究》，《徐州师范大学学报》（哲学社会科学版）2005年第4期，第77—82页。
[5] 王卫平、戴卫东：《明代传统社会保障政策述论》，《宿州学院学报》2005年第5期，第30—34页。
[6] 王卫平、黄鸿山：《中国古代传统社会保障与慈善事业》，群言出版社2005年版。

主编《中国社会通史》①系统论述了历代社会保障措施。郑功成《中国救灾保险通论》、②曾国安《灾害保障学》③则从经济学和管理学的角度，诠释古代荒政所蕴含的社会保障意义，认为古代仓储制度实质上是灾害保障形式之一。

再如，"灾害历史学"这一研究范畴的提出，较好体现了自然科学和社会科学的融合。张建民、宋俭在《灾害历史学》④一书中，首次提出了这一概念，并且以朝代为纲，详述了历代各类仓储的种类、特点、主要内容及传承情况，并认为在各种各样的备荒救灾措施中，积贮制度（仓储制度）是几千年来行之于世的最基本的手段。

（二）中国香港、中国台湾和海外学者的研究

中国香港、中国台湾和海外学者对古代及清代荒政和仓储的研究最早亦可追溯至20世纪30年代。1934年，日本学者刚田巧著、张汉译《中国仓库制度之史的考察》⑤发表，大约可视为海外学者研究中国仓库制度的开端。50年代至70年代，当国内研究处于冷清时期，中国香港、中国台湾和海外研究却呈现出一派热闹景象，对我国古代荒政、仓储及救济事业展开了系统研究。中国香港、中国台湾主要成果有：关吉玉《我国常平仓制之研究》、⑥陈国均《中国历代救济事业概述》、⑦徐炳宪《清代州县的社会救济》、⑧黄秀政《清代台湾的社会救济措施》⑨等。日本学者村松佑次发表了《清代的义仓》⑩等，已初步触及清代仓储制度。

自此之后，中国香港、中国台湾和海外相关研究不断推进。日本学者的主要成果有：家室茂雄《清代社仓制度研究叙说》、⑪星斌夫《中国社会福祉政策史の研究——清代の赈济仓を中心に一》、⑫森正夫《一八一

---

① 龚书铎主编：《中国社会通史》，山西教育出版社1996年版。
② 郑功成：《中国救灾保险通论》，湖南人民出版社1994年版。
③ 曾国安：《灾害保障学》，湖南人民出版社1998年版。
④ 张建民、宋俭：《灾害历史学》，湖南人民出版社1998年版。
⑤ ［日］刚田巧：《中国仓库制度之史的考察》，张汉译，《中国经济》1934年第2卷第12期。
⑥ 关吉玉：《我国常平仓制之研究》，《法律评论》1951年第1期。
⑦ 陈国均：《中国历代救济事业概述》，《新社会》1962年第6期、第7期。
⑧ 徐炳宪：《清代州县的社会救济》，《中华文化复兴月刊》1976年第9期。
⑨ 黄秀政：《清代台湾的社会救济措施》，《台北文献》1975年第33期。
⑩ ［日］村松佑次：《清代的义仓》，《一桥大学研究年报》（人文科学研究）1969年。
⑪ ［日］家室茂雄：《清代社仓制度研究叙说》，《明代史研究》第19卷第11期，1983年。
⑫ ［日］星斌夫：《中国社会福祉政策史の研究——清代の赈济仓を中心に一》，东京国书刊行会1985年版。

二〇世紀の江西省农村にぉける社仓・义仓についての一检讨》①，等等。

中国台湾学者中，刘翠溶对于清代仓储的研究较早。刘翠溶被称为是中国生态环境史研究的重要开拓者之一，她的研究兴趣经历了从经济史到人口史、环境史的转变。在学术研究的前期，即20世纪七八十年代，她的研究趣味主要集中在中国经济史方面，曾经连续发表对清代仓储制度功能的研究成果，如《清代仓储制度功能初探》《清代仓储制度稳定功能之检讨》②等，深入分析和论述了清代仓储制度的社会稳定功能意义和实效。李汾阳于2006年出版的《清代仓储研究》③一书，以政略为视角，考察清代中央仓储和地方仓储各自的演变和相互关系，是一本十分重要的著作，也给本书的研究以较大启发。

长期以来，关于明清时期的国家及其对社会经济的作用，有两派意见：一派是否定论者，或称为贪污腐化论者，至少在20世纪90年代以前，这种观点占据着主流。另一派则以魏丕信、王国斌等人为代表，对此问题持截然相反的肯定态度。

魏丕信是法国著名的汉学家，其研究领域非常广泛，跨足人口史、灾害史、水利史、荒政史等交叉学科领域，他在近十年的研究基础上，于1980年在法国出版了《十八世纪中国的官僚制度与荒政》一书，1990年又出了英文版，2006年，由徐建青翻译、江苏人民出版社出版的中文版本问世。甫一出版，即引起了极大关注。这本书以方观承《赈饥》一书中记录的1743—1744年直隶饥荒期间官方的活动为主要素材，从官僚组织、勘灾、赈济、供给、价格调控、加强与恢复生产六个方面考察了荒政中的国家干预组织与活动，得出结论：18世纪帝国的官僚机构能够非常有效地发挥作用，通过集聚资源、进行粮食和资金的区际调运，承担其救灾活动，使其人民摆脱灾荒的影响。与主流的否定观点相反，他认为这一切并非有名无实。他指出，靠着中央政府高效的组织力量和许多治国精英的存在，包括君主和政治领袖人物，推动了地方官僚机构的有效运转，这也是推动仓储系统在州县至省级区域逐步建构的内在促成因素，以及外在逐步的行政措施及实物积累的最大动力来源。这一切并非如施坚雅所判断的，16—19世纪，由于人口不断增加，造成帝国官僚制度的变相缩减，

---

① ［日］森正夫：《一八一二〇世纪の江西省农村にぉける社仓・义仓についての一检讨》，《东洋史研究》卷33-4，1973年。
② 刘翠溶：《清代仓储制度功能初探》（和费景汉合作），《经济论文》1979年第7期；《清代仓储制度稳定功能之检讨》，《经济论文》1980年第8卷第1期。
③ 李汾阳：《清代仓储研究》，台北文海出版社2006年版。

因而造成若干公共服务"私有化"的倾向。反而是掌印官透过招募的幕僚、吏胥与家人组成公共的治理团队,扩大了国家的影响力,使得即使在乡村,也能更为直接地感受到国家的存在。可以说,魏的著作鼓励学者们关注传统中国的成功,而非薄弱之处。

1980年8月,由美国学者李明珠牵头,在哈佛大学成立了"中国历史上的食品与饥荒工作室",该工作室得到了社会科学研究委员会和美国学术团体委员会的赞助,它把第一代西方的汉学家联合起来关注中国灾荒,直接带动了海外中国灾荒史的研究。魏丕信、王国斌、李中清等人是该工作室的参与者。他们共同努力的一个成果是1991年在美国出版的《养民:1650—1850年中国的国营民仓系统》,[①] 该书是一本论文集,主要由魏丕信和王国斌合作撰写。和魏丕信《十八世纪中国的官僚制度与荒政》一书一样,这本书也在海外汉学界引起了巨大反响,可以说是魏丕信对清代中国的积极看法的再次印证。对国内学者来说,由于其中文版尚未问世,明显限制了学者对此书的研究和引用。不过,其英文版本已经可以查阅,多少弥补了一些遗憾。

该书分四大部分:第一部分名为"发展与衰落",由王国斌的三篇论文组成,讨论了清代仓储1650—1850年的兴衰,指出清代咸丰朝以前仓储建设的成功和有效离不开中央政府的领导和参与。第二部分名为"结构问题",包含魏丕信的四篇文章,主要从仓谷存储、管理、控制结构、统计的困难和计算方法四个方面着手分析了清代仓储系统结构和存在的问题。第三部分名为"空间模式",由魏丕信、王国斌、濮德培、李中清等人合写的四篇论文组成,包括:濮德培和王国斌合作的《仓储活动中的国家模式》、戴慕珍和魏丕信的《华北:乾隆时期的山东》、王国斌的《长江中游:湖南》和李中清的《西南:云南和贵州》,这组文章探讨了清代各省仓储生存的实态。第四部分名为"比较评价",王国斌分别以《清代仓储和帝国晚期历史》《清代仓储和世界历史》为题,通过相近的考证,把中国传统仓储政策与罗马、拜占庭、奥斯曼帝国和英、法等国的仓储制度进行比较,充分肯定了仓储在清代历史和世界历史中的地位,并再次得出了晚清以前的清政府仓储制度取得了惊人成就的结论。

在第二部分中,魏丕信以翔实的分析对清代仓储系统从内部和外部进

---

① Pierre-Etienne Will &r. Bin Wong, *Nourish the People: The State Civilian Granary System in China, 1650-1850*, Michigan: Center for Chinese Studies, The University of Michigan, 1991.

行了剖析，他认为清代仓储系统是一个高压系统，其巨大压力主要来自仓储的损耗（包括自然损耗、仓谷更换不足带来的交易损耗、买补不足的损耗、各种费用支出等）与中央政府严苛的规定之间的矛盾。中央政府严格的盘查制度，使得这种压力持续地存在。在这种"紧张关系"中，清代官员通过不懈的努力，有效地维持着庞大的仓储系统。在第四部分中，王国斌认为，与同一时期的世界各国相比，至少在18世纪以前，清代国家力量的强大值得肯定，他批评了那种认为面对灾害时，欧洲的主动和亚洲的被动之间存在普遍差异的观点。他指出，清朝政府把维持公共粮食储备作为国家政策的重要组成部分，而欧洲国家经常缺少能力和官方命令去建立和维持粮食储备。比起欧亚大陆的其他地区，清朝的成就也许是独一无二的。就缓解生存危机而言，清政府担任着更加主动的角色。

很难说以魏丕信、王国斌为代表的积极论者从根本上撼动了学界持传统的否定观点的学者，两派一直处于争论之中。以乾隆十三年（1748年）的常平仓大讨论为例，澳大利亚学者邓海伦通过仔细分析当时一些有代表性的官员的奏折后认为，官员的意见并非简单的附和，其中有着积极成熟的一面，某些官员对于市场经济的认识相当有力。相反，作为统治阶级的最高代表的乾隆帝并未有效收集、分析、采纳大多数的意见，而是基于战争的考虑，匆忙作出裁减仓储数额的决定。其决定并非深思熟虑的产物，只不过是为了预防不测事件而临时推出的措施。① 在她的另一本著作《State Of Merchant: Political Economy And Political Process In 1740s China》中，探讨了清政府与粮食市场的关系，认为清政府对市场经济的态度并不高明。从仓储的运转特别是粮食的交易来看，清代庞大的仓储系统能否完成每年总储谷量的三分之一的推陈出新的任务，是很令人怀疑的。在粮食交易中，相对于商人而言，政府的作用不太令人满意。因此，对清代仓储系统的高效是应该存疑的。②

李汾阳亦持类似观点。他的《清代仓储研究》一书始终贯穿着中央和地方的二维视角，在中央政略层面，涵盖了清代中央仓储制度的具体内容，如主管机关——仓场衙门的设置，其收兑、转输、收储、支放等职责及其弊端；不同时期京畿中央区域的积储策略及其成效。在地方层面，则

---

① ［澳］邓海伦：《乾隆十三年再检讨——常平仓政策改革和国家利益权衡》，《清史研究》2007年第2期，第1—11页。

② Helen Dunstan, *State Of Merchant: Political Economy and Political Process in 1740s China*, Cambridge: Harvard College Press, 2006.

分析了各省区常平仓、社仓、义仓的建立以及发展状况，并从赈饥、平粜、贷粟三个方面具体详述了工作内容及行政流程。他指出，对于各类仓储中出现的种种弊端，朝廷、各级官员以及荒政思想家们往往强调是用人不当，却忽视了背后所隐藏的制度缺陷。清代的行政体系体现出高度中央集权下的"强干弱枝"态势，这一行政生态从根本上制约了地方仓储工作的品质与效率。从常平仓的发展过程看，中央政府虽不断地将仓储任务强加给地方政府，并通过层层监察、级级连坐的监察方法与烦琐的行政规定，力图使地方能够贯彻中央的政令。但是，由于州县地方政府有限的人力、物力和财力，以及个人升迁的考虑，迫使他们将主要精力优先放在最主要的例行常态任务——钱粮刑名工作上，而将仓储放在次要位置。因此，人力的不足和个人前途的考量，是仓储制度出现弊端的客观原因。与此相对应的是，在康熙三十年（1691）至道光朝，中央仓储一直维持着远高于地方的高储备率，换言之，中央仓储数量长期表现出不平均市场分配结果下的高度储蓄比例，而地方仓储则显示长期准备不足的情况。因此，较高的仓储数额，并不能反映仓储的实效。

综合国内外现有研究成果来看，从制度史层面分析清代仓储的发展、演变的成果已经不为少见，多学科视野下的仓储与区域社会研究的开展也是如火如荼。然而，对荒政、仓储问题中所反映的中央政府统治能力、中央与地方、国家与社会、官僚与士绅、官与民的关系等问题，仍存在争议，具有进一步的研究空间和价值。

具体而言，现有研究的特点和不足主要体现在：

（1）虽然对仓储制度的研究起步较早，成果丰富，对社仓、义仓的研究数量也不少，但是，对清代社仓与地方社会的关系研究仍嫌不足。由于学界的研究视角所致，现有的研究多侧重于从制度层面对清代社仓的宏观把握，对社仓在基层社会的运行问题近些年才引起重视，对于社仓与基层社会组织、宗族、乡绅等问题的有深度、有新意的研究成果尚不充足。

（2）对清代长江中游地区社仓与地方社会的研究来说，现有研究仍嫌单薄，有待进一步推动和深入。现有研究中，虽已有零散的分省讨论，但是缺乏对清代长江中游地区社仓与地方社会的完整研究。本研究力图弥补这一缺憾，以推动此地区的区域社会研究。

（3）对社仓的相关问题有待进一步讨论和认识。比如关于如何看待社仓的性质问题，这直接关系到对仓储制度性质的认识。正如前述，在这个问题上，学者们存在着将其视为经济制度还是社会问题的争议，在更强调仓储制度是社会问题的阵营中，仍然存在社会管理、社会控制还是社会保障、社会救助的分歧。

再如对于社仓管理和运营中的一些问题的认识。西方中国史研究的学者一度使用"公共领域"一词来讨论中国社会的发展演变特别是中国社会由传统向近代转型过程中的相关问题，王笛在《晚清公共领域中的地方士绅、官僚与国家权力关系——以长江上游地区为中心》[①]一文中提出：所谓"公共领域"是既非个人又非官方而是处于两者之间的社会空间。按照这一界定，社仓属于公共领域的一部分，是非私有和非官方的。这一分析指出了社仓的非官性质，但是，又产生了另一个问题：社仓既然是非官方的，可是，从现有的研究成果和笔者所翻阅的材料来看，我们已经知道官方权力在社仓管理和运营中是有所渗透的，如果从雍乾时期的规章制度看，官方的权力渗透是全方位的，那么，在这种情况下，官方的渗入对社仓的性质到底有无影响？所谓"半官方"说如何看待？如何看待社仓管理中的官方权力和民间权力的关系？如何准确把握官方权力的体现者——地方官僚与主管社长（士绅）之间的关系？地方官、士绅、百姓等各自的行为对社仓的发展有什么影响？他们各自又得到了什么利益？诸如此类的问题都需要深入讨论。还有学者认为清代江南地区已形成了完整的乡村救济网络或者社区救济模式，社仓和义仓、义庄等是救济网络中不可缺少的一环，那么，在长江中游地区乡村救济中，社仓、义仓在救济中所起的作用如何，也是需要进一步探讨的。

三　研究理论和方法

学科间的交叉是近年来学术的发展潮流，就历史学而言，与社会学、人类学、地理学、灾害学、经济学、法学、管理学等交叉，产生了新的研究领域，如社会史、灾荒史、社会经济史、法律史等，本书的研究既继承了历史学的传统理论和方法，又融合了其他学科的理论和方法。

1. 实证主义的治史方法

实证主义是史学研究的传统方法，也是史学研究之根本，正如吴承明先生所说："历史研究首先是求实，无证不信，故实证主义可说是史学的第一原则。"他在谈到对经济史理论和方法的看法时，提出了"史

---

① 王笛：《晚清公共领域中的地方士绅、官僚与国家权力关系——以长江上游地区为中心》，载陈锋主编《明清以来长江流域社会发展史论》，武汉大学出版社2006年版，第140—157页。

无定法"的观点,指出:"'史无定法'有一个中心点是'实证',实证主义是永远不能推翻的。我同时把一切理论都看成是方法,作为方法的经济理论,并不能适用于所有场合。"① 这段话道出了史学交叉学科研究关于理论和方法的真谛。本书坚持以史料为基础,在撰写过程中不仅查阅了大量地方资料,还收录了北京故宫第一历史档案馆所藏以及整理出版的有关档案资料,同时参阅并利用了部分文集、笔记、谱牒资料等,力求使得出的结论尽量建立在深厚的史料基础之上。

2. 借鉴社会学、经济学等学科研究理论和方法

本书主要是一项区域社会经济史研究。社会经济史主要是历史学和社会学的交叉学科,已成为史学研究的重要方向。社会经济史研究由法国年鉴学派首先倡导,并成为第二次世界大战以来西方史学的主要发展趋势。它的主要特点是强调"总体史观",有别于过去以政治史、军事史、外交史为主要研究对象,过分渲染英雄人物及事件的"旧史学",主张研究除了政治、军事、事件及英雄人物之外的社会,即人民大众的历史。具体而言,就是要关注人口、婚姻、家庭、社会组织、社会生活、社会心态、区域社会等问题,通过对社会方方面面的研究揭示特定历史时期社会运行及其发展规律。在社会经济史的研究中利用了社会学中的一些概念,如社会控制、社会组织、社区等阐述相关问题。本书以社仓与地方社会为研究对象,以长江中游地区为研究区域,揭示清代仓储与地方社会相关问题。而历史学和经济学交叉产生的经济史学科理论和方法,同样是颇受重视的领域,广泛用于相关经济问题研究。本书利用量化分析、对比分析等方法,力求对清代长江中游地区的社仓与地方社会相关问题作出更加精确的阐释。

四 基本思路与分析框架

本书作为一项区域社会研究,在坚持实证研究的基础上,以总体史观为关照,注重长时段的社会考察,力图透过社仓来考察清代长江中游地区仓储和地方社会的互动关系,借以探讨中央与地方、官方与民间、地方社会的权力结构、治理逻辑和社会变迁诸问题。农业社会里,仓储以储存丰年之结余来抵御歉年之不足,既是一种帮助农业生产和粮食积累的经济措施,又是一种储粮备荒以保障民食的社会措施。清代,由于中央政府对仓

---

① 吴承明:《中国经济史研究的方法论问题》,《中国经济史研究》1992年第1期,第1—21页。

储制度的重视，对主政一方的官员来讲，这是分内之重要事务。对地方绅富来说，主办或参与民间仓储是他们主导本地事务的具体形式之一，也是他们持续发挥影响力的重要凭借。对一般民众而言，仓储则是他们面临灾歉、粮食（口粮或种子）不足时的主要依靠。由于这种异乎寻常的重要性，各类人等围绕仓储均有着积极的行为，而他们的行为也会对仓储的发展产生诸种影响。基于上述思考，依据这一思路，本书的论述拟从以下几个方面渐次展开：

第一章：首先交代清代长江中游地区社仓的发展所依托的自然、社会和制度环境。社仓的发展不是一个孤立的现象，它的设立除了受到国家政策、形势的影响之外，作为设置于农村的粮仓，其设置和分布既受到当地的地形、水文影响，其发展又受到气候、风俗习惯乃至战乱等制约，所以，要全面认识社仓制度的地区发展，必须注意到这些影响因素。自然环境因素包括地质、地形、气候、土壤、水文等，特别是自然灾害；社会环境主要交代社会风俗；制度背景则主要着眼于清代社仓制度的整体演变。

第二章：清代长江中游地区社仓呈现三个不同的发展阶段，在前、中、后期各有不同。作为清代社仓制度的发展基础，本章首先对清以前长江中游地区社仓发展的基本历史脉络作了梳理。接着，分析了雍正—乾隆时期长江中游地区社仓的设置、分布与积谷情况。要特别指出的是，此一时期清代长江中游地区社仓的兴盛除了政治稳定、社会经济发展、中央的重视之外，还和先后任职三省巡抚的陈宏谋有紧密关联，正是他制定并实施的社仓条规和章程奠定了长江中游地区社仓的管理格局，影响到各地社仓的推行力度和作用的发挥。

第三章：相较于全国其他地区，清代长江中游地区的社仓自乾隆末年起即频频受到社会动荡的冲击，咸同之际的战乱则同样造成了本地社仓的崩溃。这一时期，在战火平缓的空隙，省级官员希图在地方重建的过程中，尽力恢复社仓，包括曾国藩这样的朝廷重臣亦曾在太平天国战争之后寄希望于通过在家乡兴办社仓、来维护家族荣光和维持传统治理秩序于不辍，但时运难违，终究无力。

第四章：太平天国战争之后的地方重建过程中，仓储建设是题中应有之意，各省不再延续前期整齐划一的面貌，长江中游三省分别走上了不同的路径。湖北、江西二省致力于通过制度变革来实现社仓的重振和义仓的举办，在这个过程中，虽仍保持"社仓"之名，但此时的社仓在仓谷来源、设置方式、经营管理、仓谷发放、功能发挥等方面均已悄然改变，社仓从前期以借贷为主的互助型社会救助机构转变为以借、粜、赈兼行，且可用作地方公共事务的综合性社会救助机构。

第五章：受到太平天国战火的剧烈冲击之后，湖南省的仓储建设呈现出截然不同的选择。除了极少地方恢复了过去的"社仓"之名外，更多州县掀起了大规模的积谷仓建设，客观上构成对江南地区、直隶、山东、四川、广东等地出现的积谷仓建设的一种呼应。积谷仓集常平、社、义仓功能于一身，具有仓谷摊派、专注赈济、管理上的城乡联结等特点，区别于传统仓储，反映了晚清社会剧烈变动过程中仓储方面出现的新变化。

第六章：将社仓置于清代长江中游地区仓储整体中进行考察，是加深理解社仓的地方性特点的重要方面。本章通过梳理清代长江中游地区常平、义仓的发展演变及其与社仓之间在设置、组织管理、功能发挥等方面的联系，体现了仓储体系的传承演变、社仓在其中所处的地位以及在地方社会秩序的稳定中所起的作用。

第七章：讨论了清代长江中游地区的社仓与基层社会组织之间的关系。社仓作为设置于乡村的民捐民管（官督）的仓储形式，注定和基层社会组织具有不可分割的联系，从里甲、保甲到晚清临时性地方组织的团练和后来形成的团局，社仓也由依托里、保按需设立转而倚仗团练成为军事用途和社会救助合一的地方社会组织的一部分，乃至逐步形成由"局"领"团谷"的一种管理新模式，基层社会组织的变迁改变着社仓的存在形式，也促成了管理模式的变革。

第八章：社仓和乡村社会发生联系的另一个表现是宗族、士绅的参与和主导。虽然宗族更热衷于直接建立拥有更大自主权的义仓，较少参与由官方倡导并监督、民捐民管的公共性强的社仓，但却通过派出族中行事公正、得到地方公举、经州县官认可的士绅来掌管社仓，以这种方式实现对地方公共事务的主导性和领导力。社仓作为官、绅、民三方共同活动其中的地方性组织，省级官员、州县官、吏胥、担任社长的士绅、捐户、借户与缴纳社谷的粮户各种人物的行为交织错杂，塑造着社仓的形象，也影响着社仓的命运，从而体现出地方社会的权力结构和社会变迁的特点。

最后一部分是结语。首先涉及清代长江中游地区社仓的功能和实效，以便对其社会救助和保障作用做出恰如其分的评价。进而透过对清代长江中游地区社仓与地方社会的研究，重新思考清代中央与地方、官僚与士绅等问题，并得出自己的结论。最后，通过将清代长江中游地区社仓与上游四川、下游江南地区做一简单比较，既提炼出清代长江流域间社仓的一般性特点，又对各不同地区的差异做一比较分析，进而指出：基于清代江南地区仓储、社仓和地方社会特点的"江南模式"并不适用于长江中游和上游，清代差异明显的地方社会共同构成有着不同面相的"中国社会"。

第一章 环境与制度:清代长江中游地区仓储和社仓建设的背景

环境是人类生存和活动的场所,也是人类赖以生存和发展的基本条件。作为植根于农村的备荒仓储形式,社仓的建设和发展不是一个孤立的现象,它同样受制于当时当地环境的影响,主要包括自然环境、社会环境两方面。所谓自然环境,包括地势地形、水文、土壤、气候等生态要素。所谓社会环境,其含义要复杂得多,从不同的学科角度,学者可以给予不同的定义。在社会环境史视野里,"社会环境"的定义和内容有广义、狭义之分,广义包括整个社会经济文化体系,如生产力、生产关系、社会制度、社会意识和社会文化;狭义则指人类生活的直接环境,如家庭、劳动组织、学习条件和其他集体性社团等。[①] 本书采用了其广义的定义。

马克思早就指出:"人创造环境,同样环境也创造人。"[②] 历史给定的"生存环境"不仅是清代沿袭旧例继承仓储制度的原因,也决定了其发展的形式和结果。具体而言,清代长江中游地区的社仓,除了受到相关国家政策的影响之外,其设置和分布既受到当地的地势、地形、水文等影响,其发展又受到气候、作物、风俗习惯乃至战乱等制约。本章从自然环境、社会环境两方面论述社仓建设和发展所依托的自然和社会背景。

第一节 自然地理环境与自然灾害

清代长江中游地区主要包括湖北、湖南、江西三省,其社仓的设置和发展离不开自然地理环境的影响,以下从地质、地貌、气候、土壤、水

[①] 王先明:《环境史研究的社会史取向——关于"社会环境史"的思考》,《历史研究》2010年第1期,第24—29页。
[②] 《马克思恩格斯选集》第1卷,人民出版社1972年版,第43页。

文、自然灾害等方面加以阐述。①

一 地质与地貌

从地理位置上看，湖北省位于长江中游北岸，北接河南省，东连安徽省，东南和南临江西、湖南两省，西靠四川省，西北与陕西省为邻。介于北纬29°05′—33°20′，东经108°21′—116°07′，东西长约750公里，南北宽约490公里，面积18.74万平方公里。湖南省位于长江中游南岸，北邻湖北省，东毗江西省，南连广东、广西两省，西接贵州、四川两省。介于北纬24°39′—30°08′，东经108°47′—114°15′，东西宽约660多公里，南北长770公里，面积21.18万平方公里。江西省位于长江中下游南岸，东临浙江、福建两省，南接广东省，西毗湖南省，北连湖北、安徽等省。介于北纬24°29′—30°05′，东经113°35′—118°29′，面积16.66万平方公里。

在地质构造上，湖北省位于秦岭褶皱系与扬子准地台的接触带上。湖南省北部属扬子准地台江汉断坳，南部则属华南褶皱系赣湘桂粤褶皱带，志留纪末的晚加里东运动使之转化为地台，并与扬子准地台合并，然后沉积了与扬子准地台大致类似的泥盆系到中三叠统地台盖层。江西省以锦江—信江一线为界，北部属扬子准地台江南台隆，南部属华南褶皱系，志留纪末晚加里东运动使二者合并在一起，后又经受印支、燕山和喜马拉雅运动多次改造，形成了一系列东北—西南走向的构造带。

由于在地质构造上的这些特点，形成了三省平原、山地、丘陵和岗地兼备的多样地貌。湖北省处于中国地势第二级阶梯向第三级阶梯过渡地带，全省西、北、东三面被武陵山、巫山、大巴山、武当山、桐柏山、大别山、幕阜山等山地环绕，山前丘陵岗地广布，中南部为江汉平原，与湖

---

① 现有学术研究成果中对清代长江中游地区的自然地理系统和人文地理概况阐述较少，任放在研究市镇的过程中对明清时期长江中游市镇所依托的自然地理和人文地理状况从地质、地形与聚落，气候、土壤与作物，水文、水利与交通，人口、职业与风俗以及商品经济的发展状况等方面作了较为全面的论述（参见任放《明清长江中游市镇经济研究》，武汉大学出版社2003年版）。杨国安着重论述了明清时期两湖地区聚落的一种形式——村落的分布和形态（杨国安《明清两湖地区基层组织与乡村社会研究》，武汉大学出版社2004年版）。本节的相关数据主要出自《中国大百科全书》编辑部《中国大百科全书》（中国地理卷），中国大百科全书出版社1993年版。相关论述参考了湖南省志编纂委员会《湖南省志·地理志》（第二卷）（武汉人民出版社1962年版）、湖北省地方志编撰委员会《湖北省志·经济综述》（湖北人民出版社1992年版）和《湖北市县概况》（内部发行，1985年）、中国地理概览编写组《中国地理概览》（东方出版中心1996年版）、邹逸麟《中国历史地理概述》（福建人民出版社1999年版）以及任著、杨著等书。

南省洞庭湖平原连成一片。其中山地占全省总面积的55.5%，丘陵和岗地占24.5%，平原湖区占20%。全省地势呈三面高起、中间低平、向南敞开、北有缺口的不完整盆地。湖南省西、南、东三面山地环绕，北部地势低平，中部为丘陵盆地，地势向北倾斜而又西高于东。其中山地占总面积的51.2%，丘陵占15.4%，岗地占13.9%，平原占13.1%，河湖水面占6.4%。西部主要为武陵和雪峰两大山脉，使湘西与东部差异明显，且有碍东西向交通发展。湘南以山地为主，间有部分丘陵、岗地，山地主要有越城、都庞、萌渚、骑田和大庾等五岭的大部或部分及阳明山、塔山等，为长江与珠江的分水岭，气候上为中亚热带向南亚热带的过渡地区，其低谷垭口间为南北交通要道。湘东山地有幕阜、连云、大围、罗霄等山，是湘赣两水系分水岭，其隘道为湘赣通道。有中国第二大淡水湖——洞庭湖，其平原地势平坦，水面广阔，土壤肥沃，是全省重要的农业区。江西省在地貌上属江南丘陵的主要组成部分，东、西、南三面环山，中部为丘陵和河湖平原，北部则为鄱阳湖湖积、冲积平原，整个地势向北倾斜。鄱阳湖平原与江汉、洞庭湖两大平原同为长江中下游的陷落低地，由长江和省内五大河流泥沙沉积而成，水网稠密，土壤肥沃。赣中南以丘陵为主，山地大多分布于省境边缘，主要有：东北部的怀玉山，东部沿赣闽省界延伸的武夷山脉，南部的大庾岭、九连山，西北与西部的幕阜山脉、九岭山、罗霄山脉等，成为江西与邻省的界山和分水岭。山脉走向以东北—西南为主体，控制着省内主要水系和盆地的发育。山岭间的河谷和隘口多为交通孔道。以三省为整体来考察，地势上大致为中间低、四周高的盆地形状，东、南、西、北四周为山地环绕，中间为江汉、洞庭湖、鄱阳湖平原，其中湖南东部和江西西部交界处有幕阜山、罗霄山脉等将平原分割。

二 气候、水文与土壤

就气候而言，长江中游地区属亚热带季风气候。其中湖北省主要属北亚热带季风气候，具有从亚热带向暖温带过渡的特征。光照充足，热量丰富，无霜期长，降水丰沛，雨热同季，利于农业生产。全年平均气温15℃—17℃，鄂东沿江和三峡河谷在17℃左右，鄂北低于16℃，山区随海拔的增加而温度降低。7月平均气温27℃—29℃，江汉平原最高温40℃以上，为中国酷热地区之一；1月3℃—4℃，三峡河谷高于5℃，北部和山区2℃左右。江汉平原因地处北方冷空气南下通道，气温较同纬度地区低，最低温-7℃——5℃。无霜期大体是南部长于北部，平原、河谷、盆地长于山区,鄂北和鄂西北为230—240天,江汉平原和鄂东南为250—270天,鄂西南河谷盆地最长,在280天以上,山区较短,不足210天。但由于春季气温不稳定,常有低温阴雨天气出现。全省降水丰沛,年均降水量800—1600毫米,自东南向西北逐渐减少。降水年际变化较大,江汉平原最多雨年为最少雨年的1.8—2.2倍;降水以夏季为多,占年降水量40%左右,冬季降水量少。降水季节变率也较大,某些年份梅雨期长,常发生洪涝,以江汉平原危害尤甚。某些年份梅雨期短,乃至"空梅",造成旱灾。

湖南省属中亚热带季风湿润气候,气候温和,热量丰富,降水充沛,无霜期长,但湿热分配不均。全省均温为16℃—18℃,东南高于西北,东高于西,1月均温4℃—6℃,最低温各地皆低于-6℃,临湘出现过-18.1℃(1969年1月31日)的低温。7月多在27℃—30℃,最高温大部分地区超过39℃,长沙、益阳、零陵曾出现43℃以上高温。无霜期自北向南为270—300天。大部分地区能满足喜温作物,特别是双季稻对热量的要求。省境地势三面环山,向北有开口,春季多寒潮侵袭;秋分前后出现低温阴雨的寒露风,对作物生长不利。全省年降水量1200—1700毫米,是中国雨水较多地区之一。雨、热大致同季,利于主要农作物生长。近1/2降雨集中于春末夏初,滨湖与湘、资、沅、澧等河流下游常有洪水;夏秋则多干旱,尤以湘中丘陵为重。

江西省属中亚热带温暖湿润季风气候,年均温约16.3℃—19.5℃,一般自北向南递增。赣东北、西北山区与鄱阳湖平原年均温为16.3℃—17.5℃,赣南盆地则为19.0℃—19.5℃。夏季较长,7月均温除省境周围山区在26.9℃—28.0℃外,南北差异很小,都在28℃—29.8℃。极端最高温几乎都在40℃以上,成为长江流域最热地区之一。冬季较短,1月均温5℃,赣北鄱阳湖平原为3.6℃—5.0℃,赣南盆地为6.2℃—8.5℃。全省冬暖夏热,无霜期长达240—307天,日均气温稳定超过10℃的持续期为240—270天,活动积温5000℃—6000℃,对于发展以双季稻为主的三熟制及喜温的亚热带经济林木均甚有利。唯北部地形开敞,特大寒潮南侵时有不利影响。江西省为中国多雨省份之一,年降水量为1341—1943毫米,地区分布上是南多北少,东多西少,山区多,盆地少。庐山、武夷山、怀玉山和九岭山为全省四个多雨区,年均降水量1700—1943毫米。德安是少雨区,年均降水量为1341毫米。年降水季节分配是4—6月占42%—53%,降水的年际变化较大,多雨与少雨年份相差几近一倍。降水季节分配不均及年际变化大是导致江西旱涝灾害频繁发生的原因之一。

就水文而言，湖北省境内长江由西向东横贯全省，在川、鄂边境切过巫山，形成雄伟壮丽的长江三峡，过宜昌后，穿行于江汉平原，过小池口流入江西、安徽两省。汉江全长的3/4流经省境，与源出边境山地的众多河流共同汇注长江。省内中小河流共有1193条，总长度达3.5万平方公里。长江干流偏于省南部，主要支流多集中在北岸，水系发育呈不对称性。除长江与汉江外，河流年均径流量为946.1亿立方米，几乎相当于黄河径流量的两倍。此外，全省过境容水量有6338亿立方米，因而有丰富径流量可供调蓄利用。水力资源丰富，可开发水能达3308.1万千瓦。省内淡水湖泊众多，有"千湖省"之称，多分布在江汉平原上。洪湖和梁子湖面积均在200平方公里以上。省内浅层地下水储藏量丰富，估计为2650亿立方米，每年可开采量略等于全省多年平均地表径流量的36%。地下水水质清洁，储量稳定，可供农业、工业、生活用水。

湖南全省河流稠密，水系完整，水量大，水力资源丰富。除湘南、湘东极少数小河分属于珠江和赣江水系外，均属长江流域。以湘、资、沅、澧四水及洞庭湖为主干，5公里以上的河流有5300多条，自西、南、东三面汇入洞庭湖，形成扇形水系。长江也有部分水量分泄入湖，会同"四水"经城陵矶出洞庭湖又入长江。境内河流总长为9.93万公里，流域面积近21万平方公里，多年平均径流量1623亿立方米。湘江占总径流量的41%，沅江占24.2%，资水占13.4%，澧水占8.3%，其他江湖水系占13.1%。全省水能蕴藏量达1532万千瓦，多集中于各河上中游。河流最高水位及流量最大时期常出现在4—6月，正值梅雨来临，水势暴涨、洪峰叠起，"四水"沿岸易酿成灾害；夏末秋初，长江洪峰顶托，湖区也易出现外洪内渍。各河最低水位出现于11月—次年2月。

江西省地形南高北低，有利于水源汇聚，天然水系发育，水网稠密，降水充沛，但各河流水量季节变化较大，对航运略有影响。全省共有大小河流2400多条，总长度达1.84万公里，除边缘部分分属珠江、湘江流域及直接注入长江外，其余均分别发源于省境山地，汇聚成赣、抚、信、鄱、修五大河系，最后注入鄱阳湖，构成以鄱阳湖为中心的向心水系，其流域面积达16.22万平方公里，约占全省土地面积的97%。鄱阳湖是中国第一大淡水湖，连同其外围一系列大小湖泊，称为天然水产资源宝库，对航运、灌溉、养殖和调节长江水位及湖区气候均起重要作用。

就土壤而言，湖北全省土壤具有明显的南北过渡特征，鄂西北、鄂中、鄂北岗地及鄂东长江以北的广大区域多为黄棕壤、黄褐土，鄂东南多为红壤，鄂西南多为黄壤，江汉平原则发育为潮土、水稻土等隐域性土壤。

红壤和黄壤是湖南和江西具有代表性的地带性土壤。湖南省红壤主要分布于雪峰山以东低山、丘陵和河谷盆地；黄壤多集中于湘西。此外，在山区形成以红、黄壤为基带的垂直地带性土壤。非地带性土壤主要有石灰土、紫色土、潮土和水稻土等。石灰土多分布于湘西、湘南的喀斯特地区；紫色土主要集中在衡阳盆地和麻阳—沅陵谷地一带；在滨湖平原及"四水"沿岸的冲积物上，潮土和水稻土分布甚广，土质肥沃、耕性良好，是全省最佳的农耕土壤。全省土壤一般肥力较高，易于农林业发展。但也有部分丘陵地区的红壤侵蚀较严重，有机质含量低；水稻土中的冷浸田、死黄泥田等对作物生长也不利。

江西省以红壤分布最广，面积约占全省土地面积的46%，具有"瘦、酸、粘"和"板结"的特性，需改良和综合利用。黄壤常与黄红壤和棕红壤交错分布，此外还有山地棕壤等。非地带性土壤主要有紫色土，是重要旱作土壤。耕作土壤以水稻土最为重要，面积有200多万公顷，几占全省耕地的80%。

综上，三省气候温和、光照充足、热量丰富、降水丰沛、无霜期长，境内河湖众多，天然水系发达，土壤多样，水稻土土质肥沃，易于耕种，这些都为农业生产提供了良好的自然条件，使湖南、湖北、江西成为清代主要的粮食产地之一和重要的粮食输出地，谚语云，"湖广熟，天下足"，其粮食生产不仅供自身所需，而且在需要时向周边省份和长江下游江浙地区输出，本地也是江浙一带最主要的粮食来源地。与此同时，降水过于集中、季节分布不均、年际变化大等特点，又使得该地区水旱等自然灾害频繁，雨多则易涝，雨少则易旱，尤其是水灾（洪涝灾害）频繁侵袭，这些特点都会对仓储的建立和发展产生影响。

三 自然灾害

在传统中国，历史时期自然灾害一直绵延不绝，且随着时间的流逝呈现出越来越严重的趋势。邓拓曾总结道：从远古时代到明清时期，自然灾害的发生越来越频繁，危害后果也越来越严重，呈现出普遍性、连续性和积累性的特点，对人类社会发展造成了沉重打击。[①] 长江中游地区的情况亦是如此。有清一代，水、旱、风、蝗、地震等自然灾害，特别是水旱灾害不断袭击，给人民生命财产和农业生产带来了巨大破坏，也使本地百姓深受其害。

---

① 邓拓：《中国救荒史》，北京出版社1998年版，第51—62页。

（一）水灾

水灾（洪涝灾害）是长江中游地区最主要的自然灾害之一。翻阅地方志资料，水患侵袭的记载不绝于书，受灾地区既包括平原湖区，也时常发生在山区州县。湖北沔阳州"沔郡地洼水锺，汉经其北，江经其南，无岁不受水患"；① 监利县"田畴常虞水患"；② 湖南武陵、龙阳二县"皆滨江，自古苦水患"③……

长江流域属水灾多发地。据史料记载粗略统计，自唐至清近1300年，长江共发生水灾223次。且愈到晚近，频率愈高（见表1—1）。

表1—1　　　　　　　　唐以来长江流域水灾统计

朝代	起讫时间	年数	水灾次数 长江	水灾次数 汉江	水灾次数 合计	备注
唐	618—906	289	12	4	16	长江水灾包括洞庭湖、赣江及潮汐影响在下游造成的水灾
宋	960—1276	317	45	18	63	
元	1277—1367	91	15	1	16	
明	1368—1643	276	55	11	66	
清	1644—1911	268	54	8	62	

注：本表根据长江流域规划办公室档案资料室《长江历代水灾记载》编制，转引自长江流域规划办公室编《长江水利史略》，水利电力出版社1979年版，第129页。

据表1—1的统计，长江流域水灾在唐代平均18年1次，宋、元时期平均五六年1次，明、清时期则平均4年多1次。

在水灾频率增加的同时，其为害也愈加严重。据统计，自宋以来，长江流域发生过4次特大洪水，除了南宋绍兴二十三年（1153年）有1次之外，其他3次均发生在清代，分别在乾隆五十三年（1788年）、咸丰十年（1860年）和同治九年（1870年），④ 每一次都造成了极为严重的破坏。

乾隆五十三年（1788年）五六月间，长江流域连降暴雨，上游地区河流猛涨，山洪暴发，中游江汉—洞庭湖齐涨。川水汇入长江后，与三峡

---

① 童承叙：《与宋巡抚论灾荒书》，光绪《沔阳州志》卷11《艺文志·书》，第3页。
② 光绪《荆州府志》卷5《地理志五·风俗》，第3页。
③ 嘉庆《常德府志》卷11《赋役志·堤防》，第2页。
④ 长江流域规划办公室编：《长江水利史略》，水利电力出版社1979年版，第128—129页。

区间和中游地区的洪水遭遇,酿成罕见洪灾,被称为"千古奇灾"。是年,长江沿岸城市多遭水袭,中游地区受灾最重:湖北被淹 36 州县,鄂西长阳一带"平地水深八、九尺至丈余不等",汉川"舟楫入市,民漂溺无数"。①荆州城损失惨重,据载,六月二十日,堤坝溃决,咆哮的洪水冲入荆州城内。一时间,城内水深丈余,城中兵民纷纷攀上城墙及屋顶、树杈逃生,躲避不及者多遭淹毙,所有文武衙署、兵民房屋以及仓库、监狱均被淹没,城内"号泣之声晓夜不辍,登城全活露处多日,艰苦万状。下乡一带,田庐尽被淹没,诚千古奇灾"。据湖北地方官员奏报,这次水灾中,荆州满城 400 余人被淹死,全府大小男妇 1300 余名被淹毙。后来有其他史料佐证,实际荆州城内共淹死 1763 人,倒塌房屋 40815 间,仅两个官仓就损失米谷折银 95620 余两。②湖南、江西也发大水。

咸丰十年(1860 年),长江流域再次因暴雨涨水发生特大水灾,四川、湖北遭灾,"宜昌平地水深六七尺,公安县水位高出城墙一丈多,江湖连成一片。江陵县则民楼屋脊浸水中数昼夜",这年年末,还出现少见的后期洪水,江西、安徽等地受灾。③

同治九年(1870 年)的水灾是有记载以来长江流域最大的一次洪水,川、鄂、湘、赣、皖等省许多地方遭受水淹。中游地区以湖北公安县灾情较为严重,"岗峦宛在水中,水浸城垣数尺,衙署、庙宇、民房倒塌殆尽"。松滋、石首、监利、嘉鱼、咸宁等地房屋田亩亦尽被淹没。汉江中下游地区宜城以下,江堤尽溃决,江汉平原一片汪洋。位于江汉汇合之冲的武汉大部被淹,受灾面积达三万多平方公里。湖南的安乡、华容等县,舟行城中,竟成泽国。江西的新建、湖口、彭泽等县,"江水陡涨,倒灌入湖,田禾尽被淹"。④

除了这三次特大水灾长江中游地区遭受水袭外,另如道光二十八年(1848 年)至二十九年(1849 年),长江中游地区连续决口,湖北、湖南、安徽、江苏、浙江等省遭受严重水灾,为前百年所未有。二十八年(1848 年),湖南全省夏大水,入秋后大雨不止,滨湖围垸多溃。谷价昂

---

① 长江流域规划办公室编:《长江水利史略》,水利电力出版社 1979 年版,第 129—130 页。
② 荆江大堤志编纂委员会编:《荆江大堤志》,河海大学出版社 1989 年版,第 62 页。
③ 长江流域规划办公室编:《长江水利史略》,水利电力出版社 1979 年版,第 130 页。
④ 长江流域规划办公室编:《长江水利史略》,水利电力出版社 1979 年版,第 130 页;湖北省水利志编纂委员会编:《湖北水利志》,中国水利水电出版社 2000 年版,第 190 页。

贵，省城斗米千钱，客民就食于长沙者达数十万人，哀鸿遍野，饿殍满城。全省淹没田庐人畜不胜计，各种农副产品荡然无存。① 二十九年（1849年）春夏之间，灾情愈重。沅水、澧水流域大雨连绵，数月不止，造成数县被灾。上游永顺、保靖县大水入城。武陵、安乡洪水暴涨，堤垸尽皆溃决，漂没民居无数。安福、石门等县亦霪雨成灾，致使禾稼无收，谷价腾贵，灾民颠沛流离，困顿万状。灾情延续至次年春天，惨遭饿毙和疫死者，不可胜计。②

除了上述流域性的严重水灾，由于境内河湖众多，山脉夹杂其间，因此，一般性的水患、久雨引发大水或山洪暴发等也经常困扰着本地。此方面的记载俯拾即是。仅以湖北省为例，随取数条：

顺治七年（1650年）五月，沔阳大水，没西湖新兴、朱麻等二百余垸。夏六月，水淹二百余垸。

康熙七年（1668年），汉口、汉川、汉阳水。房县六月大水，坏民田庐，秋霪雨，稻不熟，七月，霪雨伤禾。当阳、沔阳大水。麻城五月大水，冲圮城墙二十余丈。

雍正五年（1727年），潜江、沔阳并武昌、荆州各卫所大水。汉口、当阳、枝江霪雨，江陵、荆门、公安、监利、石首、咸宁、黄冈、大冶等县大水。黄陂，雍正四五年（1726—1727年）叠遭水患，城复圮。蒲圻春夏大水没城，长堤决，麦无收，谷贵，每石一两余。

乾隆七年（1742年），汉口、宜城、枝江、钟祥等省内数十州县被水。襄阳、江陵、荆门、天门等或因河水泛滥，或因雨水漫溢，低洼田地，多被水淹没。

嘉庆七年（1802年）六月，汉川、沔阳、钟祥、京山等地连日大雨，江水骤发。松滋、江陵城内水深丈余，公安尤甚，卫署、民房、城垣、仓廒均有倒塌。③

光绪九年（1883年），水多为灾，刘光第《南旋记》记录了沿途看到的水情和民众生活的惨状。他行至汉阳三阳沱时，当地居民曰："今年水大，低田变成泽国，终年勤苦，不足衣食。"自汉阳赴沔阳，"日行数十百里，陆地十无一二，弥望皆水。尺渚寸洲，波在门户。人家往来，皆

---

① 李文海：《近代中国灾荒纪年》，湖南教育出版社1990年版，第74—75页。
② 湖南省志编纂委员会编：《湖南省志》第1卷《湖南近百年大事纪述》（第二次修订本），湖南人民出版社1979年版，第16页。
③ 湖北省武汉中心气象台编：《湖北省近五百年气候历史资料》，内部资料，1978年，第52、62、89、96、125页。

第一章　环境与制度:清代长江中游地区仓储和社仓建设的背景　33

以小艇。破茅湿薪,凄瑟满目。村娘小姑,卖鱼度活。……捕鱼虾者,其苦何告!甚至聚结匪徒,间成掠夺,甘冒法网,以苟延息。终不自全,深可悯恻!"至监利县,"晚泊刘家庄,四面皆水。登岸玩微月,来老妪谈水灾流离状甚苦。田间遗灶废床,蛛丝尘网,皆其族人挈家湖南、江西逃荒去。……言田皆种木棉,三年未得收成,今年大水,并不能种。余睹其菜色惨淡,悯甚"。①

湖广总督张之洞恐怕对两湖地区的水情和水灾印象更为深刻。光绪二十一至二十二年(1895—1896年),江汉地区因连绵大雨被水成灾。二十二年(1896年)冬,张之洞将官员统计的罗田、麻城、黄冈等受灾州县人员死伤、土地受损等情况上奏中央政府,并深感忧虑:"惟是本年江汉水势之大,较之上年未尝稍减,而秋汛势更汹涌,泛滥为灾。各属堤多漫溃,被淹既广且多。上年受灾之区,民困未纾,复遭水患,情形深堪悯恻!"二十三年(1897年)春夏之交,霪雨再次连绵数月,江汉水势"汛涨",天门、汉川、孝感等县水漫成灾。五月二十九日,他再次详奏,"惟天门、汉川二县,地居下游,首当其冲,田庐多被浸淹,麦收失望,现仍一片汪洋,骤难涸复"。又,"孝感县地方于五月初旬连朝暴雨,势若倾盆,山水、河水同时涨发,无可宣泄,东、西、南各乡滨临湖河田亩概被漫淹,二麦无收,禾苗未能栽插"。连地处山区、历无水患的崇阳县亦同时遭灾,并影响到地处下游之蒲圻等县,"又崇阳县地方于五月初六日震雷狂风,大雨如泻,众山之水,同时涌涨,顷刻高至丈余,建瓴直下,如顶灌足。该县地处山陬,河港浅狭,未能容纳,一时泛滥横流,致城内及东南各乡一带地方悉被冲淹。房屋冲毁二千数百间,人口淹毙七十余名。禾苗概行漂没,田地多被沙压,遽难垦复。蒲圻县地处崇阳下游,同时暴雨盛涨,城乡亦被漫淹"。②

清代长江中游地区水患频仍,清中叶以后,不少州县几乎"无岁不水","无年不灾",不要说从事正常的农业生产,就是生命本身都常遭威胁。民间有诗云:"沅流直涌长堤决,坏屋冲田骇浪高。出地蛟龙杂风雨,沸天人鬼共呼号",③ 即是对水灾肆虐的生动描写。

总之,从明到清,从清前期到中后期,长江中游地区水灾越来越频繁,这一趋势由表1—2明清时期湖北荆州府各州县水灾统计数据可以反映。

---

① 《刘光第集》编辑组:《刘光第集》,中华书局1986年版,第90—93页。
② 苑书义、孙华峰、李秉新主编:《张之洞全集》第二册《奏议》,河北人民出版社1998年版,第1199、1247页。
③ 《水灾纪事》,同治《武陵县志》卷48《艺文志》,第58页。

表1—2　　　　　　　明清时期荆州府各州县水灾统计

朝代	年号	州县及成灾次数							
		荆州城	江陵县	公安县	石首县	监利县	松滋县	枝江县	宜都县
明	洪武	1		1					
	永乐		1		1	1			
	天顺	1							
	弘治	1						1	
	正德	1						1	
	嘉靖	3		1	2		1	2	1
	隆庆	1	1	2			1		
	万历	1	2	2					
清	顺治	1	2	2	1		2	1	1
	康熙		7	2	2	7	3	7	3
	雍正		2		1	1			2
	乾隆	2	13	1	1		2	5	
	嘉庆		1				1	2	
	道光		4	9	2		2	6	4
	咸丰		1	4			2		1
	同治			10				1	

资料来源：光绪《荆州府志》卷76《祥异志二·灾异》，第1—10页。

表中的数据采自光绪《荆州府志》，凡注明"大水""水"的年份均录入。古人判断"大水"或"水"的标准我们并不清楚，也无从查证这样的记载是否准确和科学，但这些数据用于说明一个长时段内的发展趋势应该是问题不大的。可以看出：同样是250余年的时间，明洪武至万历末年，荆州府属七县和州城所发生水灾的总次数远远少于清顺治至同治末年；从单个县的情况来看，同样如此，如江陵县明代水灾次数为4次，而清代是30次，相当于明代的7.5倍。公安县明代发生水灾6次，而到了清代是29次，相当于明代的4.8倍。而宜都县明代只有1次，清代达到12次，是明代水灾次数的12倍。从清代水灾发生的规律来看，若以乾隆朝为界，可以明显地看出：八州县中除监利县自雍正之后无记载外，石首县前后期水灾次数为4∶3，宜都县前后期水灾次数均为6次，其余荆州城、江陵等五州县乾隆朝之后水灾次数均大于之前的统计。

再以湖北省为例，见表1—3。

据估计,湖北省1—19世纪末发生较大范围的水灾计314次,表1—3是按洪水发生在府、州或五县以上为一次统计所列的结果,尽管可能并不是十分准确,但是仍然可以作为参考,分析水灾的走势。可以看出,从12世纪开始,水灾的次数是由少到多的,表明历史时期湖北省的水灾次数是呈递增趋势的,17—19世纪发生在清代的水灾次数同样是愈来愈频繁的。

表1—3　　　　　　　　1—19世纪湖北省水灾统计

世纪	1	2	3	4	5	6	7	8	9	10
次数	3	18	12	6	5	2	0	4	9	19
世纪	11	12	13	14	15	16	17	18	19	
次数	5	15	15	25	26	30	37	39	43	

注:本表转引自湖北省水利志编纂委员会编《湖北水利志》,中国水利水电出版社2000年版,第199页。

因此,长江中游地区的水灾总趋势是愈来愈频繁,灾情越来越严重。

(二) 旱灾

旱灾是仅次于水灾的另一大灾害,也经常侵袭本地。湖北、湖南、江西三省境内河湖交错、山地环绕的地势特点,加之亚热带季风气候的影响,除了降雨集中易常发水患外,也会出现"山乡常苦旱,河乡常苦潦"的情况。据统计显示,清代湖北省出现府、州范围或五县以上旱情记载的"旱年"有39次,平均14年1次;而仅19世纪,有"天下大旱"记载的就达到15次,平均6.7年1次。[1]

一旦被旱,往往颗粒无收,灾民生活陷入窘境。顺治三年至四年(1646—1647年),江西上饶县连续大旱,米价昂贵,"斗米八钱",灾民缺食,无奈之下,采山中石粉和米作饼而食,百姓传称其为"仙粉",[2]可见当时灾民缺粮之严重程度。

顺治九年(1652年),湖北江汉平原近半年不雨,引发严重旱灾,受灾区域覆盖12个州县,灾区"升米千钱,近山者掘木叶、草根殆尽,近湖者采菱芡、荷根度日"。[3]

---

[1] 湖北省水利志编纂委员会编:《湖北水利志》,中国水利水电出版社2000年版,第268页。
[2] 同治《上饶县志》卷24《祥异》,第5页。
[3] 同治《松滋县志》卷12《杂志·灾祥》,第2页。

乾隆四十三年（1778年），湖南醴陵县旱，"谷贵，民捣蕨根为食"。道光八年（1828年）大旱，田禾尽槁，"饥民多菜色"。道光二十九年（1849年），湖南全省奇荒，引发饥馑，流民络绎不绝，人心惶惶。①

光绪二十一年（1895年），谭嗣同描述湖南省旱灾造成的影响，"本年旱魃为虐，收成奇歉。灾民失业，赈抚维艰"。②

与单个的灾种相比，各种灾害相互作用、相互影响所带来的后果更为惊人。长江中游地区最常见的是水、旱等灾害经常交织，先后发生，且日益频繁。仍如湖北省，据统计，秦至隋唐1125年，发生水、旱灾害127次，平均每8.9年发生1次；而清代的267年，发生水、旱灾害154次，平均1.73年1次。③

在这种情况下，很多地方常常是既苦旱，又惧水，更恐惧由此引发的疾疫。江西高安县，顺治三年（1646年）大旱，夏秋绝雨，粮食大多无收。次年三月大潦，"二麦尽淹，米价每石四两。五月，增至十两。瘟疫兼作，有百十烟虚无人者"。④ 湖南溆浦县，康熙十八年（1679年）大旱，民饥。二十二年（1683年）大水。雍正元年（1723年），虫害伤庄稼。六年（1728年）旱。七年（1729年）又旱。十三年（1735年）三月大水，六月却又旱。⑤

这种水旱杂糅的状况加剧了农村的贫困。湖北咸宁县，东南多山，西北患水，"即时和年丰而人稠地狭，恒藉泛舟。况泽居苦涝，山居苦旱，丰穰之庆，十无四五"。⑥ 当阳县，"当邑负山带水，西北常苦旱，东南常苦潦"。⑦ 应山县，"应瘠土也，十日晴苦旱，三日雨苦潦，乐岁无多"。⑧ 平原苦水，山区苦旱，丰收之年减少，歉收常有，使得百姓生活日益贫苦化，而这反过来又削弱了他们抗击水旱灾害的能力。一旦遭灾，如果得不到及时的救助，他们的生活就会十分凄惨。这种情况，尤其在那些地处偏远、交通不便、救济难及的山区，表现得更为明显。光绪二十三年（1897年），湖北省郧阳、宜昌、施南等府属州县，因上年旱潦迭乘，颗

---

① 同治《醴陵县志》卷11《灾祥志·灾异》，第3、6页。
② 蔡尚思、方行：《谭嗣同全集》（上册），中华书局1981年版，第185页。
③ 湖北省水利志编纂委员会编：《湖北水利志》，中国水利水电出版社2000年版，"综述"第1页。
④ 同治《高安县志》卷28《祥异》，第5页。
⑤ 民国《溆浦县志》卷25《五行志·灾祥》，第2页。
⑥ 光绪《续辑咸宁县志》卷4《仓储》，第29页。
⑦ 同治《当阳县志》卷4《政典志上·仓储》，第26页。
⑧ 同治《应山县志》卷18《仓储》，第1页。

粒无收，致成灾歉，导致百万余人无以为食，由于地方政府的救济款粮迟迟未能到位，灾民先是吃草根树皮，继而以山上所产之白石脂充饥，"此物性极坚凝，服辄闭胀而死"。因没有食物而自尽者，累累不绝。郧阳、施南两府，山路崎岖，救济难施，加之地方官漠视，"无人过问"，入春以后，情况尤为残酷，甚至出现"人相食"的现象。"僵尸盈道，朝死而夕存白骨，甚有未死而群起噬之者"。"吃人"成为灾民活命之手段。在附近城郭之处，灾民尚有本地绅耆设法抚济，然"犹不能不以人为粮"。在穷乡僻壤之中，灾民由食尸体到噬活人，由食陌生人到家庭成员互食，"直夫食其妻，父食其子矣"，一步步丧失了"人"之为人的基本属性。即使那些非极贫之户，亦因产业无法销售，全家饿死，被饥民"众饱其肉而弃其资"。①

除了水旱灾害之外，其他如风灾、雪灾、冰雹、蝗灾、鼠灾、地震等也时有发生。虽然相对于水旱灾害而言，他们的发生次数、影响范围及破坏程度要小得多，但是仍不可忽视。各种灾害相互交织，加重了其破坏性。如湖南常德府之武陵县，道光十一年（1831年）至十五年（1835年），水、旱灾交替出现，其中十二年（1832年）引发饥疫。十七年（1837年）至二十四年（1844年），递有水患，二十三年（1843年）并有地震。咸丰元年（1851年）至五年（1855年），岁有水患，六年（1856年）旱，七年（1857年）蝗。② 安福县，同治三年至四年（1864—1865年），连续虫灾。五年（1866年），"大风损禾"，③ 等等。

（三）成灾原因

清代长江中游地区自然灾害（尤其是水灾）如此严重，与其成灾机制有关。关于自然灾害的形成原因，显然需从自然因素和社会因素两个方面进行分析。

一方面，就清代长江中游地区而言，以水灾为例，从自然地理因素来看，正如上文所述，三省多雨，降水量大且集中于春夏之初，境内河湖众多，汛期与降水同期，本就极易形成水患，加之处于汛期的长江上游洪水也同时过境，雨、水相交，分泄不及，往往酿成水灾。尤其在两湖平原，因降水丰沛，水量集中在每年的4—9月，暴雨频繁，量大且集中，又由

---

① 张仲炘：《湖北灾区甚广、情形极重请宽拨银米、饬地方官切实办理以救遗黎折》，转引自苑书义、孙华峰、李秉新主编《张之洞全集》（第五册）卷123《公牍三十八·咨札三十八》，河北人民出版社1998年版，第3388页。
② 同治《武陵县志》卷20《灾祥志》，第10页。
③ 同治《安福县志》卷29《祥异》，第4页。

于两湖地区四周高、中间低的地势特点，洪水往往汇聚地势低洼的平原地带，遇上长江及支流高水位顶托或长江上游过境客水，不易涸出，即形成春夏水患。一般而言，春季水患（4—6月）主要是由强降雨诱发山洪及河流泛滥所造成，夏秋水患（7—9月）则主要是由本区暴雨遭遇长江上游过境洪水，造成河流、湖泊持续高水位，河道宣泄不及而形成。[①]

同时，三省降水季节不均，春夏多、冬季少，季节变化大，地区分配不均等，使得旱灾的发生也不少见。不但在境内少雨区，如鄂西北、赣西北等地易发旱灾，即使在平原湖区，若逢降雨不足年份，干旱同样不可避免。

另一方面，人为因素在导致长江中游地区水旱等自然灾害日益严重的过程中占有更大的比重。具体而言，主要和人口增长、经济发展引起的农业垦殖及其对环境的影响有关，同时也和水利设施的修建、吏治腐败等因素有关。

境内平原湖区是水旱灾害的多发区，其中尤以水灾为重，这和清代在这一区域内广泛出现的垸田、圩田农业耕作方式不无干系。张建民系统研究了明清时期长江流域农业水利问题，他专门阐述了鄱阳湖、江汉平原、洞庭湖平原湖区堤垸和圩田的发展及其对环境的影响。他认为，江汉、洞庭湖平原的堤垸虽兴起时间尚无定论，但自明代开始蓬勃发展却是可以肯定的。自正德年间开始，堤垸大量出现，垸田众多，农田的扩张压迫水道、水面，使得水面减少，而长江两岸众多分流穴口因保护农田的需要被迫堵塞，使得长江水流缺少分蓄调节之地，先是堵北岸分流穴口，导致长江由南北分流转向专流于南岸洞庭湖区，水沙大量注入，使该地蔓延成灾，进而江汉平原也因围垦日甚、蓄泄之地日狭、淤积严重而漫溢为患。明正德末年至万历年，是江汉与洞庭湖地区洪涝灾害频繁发生的时期，这一时期与堤垸发展、河道变化同步，恰好说明了垸田与洪涝灾害之间的关系。明末清初，堤垸因战乱遭到破坏，康熙中后期开始，政局稍稍稳定之后，堤垸开始逐步恢复，至乾隆年间达到鼎盛时期，堤垸急剧扩张至一发不可收拾。尽管政府一度不得不下禁令严禁围垦，然而并没有从根本上奏效。清末，在湖区筑堤围垦之风不仅没有停止，反而愈演愈烈。垸田的长期发展导致长江两岸河湖泥沙淤积严重，江底地面抬高，长江泄洪愈加困难，水溢为灾也日趋严重。在鄱阳湖地区，筑堤垦田称为圩田，其原理和

---

① 一般情况下，长江上游与中游干支流的洪水期是相互错开的，洞庭四水一般为5—7月，四川来水为7—9月，汉江为7—10月，长江的主汛期为7—8月。遇反常年份，上游与中游雨期重叠，干支流洪水相遇，就会酿成大面积的洪涝灾害。湖北水利志编纂委员会：《湖北水利志》（征求意见稿）1988年，第1—82页。

第一章 环境与制度:清代长江中游地区仓储和社仓建设的背景

堤垸相近,东汉时期已经出现,明清时期经历了和两湖平原相似的发展过程,其后果也是由于各河湖"病在淤浅"而水患频发。不仅如此,湖区垸田、圩田还因为四周筑堤,雨水不易排出,一遇洪水季节,往往形成内渍外涝的局面,危害尤甚。

他还指出,境内山区由于明清时期流民、移民的广泛开垦,森林及其他植被被毁,引起大面积的水土流失。以汉水中上游山区的开发为例,由于流移过度开垦和垦殖、开发的盲目性、粗放性和不稳定性,水土流失除了致使山地本身"沃土无存"外,还产生了其他的消极影响,不但造成流失的沙石祸及邻近的平地良田,使之变沃壤为硗确沙瘠,而且泥沙淤塞溪涧河流,增大江河含沙量,以致发生破堤漫滥之灾,这同样是造成长江中下游平原地区水灾频发的重要原因之一。值得注意的是,水利设施的修建在预防灾害中起着重要的作用,堤防及排灌设施应对水灾十分重要,堤防坚固,排灌设施效率高,将在一定程度上防止特别是减轻水旱灾害(尤其洪涝灾害)的发生;反之,不仅不能减灾,还会加重成灾程度,甚或人为造成灾害。明代后期及清代后期水旱灾害的增多加剧都有水利失修的因素。[①]

造成水利失修的原因中,一个重要的人为因素是吏治腐败。尤其是晚清,这种情况更加突出。当时负责河道专项管理的官职称为"河道总督"。林则徐早在1831年受任河东河道总督时就已指出,"河工尤以杜弊为亟"。[②] 在河工备料、河防、抢险等工序上,莫不存在弊端。河工经费虽然年年拨,数亦不少,但"半属靡费",营私舞弊、偷工减料严重,汛期一到,难免洪水滔滔,人为鱼鳖。

自然灾害给农村社会所造成的影响是十分深远的。一方面,"自然灾害对人类影响的第一步就是通过天文、地质、气象、水文和生物现象的异常变动产生物理的、化学的或生物的作用,造成生态环境短时间或长时间的危机和恶化,从而破坏人类赖以生存的自然环境"。[③] 自然环境的恶化导致了自然灾害的过度发生,而自然灾害的频发反过来又使得整体生态环境进一步恶化。另一方面,自然灾害导致人口大量死亡、引发社会动乱、破坏经济发展、引起经济衰退等社会影响更是显而易见的。就农业生产而

---

① 参见彭雨新、张建民《明清长江流域农业水利研究》第二章、第四章、第五章,武汉大学出版社1993年版,第69—125、184—299页。
② 《林文忠公政书》,《甲集·东河奏稿》卷1,转引自严中平《中国近代经济史1840—1894》(上),经济管理出版社2007年版,第349页。
③ 夏明方:《民国时期自然灾害与乡村社会》,中华书局2000年版,第46页。

言，灾害的发生不时打断和破坏正常的生产活动，干扰了正常的粮食生产，特别是在灾年，局部粮食短缺的情况不时出现，乃至发生"人相食"的惨剧。粮食生产的不足、自然灾害的侵袭进而造成粮食储备的困难，尽管丰收之年常常收获大量的粮食，但是，没有足够的粮食储备，要想平安渡过灾年是十分困难的。

第二节 "不事蓄积"与"户鲜盖藏"

尽管清代两湖地区在全国号称"鱼米之乡"，但农民生活实际上并不富裕。地方志资料显示，很多地方的农民辛苦一年，所收仅能保证全家基本口粮，不致冻饿，这还算较好的情况，有的地方农民终岁勤苦，仍然达不到温饱，遑论储蓄。这种情况从方志中频频出现"户鲜盖藏"等字眼可得到佐证。

本地之所以出现"户鲜盖藏"的现象，贫穷自然是直接原因。而造成贫穷的原因之中，自然灾害的因素不容忽视。平原地区苦于水患，山区苦于旱灾，水旱的侵袭往往使收成失望，乃至颗粒无收。嘉庆《巴陵县志》有云：

> 邑稻田有三，其一，平旷之地曰段田，宜早稻，秋可播种荞豆，冬可布豌麦。或再收而粪不足，则获稻大减，土瘠故也。其山曲奥衍之田曰垅田，止宜迟稻，他无可种。山麓稍平处，又有开垦塝田，可产早稻，一料盖山角硗田也。……其时，邑中三村洞湖已沦入巨浸，而旧江、穆湖两村垸田肥美，产谷远胜东乡。且洲土广阔，所出有大小二麦、豌豆、黄豆、黑豆、粘糯二粟、芝麻、高粱、棉花、油菜子（同"籽"）。最下湖田复有撒谷，不待耕耘，浸种发芽，遍撒泥中。五月早稻，殊有自然之利。但春夏暴涨，则巨浸稽天，又苦水患。此山村田无并收之利，民贫之所由来也。①

这段话对农民因灾致贫的情况说得非常明白。

由于农业和渔业共存的生产生活方式以及自然灾害的影响，本地的粮食生产（尤其是平原地区）虽"高产"但"不稳定"，这影响着人们的

---

① 嘉庆《巴陵县志》卷14《风俗·土宜》，第5页。

第一章 环境与制度:清代长江中游地区仓储和社仓建设的背景

生存心态,而心态则影响着人们的行为。其中一个表现即是人们满足于眼前的生活条件,不看重财富积累,史载:

> 古称楚俗"火耕水耨",民食鱼稻,以渔猎山伐为业。果蓏蠃蛤,食物常足而无积聚。饮食还给,不尤冻饿,亦无千金之家。①

张建民的研究成果表明,不事蓄积是江汉平原农村社会生活习俗的一大特点,这种习俗由来已久,就明清时期考察,此一特点的形成与洪涝灾害不无关联。不事蓄积表现为丰年无节制地消费而不重积储,以致"土著无素封之族",这种习惯受只顾眼前、不顾长远的思想观念支配,而形成这种思想观念的原因复杂,长期频繁严重的洪涝灾害是重要原因之一。洪水往往导致百姓荡析离居、家产付诸东流,同时,下湿渍涝使粮食不易久储,故而百姓"家无盖藏",无法通过积储来积累资产。他认为,"不思积聚"与洪涝灾害之间的关联是双向互动的,洪涝灾害频繁严重促成或加重了"不思积聚"的风气,而"室无盖藏"则削弱了民间的抗灾能力,加剧了被灾程度,进一步导致贫穷。②

因此可以说,"不事蓄积"习惯的形成受外在环境和条件影响较大,在大多数情况下,并非人们不愿积聚粮食,而是客观条件限制了人们的积聚行为。不仅平原地区是这样,山区州县同样如此。在一些地方,因为土地贫瘠,不利耕种而所出无多,几乎没有余粮可供储存。湖北均州,"均邑处万山中,少平畴,硗壤瘠区居十之七八,计终岁境土所产,几不足以瞻"。州民一遇旱、潦、螟蝗等灾,无以为生,只好四处流离转徙。③ 宜章县,"宜邑地鲜平畴,产谷不多,而荒岭瘠土,即麦菽诸谷,亦难广种"。④ 湖南沅州,"沅为边徼严疆,处湘西之上游,当黔南之要隘,地少平衍,丰歉惟系乎雨旸"。⑤ 辰州府,"山多田少,地瘠民贫,既鲜盖藏,是无等备"。⑥ 贫穷和"不事蓄积"之间互为因果又相互影响,其结果是农民贫困化的处境长期以来难以改变。

---

① 乾隆《长沙府志》卷14《风俗志》,第1页。
② 张建民:《明清时期的洪涝灾害与江汉平原农村生活》,载复旦大学历史地理研究中心主编《自然灾害与中国社会历史结构》,复旦大学出版社2001年版,第355—378页。
③ 光绪《续辑均州志》卷7《户赋·积储》,第26页。
④ 乾隆《宜章县志》卷3《营建志·仓储》,湖南图书馆编《湖南图书馆藏稀见方志丛刊》第25册,国家图书馆出版社2014年版,第172页。
⑤ 同治《沅州府志》卷15《积贮》,第1页。
⑥ 光绪《沅陵县志》卷12《仓储》,第3页。

在偏远山区，交通条件的限制也是导致粮食积累难以进行的制约因素之一。山区州县大多地处偏僻，交通不便，"利出而不利入"。由于交通不发达，在发生自然灾害时，外部救援物资很难及时到达，因此，比之平原地区，丰年粮食积累显得更为急迫。然而，正是由于这样的条件，又限制了其积累的可能。由于交通不便，平常丰收之年，粮价极低，农民也不得不将粮食粜于商人，而非储存，以便换取生活和生产所需款物，这样即使所产有多，一般人家也没有多少盈余可以储存备灾。又因地处遥远，一遇荒歉，很难依靠别处粮食及时运进，无疑会加剧本地歉收缺粮的紧张局面，富人尚无粮可买，遑论穷人，于是无论贫富，皆陷困顿。正如湖南《新宁县志》所载："新宁一隅之地，僻在山陬，商贾鲜通，滩河险恶，利出而不利入。其农民终岁勤苦，其风俗崇尚朴俭，其户口生息亦不甚盛，故一年丰收所入，足以给三年之食。特无他物产可易钱帛，藏谷多者，虽值贱不能不粜与贾人，运至邵阳、新化等处售之。一遇饥荒，往往购籴维艰，富者亦苦罄悬，而贫者无论。盖他邑犹可仰给于外境，新宁阻山逆水，独不便于转移，此仓储之所以尤为吃重也。"① 永宁县"宁邑地势建瓴，滩高水浅，运于外则难入，搬于内则易出。而又田少户多，家鲜盖藏，一遇荒歉，不束手待毙乎"？"宁邑百废待兴，而仓储尤为急务"。②

影响积聚的条件限制还与农民的生活、生产方式有关。长江中游三省濒临长江，河湖众多，平原地区湖面广阔，水系发达，农民多靠水吃水，以渔业为主。湖北公安县县境多湖，"民有湖业者，秋冬间，招诸渔户捕鱼，舴艋既集，网罟齐张；玉尺银刀，飞耀水面。好事者携酒具轻舠，尾而观之，亦快事也"。③ 湖南巴陵县"巴陵湖面五所，五所之民多以网罟为业，编号完课，娶妻生子，俱不上岸"。④ 这种以渔业为主的生产和生活方式决定了其粮食种植的有限性，而渔民常年生活于船上则使其几乎无法从事粮食积储。

总体而言，三省以农业和渔业经济为主，农民每年收入有限，大多只能维持日常生活所需，无法积聚，不具有抵御灾荒的能力。史载，湖南长沙府"土多廉隅，民尚朴素，勤于农桑，拙于商贾，而今亦不胜其变矣"。⑤ 本地农民从事商业者，大多靠卖些瓜果蔬菜，或以帮人撒网捕鱼

---

① 光绪《新宁县志》卷12《赋役志·仓储》，第19页。
② 同治《永宁县志》卷3《食货志·仓储》，第48页。
③ 同治《公安县志》卷3《民政志下·风俗》，第25页。
④ 嘉庆《巴陵县志》卷14《风俗·土宜》，第3页。
⑤ 乾隆《长沙府志》卷14《风俗志》，第2页。

第一章 环境与制度:清代长江中游地区仓储和社仓建设的背景 43

赚些小钱,正如地方志所言:"善化之民性拙而习懒,其务本者,不过从事一熟之田,至于麦、豆、竹木而彼不事;其逐末者,不过肩一瓜一蔬及网罾,觅蝇头小利于烟水间。"① 农民不善商业的情况可见一斑。当然,也有一些地方农民从事其他行当,如巴陵县"邑境多山,农民世业难以自给,多营生于湖北。故监利、沔阳、江陵、潜江四邑土工、农工、酒工,巴陵人不下数万,春往冬归,亦贫民之利计也"。② 但此种情况多为一时一地之特例,远未普及。这一切正如明万历进士吴亮嗣在《论荆楚水灾疏》中所言:"楚地广博,而水乡十居其七。……耕稼之外,并无商贾别利。故民间毫无积聚,不足以御凶饥。"③

综上所述,民间"不事蓄积"与"户鲜盖藏"的状况之间有着一定的因果关系。但是,民间"不事蓄积"并非不愿或不善蓄积,而是因各种因素使然,自然灾害、地理环境、贫困、缺乏商业意识以及繁重的苛捐杂税等,导致本地农民愈加贫困。《黄梅县志》有云:"梅地滨江而阻舟楫,无捆载之商贾,懋迁之货殖。年丰则谷贱伤农,岁歉则无以自给。旱则易暵,涝则巨浸。岁额三万七千有奇,科重赋繁,逃亡过半。"④

大多数农民几乎无余谷可积,因此,"户鲜盖藏"也就在所难免了。而正是由于民间普遍缺乏粮食积贮,本地发展仓储之事才显得尤为必要。正如同治《长沙县志》所言:

> 南楚夙称产米之乡,谚云"湖广熟,天下足""湖南熟,湖北足",恒言不尽无藉,顾民鲜千金之产,类多株守家园。或遇雨泽愆期,收成失望,遂致嗷嗷待哺。兼之粤峤滇黔颗粒不能接济,江右逼近,齐民张颐耗食,有同病焉;西蜀沃饶,逆挽而输粟上湘者无几。故长民仰资官储视他省为急,而常平、社仓之积储尤不可不顶筹也。⑤

这段话点出了除本地需求之外,湖南省粮食常需外运而较少得到外部接济的情形,以此凸显本地仓储的重要地位。

---

① 光绪《善化县志》卷16《风土》,第6页。
② 光绪《巴陵县志》卷52《杂识二》,第6页。
③ 光绪《黄州府志》卷36《艺文志·集部·文赋》,第32页。
④ 光绪《黄梅县志》"旧序",第1页。
⑤ 同治《长沙县志》卷10《积贮》,第1页。

第三节　清代社仓制度的演变

社仓是我国古代储粮备荒的主要形式之一，其名始于宋代，其来源则可追溯至隋代。隋开皇五年（585年），工部尚书长孙平奏请：

> 令诸州百姓及军人劝课当社，共立义仓。收获之日，随其所得，劝课出粟及麦，于当社造仓窖储之。……若时或不熟，当社有饥馑者，即以此谷赈给。

虽名为义仓，① 因立于当社，亦可视为社仓之始。关于"社"的含义，邓拓认为，所谓"社"，和古代祭祀有关，古代每二十五家共立一社以奉祭祀，于是行政上就以社为单位。他引用《左传》中记载，"齐侯唁鲁公曰：自莒疆以西请致千社，二十五家为一社"。又引顾炎武《日知录》言，"古人以乡为社，后世所谓乡，即古之所谓社"。因此，社仓也就是乡仓。②

严格说来，南宋乾道五年（1169年），朱熹在建宁府崇安县开耀乡创办了第一个真正意义上的社仓。此前，其同门好友魏掞之于绍兴二十年（1150年），在建宁府建阳县长滩铺设仓，遇歉收以谷贷民，不收息，是为社仓之尝试。③ 乾道四年（1168年），朱熹居其乡，遇建宁府大饥，"乡民艰食"，于是请府赈贷，得常平米600石赈之。至冬，百姓全部奉还。次年夏，依旧贷于民户，每石收息米2斗，遇小歉减半，大歉全免，并效仿古法设仓于社，征得知府沈度同意，以6万钱建新仓。自七年（1171年）五月至八月，在开耀乡建仓3所。历十四年后，已将原数600石归还县府，尚余息米3100石，专门用来借放，不收息，每石仅收耗米3升。仓由朱熹本人与乡中士绅数人共管，社谷敛散则由县府派人共同出

---

① 义仓之设正是起源于此，创始之初，是建于当社、由民自捐自办的积储备荒形式。唐宋时期，逐渐由社移至州县，仓粮征集也变为强制性缴纳，失去了本来面目。明代，义仓重新设于村社，仓谷或捐或按户等摊派，仓由民间主持。清代的义仓与社仓并行，一般乡村立社仓，市镇立义仓，二者同为备荒救灾而设，在设仓地点、仓谷来源、谷物敛散、经营管理等方面颇为相似。参见张建民、宋俭《灾害历史学》，湖南人民出版社1998年版，第313—323页。
② 邓拓：《中国灾荒史》，北京出版社1998年版，第437页。
③ 梁庚尧：《南宋的农村经济》，新星出版社2006年版，第234页。

第一章 环境与制度：清代长江中游地区仓储和社仓建设的背景

纳，此为朱子社仓法之大概。

淳熙八年（1181年）十一月，朱熹上奏，介绍了自己建立社仓的经验，认为十分有效，"以此之故，一乡四五十里之间，虽遇荒年，人不阙食"。并恳请行于各处：

> 窃谓其法可以推广行之他处，而法令无文，人情难保妄意。欲乞圣慈，特依义役体例，行下诸路州军，晓谕人户，有愿依此置立社仓者，州县量支常平米斛，责与本都出等人户主持敛散。每石收米二斗，仍差本都土居与寄居官员、士人有行义者，与本县同共出纳。收到息米十倍于本米之数，即送元米还官，却将息米敛散，每石只收耗米三升。其有富家情愿出米本者，亦从其便。息米及数，亦与拨还。

他还特别强调，"如有乡土风俗不同者，更许随意立约，申官遵守，实为久远之利。其不愿置立去处，官司不得抑勒，则亦不致骚扰"。奏准后，在中央政府的支持下，朱熹门人及理学同道积极推动，社仓先在婺州、镇江、长沙等地设立，[①] 后来逐渐延伸至福建、江浙地区、江东、两湖、淮南等，几至遍布南宋各区[②]。

迄至元，社仓并未得到顺利发展。元代为我国历史上统治极不稳定的朝代之一，学界对其仓储制度的研究成果较少，王颋、黄鸿山等的研究成果表明：元代仓储形式种类繁多，至少可以分为六种类型，其中较有影响的是常平仓和义仓，在备荒救灾中发挥了一定的作用。[③] 明清时期，重新恢复了传统社仓，清代还结合实际情况，形成了富有特色的社仓制度。

一 "安静"与"恤民"之间：康熙朝试行社仓

自顺治朝后期着手建构仓储体系起，社仓、义仓即受到中央政府注意，顺治十一年（1654年）六月：

> 会典旧制，各府州县俱有豫（预）备四仓及义仓、社仓等法。每处积贮，多者万余石，少者数千石，各省仓储俱数百万计，故民有

[①] （宋）董煟：《救荒活民书》，（元）张光大新增，（明）江阴朱熊补遗，转引自李文海、夏明方主编《中国荒政全书》第一辑，北京古籍出版社2003年版，第78—86页。

[②] 梁庚尧：《南宋的农村经济》，新星出版社2006年版，第243页。

[③] 参见王颋：《元代粮仓考略》，《安徽师范大学学报》1981年第2期，第42—52页。黄鸿山：《元代常平义仓研究》，《苏州大学学报》2005年第4期，第93—96页。

所恃，荒歉无虞。今责成各地方该道专管稽察旧积，料理新储。应行事宜，听呈督抚具奏。每年二次造册报部。该部察积谷多寡，分别议奏，以定该道功罪。①

显示出从维持、整理仓储旧制自此向建造本朝新制转变。

康熙帝十分重视仓储建设，不过，由于局势未稳，直到康熙十八年（1679年），才出台了相关法令：

乡村立社仓，镇店立义仓。公举本乡敦重善良之人出陈易新。春月借贷，秋收偿还，每石取息一斗。②

次年，为鼓励民众捐输，明确无论常平仓、社仓、义仓，均留本地备赈，"永免协济外郡"。③

康熙二十年代，皇帝和中央政府的注意力转移到国家建设上来，作为维护地方社会稳定的一项重要措施，仓储建设开始加快。由于积储普遍空虚，中央政府选择优先发展常平官仓，社仓、义仓在很长时间里仅停留在制度层面，未及展开。一直到二十八年（1689年），直隶发生大面积旱灾，救灾中暴露出常平仓谷不敷使用，引起饥民流徙，④康熙帝才意识到需在清查仓储积谷的同时推行社仓。

论者评价康熙朝的社仓建设，往往引用康熙帝的相关言语，将社仓制度的缺陷和不成熟当成是试行社仓成效不大的主要原因。⑤其实并不尽然，这恐怕还和康熙帝对地方治理的思路的转变有关。自稳定疆域之后，康熙帝对各省督抚治理地方的要求，逐渐由初期的"以教化为先""化民成俗"转变为"爱养百姓""无事更张""以不生事为贵"等，强调"安静"，尤重"恤民"，以安定社会，"培育元气"。他屡次以此要求督抚大吏慎重行事。二十六年（1687年），钱珏上任山东巡抚，行前面圣时，他告诫道："为治之道，要以爱养百姓为本，不宜更张生事。尔到地方，当务安静，与民休息。"⑥二十七年（1688年）正月，又对

---

① 《清实录》第三册《清世祖实录》卷84，中华书局影印本1985年版，第663页。
② 光绪《大清会典事例》卷193《户部四十二·积储》，商务印书馆1908年版，第4页。
③ 《清实录》第四册《清圣祖实录》卷88，中华书局影印本1985年版，第1115页。
④ 《清实录》第五册《清圣祖实录》卷144，中华书局影印本1985年版，第584页。
⑤ 李汾阳：《清代仓储研究》，台北文海出版社2006年版，第190—192页。
⑥ 《清实录》第五册《清圣祖实录》卷129，中华书局影印本1985年版，第388页。

新任江西巡抚王骘、广东巡抚朱弘祚强调,"为大吏者,亦须安静,安静即为地方之福"。①二十五年(1686年)正月,他斥责云贵总督及四川、广西巡抚关于征剿苗族土司的疏请,是没有"安静抚绥"的结果,"如蔡毓荣、王继文、哈占等,身为督抚,不思安静抚绥,惟诛求无已,是何理也"?认为他们"居官殊无善状",②没有处理好官府和土司的关系。四十二年(1703年)正月,在总结南巡观感时,他谈到,"观今日南方风景,民间生殖,较之康熙三十八年南巡时,似觉丰裕",其原因,"大约任地方督抚者,安静而不生事,即于民生有益"。反之,若官员恃有才干,不体下情,反以此争先出众,博取名誉,则"民必受其殃矣"。③总结康熙帝屡次对各省督抚"安静"的要求,即做人有操守,做官需"宽民""爱民",不"苛索",不生事端,其要实施"恤民"之政,即体恤下情,宽待百姓,使其休养生息。这种通过"安静"图"和平"和"发展"的"中正和平"之道成为康熙中期以后政治生活中的普遍行为准则,也成为皇帝"察吏"的标准。④将之落实到社仓的举办上,就是要遵从民意,不强劝,不能惊扰民间。

在康熙帝看来,直隶巡抚李光地正属于"恤民"之能吏,堪委重任。

李光地,字晋卿,号厚庵,福建安溪(今泉州)人,为精通理学的饱学之士,因在三藩之乱中不肯服从耿精忠、帮助清军平乱而起家,逐渐为皇帝赏识,进而成为受到皇帝信任的几个汉人大员之一,被称为"当今名臣"。康熙三十七年(1698年)十一月,他从工部左侍郎提督顺天学政转任直隶巡抚这一要职,主政期间,治理漳河、滹沱河,广兴水利,整顿吏治,治理钱粮亏空,颇有气势。康熙四十二年(1703年),他升任吏部尚书,仍兼直隶巡抚,康熙四十四年(1705年),更升为文渊阁大学士。⑤在他近半个世纪的政治生涯里,尽管朝中大臣对其人品、行事时有非议,但康熙帝始终非常倚重他。因李光地为官期间政绩显著,贡献巨大,康熙帝曾三赐御匾,表彰其功,称赞其"自授巡抚以来,居官甚佳"。⑥

---

① 中国第一历史档案馆编:《康熙起居注》,中华书局1984年版,第1719页。
② 《清实录》第五册《清圣祖实录》卷124,中华书局影印本1985年版,第319页。
③ 《清实录》第六册《清圣祖实录》卷211,中华书局影印本1985年版,第144页。
④ 成积春:《治吏与"和平"——论康熙"中正和平"之道对吏治的影响》,《史学集刊》2011年第4期,第34—43页。
⑤ 蔡冠洛编:《清代七百名人传》,载沈云龙主编《近代中国史料丛刊》第六十三辑,台北文海出版社1966年版,第14—21页。
⑥ 《清实录》第六册《清圣祖实录》卷206,中华书局影印本1985年版,第94页。

直隶地理位置特殊，其积谷情况不仅关乎本省民食所需，更直接关系到京师的秩序安全。康熙帝在召见李光地时，不止一次谈到民间积蓄的重要性和他的担忧顾虑，"又虑有司奉法无人，推行不善，则利民之事，适以滋扰"。他同意李光地在直隶试行社仓的构想，"宜使民牧讲试，以引其端，不可使部文督责，以重其累"，① 并期望此举能为在全国范围内推广提供表率性的经验。

李光地做事谨慎得当，他指出直隶地方虽连年屡获丰收，可以试行社仓，但是，不可操之过急，贸然行之，因推行社仓有三难。（1）劝输之难。"行法之初，须使民乐从，无官吏抑勒之患，一难也。"（2）择人之难。"既行之际，必须得廉善公平之人，以司其事。此在有司察访真确，否则徒为蠹蚀贻害，二难也。"（3）管理之难。"行法之后，付之民，则漫无稽察；责之官，则吏因骚扰，其弊至使良民不愿掌管，而奸棍反用为市，三难也。"

为此，李光地特意制作《饬广积贮牒》，要求各道府将上述意见深思熟讲，会集贤绅耆老，广咨博议，然后将本地民心是否乐从、人才有无可托、州县官能否奉行、此事应举应停等，一一上报，以做定夺。②

康熙四十一年（1702年），直隶开始试办社仓，并筹集到一定数量的社谷。四十二年（1703年），康熙帝正式发布上谕：

> 直隶各省州县，虽设有常平仓收贮米谷，遇饥荒之年，不敷赈济，亦未可定。应于各村庄设立社仓，收贮米谷。直隶有旗下庄头，可合数村立一社仓。其管理社仓事宜，令庄头内有情愿经营者，交与收贮。百姓村庄，公设社仓，百姓有情愿经营者，交与收贮，以备饥荒。……设立社仓，于本乡捐出，即储本乡，令本乡诚实之人经管。上岁加紧收储，中岁粜借易新，下岁量口赈济。③

这一上谕指出旗人及汉人所在村庄均可试办社仓，因属首办，对社仓分布数量、地点设置、与村庄大小之间的关系、具体管理等并没有给出更为详尽的规定，仅仅是较为模糊和宽泛的原则性规范。

然而，事不凑巧，该年冬，河间等二十余州县发生饥荒，官府开仓平

---

① 李光地：《饬广积贮牒》，《清朝经世文编》卷39《户政十四·仓储上》，第19—20页。
② 同上。
③ 光绪《大清会典事例》卷193《户部四十二·积储》，商务印书馆1908年版，第1页。

第一章 环境与制度:清代长江中游地区仓储和社仓建设的背景

粜、赈济,尚嫌不足,部分饥民还流入京师谋食,各处社仓捐谷一事自然受到影响。在李光地的努力下,至康熙四十四年(1705年),他升任大学士时,统计四十一至四十三年(1702—1704年)共劝捐社粮(米、谷、麦、高粱等)7.49万石,出借贫民得息谷1510石。① 四十五年(1706年),粮食丰收,继任直隶巡抚赵弘燮上报,共劝捐社粮(米、谷、杂粮)1.46万石,又补捐四十四年(1705年)社粮(米、谷、高粱)2210石。鉴于劝捐社谷数量并不可观,赵弘燮请求再行一二年后,"如果与民有益",再奏请通行。②

此后连续三年,直隶部分州县发生蝗灾,粮食歉收,所幸没有造成普遍性的严重灾荒,但捐输社粮一事无疑继续受挫,捐收数字十分有限。至此,直隶试办社仓十余年,成绩平平,很难算得上成功,民众所捐社谷数量有限,仓廒则基本上没有修建。

康熙帝认为,社仓本为良法,其要在引导民间自愿捐输,官府不宜强加劝谕。在捐谷数额和不致"累民"二者之间,他坚持应更多考虑后者,以求"地方安静"。因此,他同意赵弘燮的建议,社仓如果交予官府,则"弊端百出"。当然,这并不意味着官府可以置之不管,无所作为。面对百姓不愿捐谷的现状,政府的应对措施,不应是强劝,而应出台奖励政策来加以鼓励,"于听捐之中少寓鼓舞之意","富民捐至若干作何免其徭役,绅衿捐至若干分别奖励,则人皆知劝而输将自易"。对于有田地之家,捐数较少,达不到应奖应免数额的,亦应听其自便,将所捐谷石数记录并纳入灾年蠲免钱粮范畴。倘有田亩而不愿捐输社谷者,亦不强求,只将姓名另记一册,遇蠲免之年,不予豁免。如此,则"人皆知惩而见义乐为"。③

遵循这一思路,康熙五十四年(1715年),户部第一次议准出台了"社仓劝谕之例",对捐输社谷者,除了经济上的奖励之外,还增加了精神层面的赞赏:

> 富民能捐谷五石者,免本身一年杂项差徭;有多捐一倍、二倍者,照数按年递免。至绅衿捐谷四十石,令州县给扁(匾);捐谷六十石,令知府给扁(匾);捐谷八十石,令本管道给扁(匾);捐谷

---

① 李光地:《饬广积贮牒》,《清朝经世文编》卷39《户政十四·仓储上》,第19—20页。
② 中国第一历史档案馆编:《康熙朝汉文朱批奏折汇编》第一册,档案出版社1984年版,第804—806页。
③ 同上书,第823—827页。

二百石,督抚给扁(匾)。其富民好义,比绅衿多捐二十石者,亦照绅衿例,次第给扁(匾)。捐至二百五十石者,咨吏部给予义民顶戴,照未入流冠带荣身。凡给扁(匾)民家,永免差役。①

五十五年(1716年)十月,因上年夏直隶部分府州县雨水过多,粮食歉收,民多乏食,被派往顺天、永平二府发赈及视察灾情的仓场侍郎张伯行具奏在永平府设立社仓。② 此时,康熙帝对能否通过举办社仓的方式来增加民间积贮越来越抱持怀疑的态度。他感叹,积贮之事,"闻之似善,而行之甚难"。之所以困难,根本原因在于民穷,"从前连岁丰收,朕曾谕地方官令民间节省积贮。但穷民一年所得,糊口之外,别有费用,何得余剩?"③ 既然一年所得所剩无几,自然无力积贮,更谈不上捐输社谷了。面对张伯行的具奏,他还指出另外一个问题,官府"仓粮库帑,设官专理,尚且亏空","社仓所收谷石,交百姓收贮寺庙,亏空又何待言耶?"由常平官仓已经出现的亏空问题联想到社谷存储可能产生同样的风险,重重顾虑之下,对张伯行的提议,自然态度消极,甚而认为"设立社仓,殊无裨益"了,"丰年犹可,若遇饥馑之年,开仓赈济,所司奉行不善,往往生变"。④

康熙末年,山西、直隶、陕西、山东等省雨泽愆期,秋收堪危,除各省常平仓谷开仓赈粜外,康熙帝谕发内库银50万两,派遣都察院左都御史朱轼、光禄寺卿卢询各带数员至灾情较重的山西、陕西两省设法买粮赈济。⑤ 奉差赈济山西的朱轼基于灾民遍地、粮食不足之情况,奏请采取设立社仓和兴修水利、引泉灌溉等措施。此事令康熙帝再次回想起直隶的教训,言及,此事"言易而行难",前李光地、张伯行均奏请行之,前者尽管谨慎行事,但"行之数年,并无成效,民多怨言",后者"朕令伊行于永平地方,其果有成效裨民之处,至今未奏"。到此时,康熙帝更坚定了"社仓无益"的观点,"且社仓之有益无益,朕已留心采访"。

凡建立社仓,务须选择地方殷实之人,董率其事。此人并非官

---

① 光绪《大清会典事例》卷193《户部四十二·积储》,商务印书馆1908年版,第1页。
② 《清实录》第六册《清圣祖实录》卷270,中华书局影印本1985年版,第645页。
③ 《清实录》第六册《清圣祖实录》卷268,中华书局影印本1985年版,第629页。
④ 《清实录》第六册《清圣祖实录》卷270,中华书局影印本1985年版,第647页。
⑤ 《清实录》第六册《清圣祖实录》卷292,中华书局影印本1985年版,第843页。

吏，无权无役，所借出之米，欲还补时，遣何人催纳？即丰收之年，不肯还补，亦无可如何，若遇歉收，更谁还补耶？其初将众人之米谷扣出收贮，无人看守，及米石缺空之时，势必令司其事者赔偿。是空将众人之米，弃于无用，而司事者无故为人破产赔偿矣。①

如此，百姓贫穷、捐谷困难加之担心借谷难追、仓谷亏空、社长赔累等，终使康熙帝形成了对社仓一事的负面评价。

社仓本为增进民众福祉而设，属"恤民"之政，但在诸多问题尚未解决，尤其是民穷的情况下，若一意推行，只会扰累百姓，徒惹事端，而这正是康熙帝所不愿意看到的。因此，尽管社仓之法始于朱子，听起来似乎很美好，但在直隶的实践表明，此法仅能行之于"小邑乡村"，不适宜由官府作为"定例"，② 统一执行。和之前态度相似，康熙帝吩咐其久住山西，"鼓励试行"。不过，皇帝态度既如此，试行的结果可想而知。

如此，终康熙一朝，社仓建设始终处于个别省份小心慢行的试点阶段，未能大范围普及。

二 雍乾时期：全面推行

雍正帝即位后，十分重视仓储问题，并一再强调举办社仓的重要性。他引用古人言论，"备荒之仓，莫便于近民，而近民则莫便于社仓"。③ 有感于前朝社仓建设中"行之不善，致滋烦扰"等教训，雍正二年（1724年）上谕指出：

> 社仓之设，原以备荒歉不时之需，用意良厚。然往往行之不善，致滋烦扰，官民俱受其累。

认为奉行社仓之道在于"宜缓不宜急"，"是在有司善为倡导于前，留心稽核于后，使地方有社仓之益，而无社仓之害"，且要求各省建立社仓时，需"劝谕百姓，听民便自为之，而不当以官法绳之矣"。④

为预防和克服社仓运行中产生的种种弊端，雍正二年（1724年）议定社仓之法，用于指导各地社仓建设，其主要内容有：

---

① 《清实录》第六册《清圣祖实录》卷294，中华书局影印本1985年版，第855页。
② 同上。
③ 《清实录》第七册《清世宗实录（一）》卷18，中华书局影印本1985年版，第304页。
④ 光绪《大清会典事例》卷193《户部四十二·积储》，商务印书馆1908年版，第1页。

社仓之法，原以劝善兴仁。该地方官务须开诚劝谕，不得苛敛，以滋烦扰。至收储米谷，先于公所、寺院收存，俟息米已多，成造仓廒收储。设立薄籍，逐一登明。其所捐之数，不拘升斗，积少成多。若有奉公乐善，捐至十石以上，给以花红；三十石以上，奖以扁额；五十石以上，递加奖励。其有好善不倦，年久较多，捐至三四百石者，该督抚奏闻，给以八品顶戴。其每社设正副社长，择端方立品、家道殷实者二人，果能出纳有法，乡里推服，令按年给奖。如果十年无过，该督抚题请给以八品顶戴。徇私者，即行革惩；侵蚀者，按律治罪。其收息之多寡，每石收息二斗；小歉减息之半，大歉全免其息，止收本谷。至十年后，息已二倍于本，止以加一行息。其出入之斗斛，均照部颁之斗斛，公平较量。社长预于四月上旬申报地方官，依例给贷，定日支散。十月上旬，申报依例收纳，两平较量，不得抑勒多收。……其薄籍之登记，每社设立用印官薄，一样二本。一本社长收执，一本缴州县存查。登记数目，毋得互异。……每次事毕后，社长、州县各将总数申报上司。如有地方官抑勒挪借、强行粜卖、侵蚀等事，社长呈告上司，据实题参。①

首次对社谷筹集、收贮、发贷、收息、薄籍登记以及奖励、社长和地方官职权等社仓管理和运营各环节作了明确规定。

雍正帝同时指出：因各地方风土不同，对于上述规约，并不强求统一，需"随宜立约，为永远可行之计"，要求各省督抚于本省之中先行数州县，俟一二年后，著有成效，方可广行其法于通省。②

由上述内容可知，在社仓的管理上，雍正帝推崇社仓"掌守在民，稽查在官"的管理模式，一方面强调社仓由民间自愿捐输、自我管理，并对那些由官方直接管理、将社仓等同于官物的行为给予批评；③ 另一方面，也强化官方稽查职责，官方可制定捐谷奖励标准、给予社正副奖惩、规定量具的统一及监督社仓的账目等，但是，却不能越过干预出纳的雷池。与此同时，除了负责社谷的出纳敛散外，赋予社长监督地方官行使职权的权力，从而形成一定的双向权力制约机制，从制度上保障社仓的正常运转。

---

① 光绪《大清会典事例》卷193《户部四十二·积储》，商务印书馆1908年版，第1页。
② 同上。
③ 山东、陕西、直隶等省因将社谷交由官管，官方直接干预社谷借放而受到朝廷的批评，参见《清朝文献通考》卷35《市籴考四》，商务印书馆1936年版，考5181—5182。

第一章　环境与制度:清代长江中游地区仓储和社仓建设的背景　53

在朝廷的大力提倡之下,各省很快行动起来,雍正二年(1724年),各省在省内部分地区"渐行社仓之法"。① 三年(1725年),更是全面开花,在全国范围内掀起了建仓高潮。许多地方社仓数、存谷量增加迅速。据记载,河南省设立社仓后,仅在雍正元年至三年(1723—1725年),官民捐谷即达10.9万石,此后历年劝捐加上息谷,雍正末年贮谷已达到36.19万石。陕西省雍正七年至八年(1742—1743年)在全省各乡设仓545处,贮谷达55万石。②

一时间,各地社仓建设势头迅猛,形势喜人。但在这表面繁荣之下,却是暗流涌动。雍正四年(1726年),谕令对常平仓、社仓进行盘查,以观其成效,结果发现广东、江西、湖南、湖北等省存在浮夸多报、名不符实等现象,其中以湖广最为严重,上报已积谷至数十万石,结果却发现"原报甚多,而现贮无几"。雍正帝对此十分恼火,在五年(1727年)六月发布的一则上谕中,他分析了问题所在,意识到中央政府试办社仓的用意被各地督抚曲解,进而急于求成的问题,一方面指责湖广社仓有名无实的现象,另一方面分析了其中的原因,谈到了社谷捐输之难,特别批评了地方官吏不尽职尽责,乃至侵蚀挪移造成仓谷亏空的现象,同时提出了善后办法:州县侵挪之社谷需严加追赔,民间尚未缴仓之谷则视情况妥善处理。③

这次事件表明,尽管中央政府制定的社仓规章不可谓不用心和周密,但实践过程中,却并非尽如人意。突出的问题是,各省督抚在处理社仓事宜时,首要考虑的是要完成皇帝对于社仓举办的数量要求,并为此不择手段,采取弄虚作假乃至违规操作等手段达到目的,甚至不惜突破相关的规章制度。正因为此,雍正帝深感举办社仓之不易。加之在其他地方亦相继出现种种问题,如在一些捐谷不足的地方,为增加储量,不惜以摊征或征收附加税等方式筹募谷本,变相增加了百姓负担,如苏州、上海就以随漕捐纳米为社本。④ 为解决这些问题,雍正朝中期以后,对于社谷筹集之法放宽了条件,除百姓自愿捐输之外,允许以其他较为可行的方法筹集社

---

① 光绪《大清会典事例》卷193《户部四十二·积储》,商务印书馆1908年版,第1页。
② 赵新安:《雍正朝的社仓建设》,《史学集刊》1999年第3期,第16—20页;吴洪琳:《论清代陕西社仓的区域性特征》,《中国历史地理论丛》2001年第3期,第53—58页。
③ 中国第一历史档案馆编:《雍正朝汉文谕旨汇编》(第十册)卷30《积贮》,广西师范大学出版社1999年版,第570—571页。
④ [日]星斌夫:《中国社会福祉政策史の研究——清代の赈济仓を中心に一》,东京图书刊行会1985年版,第218页。

谷，但不得损害百姓利益。雍正七年（1729年），准许陕西省将征收加二火耗内原已裁减的每两减五分之数，发与民间采买谷石，分贮社仓，待采买数足后，再行减收。十三年（1735年），准许云南省按各属地方大小及存储多少，动拨常平仓及官庄米500—800石作为社本，补充那些谷数相对较少（1000石以下）或全无存谷之社仓，一并出借穷民，待息谷多后再原额偿还。①

总体而言，雍正朝的社仓建设成就表现在首次公布了社仓条规，且全国范围内推行。自四年（1726年）之后，鉴于暴露出的种种问题，雍正帝不再严厉催促，各地社仓建设步伐逐渐放缓，渐趋平静。

罗威廉认为，相较于雍正帝，乾隆帝并不重视社仓，对社仓的态度甚至是"漠不关心"的，他的理由是乾隆帝并未颁布任何有关社仓问题的政策旨意，而且对热衷于社仓的陈宏谋这样的省级大员的频繁上奏表示出厌烦之意。②笔者并不认同他的这种看法。乾隆帝即位伊始，即谕令各省清查常平、社仓等仓储实数，并令上报社仓举办成例，乾隆五年（1740年），还在各省督抚间掀起"社仓大讨论"，此后即开始陆续进行政策调适。乾隆帝对于社仓问题的重视是通过频频批复各省督抚的上奏体现出来的，社仓制度主要有两方面变化。一是对雍正朝的政策作了一些调整，根据各省实际情况，就仓谷来源、奖劝条例、社长任免、社谷分配和用途诸方面给予不同政策，使社仓制度避免过于"刚硬"，更加贴合当地实情。二是将社仓制度的核心内容以法规的形式确立下来，以规范和促进发展。乾隆帝重视仓储和社仓的另一个表现是，每年要求将常平、社、义仓谷数随"民数谷数折"一并上报户部，相当于将社谷纳入了官员的职责范围之内，这迫使官员们不得不建立起对社仓的审慎态度。无论乾隆朝的社仓和雍正朝的社仓关系如何，乾隆朝各省的社仓谷石数稳步增加是可以肯定的。试想，若乾隆帝对社仓轻视或漠视，上述情况就很难解释得通了。

四川省：乾隆二年（1737年）九月，四川巡抚硕色奏，川省自从雍正初年设立社仓以来，惟有达州、内江等三十余州县有捐贮谷2.1万石，其他百余州县俱无存储。"查川省常平仓每年春粜秋还，多有盈余。因此，可将各属盈余俱令买入社谷。若盈余州县社粮已多，即将此州县之盈

---

① 《清朝文献通考》卷35《市籴考四》，商务印书馆1936年版，考5182、5186。
② ［美］罗威廉：《救世——陈宏谋与十八世纪中国的精英意识》，陈乃宣、李兴华、胡玲等译，中国人民大学出版社2013年版，第395页。

余，拨买粮少州县之社仓。俟数年后，皆有积蓄，民自乐捐，积贮有数，再行酌量建仓。"这种以常平盈余价银拨买社谷的做法，得到乾隆帝的首肯。① 据《清朝通典》载，三年（1738年），定四川买补常平价银，除买补正项外，剩余银两均买作社粮，"以为民倡"。② 不久，硕色再奏，社仓积谷已次第举行，已贮谷50430余石，请求照常平例，每400石建廒一间，用耗羡公用银修建。乾隆帝对于社谷增贮十分欣慰，批准了其申请，并说"积贮社仓，甚属美政"，嘱其"行之必须妥协"。③

广西省：乾隆三年（1738年）四月，户部议准广西巡抚王謩题请，各属社仓民间谷石，概行停止加息。④ 五月，户部又议准广西接任巡抚杨超曾疏言，对借领社谷停止收息之规定作了修改。广西各州县社仓谷石于岁歉时，有民间借领者，即使遇到丰收，亦免其加息。如系青黄不接之时，循例借领者，遇到荒歉，只还本谷。其在丰收之年，秋后还仓，则照例加息。⑤

贵州省：乾隆四年（1739年）九月，户部议准贵州总督张广泗奏请，应将出借社谷比照部行出借仓谷之例，收成五分以下，缓至次年秋后还仓；六分者，本年还一半，次年还一半，均免加息；七分者，本年全还，亦免加息；收成八至十分者，本年秋收，照数加息还仓。⑥

河南省：乾隆五年（1740年）三月，户部批准河南巡抚雅尔图在社仓中试行士民"寄谷"之法，以扩大社谷贮额。即，因自愿捐输社谷情况不太理想，请仿照朱子社仓，除了听凭好义之人照常捐输外，如有小民情愿出谷作本贮仓收息者，另立印簿，不拘多寡，悉登簿内。至青黄不接之时，将谷与社仓贮谷一体听人借领，每石照例收息谷一斗，以五升归公，为修仓铺垫之用，以五升返还原寄之人。若原寄之人不愿收回，仍存仓为次年谷本出借。倘遇水旱之年，本人愿领出自食，或愿周济亲邻，悉听尊便。并允许其子孙源源收息。如此，凡好义之人与趋利之人，社仓皆受其益。⑦

江西省：乾隆四年（1739年），题准江西省社谷可每石收息一斗，维

---

① 《清实录》第九册《清高宗实录（一）》卷51，中华书局影印本1985年版，第875页。
② 《清朝通典》卷14《食货十四·轻重下》，商务印书馆1935年版，典2099。
③ 《清实录》第十册《清高宗实录（二）》卷67，中华书局影印本1985年版，第91页。
④ 同上书，第90页。
⑤ 《清实录》第十册《清高宗实录（二）》卷68，中华书局影印本1985年版，第101页。
⑥ 《清实录》第十册《清高宗实录（二）》卷101，中华书局影印本1985年版，第528页。
⑦ 《清实录》第十册《清高宗实录（二）》卷113，中华书局影印本1985年版，第664—665页。

持旧例。①

……

各省不断将有关社仓的事宜加以整饬，并上报给皇帝和户部审批，基本上都会得到肯定的答复。例如，乾隆六年（1741年）议准，陕西巡抚张楷关于将捐输杂粮之人，遵照雍正二年（1724年）捐输社仓谷石奖励之例，一并奖叙。②又覆准浙江巡抚卢焯、江苏巡抚徐士林等，将雍正朝制定的奖励条例稍作变通，如卢焯提出，捐谷至三十石、五十石、八十石、一百石、一百五十石以上，分别由州县、知府、巡道、布政使、督抚给匾，通过由不同级别的官吏给匾奖励，刺激士民捐谷热情。并同意，捐输杂粮亦照谷石之数，同等奖励等。③

十年（1745年），议准各省社长三年更换一次，以绝弊窦。三年无过，经同社公保，可再留三年。④

二十九年（1759年），奏准广东社仓溢额谷石留于各州县备赈，免其变价解缴。⑤

三十五年（1770年），暂准江苏省修改社仓条规，将原议由乡保推举士绅充任社长、社长一年一换改为由各州县官选本社不应试之殷实监生举充，三年为一周期，若出纳公平，仓无亏缺，详报道府给匾奖励，并令再接管三年。如始终如一，举充乡饮。六年无过，另选充补。若办理不善，随时更换。为了解决强借、拖欠不还等问题，社长可以要求州县官在社谷春季出借、秋季还谷时派员弹压。⑥三十六年（1771年），否定了社长可连充六年的奏议，仍定三年一换。⑦

三十七年（1772年），议准山东巡抚徐绩所奏，改变各州县官交代时，只将社谷报府、司、巡抚，不予报部的惯例，改为将社谷盘清结报，咨部查核，如有积年民欠，实系逃亡无著及力不能完者，于年底报部题

---

① 光绪《大清会典事例》卷193《户部四十二·积储》，商务印书馆1908年版，第2页。
② 《清实录》第十册《清高宗实录（二）》卷146，中华书局影印本1985年版，第1104页。
③ 《清实录》第十册《清高宗实录（二）》卷148，中华书局影印本1985年版，第1133—1134页。
④ 光绪《大清会典事例》卷193《户部四十二·积储》，商务印书馆1908年版，第2页。
⑤ 《清实录》第十七册《清高宗实录（九）》卷702，中华书局影印本1986年版，第846页。
⑥ 《清实录》第十九册《清高宗实录（十一）》卷875，中华书局影印本1986年版，第733—734页。
⑦ 《清实录》第十九册《清高宗实录（十一）》卷879，中华书局影印本1986年版，第782—783页。

第一章　环境与制度：清代长江中游地区仓储和社仓建设的背景　57

豁。令各省一律照此办理。①

四十年（1775年）、四十四年（1779年）、四十六年（1781年）分别核准仓谷较为充盈的山西、江西、湖南等省，社谷除用于备荒歉外，可酌留息谷杲银，用于地方农田水利的修筑等。②

中央政府还将关于社仓的政策形成一系列法律条文加以固定，如"社仓捐谷听民自便，不得绳以官法，违者以违制论"。"凡社仓谷石，不遇荒歉借领者，每石收息谷一斗还仓，小歉借动者，免取其息"。③"凡民间收获时，随其所赢，听出粟麦，建仓贮之，以备乡里借贷，曰社仓。公举殷实有行谊者一人为社长，能书者一人副之，共领其事。按保甲印牌，有习业而贫者，春夏贷米于仓，秋冬大熟，加一计息以偿，中岁则捐其息之半，下岁免息。社长、社副执薄检校，岁以谷数呈官。经理出纳，惟民所便，官不得以法绳之。丰年劝捐社谷，在顺民情，禁吏抑派。有好义能捐十石至百石以上者，旌奖有差。社长、社副经理有方者，按年给奖，仍以息谷酌酬劳勋"。④

应该说，雍正朝社仓条规"随宜立约"的目标，在乾隆朝真正得以实现。相较于雍正朝而言，乾隆朝普遍加强了官方对于社仓的劝捐、社谷进出、社长选充、仓谷盘查等监管责任。在乾隆二十四年（1759年）御史吴龙光关于清理出借未买还谷的一份上疏中，有"社仓谷石，虽系民间义捐之项，亦宜交地方官查察"之语，户部是明确赞同的。⑤ 在乾隆二十三年（1758年），浙江巡抚杨廷章所制定的社仓规章中，有社仓"稽查在官，民无侵蚀。其地方官奉行得法，立社较多者，应予记功，否即记过。倘捐有成数，随时盘查，年终出结，申报各上司查核"。⑥ 州县官需要随时盘查社谷的数量，而社仓举办的好坏直接关系到对地方官的功过奖惩。

经过不断整理和修订社仓制度，各地社仓的发展渐入佳境，贮谷数量稳步增长。以四川为例，乾隆五年（1740年），四川巡抚方显上报社谷捐

---

① 《清实录》第二十册《清高宗实录（十二）》卷903，中华书局影印本1986年版，第49页。
② 光绪《大清会典事例》卷193《户部四十二·积储》，商务印书馆1908年版，第3页。
③ 乾隆《大清律例》卷11《户律·仓库上》，第8页。
④ 乾隆《大清会典》卷12《户部·积贮》，第10页。
⑤ 《清实录》第十六册《清高宗实录（八）》卷586，中华书局影印本1986年版，第507页。
⑥ 《清实录》第十六册《清高宗实录（八）》卷573，中华书局影印本1986年版，第283页。

输及积谷情况,内称"川省社仓粮石自雍正二年奉行以来,至乾隆元年止,捐谷一万一千余石,捐数寥寥。嗣经前抚臣硕色奏明,将春籴秋还之仓粮买补正项盈余银两悉令买作社谷,为存贮之基,又加徐徐劝捐,至乾隆三年奏报共存谷八万七千余石"。① 经过政策修订,四川省社谷数从1.1万石增至8.7万石,翻了近八倍。乾隆十三年(1748年),增至13.8万石。② 至乾隆中期,四川省已成为全国贮社谷最多之省,积谷相当可观(见表1—4)。

云南省社仓在雍正末年时存谷麦7万石,至乾隆二十四年(1759年),"子母相生,数愈十倍"。③

乾隆三十一年(1766年),中央政府下令盘查各地仓储积贮情况,据《清朝文献通考》记载,各省上报社仓贮谷情况如表(1—4)。

表1—4　　　　乾隆朝各省社仓贮谷情况一览　　　　单位:石

名称	社谷额	名称	社谷额
直隶	396524	河南	643110
奉天	93614	山东	186048
江苏	323751	山西	579643
安徽	505285	陕西	620870
江西	731768	甘肃	31677
浙江	260481	四川	900518
福建	492657	广东	422471
湖北	654003	广西	258276
湖南	532537	云南	569896
贵州	30912		

资料来源:《清朝文献通考》卷37《市籴考六》,商务印书馆1936年版,考5206。

表1—4清楚地反映出两点:一是社仓之设已覆盖全国,且各地都有一定数量的储谷;二是各省储谷数额相差较大。产粮大省四川省的社谷最多,达到90万石,而山多田少的贵州省只有3万石,两者相差30倍。基

---

① 署理四川巡抚印务、四川布政使方显题,乾隆五年,《内阁汉文题本·户科》,第一历史档案馆藏。
② 《清实录》第十一册《清高宗实录(三)》卷185,中华书局影印本1985年版,第393页。
③ 光绪《大清会典事例》卷193《户部四十二·积储》,商务印书馆1908年版,第2页。

本上长江流域、中原等产粮地区情况较好，而边远地区情况较差，甘肃、贵州和奉天三省区各自社谷量尚不足10万石。这体现了社仓建设鲜明的地域性特点，整体的良好发展与少数地区的滞后形成了鲜明对比。

三 嘉道时期：听民自管与走向衰败

从各地社仓发展态势看，自乾隆后期开始，经过了兴盛之后，在各种因素的影响下，普遍的趋势是走向衰败。

嘉道两朝社仓建设的主要工作就是整饬各种弊端，以图挽回社仓趋于衰败的颓势。乾隆朝社仓制度的突出特点，是强化官府对于社仓的监管职责，由此带来的后果，是一些州县官为了便于监管社仓，干脆将社谷收归官管，从而引发侵蚀挪移等问题。还有一些州县官在自己亲自下乡、或派吏胥下乡核查社谷时，爆出勒索弊行，或者出现主管社长和盘查书吏沆瀣一气，倒卖社谷的丑行。诸种积弊，正如嘉庆四年（1799年）的一道谕令所言：

> 社仓原系本地殷实之户好义捐输，以备借给贫民之用。近来官为经理，大半藉端挪移，日久并不归款。设有存余，管理之首士与书吏，亦得从中倒卖。倘遇俭岁，颗粒全无。以致殷实之户不乐捐输，老成之首士不愿承办，是向来良法，徒为官吏侵肥。[①]

有鉴于此，嘉庆帝决定给社仓松绑，令各省督抚"将各省社仓，仍听本地殷实富户择其谨厚者，自行办理，不必官吏经手"，这主要体现在：（1）州县地方官不再负责稽查社谷进出和核对账簿，"社长、本县各将总数申报上司"，"毋得互异"，每年年底由各级地方官员将社长所报数目"转报上司，造册报部"即可，"一切出纳，听民自便"，完全由民自管。（2）州县地方官不再干预社长更替人选。强调各社长更换必须由本社自行选定接替人选，地方官不得指定人选，更不能藉端为难，影响操作，否则查出究办。（3）社仓仓厫修理等一切事宜不再上报官方批准。规定仓厫修葺之类事宜亦由同社乡民和社长共同商议办理，不许官为经管。修仓费用从息谷粜卖中支取，用过的料银和粜过谷石数目不再报部核销，只由社长结报地方官，再由地方官转报督抚即可。[②]

---

① 光绪《大清会典事例》卷193《户部四十二·积储》，商务印书馆1908年版，第3页。
② 同上。

尽管如此，社谷亏空问题仍积重难返，难以好转。其中突出的问题在于主管社长侵吞社谷的行为。云南省是社仓经营较好的地区之一，乾隆三十年（1765 年）存谷即有五十余万石，据嘉庆六年（1801 年）清查，至嘉庆四年（1799 年）本应储 60.55 万石，实贮仅 32.4 万石，短缺 28.15 万石。嘉庆十二年（1807 年），该省石屏州发生生监贿赂当地知州并串通书吏，长期冒领、多领社谷，以致无力农民借领不足一事。①

嘉庆二十年（1815 年），上谕，御史盛惇大奏请饬查办常平、社仓积弊一折，"各省州县例设常平仓，又准民间报官，自设社仓，每年出陈易新，以平谷价，且储贮充盈，可为欺岁之备。立法至为美善，乃废弛日久，积弊相沿。……社仓之弊，由于社长之奸懦，以致惠政不能及民，而不肖州县及蠹胥土豪各以饱其欲壑。著各该督抚通饬所属州县……其社仓饬令各乡公举殷实老成之人报充社长，以司出纳，官吏不得干预。如有侵吞及强借等弊，官为秉公查究。务俾实惠及民，永除扰累。"②

为解决社长贪污问题，除了再次强调推举社长人选的品质，所能想到的办法就是要求州县官及时惩治不称职的社长。

尽管如此，效果并不明显。正如道光元年（1821 年）御史陈继义所奏，"仓正偷卖分肥，州县藉端挪借，胥役从中侵蚀，（社仓）遂至日就亏缺，仅存空廒。继则旷废日久，并廒座亦复无存"。对此，道光帝感慨，"各省偶遇偏灾，议缓议蠲，从未闻有议及以社、义二仓之粟周瞻穷黎者"，他要求各地马上清查社、义二仓：

此事废弛已久，自应及时兴复，以裕民食。著通谕各直省督抚察看所属州县地方社、义二仓，见在存者若干，废者若干，以次董率修复。惟是仓以社、义为名，原系民间自为输纳。若官吏因缘为奸，甫经输纳，旋即亏缺，既已亏缺，又复派输，是闾阎未受其益，先受其害。务检查从前办理旧章，各趁丰稔之年，劝谕绅民殷户量力捐输，妥慎存贮。其出借交还，一切谨受成法。仓正公举诚实信义之人，司其出入，地方官不得抑勒挪移，致有侵扰。如有前项弊端，该管上司访闻，立即严参惩办。③

---

① 《清朝续文献通考》卷 60《市籴考五》，商务印书馆 1936 年版，考 8162—8163。
② 同上书，考 8164。
③ 《清朝续文献通考》卷 61《市籴考六》，商务印书馆 1936 年版，考 8165。

第一章　环境与制度:清代长江中游地区仓储和社仓建设的背景　61

至于整治社仓的基本原则,则是继续坚持嘉庆朝社仓"由民经理"、官不干预的原则。不过,也对此政策作了部分微调。对于由民间捐输谷石的社仓,由主管社长经管。但是,对于由官谷作本的社仓,则直接交由州县官掌管。如要求陕西、广西州县官交代时,将常平仓与社仓一起盘查,造册结报。对广西由常平仓息谷作本的浔州、庆远、镇安、思恩四府社仓,均视为官仓,由当地州县掌管,如社长有侵蚀亏空有百石以上的,将该主管官员官职降二级留任。①

同前朝皇帝一样,道光帝亦屡屡下文,想方设法欲剔除仓储积弊。但是,仓储中存在的种种问题已经相当顽固,且有愈演愈烈之势。道光十四年(1834年),四川泸州发生地方官员大肆侵吞社、义两仓仓谷、仓钱,引起公愤的事件。②归根到底,道光帝除了一再强调各督抚加强和州县官实心办理,想不出什么有效的办法可以令其弊端尽除。

至道光中期,各地社仓大半已有名无实。正如道光十四年(1834年)三月,针对给事中黄爵滋奏请剔除州县仓储积弊一折,上谕所言:

> 各直省常平、义、社等仓,原为借给平粜、济荒备赈之用,岂容有名无实,日久竟成具文。如该给事中所奏,州县仓贮谷数,往往有簿无谷。印官交卸,虚出通关,只取仓书一结。后任若以接收为难,监临转嫌其挑剔。其久任之员,遇上司认真盘查,则那(挪)东垫西,支吾凑款。卸事之日,辄据册结为凭。上官避失察之咎,新任畏委盘之累,相蒙相忍,总以迁去为幸。

不唯社仓,义仓亦出现同样问题,"又义仓多系民捐,或买或输,存以借赈,不准借粜。其初,承管者身家颇裕,才识较长。迨经历有年,岁积羡馀,垂涎染指,非官吏授意,即借此汇缘,朋分捏报,巧为支销。或讬称霉变,或添置田亩,竟至价虚谷蚀,有契无田,尽归乌有"。

在上谕中,还特别列举了社仓存在的诸多问题,"至于社仓,分建各乡,听民春借秋还,原以济常平之不及。其有不应借而私给,并不愿借而勒领,有司不加查察。所报正副社长,率多故名顶充,任听图差、里保、乡约、牌头私相递交。或有仓无谷,或仓谷俱无,仅存册籍,甚至变谷为钱,并无加息收放之事。间有谷尚存仓,蠹役笔官,托言厘弊,将社谷尽

---

① 光绪《大清会典事例》卷193《户部四十二·积储》,商务印书馆1908年版,第3页。
② 《清朝续文献通考》卷61《市籴考六》,商务印书馆1936年版,考8167。

移入城，以为那（挪）垫之地"。①

透过这则上谕可以清楚地看出，仓储的衰败不仅带有普遍性，且其弊端已相当严重。如此情形下，皇帝屡次下发的谕令显得苍白无力。尽管直到道光末年（1850年），皇帝仍发布谕令：

> 社仓广建，尤为备荒善政。果能劝导有方，绅富亦乐于输纳。著饬各州县按照里数，酌设社仓，劝令富民捐输米石，以备积储。断不可令吏胥经手，致滋弊端。倘能办有成效，准其将捐输姓名奏请议叙。②

只是，同以往一样，这仍然只是一道老生常谈的谕令，仅此而已。

四 咸同之际：战乱冲击

清中叶以后，随着各种社会矛盾不断激化，各地人民群众的反抗行动此起彼伏。尤其是几次大的农民起义，影响很大。例如，咸丰年间爆发的太平天国农民革命，其持续的时间之长、波及面之广，为清朝中后期之最。清政府对此进行了长期而残酷的镇压，双方的交战客观上对各地社会造成了破坏性影响，对各地仓储造成了毁灭性的打击。战火波及的湖南、湖北、江西、江苏、上海、河南等地，仓储谷石（社谷）有的被征作军饷，有的被掠食，有的因战乱而废，几无幸免。

除此之外，影响波及安徽、江苏、山东、河南等南北十省，有十余年的捻军起义（1855—1868年），贵州的苗民起义（1855—1873年），云南的回民起义（1856—1874年），陕甘回民起义（1862—1873年），新疆回族、维吾尔族等民族起义（1864—1871年）等，使得大江南北处于动荡之中，仓储大半毁灭无存。

战乱破坏社仓的表现形式，首先是直接掠走粮食，毁坏仓廒。其次是包括社谷在内的仓粮被征用作军粮。社仓本为备荒而设，强调的是本地捐出即为本地之用，一般不转移或用作他途。但随着战事一开，军费、军粮所需大增，在粮食筹措不足的情况下，官员开始打上社谷的主意。而中央政府为了大局需要，不得不支持这种诉求。咸丰三年（1853年）五月，

---

① 《清实录》第三十六册《清宣宗实录（四）》卷250，中华书局影印本1986年版，第767页。

② 《清朝续文献通考》卷61《市籴考六》，商务印书馆1936年版，考8169。

太平军势头正猛,曾在山东进剿过捻军的户部尚书徐泽醇进言"广筹经费"一折,请求各直省将社仓谷石分成提解,或充军饷,或变价备拨,并借用济仓之粮,为各省防堵之用。上谕首肯,并令各省督抚按照此折所奏,根据地方情形,斟酌妥办。① 有了这一指令,各地遂顺理成章地将本地社谷、义谷悉数充公用作军需。

此外,战乱还造成社谷捐输和归还困难。社仓主要是靠捐输和借贷维持生存的,然而,由于政治腐败、战乱频仍、灾害频发,经济发展每况愈下,导致百姓生活愈加贫困,根本没有余力捐输社谷,所借社谷也无力偿还。当时由于生活艰难,百姓四处逃亡,所借社谷有出无回,这些都使得社仓因得不到及时补充而落败。陕西省部分社仓的衰落即因此故。② 而一些殷实老成富户眼见社谷有借难还,日益赔补,又管理混乱,弊窦丛生,也不愿捐谷或插手经管,致使社仓反被不肖之人把持,兴风作浪,中饱私囊,这更加剧了社仓的衰亡。③

五 同光时期:有限的复兴

同治中兴、光绪新政,大力推行各项改革措施,力图重振大清帝国往日雄风,仓储制度的改革、整顿成为其中重要内容。同治三年(1864年),谕令各省督抚大吏认真整顿常平、社仓:

> 为政之要,首在足食。各直省州县设立常平、社仓,国家承平,留以养凶荒之用。一旦有事,恃以为缓急之需,所以未雨绸缪之计者,法至善也。近来军务繁兴,寇盗所至,地方每以粮尽被陷。推原其故,总由各州县恣意侵挪,任令米粟空虚,遇变无所倚赖,又或闻警逃遁,弃盗以粮,以致守御无资,生民涂炭。兴言及此,罪有攸归。嗣后,各省常平、社仓责成督抚大吏认真整顿,废者复之,缺者补之,随时稽查。凡官仓、民仓未动之谷,不得变价提用。至于仓谷已缺,绅民捐赀弥补者,尤应加意保全,务使仓谷丰盈,以期有备无患。④

---

① 《清实录》第四十一册《清文宗实录(二)》卷95,中华书局影印本1986年版,第343页。
② 吴洪琳:《论清代陕西社仓的区域性特征》,《中国历史地理论丛》2001年第3期,第53—58页。
③ 道光《云梦县志略》卷2《营建·仓库》,第5—7页。
④ 同治三年正月二十九日上谕,转引自中国第一历史档案馆编《咸丰同治两朝上谕档》第十四册,广西师范大学出版社1998年版,第25页。

同治八年（1869年）三月，借批阅御史宋邦傪奏整顿吏治并请举办社仓、社学、普济、育婴各折片，同治帝谕内阁，要求除了因战事用兵省份外，其他各省查照过去旧章，兴复废弛已久的社仓、社学、普济堂、育婴堂等社会救助和慈善组织：

> 至社仓、社学、普济堂、育婴堂，皆有裨于吾民。惟日久弊生，各州县无不废弛。现除用兵省分外，即著各该督抚转饬所属地方官，查照旧章，一律兴复。第设立社仓等项，每资民力，奉行不善，适以扰民。其瘠苦地方，应否酌提公项，以均贫富之处，并著各直省督抚妥议章程，奏明办理。①

仓储的整治工作逐渐引起各级地方官的注意，光绪年间，各地关于此方面的上奏不时出现，中央政府也借机陆续发布了一系列关于整饬和充实仓储的命令，这些命令中多处提到社仓。光绪二年，谕鲍源深奏请饬各省捐备仓谷，以济荒歉等语：

> 足民之政，积谷为先。国家设立常平仓，原以备赈济之用，第监守在官，于民究有未便。鲍源深拟仿江南从前设立丰备仓之法，劝民遵办。其向有社仓者，加意整顿，未立者赶紧捐储，事成报官。地方官不得问其出入，以杜扰累。所筹尚属周妥，著直省督抚饬属一体办理。②

光绪四年（1878年）二月，谕给事中崔穆之奏整顿各省仓谷一折：

> 各直省常平等仓存储谷石，以备歉岁之用。原系良法美意，近来地方各官并不认真经理，甚至侵蚀亏短，仓座亦倾圮失修，以致一遇灾荒，民食并虞匮乏。自应妥筹整顿，以资备豫。著各省督抚府尹，严饬所属地方官，即将常平仓谷陆续买补，务期足额。社仓、义仓，所以济官仓之不足，并著劝谕绅民，次第兴举。……至各属仓座，有应行整理者，均著饬令迅速修复。仓存谷石，该督抚府尹务当严加稽

---

① 《清实录》第五十册《清穆宗实录（六）》卷254，中华书局影印本1987年版，第542页。
② 《清朝续文献通考》卷61《市籴考六》，商务印书馆1936年版，考8171。

第一章 环境与制度:清代长江中游地区仓储和社仓建设的背景　65

核,力袪积弊。①

六月,又谕兵部代奏主事蒋元杰条陈一折:

> 各省设立常平仓,原以备凶荒之用。近来地方官往往视为具文,一遇凶年,补苴无术。著各省督抚严饬所属,将常平仓实力整顿,更于各乡设立社仓,责成公正绅耆经理,以补城仓之不足。②

五年(1879年)十二月,因为各地兴复社仓的成效不太显著,光绪帝再次敦促各省:

> 谕内阁,御史章乃奋奏请饬举行社仓、社学一折。各省设立社仓、社学,教养兼资,法良意美。军兴以后,多有废坠失修之处。现在军务久平,自应及时整顿。著各直省督抚转饬各州县,查照旧章,一律兴修。其经费或藉资民力,或酌提公项,并著察度各该地方情形,奏明办理。③

及至三十三年(1907年),新成立的民政部仍然十分推崇作为备荒要政的社仓:

> 备荒之政,社仓最善。各省社仓应由民间公举社长为总理,副以殷实老成之人,每岁上谷数于地方官。该地方官应将所报谷数查明确实,其有侵蚀亏短者,即由地方官追究。④

然而,尽管中央政府申饬再三,就全国而言,地方重建常平、社仓的情况始终不尽人意,无法和雍乾时期相比。在政府要员的眼中,几至形同虚设。光绪二十四年(1898年),慈禧谕内阁,据军机大臣刚毅奏,"各

---

① 《清实录》第五十三册《清德宗实录(二)》卷68,中华书局影印本1987年版,第47页。
② 《清实录》第五十三册《清德宗实录(二)》卷69,中华书局影印本1987年版,第69—70页。
③ 《清实录》第五十三册《清德宗实录(二)》卷106,中华书局影印本1987年版,第567页。
④ 《清朝续文献通考》卷61《市籴考六》,商务印书馆1936年版,考8171。

省常平、社仓,几同虚设"。①尽管像陕西、江西等省,社仓建设在某个时段算得上有声有色,如陕西省,"仅(光绪)六、七两年,九十一厅州县共捐存京斗稻、粟、麦、豆八十万六千石有奇,计修建社仓一千六百余处"。②江西省自同治八年(1869年)至光绪年间,南昌府属州县存社谷共6.26万石;瑞州府州县社仓储谷共6820石;临江府州县贮谷为2.35万石,其他十府一州所辖州县各社仓亦均有相当储量。③但这样的情况毕竟太少。整体上,社仓已经无法像清前期那样在乡村社会中"独领风骚",作为常平仓的必要补充而存在了。

社仓之所以兴复不畅,最主要的原因是,经过数百年的时间,在长期的发展过程中,很多地方社仓因弊窦丛生,在人们心目中的形象一落千丈,甚至被人形容为"有损于富而无益于穷",招致民众普遍的反感。因此,重建社仓,势必会遭到人们一定程度的抵触,直接的表现就是很多人不愿意再向社仓捐谷。社谷筹集困难,直接限制了其复兴的脚步。

另外一个重要原因,是清代中后期以来义仓和积谷仓(参见第五章和第六章)的兴起,对于社仓的发展造成了冲击。义仓自乾隆朝前期在直隶等省开始建设,至道光朝逐步增多,几十年间,逐渐成长壮大为可以和社仓相抗衡的民间仓储形式。到了同光时期,伴随着仓储的复兴,中央政府大力提倡,义仓的发展势头很猛,很多地方由官府倡导建立的义仓以及由宗族组织建立的宗族义仓十分兴盛,它们取代了社仓,成为清末主要的民间仓储形式。

与此同时,还有另外一种仓储形式——积谷仓,也受到不少省份的青睐。积谷仓是同治年间出现的一种新的仓储形式。它的谷本由摊派而来,采取官督绅办的方式管理。像江南地区、湖南、广东、云南等省和地区都着力举办。不论是社仓、义仓采取的自愿捐输为主的筹谷方式(后期出现田亩出租的方式),还是积谷仓采取的摊派方式,其谷石均来自同一地方,而同一个社区组织的粮食总数是固定有限的,义谷、积谷增多,社谷必然就会减少。因此,义仓、积谷仓的兴起也是清末社仓衰落的原因之一。

当然,清前期,义仓和社仓更多的只是名目不同,无论在建造地点、

---

① 《清实录》第五十七册《清德宗实录(六)》卷416,中华书局影印本1987年版,第443页。
② 冯誉骥:《陕省捐建社仓已有成数疏》,《清朝经世文续编》卷43《户政十五·仓储》,第29页。
③ 光绪《江西通志》卷88《经政略·仓储》,第7—26页。

谷本来源上，还是在管理制度及功能方面都十分相像。这一点从朝廷对各地举办义仓的多次批复中可以看得很清楚：乾隆十二年（1747年）核准："山西省义仓，士民捐谷，分别奖励。照直省社仓之例，其所收杂粮，按照米谷时价，折算奖赏……至义谷照直省之例，分乡收储，春借秋还，照社仓例，每石加息一斗。所需仓费，亦照直省于息谷内动用……再慎选仓正、仓副，分别劝惩，游惰民人，禁其滥借，均照社仓例办理。所有义谷，每遇州县官交代时，照例盘查。如有私借挪移，分别参处。"嘉庆六年（1801年）议准"所有义仓，应照社仓之案，一律办理"。同治六年（1867年），"著各直省督抚，即饬所属地方官，申明旧制，酌议章程，劝令绅民量力捐谷，于各乡村广设义仓，并择公正绅耆，妥为经理，不准吏胥干预"。[①] 义仓的举行完全是按照社仓来进行的，同属性质相同、管理相似、功能相近的民间粮仓（宗族义仓除外）。虽然数量互有消长，义仓在后期似乎比社仓发展更为强劲，但其致力于民间救助的功能并没有变。

---

① 光绪《大清会典事例》卷193《户部四十二·积储》，商务印书馆1908年版，第4—6页。

第二章　兴盛与规范：康熙至乾隆朝长江中游地区的社仓建设

就长江中游地区而言，作为"产米之乡"，粮食不仅要供自身食用，还要支援其他地区，运往商品经济发达、粮食不足的下游江南地区以及同样缺粮的东南沿海、云贵等地，中原、西北等地遇灾粮食不足时，也常常从此地调运粮食支援，长江中游地区的粮食外运几乎涵盖大半个中国的疆域。因此，皇帝和中央政府十分重视这一地区的粮食储备问题。雍正三年（1725年），上谕户部：

> 湖广为产米之乡，谷石最宜多贮，将来运往别省，皆为近便。今查湖广通省存仓之谷只数十万石，为数无多。今湖广收成丰稔，著即行文该省督抚，令其动支库银十余万两，遴委贤员，采买谷石，于省仓及府州县应贮之处，加谨收贮。①

中央政府积极提倡常平、社、义等仓的建设。其中社仓对本地百姓有着格外的意义，在湖南省，由于常平仓向来只供平粜，不能出借，因此每年青黄不接的时候，乡民专等社谷接济春耕，② 社仓的建设也就显得尤为重要。

第一节　清代以前长江中游地区的社仓

受南宋朱熹创立社仓的影响，长江中游地区亦开始出现社仓之设。宋绍熙年间，江西南城人吴伸与其弟吴伦均为太学生，于五年（1194

---

① 《清实录》第七册《清世宗实录（一）》卷39，中华书局影印本1985年版，第575页。
② 同治《长沙县志》卷10《积贮》，第1页。

年)"捐谷四千斛,建大廒,名东坪社仓,其出纳条约视崇安加详密焉"。时人又称"吴氏社仓",该仓出现后,"民有所仰食,无复死徙之虞"。①

嘉定四年(1211年),江西隆兴府通判丰有俊请求兴复洪都社仓,"为他邑倡"。《絜斋集》卷11《洪都府社仓记》记载了建仓经过,"郡丞丰君有俊请复社仓,自南昌、新建二县始,郡捐钱千万,属里居之贤连江宰、陶君武泉、幕友裘君万顷择士之堪信仗者分籴之,以待来岁之用。将漕胡公闻而是之,运米二千斛,助成兹事,会于佛庐、于道观者十有一"。嘉定十七年(1224年),朱熹再传弟子真德秀任潭州郡守,在各县建社仓100所,史载,"嘉定末,真德秀帅长沙,行之,凶年饥岁,人多赖之"。②

此外,据台湾学者梁庚尧的研究,湖南、湖北、江西省少数府州县亦有举办社仓者,如常德府、萍乡县、吉水县、抚州府、澧州、黄冈县、广济县等。③

明代前期,以预备仓为主要仓储,各州县积谷备荒几乎全赖于此,绝大多数州县不立社仓。据载,明洪武间,湖广"各府州县皆置东、西、南、北四仓,以贮官谷。遇有水旱饥馑,以贷贫民"。④ 社仓真正出现并增多是在明代中后期。随着预备仓仓廒逐渐废弛,谷散不收,以致衰败,大约从成化、嘉靖年间开始,社仓逐步兴起。⑤

嘉靖八年(1529年),"令各抚、按设社仓",其法为:

> 令民二、三十家为一社,择家殷实而有行义者一人为社首,处事公平者一人为社正,能书算者一人为社副。每朔望会集,别户上、中、下,出米四斗至一斗有差,斗加耗五合,上户主其事。年饥,上户不足者量贷,稔岁还仓;中下户酌量赈给,不还仓。有司造册送抚按,岁一察覈。仓虚,罚社首出一岁之米。⑥

---

① 雍正《江西通志》卷83《人物》,第11页;《建昌军南城县吴氏社仓记》,卷125《艺文·记》,第18—19页。
② 梁庚尧:《南宋的农村经济》,新星出版社2006年版,第240、242、248、251页。
③ "南宋社仓分布及贷本来源"表,转引自梁庚尧《南宋的农村经济》,新星出版社2006年版,第237—243页。
④ 民国《湖北通志》卷48《经政志六·仓储》,第1页。
⑤ 段自成:《明中后期社仓探析》,《中国史研究》1998年第2期,第121—128页。
⑥ 《明史》卷79《食货三》,转引自陈支平《朱熹及其后学的历史学考察》,商务印书馆2016年版,第197页。

史载，弘治年间，江西巡抚林俊请建常平及社仓。隆庆年间，各地建立社仓的记载逐渐增多。江西万载县社仓建于隆庆初，"度里中地之便民者，各立社仓一所，劝诱乡井之民，民感激，咸乐出粟以实焉。设社长副以会计之，敛散之规，宛然朱氏遗意。乡之东曰涧田，西曰槠树潭，曰进城，曰牟村，每竖巨廒四，门堂一，以便省视"。又于四年（1570年），由知县胡立在城中建城南社仓，"取预备仓左侧空地，立城南社仓，左右巨廒，入中有厅，旁设小屋三合"，社仓贮谷2742石余。① 清江县于宋庆元元年（1195年）建社仓，后废，明隆庆二年（1568年），知府马文学创置社仓6所，"劝借民粟，贮之备赈，一曰仁和，在丰积仓内；一曰义和，在天宁寺内；一曰丰乐，在永士；一曰利人，在蛟湖；一曰庆丰，在清江镇；一曰太平，在姜璜，其后亦俱废"。崇祯十四年（1641年），知县秦镛修复清江镇庆丰仓，"劝镇民输助义谷备赈"。②

宋隆庆年间，陆万垓任江西巡抚，行社仓法，"贮谷千万石，岁侵发赈，全活甚多"。③ 从本地情况看，社仓在隆庆年间并不多见，绝大部分建仓时间集中在万历年间（见表2—1）。

表2—1　　　　　明代长江中游地区部分州县社仓建置情况

州县	社仓数	设立者	详情
茶陵州	4	知州	位于西乡二都板桥、睦乡十都东山市、茶乡十五都马王城、东乡二十二都洮水
湘乡县	16	揭士奇	万历年间，建于城内及各里，城北门石头寺、城南门望南庵、潭市、新易市、宜城观、长乐寺、洞中观、吉祥寺、天王寺、元靖观、太平寺、永丰堡、云溪寺等
南城县	2	源头人吴昱、吴炯；南城人黄鹏	"东坪社仓"，潭头仓
靖安县	6	知州吴之问	成化二十一年（1485年），知县刘芳重建
广昌县	—	知县叶世德	劝民纳粟实仓，立社长、社副、社杰董理

① 民国《万载县志》卷2—2《营建·公所》，第18页；宋良佐：《城南社仓记》，前书卷尾《文征诗征合编》，第133—134页。
② 乾隆《清江县志》卷5《仓储》，第13页。
③ 雍正《江西通志》卷58《名宦》，第31页。

续表

州县	社仓数	设立者	详情
南丰县	1	知县宁端鲤	万历二十五年（1597年），建社仓于社学后，实粟1100石余
安福县	—	知县陈惟直	嘉靖年间建，万历间拆其半修凤林桥
新淦县	8	署县杨昆	万历七年（1579年），劝借民粟，贮之备赈，一在城内，其余在善政乡、太平乡、钦风乡、修德乡、登贤乡、下安乡、上安乡
广丰县	各城乡	—	万历年间奉令建社仓于五十九区，积粟备赈。城内社仓1处，其余分布各乡都，永平乡社仓13处，新城乡社仓15处，崇善乡社仓8处，周安乡社仓10处，富城乡社仓4处，玉阳乡社仓8处
鄱阳县	165	—	建于万历年间，共165所，分建各坊隅乡都约，贮谷31660石余

资料来源：光绪《江西通志》卷88《经政略五·仓储》，第7—26页及各府州县志。

　　明代社仓主要在地方官主持下修建，分布于乡村，在城镇亦有建置。应该说，明代社仓在宋代社仓的基础上发展，即继承了其主要内容，又顺应时代变化出现了新的变革。

　　从社谷来源看，宋代朱子社仓主要靠官府提供谷本，以向富户劝为辅，而明代本地仓谷来源主要有二：一是摊派，一是劝借。前者是中央政府提倡的积谷方法，为一些州县所采用，前述鄱阳县社仓即采用此法筹谷，明万历二十四年（1596年），知县沈广宗奉巡抚之令举行社仓，"随地以民户为差，令秋收后各输于仓，立有富善等名"。[①] 后者也是州县经常采用的方法。明代中后期，由于官府预备仓、常平仓大半空虚，无力支持社仓，因此官府不再提供官方谷本。作为"民仓"，社仓向乡绅士民劝捐和劝借力度不断加大，表2—1中广昌、新淦等县即依靠向民劝借积谷入仓。江西崇仁县亦如是，该县建社仓共9处，城内1所，各都8所，"一在一都临汝门，杨惟静建；一在二都偕上，王国贤建；一在七都刘家村，社长副建；一在十都株山巷，里人众建；一在二十四都株冈庙，社长副建；一在二十七都沧源，周惟上建；一在三十都谢坊，谢东南建；一在

---

① 同治《鄱阳县志》卷3《建置志一·仓廒》，第16页。

三十一都西馆铺，周孔策四人建；一在三十九都高堤上，罗汝周建。其余未立仓廒，附贮各乡寺庙公所"。均为乡绅士民所建，对捐输社谷达到一定数额的予以奖励，例如隆庆年间，游良绍捐社仓谷100石，"题准建坊"。竹山人杨諲、三十七都人游一道、四十二都人李雀三等亦各捐社仓谷100石，"敕旌建坊"。①

再以江西乐平县为例，见表2—2。

表2—2　　　　明代江西乐平县社仓建置及积谷情况

名称	设立者	地址	仓谷捐输
中隅常平社仓	义民何其义	城隍庙隙地之右	东西仓二间。知县金忠士捐谷100石，又率义民何坚三、王思敬等共输谷237石，共积谷337石
东隅常丰社仓	义民程书三及五孙春三八共建	小东关兴仁	与社学同址，仓二。知县金忠士捐谷100石，又率程书三、五孙春三八等共输谷290石，合共积谷390石
西隅常登社仓	义民陶平章	镇西楼后	建仓二。知县金忠士捐谷100石，又率义民陶五四、李浃四等共输谷146石，合共积谷246石，续收冠带生员陶善输谷10石
南隅常盈社仓	义民王鉴、黄时尊共建	大寺旁，狱庙故址	仓二。知县金忠士捐谷100石，又率义民王邦允、王奎等共输谷154石，共积谷254石
城外南隅常亭社仓	义民吕朱、保二九、徐行达共建	文明桥外，忠义祠址	仓二。知县金忠士捐谷100石，又率义民程光显、程元一等共输谷201石，合共积谷301石
北隅常裕社仓	义民高飞、王世爵共建	范家池边，郭西庙址	仓二。知县金忠士捐谷100石，又率义民张七六、高飞等输谷168石，积谷268石，续收监生张国纲输谷50石
六都富善社仓	义民詹德民之子天颜、吴幼共建	浯口村	各输谷50石

---

① 同治《崇仁县志》卷3—3《食货志·仓储》，第2页。

第二章　兴盛与规范:康熙至乾隆朝长江中游地区的社仓建设　73

续表

名称	设立者	地址	仓谷捐输
七都养贤社仓	义民方显祖	花山村	方云龙、方谵等输谷60石,方文明捐田40亩,岁入租10石
十二都济众社仓	义民董华玉、董训禄共建	观源村	共输谷18石
十二都广惠社仓	义民段一鹏、段德充、段尚文共建	武冈村	率族输谷220石,社正段尚廉主管
十七都义兴社仓	义民刘梦龙	流芳村	并输谷5石,又率族众刘和等共输谷54石
十九都感恩社仓	义民吴日和等	吴湾村	吴日鼎输谷50石
二十一都向化社仓	义民倪大川	倪家山	输谷100石
二十四都怀德社仓	监生徐希夔	十魁村	率族输谷储之
三十七都尚义社仓	举人洪世弼	雁塔村	义民洪尚卿等输谷60石
四十二都济民社仓	义民朱邦辅	梢田村	朱邦佑等共输谷11石

资料来源:同治《乐平县志》卷3《食货志·仓储》,第18—21页。

　　乐平县各社仓由知县金忠士倡议并率先捐输谷石,以作表率,他共向常平、常丰、常登、常盈、常亭、常裕等社仓捐俸输谷600石,体现了地方官在地方事务中身先士卒的作用。由官方提供谷木转向劝借民间,使得民捐(地方官倡捐)自此成为明清以来社仓筹谷最常见、最主要的渠道之一,这一变化也从一个侧面印证了自唐宋以来,社仓真正开始脱离官仓系统,成为与常平仓相辅相成的具有独立性质的民间仓储。[①]

　　明代本地社仓的一个显著特点是社仓和社学的紧密结合,如湘乡县、南丰县、乐平县社仓都紧靠社学或者干脆放在一起。社学是教育子弟的主要场所,社仓是救济贫民的机构,将二者并立一处,其用意是将"教"与"养"结合,既使贫困子弟得到资助,又施以教化使礼义顿生,社学亦可永久不废。时人言之,"今世有君子,倘取学而附议之,则井田遗意于是乎大备,而教养可兼举矣。……且社仓有六利,年丰则聚,使民知有备,临事无邪心;年荒则散,使民无父子兄弟骨肉离散之忧;分给则不

[①] 任放:《明清长江中游市镇经济研究》,武汉大学出版社2003年版,第234页。

乱，各以里甲之粟，还赈里甲之民，则他里游手游食之徒，不得以奸吾稻粱；即有警，民可相保，戎马无敢生于郊；而率之以教化，则礼义生；社学可永久而不废，此六利也"。①

这一建仓方式并非本地独有，明人黄佐记曰："凡设有学，则有仓，保甲时当看守，立乡老掌之，与教读及约正等公同出纳，有司毋得干预抑勒。"可见明代社学和社仓共设是相当普遍的。又说，社仓"储蓄之法有三，一曰公借，二曰义劝，三曰罚入"，这里的罚入之法是指将乡约中犯过之人和社学中逃学者，罚其输谷入仓以"免罪"，"凡乡约中犯义之过，罚谷五石，轻者或损至四石、三石；不修之过，罚谷一石，重者或增至二石、三石，直月于过籍内注销。社学生逃学三次者，罚谷一石，管仓乡老照教民榜内事理听讼或承词，若告情虚愿息者，罚谷一石，事轻者六斗；如被告理亏愿息者，罚谷二石，事轻者六斗；原告情真者，罚谷三斗，俱社学移票入内"。②通过将社学生行为和罚谷联系起来，既起到警示作用，又可使社仓有谷，一举两得，使社仓和社学同时得以发展。

明代本地社仓的具体管理和运营状况在地方志中记载很少，笔者只能从有限的资料中得出粗浅的看法。社仓在管理上变通了朱子社仓的做法，朱子社仓的管理是官绅共管，社谷敛散由官绅数人"同共出纳"，明代社仓则是由社长经管，地方官监督，但是这种监督一般仅限于每年例行盘查，或者由社长循例上报，并不十分严厉。如前揭广丰县社仓规定，"每社立长副掌守，县官岁往盘查"。③广昌县社仓，"立社长、社副、社杰董理"。④这种方式即保证了社仓的民办性质，又可使社仓管理得到一定的监督，有其合理性，这为后来清代的社仓管理提供了某种程度的借鉴。

第二节　雍乾时期长江中游地区社仓的设置与分布

清代长江中游地区社仓的建设是从复建明代社仓开始的，在各省中起步较早。

---

① 同治《乐平县志》卷3《食货志·仓储》，第18—19页。
② 黄佐：《泰泉乡礼》卷4《社仓》，转引自任放《明清长江中游市镇经济研究》，武汉大学出版社2003年版，第234页。
③ 同治《广丰县志》卷3《食货志·仓储》，第1页。
④ 同治《建昌府志》卷3《食货志·恤政》，第5页。

第二章　兴盛与规范:康熙至乾隆朝长江中游地区的社仓建设　75

本地明代社仓在明末战乱中几乎毁于一旦。清王朝建立后不久，即下令整饬各地仓储。顺治六年（1649年），湖北钟祥县开始复建社仓，在县城内、丰乐河和石牌建仓3所，共储谷8300石。[①] 其后，又有数州县先后建仓，康熙二十八年（1689年），湖南平江县奉文由官绅士民捐谷，设立社仓。[②] 二十九年（1690年），浏阳、祁阳、道州等地相继建立社仓。六十一年（1722年），桂阳、宜章等县建仓。

总体来看，顺康两朝建立社仓并不普遍，个中原因，当和清前期战乱纷纷，社会动荡不安，难以稳定有关。和全国其他地区一样，清初本地抗清斗争此起彼伏。在湖北，以蕲黄四十八寨、夔东十三家的抗清斗争最为有名，农民军在蕲州、黄州、荆襄山区等地频繁活动，从顺治初年开始，一直坚持了20余年方才被镇压。[③] 在湖南，康熙末年，沅州农民谢禄正率领农民抗官起义，起事于黔阳、辰溪、溆浦一带山区，至雍正四年（1726年）方被镇压。[④] 同时，全国性的战乱对本地的冲击也很大，又以康熙前期三藩之乱影响尤甚。是役以西南的云南、贵州、四川为始，波及东南沿海福建、广东、广西诸省和中南、西北地区，整个长江以南以及陕西、甘肃等地，烽烟遍地。中游三省是主要战场之一，叛军和清军在此混战长达4年之久，[⑤] 给当地人民生活和生命财产造成了很大的破坏。在这兵荒马乱的年月里，少数州县能积粮备荒已实属不易，推广社仓显然是不切实际的。

一　雍正初年社仓建设的高潮

本地大范围修建社仓，并在各乡村普遍建立是从雍正初年开始的。雍正帝非常重视社仓建设，数次颁布上谕强调兴修社仓的必要性和重要性，更颁布社仓规约以规范各地社仓管理。二年（1724年）四月，皇帝上谕湖广总督杨宗仁、湖北巡抚纳齐喀、湖南巡抚魏廷珍，劝导建设社仓。

　　前谕尔等劝导建设，盖专为安民起见也。尔等自应转谕属员，体访各邑士民中有急公尚义之心者，使主其事。果掌管得人，出纳无弊，行之日久，谷数自增。

---

① 乾隆《钟祥县志》卷3《田赋·仓储》，第39页。
② 乾隆《平江县志》卷11《积贮》，第7页。
③ 张建民:《湖北通史（明清卷）》，华中师范大学出版社1999年版，第211—219页。
④ 王继平:《晚清湖南史》，湖南人民出版社2004年版，第24页。
⑤ 戴逸主编:《简明清史》第一册，人民出版社1995年版，第254—264页。

并申明举办之则：

> 至于劝捐之时，须俟年岁丰熟，输将之数，宜随民力多寡。利息之入，务从乎轻；取偿之期，务从乎缓。如值连年歉收，即予展限，令至丰岁完纳。一切条约，有司毋得干预。至行有成效，积谷渐多，该督抚亦止可具折奏闻，不宜造册题报，使社仓顿成官仓，贻后日官民之累。①

这则上谕体现出要他们严守"听民自为办理"和"宜缓不宜急"两条基本原则。

在各省纷纷建仓的热潮中，湖广总督杨宗仁号称是"各省督抚中奉行最力者"。据报，湖北省社仓"分设于各乡，多者至一县有一百九十余处，社仓积谷多者至一县有一万四千余石。"② 湖南省亦于雍正元年（1723年）奉令劝捐，③ 州县纷纷于各里社、都图建仓。

江西省在明代曾屡次兴举社仓，基础较好。康熙年间，就已开始恢复社仓之制。雍正三年（1725年），江西等地粮食丰收，上谕：

> 据江南浙江、江西等省督抚报称，今岁收成八、九十分不等，不胜慰悦。重为吾民计长久，该督抚可转饬有司，撙节爱惜，各留有余。至社仓之法，亦宜趁此丰年，努力为之。④

各州县纷纷行动，掀起了第一次捐输社谷、建立社仓的高潮。从地方志记载可以看出，三省绝大部分州县社仓都办于雍正初年，只有山区的少数州县如来凤、辰溪等自乾隆初年方才始建。

社仓所捐贮社谷以稻谷为主，在不出产或少产稻谷的山区州县，则准许民捐其他粮食，其中以麦、苞谷等最为常见。湖北鹤峰州有社仓28座，分建四乡，贮稻、粟、龙爪苞谷共5510石。⑤ 长乐县社仓分建城内和乡村各保，各乡存稻、粟、苞谷共7604石。⑥

---

① 《清实录》第七册《清世宗实录（一）》卷18，中华书局影印本1985年版，第304页。
② 民国《湖北通志》卷48《经政志六·仓储》，第2页。
③ 光绪《湖南通志》卷55《食货志一·积储》，第3页。
④ 光绪《江西通志》卷88《经政略五·仓储》，第3页。
⑤ 道光《鹤峰州志》卷5《赋役·仓储》，第21页。
⑥ 光绪《长乐县志》卷9《赋役·社仓》，第11页。

第二章　兴盛与规范：康熙至乾隆朝长江中游地区的社仓建设

各地社仓建设如火如荼。不过，建设步伐过快也引发了一系列问题。

（一）贪污还是虚报：雍正初年两湖地区社谷盘查风波

在雍正四年（1726年）皇帝下令各地清查仓储的行动中，发现河南、湖广等部分地区社谷短缺情况十分严重。

湖广总督杨宗仁于雍正二年（1724年）大力推动举办社仓，一时间号称各督抚中"奉行最力者"。不久，杨病故。到雍正四年（1726年）底，由于两湖地区发生水灾，需要谷石赈济，时任湖广总督福敏借机对现存常平官仓和社仓谷石一并清查，发现情况很糟糕：

> 窃查湖广为天下第一出米之区，乃民间于丰收之岁，不思积贮备荒，深为可惜。前督臣杨宗仁遵旨举行社仓，最为地方经久之计。当据湖北、湖南各州县通共报称贮谷八十万石在案。自杨宗仁故后，督抚既不留心，有司遂致玩忽，今仅报实贮谷一十七万六千石零。现在被水乏食各州县，社仓俱无存贮。内惟黄州府属之黄梅县，实在存谷一万石，照常借给，民得无饥，则是实力奉行者显有成效。而各州县玩误如此，均应指参。但刻下未便严催，恐有抑勒派补情弊。可否仰请圣恩，定限三年，通行各州县，鼓励官民照依原报数目补足贮仓。自后，接任官员仍将社仓实贮册籍与常平仓谷一体交代。如此，则行之日久，生息日多，即使丰歉不常，有备无患，实于国计民生均有裨益。

短短两年时间，湖北、湖南两省社谷存贮石数由上报的80万石下降到17万石，减少了3/4。在福敏看来，其因在于杨病故后，各地方官不实力奉行，以致玩误。因此，他提出各州县加紧催收，在三年内补足原报数目的解决办法。但雍正帝并不同意，认为真正的原因不在玩误所致，而在有司侵蚀，要求对侵蚀之官吏"察明参劾，照亏空例惩处"。而对于劝民补捐之做法，"此事且缓，又至逼勒矣"。若真催逼补足，会对社谷劝捐一事十分不利，百姓经此一番，"愈知无益，即有力愿捐者，亦不甘徒填贪吏之溪壑也"。他感慨，社仓原属良法，但与民谋，始甚难。"当日杨宗仁因此事声名甚不好，然而难为他实心举行"。[①]

[①] 署理湖广总督印务、都察院左都御史福敏奏于雍正四年十二月初四，参见中国第一历史档案馆编《雍正朝汉文朱批奏折汇编》第八册，江苏古籍出版社1991年版，第570—571页。

这一阶段，无论是清查之督抚官员，还是中央政府和皇帝本人，均未提及其中可能存在的虚报多报问题。随着清查工作的进一步展开，这一问题开始显现。

雍正五年（1727年）闰三月初二，湖南巡抚布兰泰奏：

> 独社仓一项，原系前督臣杨宗仁檄行司、道、府、州县等官倡捐谷本与士民乐输之谷石，自应照数实贮在仓，方于民生有益。臣遍饬州县据实查报，并面询各员，佥称此项谷石系当日各官虚报捐数，取悦上司，原未能实贮。至士民乐捐之谷，系听从民便，难于抑勒，大抵存仓者不过十之二三，竟有颗粒未交者。向日各官以此项无关考成，不入交代，故此因循玩视，上下相蒙，不可究诘。伏查此案，奉上谕：社仓之设，宜缓不宜急，宜劝谕百姓，听民便自为之，而不当以官法绳之等因。又奉上谕：社仓之法，亦宜趁此丰年努力为之，勿但视为虚文故事，钦遵在案。今湖南社仓相沿数载，未据实贮，前后各官未免视为虚文故事矣。臣请先将当日之司、道、府、州县等官倡捐谷本未交贮仓者，仍于各员名下按数追还。除病故产绝之员无从着追者，量与豁免外，其余升迁他省或已经归籍归旗者，亦分别着追，勿任其以倡捐虚名，上欺君父，下慢民生。其次，再查绅衿贡监，按照当日乐捐数目押交上仓。……至于小民乐捐之谷，未经交出者，令地方官照册报姓名、数目劝谕入仓。间有当日劝谕之时，原属勉强，今更穷苦无力者，即将原册姓名豁除，另于有力之家劝输，务期实贮。如此，庶几社仓一项不致有名无实，而小民缓急有赖矣。

此奏折指出，当初各官"虚报捐数"是导致社谷原报与实贮数额差距甚大的主要原因，提出的解决之道比福敏之法有所缓和退让，不再要求一律归仓，而是分别处理：主张对官员、绅衿贡监等所报捐谷石，必须催收确保入仓；而于小民乐捐之谷，则劝输入仓，对其中实在无力捐输者，予以豁免，另向有力之家劝输。

这样的处理方式似乎更加人性化，但仍不能使皇帝满意。雍正帝对布兰泰的看法不以为然，认为他"识见庸浅"，他怀疑官员们的品行，坚持认为，社谷数目亏短，其中一定存在被官吏侵蚀的情况，对于这种情形，"自应催追"。而对于百姓以及士绅有愿捐而未交者，不可以催逼，只能

第二章 兴盛与规范:康熙至乾隆朝长江中游地区的社仓建设

"鼓舞劝谕,令其乐从,方为善举"。①

经过这一番盘查,雍正帝深感举办社仓之不易,五年(1727年)六月丙戌,发布上谕:

> 社仓之设,所以预积贮而备缓急。朕御极以来,令各省举行,曾屡颁训谕,务俾民间踊跃乐输,量力储蓄,不可绳以官法。……数年之内,各省督抚奉行最力者,惟湖广总督杨宗仁。今据福敏陆续盘查,具奏前来,始知原报甚多,而现贮无几。此中情弊,想因不肖有司侵蚀入己,或那移以掩其亏空。又或杨宗仁锐于举行,而各官迎合其意,虚报谷数,以少为多,均未可定。总之举行社仓之法,其中实有甚难者。我圣祖仁皇帝深知其难,是以李光地奏请而未允,张伯行暂行而即罢,此实事势使然也。以民间积贮言之,在富饶之家,自有蓄积,虽遇歉收而无藉乎仓谷,则当输纳之时,往往退缩不前。至贫乏之家,仰给社仓固为殷切,而每岁所收仅供生计,又无余粟可纳,以备缓急,此责储民者之难也。至于州县官实心视百姓为一体者,岂可多得!今以常平之谷为国家之公储,关系己身之考成,尚且侵欺挪用,亏空累累,况民间之社仓,安能望其尽心经理,使之实贮以济用乎?朕之举行社仓,实因民生起见,又诸臣条奏所言之凿凿,是以令各省酌量试行,以观其成效何如,并非责令一概施行也。湖广社仓亏空之数,即交与福敏悉心清查。倘谷已如数交仓,而州县侵蚀那移,忍以百姓豫备之需,充一己之私用者,著即于原侵那(挪)之州县名下严追赔补。或民间原未交仓,或交仓之数与原报之数多寡不符者,若必欲令民间照数完纳,恐小民力有未敷,未免竭蹶,非朕曲体民隐之意。福敏办理此事,必须至公至当,方于吏治民生两有裨益也。②

他仍然认为,社谷短少的主要原因是官吏侵蚀,不过却也承认有虚报的成分。正因如此,他重申捐输社谷"听民自愿"的立场,维护社仓民间仓储性质之用意十分明显。经此整治后,各地"大跃进式"的建设风潮逐渐消退,社仓在原有基础上缓慢发展。

---

① 湖南巡抚布兰泰奏于雍正五年闰三月初二,参见中国第一历史档案馆编《雍正朝汉文朱批奏折汇编》第九册,江苏古籍出版社1991年版,第372—373页。
② 中国第一历史档案馆:《雍正朝汉文谕旨汇编》(第十册)卷30《积贮》,广西师范大学出版社1999年版,第460页。

（二）雍正朝修建社仓之议

在雍正初年的建仓热潮中，一个显著的特点是各州县社仓数量普遍偏多，几乎居历次社仓统计数字之首。除了其中虚报多报的成分，这固然和官方大力倡导、百姓踊跃捐输有关，但是，更有深因：社仓的大规模修建虽然从雍正初年拉开帷幕，但是，初始所谓"仓"并不是名副其实，因为大多数社仓并没有专门的仓厫，只是将社谷临时就近存储于当地寺院、公所或民房，有的索性存于主管之社长或原捐谷之家。如江西雩都县，社仓分设坊里共14座，"在于各社长之家"。[①] 饶州府之安仁县，各乡社仓64所，"建无定地，随社正副所居而移"。[②]

社谷主要来自民捐，本身来源就比较分散，所捐之社谷又四处借贮，这样一来，在计算社仓数目之时，这些零散社谷被计入，当然数目就比较多了。像湖南新化就有535处社仓，[③] 湖北随州则有185处。[④]

社仓如此零星分散，并非民间随意为之。只因修建社仓需要费用，而中央政府将社仓视作"民物"，并不打算从公项中支出此项用度，而是寄希望于民间自行解决。如果强行要先建仓然后再筹集社谷，势必在短时间内难以办到，而且为建仓而劝捐又会扰累百姓，所以雍正帝在下令举办社仓时即指出"米石暂存于公所、寺院收存，俟息米已多，建厂收贮"，[⑤] 言下之意，待举办一段时间后，用社仓息谷建仓。

康熙年间，江西巡抚安世鼎令举办社仓，即指出"因仓基、建仓工费，此时必难即办，须择寺观内坚固间房一、二间或三、四间。如无寺观之处，就民间祠堂空屋以为积贮之所，总期不致累扰，以省营造之费"，亦为此意。[⑥]

这些分散的社谷势必给管理造成困难。在一些地方，社谷存储时间不长，已出现仓谷短缺的现象。浏阳县自雍正二年（1724年）举办社仓，捐谷不断，因没有仓厫，将社谷存于各社长家，达883石。后来在盘查中，发现社谷侵蚀严重，知县陈梦文在《社仓归仓详》中描述：

> 查雍正二年，前令劝捐社谷，并节年出息，共八百八十三石有

---

① 光绪《雩都县志》卷4《公署志》，第4页。
② 同治《饶州府志》卷6《食货志二·仓储》，第15页。
③ 乾隆《新化县志》卷9《仓储》，第3页。
④ 同治《随州志》卷10《田赋·仓储》，第49页。
⑤ 光绪《大清会典事例》卷193《户部四十二·积储》，商务印书馆1908年版，第2页。
⑥ 同治《新建县志》卷24《营建志·仓储》，第3页。

第二章　兴盛与规范：康熙至乾隆朝长江中游地区的社仓建设　81

零，历届报明，奏销在案。缘自捐贮以来，四乡皆有谷而无仓，惟据各该社长私屋存贮。殷实老成者，尚能出纳惟谨；而狡猾奸顽者，每每侵蚀无存。虽逐年盘查，不难邻□（注：原文无法辨认）丐贷挪抵。纵加封识，亦复转眼敞开。……此乡甫经追完，彼乡又已亏缺，凡皆无仓之为弊也。

他提出应及早建仓，善加管理，解决此弊。"卑职今于各乡常平仓地方捐建社仓，囊存各社长零星石斗，俱归于内。每乡择殷实老成二人充为社长，秋成后，经手事竣，准其更替，俾无长久看守之贵庶，人人乐充。且社谷出借，奉文止许加一出息。而不肖社长往往重息勒取，且假官谷名色，凡其私债，胥托于内。及查核有无息谷，胥指谷石俱在，并未出仓，支吾掩饰。是以青黄不接之际，民间多不得社谷之益，而历年以来出息亦复无几。卑职请自今归仓以后，每当春仲，即出示四乡晓谕，凡愿借者赴县，禀明社长，加具保结，凭领出借，秋成，限以约期，凭社长赴仓，加息交纳。息谷既轻，愿借必众，每年加一之息，定所应有，则不及十年而谷数可充一倍矣"①。

在推行社仓数年之后，到雍正后期，一些地方社谷渐充，逐步具备了建造社仓的条件。雍正十三年（1735年），湖广总督迈柱上报社仓事务时谈道：

> 查官民俱各踊跃，现有成效。自上年秋成之后至年底，据湖北各属报捐社谷六万四百八十三石四斗零，湖南各属报捐社谷四万三千三百二十四石四斗零，北南共捐社谷十万三千八百余石。现今添造社仓，陆续交收。②

二　乾隆朝"总仓"之设

虽然自雍正后期起，地方上报陆续建仓，但大部分地方社谷仍散贮各处。乾隆九年（1744年），湖南巡抚蒋溥上奏，"湖南社仓并无仓廒，不过寄贮寺庙及分贮社长之家"，③表明湖南的建仓行动毫无进展。

---

① 同治《浏阳县志》卷7《食货三·仓储》，第9—10页。
② 湖广总督迈柱奏于雍正十三年二月初十，《清代灾赈档案专题史料（宫中朱批奏折·财政类·仓储项）》，中国第一历史档案馆藏，第1102函第1号。
③ 乾隆《新化县志》卷9《仓储》，第13页。

乾隆十一年（1746年），在充分核查了社息谷的数量，确定可以支撑修建新仓的费用之后，湖南巡抚杨锡绂上疏，建议于适中之地建立总仓，将散贮各处社谷收并存储：

> 各属社仓谷散贮私家，侵挪不免，请于适中之地建总仓，工料并基地及看守住房等项估银二万一千八百三十五两。查自乾隆三年起九年止，共收息谷四万五千七百七十六石零，照各属时价，约计可变价银二万二千四百八十五两零，足敷动用。至社谷既建总仓，自应归并收贮。而原贮处所，距新仓远近不一，请照拨运常平仓谷水陆程途之例，分别给运，即在各该年息谷内支发，不敷，于前项办工余银内拨给。若时价平减，盈余无多，即动本谷找给。至社谷原贮各乡，每年春借秋还，只就各处斛斗出入。应令各州县照依常平仓斛，每总仓制造一二副，较准印烙，转发各社，悉以官斗为定，多者作盈余存贮，少者作亏折豁除。

并奏请，每总仓选殷实良民充任正副社长，另设看守斗级一名，每年于息谷内支给工食银六两。六月，户部批准了这一计划。①

湖北的情况和湖南相似，乾隆十三年（1748年），湖北巡抚彭树葵在清查社仓时指出：

> 至社谷多贮社长之家，楚省更为零星，每一州县动至数十处、百余处不等。地方有司耳目难周，惟以取结为凭。即或亲加盘查，而挪东补西，公私混淆，究属无从稽考。

因此，他申请仿照湖南成例修建社仓总仓：

> 窃查湖北各府州县节年所贮社谷三、五千石至二、三万石不等，其民间借支项内，实有逃亡事故，无可著追者，业于乾隆十年，经户部议准前抚臣晏斯盛条奏，行令彻底清查，取结题豁等因饬遵在案。嗣据前抚臣陈弘谋檄行布政司转饬各府属逐一清查开报，臣到任后接准办理……臣先后查验过无著社谷统共一万九千九百余石，取具印

---

① 《清实录》第十二册《清高宗实录（四）》卷268，中华书局影印本1985年版，第487—488页。

第二章　兴盛与规范：康熙至乾隆朝长江中游地区的社仓建设　83

结，录详，请题豁免，并请建盖仓廒，以便稽查等。……查户部覆准升任湖南巡抚蒋溥奏，内称南省社谷多贮社长之家，遂致营运侵挪，应动支历年所收七升归公息谷变价建仓收贮等因在案。今南北两省事同一辙，且自雍正年间劝捐起，节年所收息谷共一十九万有奇，现俱归入社本，从此源源不息，有盈无绌，酌量动支修建。……仰恳皇上俯念社仓关系民生，准照湖南成例，除现有公所及庙寺宽敞之地，仍令照旧收贮，勿用另建滋费外，其有零星处所必须归并者，即于七升息谷内动支变价建仓收贮，以便查考。①

获准用社息谷作为建仓之费，使得各州县修建仓廒的步伐开始加快，纷纷设总仓，将各处散贮之谷集中收存。

湖南衡山县社仓原散储各区，乾隆十年（1745年）奉文在十七字道里选择适中之地，用息谷建总仓，共17所。② 嘉禾县社谷一向"散贮民房，或十余石或数十石为一所"，乾隆十年（1745年）后奉巡抚令于适中之地建总仓收贮。③ 溆浦县"社仓旧由官民捐输，仓廒未建，分给各乡就附近祠庙、寺观收贮"，乾隆十五年（1750年）奉文建总仓3处，"一在城东门外东狱祠侧，仓廒二间；一在五都油洋，仓廒二间；一在龙潭广福寺，仓廒一间"。④

江西省统一建仓时间较迟。乾隆二十四年（1759年）巡抚阿思哈饬令各属建仓，地方虽上报"士民情愿捐建"，但多为虚词。至三十二年（1767年），据巡抚吴绍诗清查上报，只有武宁县具报捐建，"此外均无报建兴工"，"更有数属自奉檄至今，未将劝捐缘由具覆者"，因而"捐建之说，徒属纸上空谈"。他于当年三月二十九日上奏，恳请建设总仓，收贮社谷：

江西省社谷向系捐自民间，现在每州县本息社谷，查据各属册报，自二、三万石至六、七千石，最少亦二、三千石不等，通省共计七十五万八千七百六十余石，不为不多。但历来设有仓廒之处甚少，多系散贮社长正副及原捐之家，间或借贮官仓及寺庙等处，不无映射

---

① 湖北巡抚彭树葵奏于乾隆十三年十一月二十六日，《清代灾赈档案专题史料（宫中朱批奏折·财政类·仓储项）》，中国第一历史档案馆藏，第1145函第29号。
② 光绪《衡山县志》卷11《积储》，第2—3页。
③ 同治《嘉禾县志》卷9《积贮志》，第1页。
④ 乾隆《溆浦县志》卷5《公署·仓储》，第5页。

侵渔之弊。虽每年报有借还之数，数目零散，难免扶同捏混，稽查为难。若不急为清厘，建设仓厫，归并收贮，势必日久侵亏，良法美意，渐至废弛。……一面勘明各村适中之地，以相去三、四十里为度，统计各村社谷数目，酌定间数，建设总仓收贮。其远者，另为择地建贮，俾小民借还可以一日往返。……其应用价值，请酌动息谷变价兴建。……一经建竣，即将散贮社谷移贮公仓。①

得到批准后，该省清理社谷和修建社仓的行动得以真正展开。如江西武宁县，"社谷原贮社正副之家，凡四十处，向无公仓"。乾隆三十二年（1767年）动支息谷，建总仓16所，"归并适中，以便民借"。② 安远县雍正年间建立社仓9处，分布各乡堡，每堡一仓，共有社谷2000余石。乾隆三十二年（1767年），奉令于各乡堡适中之地改建总仓，共约22堡坊，建仓10处，分贮社谷4285石。③

综合观之，从乾隆十年（1745年）前后开始，三省各地逐步建立仓厫后，社仓数目发生了变化。由于大部分州县归并社仓，因此社仓数有所减少。湖南益阳县，"雍正三年（1725年）奉文，官绅士民捐谷，……分贮二十三厢里"，乾隆十年（1745年），知县李大本奉文建总仓8处，收贮社谷，其中"东乡十七里，地名宝积寺，四间。东南乡二十里，地名龙会寺，三间。南乡十四里，地名太阳庵，四间；十六里，地名谢村岗，三间。西乡一里，地名鲜埠，三间；六里，地名舒堂，三间；九里，地名桃花江，三间。北乡七里，地名广法寺，三间。上、中、下各乡社谷就近总储"④。乾隆十九年（1754年），湖北黄冈县社仓由原来的119座合并为30座，其中本城厢坊4座，其余26座分设东弦、还和、永宁、慕义、上伍、下伍等8乡。⑤ 其他有相似变化的州县情况见表2—3。

虽然绝大部分州县都借此将散谷集中收贮，但是，建立总仓是以方便百姓借还为原则，对于居住分散、实在无法归并的，仍想办法保留旧制，并不强求。湖南祁阳县，雍正元年（1723年）共建社仓187座，分贮东、南、西、北四乡，乾隆十年（1745年）奉文归并，设总仓28处。其中东

---

① 江西巡抚吴绍诗奏于乾隆三十二年三月二十九日，《清代灾赈档案专题史料（宫中朱批奏折·财政类·仓储项）》，中国第一历史档案馆藏，第1164函第40号。
② 同治《武宁县志》卷14《田赋·仓储》，第34页。
③ 道光《安远县志》卷8《公署》，第5—6页。
④ 同治《益阳县志》卷3《营建·仓库》，第13页。
⑤ 光绪《黄冈县志》卷4《赋役志·积贮》，第45—48页。

隅永安社有散仓，位于大桥湾寺门前，共2处，贮谷117石余，本应移总仓，因该地"地广人稠，一经归并，借还不便"，于是，乾隆十三年（1748年），社长蒋珵、谭必中等另行"公捐二处谷石，以敷详定归总之数"，而将该二处原捐之谷仍就近借放。经县署批示后，刻碑刊行。[①]

表2—3　乾隆年间长江中游地区部分州县社仓数变化情况

州县名	归并前社仓数	归并后社仓数	描述
枣阳县	28	10	自雍正二年（1724年）至乾隆二十六年（1761年），共贮本息谷8169石余，乾隆二十六年（1761年）归并，立总仓
峡江县	152	11	乾隆三十二年（1767年）奉文归并，每三十里内于适中之地建一总仓，将各仓谷移贮。署令乔大椿佑修
鄱阳县	358	53	分立各乡，连息共谷29219石余
巴陵县	35	3	乾隆十年（1745年）归并，建立总仓，城内常平仓侧、东乡、南乡各一处
平江县	36	3	乾隆十年（1745年）归并，建立总仓，城内县署右、长寿街、伍公市各一处
临湘县	10	4	乾隆十年（1745年）归并，建立总仓，城内常平仓侧、东乡、南乡、北乡各一处，知县魏成汉奉文动支息谷建
华容县	2	1	乾隆十年（1745年）归并，总仓在县署前，知县洪成奉文动支息谷建

资料来源：各州县地方志。

也有州县原来社仓数目较少，此次借机增加，以使社仓分布和数量更加合理。这种情况多是在社谷比较充裕的情况下进行的，大多出现在乾隆中期以后。湖北荆门直隶州社仓由雍正时的3处扩充至乾隆十四年（1749年）的8处。[②] 湖北钟祥县，因原设的3所社仓不能满足需求，乾隆三十年（1765年）增设至12所。[③] 江西浮梁县，雍正二年（1724年）奉文设社仓凡6处，乾隆三十一年（1766年）于城内及东、南、西、北乡适中

---

① 乾隆《祁阳县志》卷3《积贮》，第11、16页。
② 同治《荆门直隶州志》卷3《政典志三·仓储》，第13—14页。
③ 乾隆《钟祥县志》卷3《田赋·仓储》，第39页。

之所修建总仓共 13 处，贮社谷 5459 石。① 与社仓数量减少的州县相比，这种情况并不多见。

由于修建仓廒是从乾隆十年（1745 年）前后开始的，此时各州县社仓已实行多年，大多有了数目可观的息谷，因此，一些总仓修建得气派有加，颇为正规。湖南麻阳县于雍正二年（1724 年）、十三年（1735 年）先后两次筹办社谷，共得 2780 石，曾于同天寺建仓 1 所，又在市都、石惹都、石渠都、四旗都、一都、二都、三都、永胜都、兴德都九里各建仓 1 所。乾隆十一年（1746 年），知县秦周改将九里社谷均归岩门适中之地，总立仓廒六大间，"缭以垣墙，并修管事公所，厅宇、大门咸备，而城内之仓仍旧，惟时夏秋放收谷石，中下乡皆得近就岩门，而上乡近就县城，民皆称便"。②

永兴县社仓分设各乡，均有仓廒数间，其中延道乡社仓位于国宁寺，长庆乡社仓在太平寺，永兴乡社仓在安福寺，均有总仓一所五间，其中二间由知县吕宣鲁节省公额并捐赀添建，另各有斗级房一间，门楼一座，四围土墙一周，亦系吕知县捐建；金陵乡社仓在琼林观，有总仓一所三间，同样由吕知县捐资添建二间，共五间仓房，另有斗级房一间。③

应该说，归并总仓使社谷分散存储的情况大为改观，使社谷更易于管理，但是，运行日久，却发现因总仓过少而导致贫民借还不便的问题，社谷分贮之事再次引起重视。

乾隆二十一年（1756 年），湖南巡抚陈宏谋制定社仓条规时，界定了每处总仓存放的谷石限制数目，即以五百石为准，超过此数，则应分仓，规定"各仓贮谷过多，则借谷之村必有窎远不便者，殊非随处接济之意。且谷多人众，社长责任太重，亦难经理。今酌定每仓至多不过四五百石，有应分仓者，即于适中之地酌令建仓"。而对于居住偏远地方、不方便借领社谷的，或者地方太广、难于管理的，则无须遵守谷数限制，"可以分社，令其就近借还"。又规定，"都里地方太广，社谷亦逐积而多，社长、副难于照管者，许将原贮之谷分作二处或三处，另选社长副管理。谷少则社长副之责任较轻，易于得人；仓多则农民之借还更近，尤属便宜也"。④ 这相当于废除了之前"总仓"的政策，重新将社仓恢复到分贮的分布状态。

---

① 道光《浮梁县志》卷 5《公署·仓廒》，第 23 页。
② 同治《新修麻阳县志》卷 2《建置·仓储》，第 1—2 页。
③ 光绪《永兴县志》卷 14《公署·仓廒》，第 6—7 页。
④ 同治《长沙县志》卷 10《积贮》，第 20、22 页。

第二章　兴盛与规范：康熙至乾隆朝长江中游地区的社仓建设　87

　　嘉庆六年（1801年），伴随社仓"由民自为经管"的上谕，湖南巡抚马慧裕批饬长沙知府张五纬提交的《社仓条规十一则》，其中有"通省各州县额贮社谷，各有详报数目，第内中有提贮县仓及并贮总社之处，似于分乡设社之义有妨，应请速饬各州县，查明原设各社仓现在情形，妥为分贮"之议，借此批复"查仓以社名，并非入官。今提贮县仓，小民借还自多不便。如各属有提贮县仓及并贮总社之处，应饬令查明原设各社妥为分贮，或觅寺院、公所存贮，选择老成正副社长经管，分司出纳"。①再次重申了社仓分贮的规定。

　　从各州县实际情况看，在建造总仓、加强管理的同时，兼顾特殊情况，实施局部的社谷分贮是十分必要的。如前述湖南祁阳县南乡为瑶民居住地，其三郎庙一社共贮谷510石，附近瑶民所住之大忠桥相距三郎庙二十五里，"向来设有散仓"，自归并之后，"借还不便"，乾隆二十八年（1763年），知县李蒔从三郎庙内拨谷140石移贮大忠桥，另设社正副经理，"以便瑶民借领"。②

　　分贮之后，在一些地方，新分之社面临缺少仓房的问题。对此，早在乾隆七年（1742年）陈宏谋任江西巡抚时就已指出，"应分贮之处一时不及建仓，暂择村庄间房或寺观分贮，一面详请建仓，不许即贮于社长副之家"。③二十一年（1756年）转任湖南巡抚后再次强调，若尚无仓间，"或暂借间房祠堂，或于寺观收拾一二间，或造木板箱暂时收贮，再将建仓之费估计，请示遵行"，实际上沿用了之前的习惯做法。但有所不同的是，严厉禁止将社谷贮社长之家，以致"公私牵混"，致滋口实。④

三　乾隆朝后期第二次劝捐社谷的热潮

　　乾隆四十五年（1780年）前后，长江中下游地区粮食连年丰收，各地加紧补充仓谷。四十六年（1781年），湖南巡抚刘墉趁机上奏筹办社谷一事，奏称：

　　　　臣查各省社仓积贮，协济常平，例于秋成收获之后，劝谕捐输，春借秋还，收息归仓，历来遵行在案。臣到任后，查湖南社仓本息共

---

①　光绪《重修龙阳县志》卷10《食货二·积储》，第17页。
②　乾隆《祁阳县志》卷3《积贮》，第26页。
③　同治《新建志》卷24《营建志·仓储》，第5—6页。
④　同治《长沙县志》卷10《积贮》，第20页。

存五十九万一千一百余石,自乾隆二十二年以后,未经增捐。臣因去岁湖南通省丰收,而下游浙江地方亦俱丰稔,谷价不昂,当与司道各官共同抽画(筹划),先令长沙、善化、浏阳、醴陵、湘潭、益阳、宁乡、湘乡、攸县、茶陵、衡阳、清泉、衡山、零陵、祁阳、邵阳、郴州、靖州、慈利、桂阳二十州县循例捐输,随经各属报到共捐至十六万,现在陆续归仓,另立仓房,新选社长,与旧谷分别各贮,以便稽查。今年秋收之后,仍陆续饬办。①

于是,以中下游诸省粮食丰收为契机,在乾隆四十五年(1780年)前后,再次掀起了捐谷建仓热潮。上述长沙、浏阳等20州县捐谷共16万石,其中郴州府有社仓6所,分贮6乡,原贮本息谷1.49万石,乾隆四十五年(1780年)时加捐社谷5000石。② 慈利县社仓原存陈谷542石,乾隆四十六年(1781年)奉文劝捐社谷达6000石。③ 善化县社仓分设十都,社谷原存仅6162石,仓11所,乾隆四十五年(1780年)士民捐输谷1.4万石,是原谷的2倍多,新添仓廒35所。④ 其他各属亦有新捐。安乡县社仓仅有1所,乾隆二十二年(1757年)时贮谷6028石,至乾隆四十八年(1783年)则达8436石,增长了2000余石。⑤ 澧州社仓额贮谷1.12万石,其中乾隆四十六年(1781年)奉文劝捐4000石。⑥

综上所述,历经雍正、乾隆年间屡次劝捐,各州县社仓均有了长足发展。

湖北省各州县社谷增长明显:蕲水县雍正二至五年(1724—1727年)存本谷1.1万石,历年生息,至乾隆十二年(1747年),收息谷5733石,本息共谷1.69万石。⑦ 通城县雍正十二年(1734年)存谷365石,至乾隆二十七年(1762年)增加到1724石,其他各县情况亦大多如是。⑧

江西省自雍正至乾隆年间不断建设,至乾隆四十四年(1779年)社谷

---

① 湖南巡抚刘墉奏于乾隆四十六年二月十八日,《清代灾赈档案专题史料(宫中朱批奏折·财政类·仓储项)》,中国第一历史档案馆藏,第1178函第21号。
② 嘉庆《郴州总志》卷17《积贮》,第4页。
③ 同治《直隶澧州志》卷5《食货志·积储》,第50页。
④ 嘉庆《善化县志》卷7《积贮》,第19—22页。
⑤ 同治《直隶澧州志》卷5《食货志·积储》,第49页。
⑥ 同上。
⑦ 光绪《蕲水县志》卷4《赋役志·积储》,第57页。
⑧ 民国《湖北通志》卷48《经政志六·仓储》,第7—8页。

第二章 兴盛与规范:康熙至乾隆朝长江中游地区的社仓建设

已达41.19万石,积年息谷32.38万石,共有社谷73.57万石,存谷相当可观。① 至乾隆中后期,各州县社仓都有了数额不等的积累(见表2—4)。

表2—4　乾隆年间荆州府、岳州府各州县社谷存贮情况一览　　单位:石

名称		储谷额
荆州府	江陵县	2210
	公安县	2795
	石首县	807
	监利县	17007
	松滋县	2809
	枝江县	2855
岳州府	巴陵县	2822
	临湘县	1194
	华容县	1240

资料来源:乾隆《荆州府志》卷12《田赋下·积贮附》,第7—9页;乾隆《湖南通志》卷40《积贮下》,第40页。

从荆州、岳州二府各州县贮谷量来看,乾隆年间,各县社仓储谷多的有上万石,少的也有几百石,积贮情况还是不错的。

整体上,自雍正至乾隆时期,社谷呈现增加趋势。根据《民数谷数折》,三省社谷数字变化见表2—5。

表2—5　乾隆时期湖北、湖南、江西三省社谷数量变化统计　　单位:石

年份	谷石		
	湖北省	湖南省	江西省
乾隆七年(1742年)	—	372333	—
乾隆八年(1743年)	357201	384087	236734
乾隆九年(1744年)	—	395588	—
乾隆十一年(1746年)	479341	—	242352
乾隆十三年(1748年)	463631	—	265047

---

① 光绪《江西通志》卷88《经政略五·仓储》,第4页。

续表

年份	谷石		
	湖北省	湖南省	江西省
乾隆十五年（1750年）	522823	373632	288673
乾隆二十三年（1758年）	—	478522	—
乾隆二十四年（1759年）	—	—	637860
乾隆二十五年（1760年）	631534	492966	660451
乾隆二十六年（1761年）	645650	433039	676667
乾隆二十七年（1762年）	573440	485423	692292
乾隆三十一年（1766年）	593820	535061	758765
乾隆三十四年（1769年）	—	—	673927
乾隆三十五年（1770年）	577586	542965	655381
乾隆三十七年（1772年）	648347	569755	701606
乾隆三十九年（1774年）	585855	574934	—
乾隆四十年（1775年）	490178	577663	—
乾隆四十一年（1776年）	558281	583060	718959
乾隆四十五年（1780年）	417594	591138	403771
乾隆四十九年（1784年）	548049	684709	420280
乾隆五十年（1785年）	549608	735588	—
乾隆五十六年（1791年）	—	736680	430320
乾隆五十八年（1793年）	516051	743058	414453

注：表2—5根据中国第一历史档案馆藏乾隆朝《宫中朱批奏折·财政类》"民数谷数折"编制。

由表2—5可知，湖北、湖南、江西三省在乾隆八年（1743年）时分别有社谷35.72万石、38.4万石和23.67万石，至五十八年（1793年），分别增至51.6万石、74.3万石和41.44万石，涨幅分别为140%、190%、175%，增长明显。但三省社仓发展并不平衡，湖南省数十年间一直稳步发展，而湖北、江西两省积谷曾出现较大反复。湖北省在乾隆四十年（1775年）、四十五年（1780年）则明显下降，尤其是四十五年（1780年）下降较多，比四十一年（1776年）减少了14万石，此后，则有大幅增加。江西省在乾隆四十五年（1780年）谷量同样有较大下滑，与乾隆四十一年相比，下降了31.52万石，此后一直未能补齐。

第二章 兴盛与规范：康熙至乾隆朝长江中游地区的社仓建设

这一变化，同乾隆四十四年（1779年）对江西、湖南等地社仓息谷政策的调整有关。事起于江西巡抚郝硕的一份奏折，该年九月初九，郝硕上奏"为奏请酌变社仓息谷以充地方公用事"，内称：

> 江西省各属社仓额贮本谷四十一万一千九百二十一石零，又节年借放所收息谷三十二万三千八百五十六石零，共实贮谷七十三万五千七百七十八石零。自乾隆四年以来，积而渐充，以之备缓急而济盈虚，洵足为地方之利赖。惟是江右连岁丰收，户有盖藏，乡民愿借社谷者甚少，核计每年通省出借之谷总在十万石内外，不及十分之二。其谷少放多存，陈陈相因，不无霉变耗折，而为数愈多，经理愈难，社长副不得其人，即滋那（挪）移侵冒诸弊。且以有用之米粟，听其壅而不流，亦非制设社仓之本意。臣查乾隆三十九年、四十年间，安徽、福建二省奏请将社仓息谷变价解司，以充地方公用，俱经部议准行。江西事同一例。应请将现贮本谷四十一万一千九百二十一石零留备将来出借之用，其节年积存息谷三十二万三千八百五十六石零，饬令各州县于来岁青黄不接之时，按其所存息谷数目，照依时价出粜，将价解司贮库，遇有农田水利等务为民间必须工作势不可缓者，奏明动用，报部核销。嗣后，借放所收息谷，并循福建省奏准之例，每积至五万石以上，照此查办一次。庶积谷藉以流通，公事得以兴举，且以民捐之项仍为民用，正所以推广社仓之良法，似亦因时调剂之一端也。①

其大意为鉴于江西省社仓本谷积贮有余，因连年丰收，民借者少，为免霉烂耗折和谷多管理为难，奏请将历年息谷出粜，将所得银钱变价解司，用于地方农田水利等事，而只留本谷出借。乾隆帝认为言之有理，遂准奏。

据光绪《大清会典事例》载："四十四年奏准，江西省各属社仓额设本谷四十一万一千九百二十一石零，节年所收息谷三十二万三千八百五十六石零，额设本谷，照旧存留。其余息谷，按时价粜银解司。遇有地方农田水利等务，奏明动用。嗣后收息谷至五万石以上，照此办理。"乾隆四十六年（1781年），又奏准湖南省社仓本息谷如江西、安徽、福建等省例

---

① 江西巡抚郝硕奏于乾隆四十四年九月初九，《清代灾赈档案专题史料（宫中朱批奏折·财政类·仓储项）》，中国第一历史档案馆藏，第1176函第12号。

处理,"除本谷储备借粜外,所有历年积储息谷,以为民田水利、随时抚恤之用"。①

正因为这一政策,自乾隆四十五年(1780年)开始,江西省上报社谷数字时就去掉了息谷数额,造成社谷量统计数字突然大幅度减少,其后循例上报,故社谷额一直保持在40万余石。

不过,也许是并未将社息谷从社谷总数中剥离,湖南省的上报数字并没有明显变化,一直呈稳步上升趋势。这一猜测可以从湖南巡抚陆燿于乾隆五十年(1785年)五月十九日上递的一份奏折中得到佐证。他指出,乾隆四十五年(1780年)之前,湖南省社仓旧存本息谷是59万石,该年,巡抚刘墉饬令长沙等二十州县劝捐谷17万石,已经上报。四十六年(1781年),又令湘阴等四十五州县劝捐谷12万石,归于四十八年(1783年)盘查造报。因各州县储蓄未裕,俟四十九年(1784年)秋后催收。截至五十年(1785年),湘阴等三十州县已有新旧社谷22.4万石,其中新捐已收上仓谷5.7万石,尚有未交上仓谷6.2万石(题请豁免)。② 如此,至四十九年(1784年),除了未交上仓谷外,湖南省新旧社谷应该为:原有加新捐已缴上仓以及未交上仓谷共71万石,和表2—5中的68万石数字比较接近。

这一社息谷政策调整的直接后果是各州县社谷大幅度减少。江西广信府之上饶县,城乡社仓原存社谷2.2万石,乾隆四十五年(1780年)变卖息谷1.39万石充公,只剩谷8473石。③府属玉山、广丰、铅山、弋阳、贵溪、兴安等六县社谷减少亦很明显,据同治《广信府志》载,郡属七县(包括上饶县)社谷额共7.63万石,乾隆四十五年(1780年)奉文粜卖息谷约4万石,实存谷仅剩3.64万石,④几乎将大半社谷变卖,剩余不及原存谷额的一半。

"一刀切"的变卖息谷之举客观上是对各地社谷存贮状况的一次大检查。社谷原本连年循例上报,是州县官用以表现自身治理地方政绩、关心民生、取悦上司的重要手段,但突然而至的出粜社息谷之规定,使得那些社谷名义上存贮较多、实际上亏空严重的地方,为弥补亏缺而滋生纠纷。据光绪《南昌县志》载:"乾隆四十五年(1780年),奉文变卖社仓息

---

① 光绪《大清会典事例》卷193《户部四十二·积储》,商务印书馆1908年版,第2页。
② 湖南巡抚陆燿奏于乾隆五十年五月十九日,《清代灾赈档案专题史料(宫中朱批奏折·财政类·仓储项)》,中国第一历史档案馆藏,第1180函第16号。
③ 同治《上饶县志》卷8《公署》,第13页。
④ 同治《广信府志》卷2《建置·仓储》,第60页。

第二章　兴盛与规范：康熙至乾隆朝长江中游地区的社仓建设　93

谷，追比骚然，倾家荡产，诬陷无辜"。① 因此事造成了地方社会的不安和动荡。

将社息谷变卖缴官的做法集中体现出官府对于社仓的干预，这种做法持续了多长时间，于何时停止，史料中并没有明确的记载。不过，一些地方直到嘉庆十年（1805年）仍延续这一惯例却是可以肯定的，这从江西泰和县的记载中可以看出。该县有社仓17所，各仓均由社长经管，据同治《泰和县志》载：

> 八都社长曾德峰经管谷一百三十石七斗二升四合，又同尹士位经管谷二十三石六斗，此二项于乾隆四十七年三月初八日在韩任内缴银九十六两一钱九分四厘贮库。
> 八都社长赖成诏经管谷七十四石六斗五升一合八勺，于嘉庆八年八月初六日在李任内缴银四十四两一钱九分贮库。
> 二都社长刘见义经管谷一百二十六石四斗，于嘉庆十年八月十五日在李任内缴银七十五两八钱四分贮库。
> 三都社长黄琮等经管谷一千零四十八石九斗九升，于嘉庆十年在李任内缴银三百六十八两七钱七分六厘贮库外，应存谷四百三十四石三斗六升八合。
> 一都社长梁章经管谷六十三石七斗三升二合四勺，此项已缴，无卷可查。②

上述八都、一都、二都、三都社长除一都社长所缴息银数目不详外，其他社长有分别于乾隆四十七年（1782年）、嘉庆八年（1803年）、嘉庆十年（1805年）向官缴银的记录。这说明，尽管嘉庆初年中央政府明令社仓交由民选社长全权经理，"官不经手"，但对息谷变价缴官一事是否废止，却没有明确的规定，这导致一些地方官持续要求社长将社谷变价上缴官库，社仓变相地沦为地方财政收入的一部分。由于没有统一的停止时间，很可能这种做法是随着战乱的出现而逐步消失的。

四　社仓设置与分布的特点

前已述及，长江中游地区社仓的大规模设置始于雍正初期，初始大多

---

① 同治《南昌县志》卷2《建置志上·仓储》，第27页。
② 同治《泰和县志》卷6《政典·储备》，第34页。

并无仓房，多借贮于寺庙、公所、民房。乾隆年间，很多地方开始逐步修建仓廒。仓廒修建主要有动用息谷、捐建等方式。

动支息谷捐建仓廒一事大体是从乾隆十二年（1747年）开始执行，湖南、湖北两地获准动用70%社息谷修建总仓，其中湖北省节年所收息谷共19万石，[1] 大约有13万石可用于修建仓廒。

在建仓地点的选择上，即便是在建立总仓之后，大多数地方还是以寺庙、公所现有房屋为仓所。湖南衡州府之衡阳县有社仓8所，其中1所在城内，1所在大西林，其余6所位于延寿寺、赤石寺、唐福寺、集福寺等乡村寺庙。清泉县有社仓7所，除了1所在罐子街，1所在泉溪市，其余6所均位于排山观、隆兴寺、普贤寺、高峰寺等寺观庙宇。衡山县社仓17所，其中新桥、南狱市、衣田铺、石湾坪、草市西各1所，其余12所均位于各处寺观。[2] 江西袁州府之宜春县社仓分置各乡村公所，共42处，贮谷6571石。分宜县社仓亦分置各乡村公所，共36处，贮谷2794石。[3] 湖北麻城县分太平乡、仙居乡、亭川乡三乡，乡下分区，其中太平乡29区，仙居乡34区，亭川乡16区，共79区，每区社仓基本设在各处寺庙、堂庵。[4]

按照中央政府的规划，各仓的设置应按照州县立常平、乡村立社仓、镇店立义仓的格局进行。然而，正像其他地方一样，本地社仓的具体设置无法严格按照此规定进行，反而十分灵活，形成了乡村为主、兼及城镇的格局。

（一）乡村社仓

乡村社仓的设置受到当地自然地理条件的影响。三省多山、平原和丘陵、岗地并存的地貌形态影响着人们的居住方式。一般来讲，依山傍水、靠近水源是人们选择居住地的首要考虑。在山区，人们大多依山而居。由于平原地区河湖众多，水面辽阔，还形成了以渔业为主、主要居于船上的游移型居住方式。[5] 根据学者的研究，若从聚落形态上看，明清时期长江中游地区可分为自成一体的寨堡，以乡里为基层单位的散

---

[1] 湖北巡抚彭树葵奏于乾隆十三年十一月二十六日，《清代灾赈档案专题史料（宫中朱批奏折·财政类·仓储项）》，中国第一历史档案馆藏，第1145函第29号。
[2] 乾隆《衡州府志》卷15《仓贮》，第1—2页。
[3] 同治《袁州府志》卷3《食货·仓储》，第90—91页。
[4] 民国《麻城县志前编》卷3《食货·仓储》，第13—14页。
[5] 杨国安：《明清两湖地区基层组织与乡村社会研究》，武汉大学出版社2004年版，第28—30页。

村、集村,有居民的市镇,以街坊为特征的都市和江河之中的洲地等五类。①

社仓的设置与分布与居住形态或者聚落形态有直接关联,受到里甲、保甲制度的影响,这种基层社会组织通常以自然村落为基础,性质上是属于官方的行政区划组织。社仓的分布是对自然村落、人口分布综合考量的基础上,依托这种基层社会组织展开的。社仓在乡里广泛设置,市镇、寨堡以及州县城市亦有少量分布。在农村,以散居形式形成的散村和以集中居住形式形成的集村并存,从整体上看,散村多于集村,更为常见,所谓"村落零星散处,一山之多不满三户"。② 由于乡村聚居以散居为主,"道路则远近不一,居民则零星分散",③ 使得很多地方为了覆盖的需要,设置了数目众多的社仓,动辄多达数百处。湖南长沙县于雍正年间十都百甲各建有总仓,每甲之下又有数个散仓,社仓总数近二百处。④ 新化县的社仓数目在乾隆年间达到了535廒。⑤ 江西鄱阳县社仓则有358所。⑥

从设置方式来看,主要包括两种形式:

一是各乡都图、里甲或村均设,触角延及最底层,覆盖面极广,仓数也较多。根据地方官员的规划,"民所捐者,每县按都立仓,其人民稠密,田地开垦,则一都独立一仓。其经贼寇屠戮,人少地荒,则数都共立一仓。即就都内乐输米谷,存贮仓中。遇有贫乏凶荒,随时散敛,出陈易新,以本乡之蓄济本乡之人,岁以为常,庶几永久"。⑦

一般在每都、每里至少设置1所,规模较大、捐谷较多的都里可适当多设。攸县社仓于雍正初年设立,五乡三十一都共建仓30处,乾隆四十六年(1781年),各州县再次劝捐社谷,于各都分建社仓12处,连前共42处,各都均设,视规模大小建一至数仓。⑧ 湖北随州,社仓共185处,分贮21里,每里数处,并城厢2处及朱所、张所、百户等9处。⑨ 江西新建县共64都,分为十区,共有漕斛社谷2219石,分贮各

---

① 任放:《明清长江中游市镇经济研究》,武汉大学出版社2003年版,第45—53页。
② 乾隆《长沙府志》卷14《风俗志》,第3页。
③ 光绪《沅陵县志》卷12《仓储》,第11页。
④ 同治《长沙县志》卷10《积贮》,第34页。
⑤ 乾隆《新化县志》卷9《仓储》,第3页。
⑥ 同治《鄱阳县志》卷3《建置志一·公署·仓廒附》,第5页。
⑦ 同治《新建县志》卷24《营建志·仓储》,第3页。
⑧ 同治《攸县志》卷14《公署·社仓》,第1页。
⑨ 同治《随州志》卷10《田赋·仓储》,第49—55页。

都，另外有谷寄存节备仓，共社仓42处，均为各区士民捐输。乾隆十年（1745年），分贮、寄贮之谷归并一处，于十区适中之村庄各建一仓，除吴镇一区已有一仓贮谷373石，不必另建外，其余九区建仓9处，分贮九区之谷，并将寄贮节备仓谷640石，酌均归九区，每区各贮200余石。①

部分州县的仓设地点缺乏详尽说明，只笼统地说"每里各设"，这种情况尤以湖北为多，如江夏、武昌、兴国州、汉阳、汉川、沔阳州、京山、天门、公安、监利等，虽然没有具体地点，但这些地方社仓延伸到"里"已表明设立社仓的普遍性。

二是乾隆十年（1745年）有归并总仓之举措后，各州县转变为以"乡"或"都"为单位，选适中之地建仓。这种方式一般不会在每都、里均设，而是数都或数里共有一仓，或一乡数所。江西余干县社仓共7所，除城内1所在旧县署前外，在乡社仓分布为：三都院前村1所，七都箬源村1所，十九都黄垆埠圯1所，二十六都九龙埠1所，二十八都龙津1所，三十六都瑞洪1所。②庐陵县有城内社仓1所，另7乡社仓共23所，其中坊廓乡9所，儒林乡4所，儒行乡2所，安平乡2所，永福乡2所，淳化乡2所，宣化乡2所。③

有的不囿于乡、都编制，直接在合适地点选址修建，如湖南石门县有社仓6所，分布在新关、枣第垭、白洋湖、花数寺、新间寺、黄杨桥。④社仓一般选择建在人流众多、交通便利又便于管理之地。

更多的是设在乡村，如湖南新化县于雍正元年（1723年）奉饬劝捐社仓，建仓分贮，乾隆五年（1740年），知县姚奋翼为从民便，分立535廒。乾隆十二年后建总仓36处，分设于东、南、西、北部各村，共贮谷2.84万石。⑤

有些州县在设置社仓的过程中，会基于人口分散的考虑，以县城位置为参照，尽量按照离城之远近、人口之疏密均匀设置（见表2—6）。其目的很明显，务在使远近百姓都方便借还，充分发挥社仓救济之优势。

---

① 同治《新建县志》卷24《营建志·仓储》，第5页。
② 同治《余干县志》卷3《建置志一·公署·仓库》，第28页。
③ 光绪《吉安府志》卷7《建置志》，第13—14页。
④ 同治《直隶澧州志》卷5《食货志·积储》，第50页。
⑤ 同治《新化县志》卷9《食货志·恤政》，第27页。

表 2—6　　　　　　　清代江西省乐平县社仓分布情况

方向	乡名	编户	规模	离县城距离	社仓地点
城内	/	市都	/	城内	城隍庙
东乡	永丰乡、长城乡、金山乡、乐安乡、铜山乡、永善乡	五都	八图	十五里	潭头村
		六都	九图	二十里	
		七都	五图	十五里	庄前村（八图）
		八都	三图	五十里	
		九都	四图	六十里	官庄村（十四都）
		十四都	十图	七十里	
		十五都	六图	六十里	流芳村
		十七都	八图	七十里	
		十六都	六图	八十里	戴村（本都）
		十八都	三图	七十里	双排村（本都）
		十九都	三图	六十里	湾头村（本都）
		二十都	八图	四十里	众埠村（二十都）
		二十一都	八图	五十里	
南乡	永善乡、丰乐乡、怀义乡	二十二都	十图	三十里	礼林村（三十都）
		三十都	九图	三十里	
		三十都	九图	三十里	界头村、牌楼村（本都）
		三十一都	七图	五里	南岸村（三十一都）
		三十二都	五图	二十里	
西乡	静理乡	三十五都	十七图	五里	港口村（三十五都）
北乡	万全乡、金山乡	十都	六图	五十里	石村（本都）
		十二都	六图	七十里	项村、段村（本都）
		三十八都	四图	三十里	耆德村（本都）

资料来源：同治《乐平县志》卷 1《地理志·乡都》，第 5—9 页；卷 3《食货志·仓储》，第 21—22 页。

　　江西省乐平县除一都至四都、三十九都至四十四都等没有社仓外，其余设置有仓，或一都一仓（表中十都、十六都、十八、十九都），或一都数仓（十二、三十都），或数都一仓（五都与六都、七都与八都），兼顾了每一都的需要。从设置地点上看，大致以县治为中心由近及远，向四周呈放射状分布。其中东南方向稍盛，西北方向稍弱，体现出区内差别。

在分布上，本地社仓的一个明显特点是清晰的层级结构。上述乐平县的社仓分布可以看出，社仓以州县城市—乡—都—图—村的模式有规律地排列。以这种层级结构分布的情况比比皆是。

江西省浮梁县：雍正二年（1724年）设社仓6处，分别在城内及东、南、西、北四乡。乾隆三十一年（1766年）奉文在城乡适中之地建造社仓，遂于城内及各都建仓13处，共贮社谷5459石。可见是以乡—都为单位设置社仓。①

湖南省长沙县：其县下分都，都下有甲。雍正元年（1723年）知县张熙醇奉令劝捐社谷，举办社仓，得谷若干，散贮于本县十都百甲。乾隆十年（1745年）奉令于各都适中之地建仓12座，同时保留各处散仓，经乾隆四十六年（1781年）续捐，形成了如下格局：县城内—都—甲—甲总仓—甲散仓—区散仓，层级分布十分整齐。

在这种层级结构中，有乡、都、图、甲或乡、都、局、团四层结构的，如乐平、安仁县；有都、甲、区等三层结构的，如上述长沙县；也有乡、都二层结构的，如浮梁县。从区内情况看，这种层级结构比较普遍，有学者称为里甲层级结构模式。②

（二）市镇社仓

除了以都图里甲为单位设置之外，本地社仓还有少量设于市镇和州县城市，体现出社仓覆盖的广泛性。

就三省情况而言，设于市镇的社仓呈现出灵活性和多样性。通常情况下，市镇社仓数量显然不可能太多。如湖南湘阴县，社仓17所，在县城内1所，新市1所，各乡15所。③ 醴陵县乾隆十二年（1747年）将雍正年间所设64处社仓归并为总仓6处，其中2处在市镇，1在普口市，1在渌口市。④

自乾隆前期归并总仓之后，因着市镇的地理位置的便利，依托市镇的社仓数目有所增加。湘乡县有社仓5所，除了城内县署旁1所外，其余4所分别设在测水市、永丰市、涟水市、娄底市。⑤ 临湘县有社仓3所，分

---

① 道光《浮梁县志》卷5《公署·仓廒》，第23页。
② 姚建平：《清代两湖地区社仓的管理及其与常平仓的关系》，《社会科学辑刊》2003年第4期，第98—102页。另：有关都图里甲的解释可参见本书第七章相关内容。
③ 乾隆十年为2所，至二十二年统计为17所，光绪《湘阴县图志》卷21《赋役志》，第38页。
④ 民国《醴陵县志》卷5《食货志·仓储》，第99页。
⑤ 乾隆《湖南通志》卷40《积贮下·仓廒》，第1、4页。

别设在县城内、县东南长安驿、县南桃林市。①

再如浏阳县，其社仓于康熙年间建，后废，但仍陆续有捐谷。雍正十年（1732年）知县陈梦文将乡民捐谷800石散储社长家，"请按乡并入常平"。乾隆十六年（1751年）分建社仓10所，嘉庆后增至62所，道光年间清查有80所。其中有部分建于市镇，详情见下表。

表2—7　　　　清代湖南省浏阳县社仓设置与市镇分布

市镇名	社仓贮谷情况
达浒市	贮三、四、五都，谷原额478石，道光间案存490石
高浒市	贮九都，谷原额530石，道光间案存300石
文家市	贮十三都，谷原额160石
青草市	贮十九都，谷原额980石，道光间案存490石，同治六年（1867年），得谷665石
枨冲市	贮二十都，谷原额560石，道光间案存300石，同治七年（1868年），得谷950石
蛇头市	贮二十一都，谷原额80石
镇头市	有2所，一在二十二都，贮谷114石；一在二十三都，贮谷130石
普迹市	贮二十二都，谷原额85石
永安市	社仓有4所，二十七都2所，分别贮谷77石和280石；二十八都2所，分别贮谷204石和116石
洞阳市	社仓有2所，贮二十九都，分别贮谷270石和228石
社港市	社仓有3所，四十都1所，贮谷376石；四十四都1所，贮谷270石，五十六都1所，贮谷141石

资料来源：同治《浏阳县志》卷7《食货三·仓储》，第10—11页。

社仓所设市镇，一般选其位置适中、规模较大、货物丰富、交通便利、人口密集的"大镇"建立。湖南东安县市镇社仓的选址即是如此（表2—8）。

---

① 乾隆《湖南通志》卷40《积贮下·仓廒》，第1、4页。

表 2—8　　　　　　清代湖南省东安县社仓设置与市镇分布

社仓名	设置地点	描述
福聚寺社仓	福聚寺	县西十五里
福昌寺社仓	福昌寺	县南里许
石期市社仓	石期市	县东五十里。旧有驿废，舟车辐辏，货物繁集，为邑巨镇
白牙市社仓	白牙市	县北二十里。舟车辐辏，货物繁集，为邑巨镇
端桥铺社仓	端桥铺	县北七十里
芦洪市社仓	芦洪市	县东北一百一十里。有巡检司，为邑巨镇
周家铺社仓	周家铺	县北一百三里

资料来源：乾隆《东安县志》卷1《疆域志》，第7页；卷3《建置志·仓储》，第48页。

东安县有社仓7所，其中有3所设在市镇，即石期市、白牙市、芦洪市，从方志记载得知，这3座市镇或者为热闹非凡、商品丰富之市镇，或者是有官方机构驻扎的重镇，均为县中"巨镇"。

社仓之所以如此建置，基于市镇核心的位置、便利的交通等优势，利用其强大的辐射功能在救济灾民过程中发挥更大的作用。同时，市镇本身人口密集，这样做也可以满足市镇人口救济的需要。另一方面，市镇本身为乡村经济中心，社仓建于此，更利于募捐到更多社谷，保证社仓的运转。

（三）州县城市社仓

除了乡村、市镇，本地社仓亦设于州县所在地城市。从地方志记载来看，尤其受乾隆前期归并总仓之举影响，州县城市设社仓相当普遍，几乎每县均有涉及。不过，因州县普遍设有常平官仓以及社仓的功能和定位所致，州县城市社仓的数量自然极少。康熙年间，江西巡抚安世鼎在饬办社仓时即已明确指出：

　　定仓制。省、府、州县所捐谷石俱于城中设一仓，民所捐者，每县按都立仓。[①]

其城仓和乡仓分别设置的思路十分清晰。当然，因州县城市社仓仅供本城和附近贫民借贷，一般设一二处，多者也不过四五处。

[①] 同治《新建县志》卷24《营建志·仓储》，第3页。

第二章　兴盛与规范:康熙至乾隆朝长江中游地区的社仓建设　101

　　湖北嘉鱼县有社仓15所,在各里有12所,在城市有3所。①

　　黄冈县社仓,雍正年间初建时为119所,乾隆十九年(1754年)并为30所,其中县城厢坊4所,其余分布在东弦乡、还和乡、永宁乡、慕义乡、上五乡、下五乡、庶安乡、中和乡等8乡。②

　　松滋县社仓11座,县城有1座,其余马家桥、磨磐洲、斯家场、纸厂、草坪、杨林子、涴市、新场、两齐、街河子各1座。③

　　湖南沅江县有社仓6所,其中1所在县城内,其余5所分置日驼铺、郎荆堤、龙家亭、蒋罗坊和寨河陂。

　　龙阳县社仓12所,其中城内1所,东、西、南、北乡共11所。④

　　在城中设立社仓时,县署或相邻常平仓是较好的选择。以这种方式设置的社仓,贮谷量较为有限。如湖南华容县旧有社仓2处,在县署左、东乡各1处。乾隆十年(1745年)归并总仓,仅在县署前设1处,共2间。⑤永定县有社仓1所,建在县常平仓侧,贮谷3793石。⑥

　　还有仿照漕仓和明代预备仓之制,在县之东西南北设仓的。有的将仓设在城内,如江西南城县城关有社仓5处,分布在城内义学后、东关土神祠、南关定印寺、北关万寿宫及西关。⑦

　　虽然数量不多,但其意义深远。社仓设于州县,一方面显然是为了方便城内贫民领取,以弥补常平仓谷救助力量的不足;另一方面,恐怕更多的还是出于州县官便于监督管理的考量。

　　(四)卫所社仓

　　值得一提的是,除了在乡村、市镇、州县城市设置外,官办的运军卫所里,⑧也同时举办社仓(表2—9)。

---

① 乾隆《重修嘉鱼县志》卷2《赋役志三·积储》,第11页。
② 光绪《黄冈县志》卷4《赋役志·积贮》,第45—48页。
③ 同治《松滋县志》卷2《建置志·仓廒》,第9页。
④ 乾隆《湖南通志》卷40《积贮下·仓廒》,第5页。
⑤ 光绪《华容县志》卷4《仓储》,第3页。
⑥ 同治《直隶澧州志》卷5《食货志·积储》,第51页。
⑦ 西关社仓因地狭人稀,捐谷者少,后并入十六都义仓内。同治《南城县志》卷2《建置志·义恤》,第3页。
⑧ 卫所是明代用于镇守国防及地方的军事组织,清代承袭明卫所之制,但已逐渐失去军事意义,演变为以漕运为主要职能的运军卫所。卫所实行屯田制,有相当面积的土地及一定数量的人口。咸丰年间,漕运改由海运。光绪年间,卫所裁撤,屯田归并州县。张建民:《湖北通史(明清卷)》,华中师范大学出版社1999年版,第38—45、164—170页。

表2—9　　雍乾时期湖北、湖南二省部分卫所社仓设置情况

省份	卫所名称	社仓数	分布地点	贮谷数（石）
湖北	黄州卫	10	不详	乾隆十年（1745年）存社谷530石
	荆州卫	3	常平仓内、石首、监利各1所	不详
	蕲州卫	76	不详	乾隆十九年（1754年）存社谷10968石
	襄阳卫	不详	各伍	乾隆二十三年（1758年）存社谷1199石
湖南	岳州卫	1	常平仓内	乾隆年间存社谷195石余

资料来源：民国《湖北通志》卷48《经政志六·仓储》，第1—34页；嘉庆《巴陵县志》卷13《积贮》，第4页。

　　与地方社仓相比，卫所社仓在仓数、贮谷额上基本旗鼓相当。蕲州卫有社仓76处，存谷多达10969石，这在长江中游地区州县中也算得上名列前茅。

　　如上所述，清代长江中游地区的社仓设置形成了以乡村为主、兼及城镇的分布特点，不仅保证了乡村贫民的利益，而且兼顾了城镇贫民的需要，这使城乡贫民无论居住何处、行程远近，无一遗漏，均沾社仓实惠。而社仓无论设在乡村，抑或设在城市、市镇，多置于各种法定社区（基层社会编制）之中。[①] 张研认为，法定社区是国家区划、人为组织的统治区域和社会群体组织，亦称行政社区。清代法定社区包括城市法定社区和农村法定社区。城市法定社区是指城中及近城的坊、厢、牌、铺、街等编制，农村法定社区是指官方在郡县以下设置的多级行政区。[②] 按照这种划分，长江中游地区在城社仓一般位于坊厢、常平仓侧或县署附近，在乡社仓多分布在都图里甲，实际上已形成以基层社会编制为依托的分布模式。

第三节　陈宏谋与长江中游地区的社仓规范

　　清代社仓与常平仓"相辅而行""互为表里"，古人曾形象地比喻：

[①] "社区"一词，根据社会学的解释，是指"建立在地域基础上的，处于社会交往中的，具有共同利益和认同感的社会群体"。罗萍主编《社区导论》，武汉大学出版社1995年版，第6页。

[②] 张研：《清代社会的慢变量——从清代基层社会组织看中国封建社会结构与经济结构的演变趋势》，山西人民出版社2000年版，第1页。

第二章　兴盛与规范:康熙至乾隆朝长江中游地区的社仓建设　103

"行常平而不复社仓,是亦治耳目之疾而忘手足之痿痹也。"① 将二仓之关系比作人体的"耳目"和"手足",视为密不可分又互相依靠的共同体。社仓举办不力,必会影响仓储系统在备荒救灾中功能的发挥。作为清代仓储制度的重要组成部分,社仓的建设同常平仓一样,也包括一系列复杂的过程,从筹集谷本、选择仓址、建仓到谷物出仓和回收、存贮、晾晒、开耗及仓房维修等,需要建立一套周密完整的制度作为保障。这套制度的确立,是各地在中央政府颁布的各项指导性政策的影响下,根据自身具体条件的不同,因时因地而形成的。

康熙至乾隆时期长江中游地区社仓的管理章程主要包括由各督抚制定颁布的社仓管理章程。康熙年间江西省一些州县开始复建社仓,巡抚安世鼎为此颁布《社仓法约》,提供了大致的社仓规范。雍正二年(1724年)的上谕奠定了全国社仓建设的主要规则,成为长江中游三省督抚指导本地社仓建设的主要政策依据和指导规范。乾隆时期,热衷于仓储制度建设(重点在常平仓和社仓)、勤勉精干、先后在三省任职巡抚的陈宏谋延续了自己的作风,提供了数种有关社仓管理方面的条规、规约,包括:乾隆七年(1742年)担任江西巡抚时制定的《社仓规条》和《社仓条规》,二十一年(1756年)担任湖南巡抚时颁行的影响极大的《社仓条规二十一则》,等等。乾隆四十八年(1783年)湖南省颁行了精简升级版的社仓条规,即以陈宏谋《社仓条规二十一则》为蓝本。此一时期,以省级官员主导推行社仓建设为特点,并提供相应的管理规范,各州县官在此方面基本无所作为。

有必要先行回顾一下康熙年间江西省巡抚安世鼎制定的社仓章程。大约在康熙二十年(1681年),鉴于一些州县已陆续开始恢复社仓之制,但中央政府尚未出台统一的管理制度,造成各地社仓规章"立制不一",各有各法。为规范管理,时任江西巡抚安世鼎推出《社仓规约》,法约七条,② 主要内容如下。

(1) 在城官仓。规定,在城设官仓,"凡官谷悉贮城中,因便立仓,随时敛散"。从条文内容看,这里的"官谷"主要指各级官员所捐之社谷。安巡抚承诺带头捐谷1000石,并要求自巡抚以下各级官吏均需捐输,司道府厅县学各官捐谷1000石以下,州县学、佐贰首领各捐500石以下。社谷出纳事宜由主管官员造报。

---

① 刘定范:《备荒书》,光绪《重修龙阳县志》卷30《艺文·文类》,第31页。
② 亦有记载称为六条,见光绪《江西通志》卷88《经政略·仓储》,第3页。

（2）在乡民仓。凡民捐之谷悉贮乡中，同样"因便立仓，随时敛散"。仓谷来源为摊捐，标准为：每都按每粮一石，输谷一斗；粮十石，输谷一石，即按收成的10%征收。也可以来源于绅民捐输，其法为：区分士绅、百姓分别进行，士绅由州县学官负责，百姓由里甲长负责。多捐者有奖。

（3）定仓制。强调省、府、州县所捐谷石，在城中设一仓。民所捐者，按各都人口之稠密稀疏，分别设仓，或一都一仓，或数都一仓。

（4）存贮之法。因仓基、建仓工费等一时难于筹集，各地社谷先择寺观、祠堂等空屋积贮，不致扰民，并节省营造之费。

（5）遴选仓长。选择粮仓长、社谷杂费支出、簿记、稽查等事宜。粮仓长需挑选"温饱诚实"二人，"正副相辅"。一切修葺工用、看守、纸张、折耗等费均从息谷中开支。至于社谷出入子母、时日数目，需造册二本，一存县，一存仓，以便不时稽查。每年终，各县分造汇缴到院，借此分别奖励。

（6）发仓储。借贷仓谷之前，每保需于保甲中，预先分上、中、下、最下等户，存簿给牌。每年等候上司明文，五月给贷，八月收纳，每石加息二斗。有故意拖欠不还者，给予处罚或告官追究。又规定，如确系贫户或节妇、孤寒、火灾、病患等，情有可原，可经州县官同意减免息谷。

（7）厘仓蠹。凡正副仓长，能公平敛散，里众推服，可先免杂差。俟满三年无过，照富民捐纳例题请给予官职顶戴。如不称职者，另选替换。若仓长有武断生事、侵蚀冒破者，或者地方官府借端查盘，扰害仓法，或吏胥豪棍把持生事等，一律按法治罪。①

应该说，因社仓建设处于起步阶段，中央政府尚未提供明确的指导，安世鼎颁布的《社仓规约》，内容多是沿袭明代的惯常做法，如谷本筹集以摊派和捐输相结合、社谷发放前预先区分户，等等。由于该规约是清代江西省以及长江中游地区最早出现的省级社仓条规，它的意义如下。

其一，在社仓设置方式上，规定了城乡分设的格局，显示出：尽管中央政府有意要将常、社、义三仓分别在州县、乡村、市镇均匀分布，但在地方实践中，一开始就打破了这种严格的划分，呈现出较大的灵活性，也奠定了江西省社仓分布的格局。

其二，在谷本筹集方面，开启强制性摊派和非强制性捐输相结合的方式，为后来者沿用这种思路制造了依据。

---

① 同治《新建县志》卷24《营建志·仓储》，第2—4页。

其三，其关于散发社谷前需预分户等，散发时按牌领谷的规定，同样为本地将社仓制度和保甲制度相结合奠定了基础。

真正对于清前期对长江中游地区社仓建设起着重要作用的一位人物是陈宏谋。

陈宏谋（1696—1771），字汝咨，广西临桂人，为雍正元年（1722年）进士，精明能干，屡受雍正、乾隆帝重用。雍正年间，任过吏部郎中、浙江道御史、扬州府知府、云南布政使等职。乾隆朝，在中央和大部分省市做过官，先后在江苏、江宁、甘肃、陕西、福建、云南、河南等省任布政使、巡抚等职，在中央政府官至兵部尚书、东阁大学士兼工部尚书等，一生"外任三十余年，历行省十有二，历任二十有一"。可以说为官足迹遍及大江南北。他勤于政务，任职期间成绩卓著，被后人誉为和尹继善齐名的乾隆朝两大贤吏之一。《清史稿》载："莅官无久暂，必究人心风俗之得失，乃民间利病当兴革者，分条钩考，次第举行。……查吏甚严，然所劾必择其尤不肖者一二人，使民怵，众而止。学而不欺为本，与人言政，辄引之于学，……故所施各当，人咸安之。"并重点列举了他的一些政行：扬州水灾，遣送饥民回籍，给口粮。在云南，立义学，令苗民入学。在天津，屡乘舟咨访水利，得放淤法。在江西，发帑缮城垣，筑堰堤，修圩堤闸坝，以工代赈。在陕西，劝民种山薯及杂树，凿井，造水车用以灌溉。在福建，弛商船载米定额以便民。①

在长期的为官生涯中，他曾屡次在长江中游三省任职：于乾隆六年至八年（1741—1743年）、十一年（1746年）九月任江西巡抚，接着于乾隆十一年（1746年）十月调任湖北巡抚，任职至十二年（1747年）十一月。二十年（1755年）五月至二十一年（1756年）十月任湖南巡抚，于二十八年（1763年）迁兵部尚书，署湖广总督兼管巡抚事。②

陈宏谋尤重两件大事：农业水利和仓储制度。对仓储制度的重视固然是清代各级官员基于农耕社会的特性和中央政府的要求而作出的普遍选择，罗威廉指出，陈宏谋的特别之处在于除了他对于常平仓制度及其运行发展的积极贡献之外，他可能是清朝提倡社仓最著名的人之一。对社仓的偏爱是以他为代表的十八世纪帝国精英对"以民养民""藏富于民"理念的认可的体现。陈宏谋认为，允许人们依靠自己的主动性和生产能力远比

---

① 中国文史出版社编：《二十五史》卷15《清史稿》（下），中国文史出版社2003年版，第1671—1673页。
② 蔡冠洛编：《清代七百名人传》，转引自沈云龙主编《近代中国史料丛刊》第六十三辑，台北文海出版社1971年版，第144—150页。

"以官养民"好得多,"以官养民"体制是不可取的,因为一个政府要养活像清朝统治下的庞大数量的人口是根本不可能的。但是"以民养民"并非意味着政府可以袖手旁观。在他看来,确保人民自给自足能力的最好办法是依靠当时有巨大政府投资的特殊工程,也就是创建新的水利设施或者建设新的粮仓网络。"藏富于民"一词则隐含着反对官府存储或积累人民生产盈余的做法。政府应该尽可能地远离私人财富。① 他把这些理念利用到对社仓的实践当中。

陈宏谋对推行社仓怀有极大热情,他认为,社谷充裕和出借,于民于官均有益,尤其对地方官有利,"境内有借贮社谷数千石,官仓即可少贮常平谷数千石,地方官并省久贮霉变之赔累,坐收惠济救荒之实效。行之数年,谷日多而利薄"。② 对他在长江中游三省社仓建设中的活动进行考察,大致可以窥见清代社仓制度鼎盛时期的水平以及在地方实践中的具体体现。

陈宏谋将社仓视为"民间利病当兴革者"问题之一,屡屡下令整饬,并颁发条规,规范各地社仓管理。虽然他在长江中游三省任职时间并不算长,前后加起来也就五年多,但是,乾隆时期本地区颁行的社仓管理章程和他却有着密切联系。乾隆七年(1742年)陈任江西巡抚期间,令行社仓,制定社仓章程。十一年至十二年(1746—1747年),任职湖北巡抚期间,着意整理社仓。尤其是在湖南省,二十一年(1756年)他制定了更加完备的《社仓条规二十一则》,广行于省内。四十八年(1783年)湖南省将其中十余则重新刊刷成册,发给各社长,永远遵行。嘉庆六年(1801年)长沙府知府张五纬申请对四十八年(1783年)刊行的条规再作修改,并报巡抚马慧裕批饬,颁行在案。由此可见,陈宏谋所制定的社仓章程对长江中游地区社仓制度的发展和完善产生了重要的影响。

一 乾隆七年(1742年)的《社仓规条》和《社仓条规》

乾隆六年(1741年),陈宏谋就任江西巡抚,上任伊始,按照一贯做法,开始整顿钱粮,清查仓谷。十一月,他令各属上报征收钱粮、仓谷、耕地等事宜,包括常平仓谷数量、买补及出易等以及社仓多少所、社谷若干、如何收息、是否每年出借生息、士民捐输情形,等等。在清查行动

---

① [美]罗威廉:《救世——陈宏谋与十八世纪中国的精英意识》,陈乃宣、李兴华、胡玲等译,中国人民大学出版社2013年版,第370—371页。
② (清)陈宏谋:《培远堂偶存稿》卷13《社仓规条》,第8—11页。

中，发现安仁县一些社仓并无仓谷，他为此颁布"清查社谷檄"，指出这一问题并非安仁县一处存在，而在许多地方都有。据他的访闻，主要原因是社长虚捏借户姓名、虚假借出，却并未按期归还，导致有仓无谷。为此要求各州县官在晚谷登场之后，社谷归还之时，委派佐杂人等亲往各原贮社谷地方，用新颁斗斛逐一盘量，据实造册申报。有谷无仓者，地方官监督建仓收贮。有实欠在民者，赶紧催还。有虚捏无谷及短少者，追究社长、官吏相应责任。①

乾隆七年（1742年）春，他颁布《社仓规条》，共十四条，② 以规范和加强社仓建设和管理。其主要内容如下。

（1）社仓各项费用支出。社仓管理与运营的环节较多，社谷一进一出必有损耗，加之社正副管理社仓，责任繁多，即使名义上不领取报酬，至少也不应使其转而赔补等，这些都需要有明文规定。在此之前的惯例是，将社谷每石收息一斗内，以五升为社正副折耗。在此次新规中，修改为将息谷中的三升作为社正副纸笔费，其余七升存公，作为修仓等费。将分配给社正副的息谷数额降低，加强对社正副的约束，但不至于使其因正常损耗而赔补，从而保持一种微妙的平衡。这是陈宏谋的高明之处。

（2）社仓需分仓。这是陈宏谋对于社仓的一贯思路，他不赞同归并"总仓"之举措，非常强调社谷的"分贮"，屡次要求若地方太广，社谷逐渐积多之地，社正副难于经管者，需相机分贮，可将原贮之谷分作二处或三处，另选社正副管理，以便于经管以及百姓就近借还。在这里并没有列明需要分仓的具体标准，显然他的想法尚不成熟，仅仅只是提出了粗略的规划。分仓过程中，尚来不及建仓者，需择村中空房或寺观等存放，坚决不许借贮于社正副之家，致使公私牵混，致滋口实。

（3）社谷出借对象的限制。规定社谷只借给耕种农民作为籽种之用。除此之外，凡是游手好闲以及生事武断者，均不准借。显见对于社谷出借的对象需考虑两方面因素：一是职业，二是品行。这意味着，即使是需要籽种之种地贫民，如果品行不端，惹是生非，也照样无法借领社谷。这或许是考虑到将来还谷之可能性，在这里，将社谷出借和教化结合之意味昭然若揭。

同时，若有自称贫乏农民往借社谷，而社正副没有把握不敢出借者，

---

① （清）陈宏谋：《培远堂偶存稿》卷12《清查社谷檄》，第14页。
② （清）陈宏谋：《培远堂偶存稿》卷13《社仓规条》，第8—11页。亦有误称为十三条的，见光绪《江西通志》卷88《经政略五·仓储》，第3页。

除非其同保之人连名公保，否则不许强借。

（4）社谷需独供本都里使用，不能外拨。规定各都里士民所捐社谷，永存本处使用，不拨他处。如遇特殊情形，如无人捐输、原无社本、或社谷过少、不敷出借之处，许报明地方官，详准另筹拨给。经拨给之后，永为该都里接济之物，逐年春借秋还。但将来积谷渐充，仍需归还。再多，则可充该地方公用，永不许另拨他处。此项规定显然严格遵守了社仓旧有惯例。

（5）社谷用途和出借率。强调社谷只用于本都里借贷，不能用于赈济，如准许赈借动用，会导致社谷"有时而尽"。因此，赈粜以及地方一切公事均不许动用社谷（平常情况下）。并规定，如遇荒歉，社谷可以全数出借，不必拘泥于原有存六借四之例。这些内容显见清前期社仓主要是作为借贷性机构在基层社会中发挥作用。

（6）地方官监督之责。地方官有监管社仓之责任，为此，需要慎选社长，并不时稽查，但不必经常盘查，致滋扰累，只需每年年底社谷还仓之后，简从往查一次，和社长上报的清册核对，以杜虚捏抗欠之弊。

（7）社谷借还之程序。关于社谷借还之期限规定，借放之期，不出春末夏初。还谷之期，不出十一月。具体借还日期，由该处农民与社正副协商决定，一面借还，一面报官。事毕，社正副造花名册上报地方官。然后，由地方官发印条封仓，并另造四柱清册通报。

此外，凡出借之谷，必须当年内还完，明春方能再借。否则，不许借给。如因地方荒歉，加息还谷困难，则需申报地方官批准，方能免息，社正副不能擅自做主给予免息。

（8）社谷借还所用斗斛。规定各处社谷借放，原用乡桶，今后需概用漕斛，由地方官校准印烙，每仓发给使用。①

该年（1742年）十月，他颁布"通行社仓事宜檄"，指陈自康熙朝以来江西社仓建设中的弊端，即社谷多贮于城中，乡民不能赴借，造成乡民既不知社谷为可借，更不知社仓之有益。以此，若号召士民捐输，当然不易乐从，不免陷于强制。因此奏请，将常平仓谷五六万石拨作社本，和旧有社谷共二十余万石一起按地出借，并补充拟定《社仓条规》共五条，内容为：提倡和鼓励士民量加捐输，督促地方官及时按雍正初年颁布的标准给予奖励；强调严格遵守社谷本里捐出即贮本地的规定，以保护捐谷者的积极性；社正副须实心任事，地方官须礼貌待之；借谷需及时清还，否

---

① 同治《新建县志》卷24《营建志·仓储》，第5—8页。

则催追保人代还；等等。他对于社谷存贮的增加有极大热情，要求地方官设法增添社本，将地方一切迎神赛会、搭台唱戏、祈禳、民间争讼等等花费节省下来，以作社本。他还提出了建立宗族社仓的想法。① 这些方面，绝大部分在他后来颁布的社仓条规中继承了下来。

应该说，陈宏谋所颁布的社仓章程体现了其关于社仓建设和管理的基本思路，伴随着他雷厉风行的行事方式，这些在实践中得以广泛落实，有力推动了江西省的社仓建设，使得各州县社仓在乾隆七年（1742年）前后出现了一次小小的建设高潮。

乾隆八年（1743年）年底，他再次下令清查各地社谷，得知两年以来，原有常平拨谷加新旧社谷二十余万石，经士民陆续捐添及收息谷，至今已达近三十万石，可谓成绩斐然，"民间赖此接济者甚众"。②

随着后来调任湖北、湖南巡抚，并任湖广总督等职，他继续提倡和督办社仓，颁布了更为完备的社仓条规，直接推动了两湖地区乃至整个长江中游地区社仓的进一步发展。

二 乾隆十一至十二年（1746—1747年）对湖北省社仓的治理

自乾隆十一年（1746年）十月调任湖北巡抚始，陈宏谋就将大刀阔斧治理地方的作风带了过来。该年六月，湖北巡抚开泰已经开始借助各道府大员按季巡查的惯例，令各地清查常平、社仓积谷的积弊。陈宏谋到任后，迅速下令各地加快彻查仓储的步伐，在这个过程中，发现社仓存在的问题不少。在十二年（1747年）四月发布的"清理社仓檄"中，他指出，湖北省共有社谷47.76万石，每县多者有二三万石，少者亦不下千百石，按照数量来说，不为不多，理应对农民有所裨益。奈何和其他地方一样，社仓管理混乱，运行失序，存在侵蚀、借放涣散、出借困难、社长选充失当、奖励捐输流于形式、州县官监管不力等弊端，影响了其效果。"自有社谷以来，或社正副不得其人，致有侵蚀；或借还不能如期，致有亏欠；或因有谷无仓，寄贮社正副之家，未免假公济私。应借者不借，名虽不借，实又私借。或社正副畏官役之扰，受乡民之怨而不愿承充；地方好事游棍，希图侵肥，则又争先承充。即有殷实良民迫于地方官之委用，勉强承充，又皆因公受累。从前虽有议奖之条，亦皆格而不行。原定息谷

---

① （清）陈宏谋：《培远堂偶存稿》卷14《通行社仓事宜檄》，第33—36页。
② （清）陈宏谋：《培远堂偶存稿》卷16《再饬清查社谷檄》，第32—33页。

三升作为折耗，又多不借无息，难免赔累，视为畏途。地方官因此谷分贮各乡，每县多至数十处，零星难于遍查，止令社正副出结，以为有着。有时或委之书差，则往来需费，仍不免为社正副之累。"[1] 这种种问题，形成已久。

乾隆十年（1745年），和陈宏谋一样坚信社仓制度的价值，在江苏、陕西、湖北等所任地推行社仓的湖北巡抚晏斯盛清理仓谷，针对各地往往习惯于将短少社谷归结为民欠无着以希图蒙混过关的做法，他要求将民欠和其他原因造成的仓谷亏短区分开来。如果确实属于逃亡故绝、无法追还之民欠之谷，必须出具邻里甲保结状，由该地方官加上"并无虚捏"等字眼，才能申请豁免。其他有着落之谷，仍需催还。并严令，如果有社长等人捏饰侵渔，混称无着，而地方官却在没有查明的情况下就加结题请豁免，应即行参处追赔。

不过，此项清查事后看来就像其他许多事情一样，再一次遭遇地方官员的消极应对，虽已进行两年，各地仍有尚未造报者，或虽报但含糊不清，并未将有着、无着区分清楚者。在已上报的社册中，汉阳、汉川、孝感、荆门四州县均将未完社谷开列出来，催令追还；而武昌、蒲圻、蕲州、钟祥四州县则报称均为民欠无着之谷，但这些地方短少社谷中究竟哪些是应该催还的、哪些是应该豁免的，仍然没有一个明确的数字。[2] 陈宏谋对此提出疑问，认为上报的数据并不准确，他意识到这种混沌局面无疑使其他一些社谷短少的州县心存侥幸，希图幸免。

在他的主持下，湖北省清理仓谷的行动开始提速，这对减少仓谷亏短、保障社仓的正常运行起到了积极作用。

三 乾隆二十一年（1755年）湖南任上的《社仓条规二十一则》

乾隆二十年（1755年），陈宏谋调任湖南巡抚。次年（1756年）他上奏，湖南全省积有社谷43.2万石，由于本省常平额谷历来只供平粜，不能出借，因此，穷苦贫民惟有借领社谷，接济春耕。因去年入冬以来，江浙搬运过多，米粮日渐昂贵，恐怕开春以后更甚。于是，一面派员分查各地仓储积欠情况，并趁秋收未久，加紧催追；一面出示晓谕，一到春耕，先将社谷尽数出借。趁此，制定社仓条规，刊刻分布，使官绅士民均

---

[1] （清）陈宏谋：《培远堂偶存稿》卷25《清理社仓檄》，第23—24页。
[2] （清）陈宏谋：《培远堂偶存稿》卷25《酌查社仓民欠檄》，第26—27页。

知社谷之易于借还，年年可以接济，是为《社仓条规二十一则》。其主要内容如下：

> 社谷原备农民籽种，耕田之家，无论佃田、自田，凡无力者，皆许借领。一切贸易及不耕之民，概不准借。衿监、衙役、兵丁之家，有务农者，仍准亲属出名借给。……借谷应观其耕田及户口多寡，或数斗，或一石，每户多者不过二石。借谷必需本地有业者，或三人、或四人公保。有殷实者一、二人，亦可作保。殷实田主保佃户，则一人许保数户。……每年正月内开印前后，官将众社长传到，面加款待，谆切开谕劝导，面给印簿二本，出借时，社长将逐户姓名、借数及保人填于印簿。俟借毕，于簿内结一总数，一本缴官，一本同借领存社长处。其出借迟早，听社长就地酌定，一面报官，一面借领。……官有借谷印簿，簿内载有户口、谷数、保人姓名，官遇查勘公出，携带印簿，经过村庄，随处抽问，当堂审事。……各仓贮谷过多，则借谷之村必有窎远不便者，殊非随处接济之意。且谷多人众，社长责任太重，亦难经理。今酌定每仓至多不过四、五百石，有应分仓者，即于适中之地，酌令建仓地方，并将某村应新仓，某村仍借旧仓，斟酌指定。①

从条规内容来看，陈宏谋此次制定的社仓条规是清前期长江中游三省已公布条规中最为完备的。与其在江西巡抚任上制定的社仓章程相比，他关于社仓管理与社谷运营的思想是一脉相承的，"官督民办"的色彩更加清晰。具体而言，与其乾隆七年（1742年）颁布的《社仓章程》比较，此次条规有以下变化。

（1）在社息谷的使用、社谷出借对象、借谷程序等问题上作了适当调整。如对于社息谷的分配和使用，由于湖南省只有社谷承担着乡间借贷功能，又因粮价高涨，对社谷出借需求量增大，因此，除了维持以前规定中的将每石收息一斗社息谷中的三升归社长使用外，另外七升则由修仓之用调整为全部用作下年社本，按照存半借半的原则使用。如需多借，则需要一边出借，一边禀明地方官备案。

相较于在江西巡抚任上的规定，有些方面条件放宽了，如此次条规对社谷出借的对象条件，去掉了其中对于品行的严格要求，规定只要是无力

---

① 同治《长沙县志》卷10《积贮》，第18—23页。

耕田农民，甚至如衿监、衙役、兵丁之家有务农者，无论其品行如何，均可获得社谷接济。而有些方面的条件限定则有所收紧，如借谷作保，之前的规定是对于部分贫户，须有同保之人公保，方能借给，此次条规修改为，所有借谷之人都必须提供保人，即使是社长亲朋，亦必须有保，否则不许滥借。可以是本地有业者三四人保一人，也可以是家境殷实者一二人保一人，而殷实田主一人则可以保数个佃户。唯不许借户互保，以致将来难于代还。并明确，将来借户负欠，先追欠户，欠户无着，则着落保人代还。

（2）新补充和完善了一些内容。如社谷出借数量方面的规定。在前此规章中，并没有这方面的具体标准，此次条规明确指出，借谷应视其耕田及户口多寡，斟酌借给，或数斗，或一石，每户最多不能超过二石。这样做，一方面可以增加按时还谷的可能性，另一方面也能保证有更多的贫户可以借领社谷。

为鼓励士民捐输，对于捐输社谷之人按数额给予奖励，是中央政府屡屡明令之事，但这一规定并未在陈宏谋之前所定社仓章程中体现出来，各地实践中亦流于形式，此次他补上了这一遗漏。其奖励标准，是比照雍正初年中央政府公布的奖劝标准，即按照捐谷多少，以10石起算，给予花红、给匾以及顶戴等不同奖励。还规定，对于经管社仓得力、行事公正之社长，达到三年，即予以给匾奖励。

（3）一些具体内容更加细化。如对于地方官稽查之方式，规定了州县地方官需实地查勘社谷，不必逐户进行，只需随身携带社长上报的载有户名、谷数、保人姓名等的借谷印簿，于经过村庄随处抽问。当堂审事时，亦将印簿置于案头，随便抽问。如有姓名、数目不符，即令社长回复。且强调，这项工作只能由州县地方官亲自办理，不能责成吏胥经手。针对一些州县为图省事，由乡保做总保人，总领总借社谷，致启虚捏等弊，明令乡保只能为人作保，不许总领总借。到年底社谷还完，地方官需亲往盘查，只用丈量计算即可。如果因事务繁忙，分身无术，可以择端严公正之亲信下属携带印簿往查。

再如分仓之制，之前只提出有地广、谷多之处需分仓，此次则明确，每处社仓至多存谷不得多于四五百石，再多则必须分仓，并采取借户从旧仓借谷、还于新仓的做法解决社谷往返搬运问题。

又如追还借谷问题。规定社长在秋后社谷还仓全部结束之后，需将未还及还不足数之欠户姓名、数目开单报官。州县官即将此名单在该社仓处张榜公示，并按名追比。欠户不还，仍于其名下追还保人。

(4) 延续了一些做法。对社谷进出所用统一斗斛、社谷收息、息谷用途、出借社谷未还不准再借、社谷充裕可以免息，再多，可以变价用于地方修桥建学等项义举及其他方面，基本沿用之前规定。

总体而言，陈宏谋的这一条规，以沿袭他的基本思路为主，无疑，他在诸如筹谷、建仓、借谷、还谷、监管等问题上的透彻见解，充分显现出他在社仓问题上不同于其他地方官员的深刻把握和理解，以至于他所颁布的条规，尤其是这次条规，成为清前期湖南地区乃至长江中游地区影响最大的社仓管理制度，对推进本地区社仓的发展有着十分明显的积极意义。

此次条规值得注意的有两点，一是收紧了社谷出借和归还的条件和程序，二是加强了地方官对于社仓的监管责任。这似乎和社仓的宗旨有些相悖，和常平官谷相比，社谷的优势就在于程序简单、借还方便，而且由民经理，避免了官办带来的种种弊端。而他主张的借谷时需有保人作保，而且需数名保人；如果当年没有还谷，次年不准再借；地方官将社长招至堂前，面给印簿，外出时随时抽查；社长需将欠户名单报官，严厉催还；等等。这些条款无疑会使社仓失去它的优势所在。

作为一个睿智的思想家和实干家，陈宏谋不可能不知道这一点，他之所以坚持这样做，恐怕和当时社仓的发展态势有关。经过雍正初年的大规模建设，加之乾隆时期的屡屡增捐，各地社仓蓬勃发展，社谷数量大增，但另一方面，社仓管理中的种种弊端亦日益凸显，且呈现逐步加剧之势，其中突出的问题是借放涣散、还谷困难、社长和吏胥贪污中饱，等等。在陈宏谋看来，要解决这种矛盾和冲突，需要依靠官方力量的干预，他努力在社仓民有和官方集中管理之间寻求一种平衡，通过严格借还程序，加强地方官的监管，希冀保证社仓的良性循环和经久不衰。

四 乾隆四十八年（1783年）湖南省颁布的《社仓条规》

乾隆四十五年（1780年）前后，长江中游之湖南、湖北以及下游之浙江等省粮食连续丰收，下游搬运减少，使得中游三省粮食存贮增加，遂掀起新一轮捐输社谷、建设社仓的热潮。在这一背景下，乾隆四十八年（1783年），湖南省再次将陈宏谋颁布于二十一年（1756年）的《社仓条规二十一则》予以整理，择取其中十余则"皆可永远遵行者"，由巡抚批准颁行，刊刷成本，发给各社长收领遵行。①

从其内容来看，主要是对原陈宏谋颁布的社仓条规中的主要内容加以合并缩减，保留了社仓管理中一些重要环节的规定，包括：社谷出借对象（限于耕种农民）、借户需提供担保、每个借户数额限制（每户最多不过二石）、印簿流转、地方官稽查、斗斛、社息谷用途（地方公益）、社长选充、捐谷奖励，等等。而对另一些内容根据实际情况做了调整，如对于社息谷的分配。陈宏谋原议条规的规定是每石收息一斗，以三升给社长，七升留作社本。此次修订中，由于社长需负责日常修仓之事，所以改为将四升给社长用于折耗、修仓日用等费，将六升入仓作社本存贮。

再如，陈宏谋原议条规中，规定社仓由社正副二人管理。此次则规定，对于久已设立总仓、尚未分仓之处，一仓贮数仓之谷，而社长仅正副二人，难于周理。这种情况下，除正副社长外，应令每区另设殷实公正一人分领社谷，就近掌放。这个社长和借户之间的中介人需要负责所领社谷的借还事宜，社谷放毕，将保借姓名、谷数开给社长，核明入簿。秋成，按出借本谷，加一收息若干，催还收贮，出具收字，交社长汇总具结。

嘉庆六年（1801 年），长沙府知府张五纬向湖南巡抚马慧裕上报称，湖南省于四十八年（1783 年）所颁行的社仓条规内容"已极周详"，但历年久远，各社长"经理渐不认真"，未免废弛。现在钦奉谕令，各社仓令殷实富户自行办理，"官不经手"，官府需从原来的干预过度逐步退却。为了贯彻这一命令，需要将原刊各条，按照现在和过去情形之不同，重新议定刊行，以使各社长"咸知遵守"，则社谷借还自便，可渐积加多矣。

张五纬针对乾隆四十八年（1783 年）刊行的社仓条规共十一条逐一研究后，提出了自己的十一条建议。他此次建议的核心，在于将原来条款中涉及"官管"的内容作出相应修改和调整，以便民选社长"自为经理"，而对于原议条规中不涉及这一点的，则予以保留。他将自己的详细建议提交给巡抚马慧裕审批，马十分重视此事，对此逐条作出批饬。

关于社仓分贮问题。尽管陈宏谋条规中始终坚持在社谷较多或地方太广的地方需要分仓，但由于乾隆十年（1745 年）前后，湖南省曾经奏准进行过大规模的归并总仓行动，其影响延续了几十年，因此，社仓分贮之事一直没有得到完全贯彻，一些州县要么将社谷提贮县仓，要么继续在各乡归并总仓。至嘉庆初，由于中央政府将社仓放归民管的用意，这一问题

---

① 同治《茶陵州志》卷 10《惠政·储恤》，第 4—6 页。

显得十分突出,它增加了百姓往返搬运之苦。因此,马慧裕同意张五纬提出的建议,饬令将提贮县仓及归并总仓之社谷,查明原设各社,妥为分贮,若原来的社仓已经倒塌,社谷或觅寺院、公所存贮,或存社长之家。并须清理数目,如有短缺,无论是社长侵蚀,还是民欠未还,均需分别注明。

对于官给社长执照、戳记等事宜。陈宏谋社仓条规的内容明显强调地方官对于社仓的监管责任。对于民选之社长,需要由州县地方官给予执照、印戳、条规,凡属禀官之事,用戳投递。在这一问题上,知府和巡抚产生了分歧。张五纬指出,既然现在令社长自行管理社谷出纳,自然应该取消戳记,只给每个社长执照一张,条规一本,使社长遵守有凭即可。巡抚马慧裕不同意,认为原定条规内由官给戳记,不能简单理解为官方的干涉,主要还是便于社长若有事禀官,可用戳投递,免得社长本人来回奔波,延误时机。况且戳记内只有"社长"字样,并不列具体人名,因此,新旧社长更替,亦毋庸缴旧发新,对社长处理社仓事宜有利而无妨。故应仍旧保持旧规,无须改变。

而官给社长印簿一事,乾隆四十八年(1783年)原议条规规定,每年正月开印前后,州县地方官召集各社长到衙门,当面各给印簿二本,印发填报借数。马慧裕同意张五纬所议,现在既然令社长自行经营,此后应听其自立簿籍存记,无须官给印簿,社长亦不必呈簿用印,以免经胥勒索滋弊。

对于社谷还仓之程序,维持乾隆四十八年(1783年)原议条规之规定,社谷定于十月完竣,缴仓之谷必须干洁,谷色欠纯,许车压一次,总以二谷足一米为率,不许违例多车。每户借谷为数不多,必须将本息谷一次全完,不能分作数次,希图拖欠,也不能以低湿瘪谷压收,以致社长赔累,社长同样不能刁掯留难等,这些内容都予以保留,唯独有州县官盘查之旧例,此次予以删除。

对于社谷未还及还不足数情形的催还,同样沿袭了乾隆四十八年(1783年)原议条规中,令社长持滚单,由保甲长协同挨户滚催,如本户力不能还,即令保人先行代垫等做法,唯将原由经承缮写滚单的规定,改为由社长自行设立,以杜需索。

其他如关于斗斛损坏后重新置办、社谷出借对象及程序、社正副之外另设总领一人、息谷的支配方式以及社长向州县官汇报备案、社长行为不端或地保诬告社长侵蚀的惩处等事宜,马慧裕、张五纬二人意见一致,基本上维持了乾隆四十八年(1783年)条规的规定,只有少数地方稍作补充。比如，对于借谷作保程序，原则上必须有保人，并同借户同赴社长处识认，方准借给。但是，如果确实不能提供保人，也可用契据物件以多押少，体现出一定的灵活性。

此外，马慧裕认可张五纬的建议，所有社仓管理过程中存在的因"官为经理"而造成的究办、举报、求免、具认规礼以及盘查满仓、缴息结报各种诈钱名色，自嘉庆六年（1801年）为始，概行革除。倘若再有书差敢犯，许该社长赴州县衙门禀究。该州县查禁不力，经府州访闻，即行据实参办。[1]

此次条规成为嘉庆朝之后直至同治初年湖南省社仓管理和运营所遵守的主要制度。同治朝之后，湖南省以"积谷"的名义大力倡办仓储，以备荒歉，并出台了相关的规章制度，其从谷本来源、敛散方式、用途等分析，均迥异于之前的社仓、义仓，是为"积谷仓"。虽然也有少数州县兴复社仓，但再也没有发布过应用于全省的社仓规章。

第四节 社仓管理与社谷运营的核心和困境

一 社仓管理与社谷运营的核心问题

长期以来，社仓一直被定位于面向贫户的生活和生产性借贷机构，用于每年青黄不接之时的生活补贴和春耕救助。就救助功能而言，它因低利率乃至无息发放而带有明显的公益性。但是，其靠出借利息维持运转的模式，又使它带有一定的盈利性质，这就造成了其救助功能和盈利功能之间的矛盾。

一方面，从救助功能而言，社谷应该借给最贫困无力的贫户；就其盈利的一面来看，它却应该将谷借给具有偿还能力的富户。面临的困境在于：贫户很可能缺乏偿还能力，但非常需要社谷；富户确实具有较强的偿还能力，但却不需要社谷。而社仓必须将谷借给贫户，这从一开始就给社仓运行带来了一定的风险。其风险就在于理论和现实的差距。社仓从设立之初，即确定了借贷生息的运营模式。通过收取10%—20%息谷，保障社仓获得一定的利润。其利润所得除了管理各项支出之外，剩余60—70%息谷继续作本，借贷生息。从理论上讲，"年年借还，即年年增息"，

---

[1] 同治《长沙县志》卷10《积贮》，第25—32页。

第二章　兴盛与规范:康熙至乾隆朝长江中游地区的社仓建设　117

通过这一运作过程,社仓收入大于支出,是可以盈利并持续发展的。

但是,这一美景存在一个基本前提:所借出社谷必须保证足额及时归还。这在社会稳定、没有大的自然灾害、收成稳定的时候是可以实现的。考虑到清代中期以后农民的贫困化趋势、自然灾害、社会动荡等,这些均是妨碍贫户归还社谷的障碍。而社仓又缺乏其他的盈利手段,一旦民欠严重,社谷循环不畅,必定陷入萎缩乃至消灭。因此,从长远来看,仅靠出借取息来维持社仓具有极大的不稳定性。即使是靠捐输筹集社谷,同样具有缺乏延续性和稳定性的特点。

另一方面,从制度设计的细节来看,对社谷每年及时、足额出借是不太有利的。比如,对于社谷进出的账目,地方官要予以监管。但是,其监管更多在于保障社谷进出数字准确无误,没有亏短,并且只规定了社谷出借的上限,而由于不具有可操作性,没有规定下限,即正常情况下每年必须出借的平均最低数量。其后果可能会助长这样的风气:社长为了便于向上交代而减少乃至不出借社谷。虽然这样做会引起乡邻非议,但比起出借仓谷所引起的强徒强借、民欠亏短、自己赔补、吏胥盘查索费等累负,显然要轻松得多,而且不需要承担任何责任。虽说因民欠而亏短的社谷,排除确系无力或无法归还的情况外,州县官府会有严厉的催追,但这样会激化官民矛盾,也无疑会破坏担任社长的士绅和本地乡亲的关系,他们是不愿意看到这样的情景的。

减少乃至不出借社谷的结果,是社谷贮量表面上没有亏短或增加,但事实上已经起不到其应有的救助作用了。而且,社谷长期得不到及时的循环,也会增加自然损耗以及社长、吏胥贪污的可能性。

从乾隆年间三省社谷增长率最高的江西省来看,乾隆七年(1742 年)共有新旧社谷 20 万石①用于出借。到四十四年(1779 年),奏报有社谷 41.19 万石,社息谷 32.38 万石,②看起来似乎比较喜人。不过,从年平均收回息谷数量看,全省每年仅 8753 石。如果按照江西省巡抚郝硕号称每年出借在 10 万石左右的话,每年收息谷应在 1 万石左右。二者相较,实际收回的息谷约占应收回数量的 87%。这说明两点:(1)江西省年均社谷出借率不到社谷总数的 2/10,即不到 20%。(2)在这不到 20% 的出借率中,社息谷并不能保证如数收回,成功回收率约在 87%。按 37 年计

---

① (清)陈宏谋:《培远堂偶存稿》卷 14《通行社仓事宜檄》,第 36 页。
② 江西巡抚郝硕奏于乾隆四十四年九月初九,《清代灾赈档案专题史料(宫中朱批奏折·财政类·仓储项)》,中国第一历史档案馆藏,第 1176 函第 12 号。

算的话，应收息谷 37 万石，实收 32.38 万石，实际少收约 5 万石。若再考虑到连年丰收、借谷者少以及虚报多报等因素，可以清楚看出，江西省社谷总数的连年增加，恐怕更多地要归功于数次劝捐、少借多存的结果，而非社谷出借之功。这看起来数目惊人的社息谷数，也主要是社本谷数较高带来的结果，并非出借率高之功。这也证明了无论是社长还是州县官，对于保证社谷及时足额出借的热情并不高。

而自从将社息谷变价解司，用作地方农田水利之用之后，由于出借率低、民欠频频等，社仓的后续状态就变得令人担忧了。

二 社仓管理的困境

从前述对社仓管理的描述来看，社长专司社谷出入，地方官负责稽查，实际上是一种官督民办的管理模式。从理论上讲，这样一种地方士绅和地方官互相制衡的机制不可谓不周全。但是，在这种管理模式中，官方权力渗透非常明显。从大的方面看，中央政府要求将社谷放在仓谷总数中一并上报，列入交代，乾隆后期还将丰盈的社息谷提用作本地农田水利之用，充分体现出对社谷的重视和控制。正如地方志所言："社仓亦民建也，然列之交代，则为官谷，盈则官用之，虚则无偿，又橐籴皆当上请，亦成文具矣"①。

从本地区的规章制度来观察，从提倡举办社仓、倡捐社谷、建仓到监督社谷出借、催还，从对社谷使用和存储的核查到对社长任免的监督和奖惩，再到出面解决有关争端，无不见其影响。更不用说指导社仓建设的管理条规常常也是由地方官负责制定的，各省督抚所制定的社仓条规或规约自不待言，即使是各府州县所定条规，大多也是以官方规定为蓝本或由州县官直接出面制定的。

和全国的情况一样，官方权力的渗透确实在一定程度上可以起到监督社长行为、保证社谷进出有序等作用，这也为雍正至乾隆朝社仓的良性运转提供了制度保障。

毋庸讳言，官方权力的干预容易滋生其他问题。一些州县官为了使社谷便于管理，干脆将之收归官管，直接由官经理借放，导致社谷等同于常平官物。湖南澧州于乾隆年间将一部分社谷储于官垸，为图省事，由州判亲为经理，嘉庆初年才发给各里经营。② 祁阳县则自雍正元年（1723 年）

---

① 光绪《湘潭县志》卷 2《建置》，第 14 页。
② 同治《直隶澧州志》卷 5《食货志·积储》，第 48 页。

举办社仓起,就将分贮四乡的 29 处社仓的社谷 1 万石全部由县署经管。同样到嘉庆初年方放归民管。①

社谷收归官管并非皆为地方官强势所致,有时候,社长困于乡民猜疑、社谷赔累、蠹吏勒索等,会主动选择将社谷上缴给州县官经管。在江西宁都州,乾隆朝于州县东、西、南、北四关分设社仓,贮谷数千石,本由社正副经管,后陆续将谷缴于州县官管理,或变价缴官,其原因为"初设有社长经理,潮晒鼠耗,必不能恰符原数,坊民以为社长侵牟,辖令赔补。本关约保,又串商衙役,向社长声言,官府来查社仓,勒索费用多端"。"夫社谷本属各关富民、社长等好义捐输,乃一则受坊民挟制,再则受衙役讹诈,只得将此项缴官,免至受累。"至道光四年(1824 年),才在知县刘丙垫主持下,将原缴谷和谷价银买谷下发各关社仓,由新选之社正副经理,真正放归民间经理。②

有的地方虽没有这样极端的做法,但在社仓运营中同样出现了官吏挪移、勒索贪污等问题,特别是乾隆朝一再强调官方督查的情况下,"自是社仓管理之权,悉操之官司。吏役从中勒索,有究办举报、求免具认规礼及盘查满仓、缴息结报各种诈钱名色。社长不胜其烦,贤者不愿承充,不肖者则挟同盗卖,地方官又大半藉端挪移,以致名存实亡,民徒病忧"。③

然而,遍观各地史料,笔者发现一个对比鲜明的现象,在一些地方苦于官吏不法行为的同时,在另一些州县,却出现将社仓管理内容尽量简化的现象,其社仓规定非常简单,且几乎看不到官方权力的痕迹。这种情况为数不少。这或许可以解释为省巡抚制定颁布的社仓条规之细致和权威性,使得各州县无须额外再定,但也从一个侧面反映出州县官对社仓的一种疏离态度。

湖南益阳县社仓,雍正年间分贮各厢里,乾隆年间,于四乡置总仓,仓由各乡设仓长,司其出纳。④ 湖北蕲州,"举士民中殷实老成之人为仓长,经管社谷,春借秋还,照例收息"。⑤ 黄冈县社仓"每座委社长掌管,每年春借秋还,照例收息"。⑥ 兴国州,各里社仓亦由仓长"掌其出

---

① 同治《祁阳县志》卷 17《积储》,第 16—18 页。
② 道光《宁都直隶州志》卷 10《田赋志》《积储社谷议》,第 61—62 页。
③ 民国《醴陵县志》卷 5《食货志·仓储》,第 100 页。
④ (清)刘永华:《六里社仓记》,嘉庆《益阳县志》卷 29《艺文·记》,第 10—12 页。
⑤ 光绪《蕲州志》卷 5《赋役志·积储》,第 25 页。
⑥ 光绪《黄冈县志》卷 4《赋役志·积贮》,第 45 页。

入"。① 麻城县，"邑凡一百一十二区，各给印簿、制斗，公举社长二人掌之，又给以木刻钤印，俾仓成后，自置簿收放，不经官吏，以绝侵挪"。"仓长禀事，许径赴县署，不许胥役隔手，平时亦不许胥役至仓"。② 除了由官给印簿、制斗及钤印，社仓管理主动权完全掌握在主管仓长之手，有事时才会向县官禀报。上述史料所反映的基本是嘉庆朝之前各州县的情况，可见此时在社仓管理中存在着官方政策表达和民间实践之间的差距，官方所倡导的管理模式并没有得到有效而彻底的实施，在一些基层社仓管理中存在官方的稽查和监督弱化趋势。

客观上讲，由民选之社长自行管理社仓，官方不加干预或少加干预，可以避免官吏营私舞弊和盘查滋扰，调动民间参与社仓的积极性，给社仓的运营带来活力。但是，社长之权力缺乏监督，又难免产生权力膨胀，滋生弊端，"得其人则法行，失其人则法敝"。湖南益阳县就曾因社长侵挪不绝而致社仓一度无法维持，经整治才略见好转，如下文：

> 我益社仓，自雍正间始捐，分贮各乡，设有仓长，即社长也。我里时捐谷若干，里分十区，逐区轮管，承管者即为之长。以时交卸盘查，无敢侵耗，诚良法也。迨乎积久弊生，不复以时轮替为之，长者藉以长，于是得据其间，视为己有，惟所侵那（挪）。迨乎亏缺既深，弥补无术，遂乃援引殷实举报承充，人畏其项之悬而无着也。承之，则赔累匪轻；诿之，亦追呼莫免。于是转相牵引，互为攻讦，扰累无穷，而昔之良法成弊制也。贺君聿修、符君清河、刘君石岭、龚君渭延、赵君在位，里中笃实士也，有鉴于此，怒焉伤之。爰集同心，会区书，偕粮户，慎选首事，酌量劝捐。购地本里舒堂市，建社仓十间，分贮十区之谷。请诸官追补欠，立章程，各区之谷归本区自管。总管则十区中择殷实老成之人，轮流更替，以为之长，毋庸纷纷更换社长。其谷敛散以时，登记有册，年终会核，毋许侵渔，时乾隆五十六年事也。③

益阳的情况具有一定的代表性，在一定程度上反映了本地社仓管理和运行中的主要问题。由于这些问题集中出现在乾隆时期，而各省制定的社

---

① 光绪《兴国州志》卷6《政典志二·仓廒》，第9页。
② 光绪《麻城县志》卷11《食货志二·仓储》，第23页。
③ （清）刘永华：《六里社仓记》，嘉庆《益阳县志》卷29《艺文·记》，第10—12页。

第二章　兴盛与规范：康熙至乾隆朝长江中游地区的社仓建设

仓条规也主要制定和发布于嘉庆之前，由此可以得出结论：此时期，就社仓的管理而言，虽然省级地方官非常看重官方监督职责，制定了相当规范的社仓管理条规，但从各州县执行情况看，官方的监督并不十分到位，一些地方的社仓实际上是由社长全面经管的，官方监管处于"真空"状态。而在官方干预过度的地方，则极易出现权力"异化"现象。

纵观前述，清代前期长江中游地区的社仓制度建设，是以官方为绝对主导的过程。它确实取得了显著的成效。与此同时，也出现了一些矛盾和冲突：一方面，自雍正至乾隆的数十年间，社仓建设逐步升温，至乾隆中后期达到高峰，仓房设置、社谷存贮数额均达到清代最高值；另一方面，社仓管理中的种种弊端也不断加剧，可谓发展和危机并存。面对此情，一是，省级官员频频调整、修改和制定更为严格和完备的社仓管理章程，希望能够扭转管理不力的局面；二是，各州县在实施过程中出现两种极端：要么官方干预过度、造成干扰，要么官方权力弱化、由社长独掌大权，看似严密的制度设计和丰富的具体实践之间出现了明显的反差。

这种困境受制于诸多因素的影响。比如，因用人不当引起的社长、吏胥侵蚀；因归官经理引起的借放不便或州县官贪污挪用；因社长疏于管理引起的借放涣散；因民欠引起的社仓运营举步维艰，以及因种种弊端引起的民间捐输热情下降，等等。归根结底，这些问题均和社仓制度的设计缺陷有关。比如，社谷靠民众捐输筹集谷本，靠借贷生存和繁殖，但是，需要借谷的贫户本身抗风险能力就比较差，稍遇灾歉，就还不起谷，这无疑增加了社仓运营的风险。民欠增多，愈加无法归还，最后只好由官方豁免了事，社谷的减少遂不可避免。尤其是一遇灾荒，仓谷出借殆尽，这样的局面无疑更加消磨了士民捐输的热情度。再如，社长本身无职无权，纯粹是出于道德责任感才出任此职，催讨欠谷，谁人肯听？报告官府，又容易招致乡人非议。在乾隆时期越来越强化官方监管的背景下，社长并不享有独立的管理权，他们一面要受制于州县官的干涉，一面又要面对乡众的考验和指责，十分难做，若遇上势棍强徒生事作梗，或不法吏胥敲诈勒索，更是无所适从。正因如此，公正端方之人逐渐不再愿意担任社长，不肖之徒反而争当，遂导致社仓的管理进一步恶化。

第三章 动荡与衰落：嘉道咸时期的社会激荡与社仓命运

相比其他地区，在嘉道咸时期几次大的社会动荡中，长江中游地区始终处于中心地带，基层社会秩序的失序所引发的社会后果也较为突出。而一般、小规模的社会冲突事件此起彼伏，几乎层出不穷，这些因素叠加，无疑对包括仓储在内的各种制度造成较为明显的冲击。

第一节 清代长江中游地区的社会冲突与社会动荡

长江中游地区的土地兼并在明代由于实行分封宗藩制而十分显著，到了清代，这种势头虽有所减弱，但仍然比较典型，加剧了自耕农的贫困化，导致大量佃农的产生。在生产关系上，租佃制是当时普遍实行的方式，这种方式使业佃双方的关系更加趋于灵活，佃农的身份地位有一定提高，基本有了择佃和退佃的自由。然而，土地兼并引起的人多地少的现状，加之苛捐杂税的繁重以及天灾频频，使得阶级矛盾和社会矛盾日益尖锐。

湖南桂阳州邓氏家族，"兄弟田数百顷"，"以富雄一方"，所蓄马匹"游食田野数十里，不犯人禾"。湖南全省耕地百分之五六十"归于富者"，一些县份如嘉禾县，"土地尽为富者所有"。[1] 土地兼并的严重性可见一斑。

土地兼并的结果是大量农民和小土地所有者失去土地，进而出现失业队伍——"浮口"或"游食者"。所谓失南亩之利，故失业者多。这种情

---

[1] 王闿运等纂：《桂阳直隶州志》卷22，雷飞鹏等纂《嘉禾县图志》卷28，转引自严中平《中国近代经济史1840—1894》（上），经济管理出版社2007年版，第353页。

况到 19 世纪 40 年代已经成为一个社会问题，有人记江西赣州府情形，"今之浮口，患更甚于昔"。①

吏治腐败是清王朝政权统治的"顽疾"，一直无法根除。清中叶，湖南省官场一片乌烟瘴气，文武官吏不乏平庸无能、欺压良善、对上阿谀奉承之辈，以欺上瞒下为能事，最突出的官场恶习是各级官吏贪污成风，巧立名目，横征暴敛。掌握钱粮赋税的州县官吏，大都借机中饱私囊，在各种正额之外，浮收、折耗等名目层出不穷，民间纳田赋一石，往往要多交二三倍不止。②

在湖北，书役舞弊是钱粮征收中的普遍现象。吏胥下乡征收钱粮，"每逢粮少者，银一两勒钱七八千、十千不等，粮多者勒钱五六、七千不等"。③

乾隆九年（1744 年）一月，湖北巡抚晏斯盛奏称，"楚省征催钱粮，每乡每里，各有黑书、册书盘踞乡曲，包揽侵收，飞洒诡寄以及需索册费等弊，前署荆门州知州高世荣纵用里书，朋比为奸，业经参举……"④ 业已说明书役舞弊和地方官勾结有关。

乾隆二十二年（1757 年），黄州府广济县发生酷吏加派私征钱粮一案，书吏周锡链等 12 人轮充粮库总书，自乾隆十四年（1749 年）以来岁岁加派，私征分肥，其所以能够得逞且长期不败，重要原因就在于"历任知县均有分肥情弊"，且屡查屡生，屡禁不止。⑤

在湖南耒阳县，"完纳钱粮，向系以钱折银"，收兑漕米，费用不少。道光年间，地方连年银贵，每两值钱二千一百文，粮书里差却收解钱粮"倍于官"，引起百姓不满，屡告丁官，知县却置之不理，反而将所告之人投监。道光二十四年（1844 年），监生阳大鹏再次因钱漕苛索告于知县，知县将其弟入狱，阳大鹏遂率众围攻县城，后战败被害。⑥

而贪赃枉法、欺压百姓亦甚属常见，贪官污吏和不法乡绅勾结起来，鱼肉乡里。发生在乾隆五十一年（1786 年）的湖北孝感县劣衿梅调元父

---

① 陈观西等纂：《赣州府志》卷 20，转引自严中平《中国近代经济史 1840—1894》（上），经济管理出版社 2007 年版，第 354 页。
② 王继平：《晚清湖南史》，湖南人民出版社 2004 年版，第 22 页。
③ 《太平天国》第 3 册第 15 页，转引自严中平《中国近代经济史 1840—1894》（上），经济管理出版社 2007 年版，第 340 页。
④ 《清实录》第二册《清高宗实录（三）》卷 209，中华书局影印本 1985 年版，第 694 页。
⑤ 《清实录》第十五册《清高宗实录（七）》卷 543，中华书局影印本 1986 年版，第 887 页；张建民：《湖北通史（明清卷）》，华中师范大学出版社 1999 年版，第 221 页。
⑥ 光绪《湖南通志》卷 89《武备·兵事》，第 2 页。

子活埋本村穷民 23 人事件即是典型案例，事因地方官员侵挪中央政府下发的赈济帑银而起，灾民因荒歉乏食、借贷不遂而强抢富户，反遭活埋。可恶的是，事件发生后，督抚等地方官员非但没有对梅调元等人予以惩戒，反而存心隐匿，企图蒙混了事。①

人为的统治不当加上自然灾害等因素的影响，不断激化着固有的社会矛盾，以致引发反抗，酿成冲突。

道光二十一年（1842 年），湖北崇阳县已革生员钟人杰因反对吏胥勒索，自称"钟勤王"，和陈宝铭等聚众二三千人起事，攻占崇阳、通城，进攻湖南平江县，旋被镇压。② 这被视作是清政府镇压白莲教起义后规模最大的暴动。

道光二十七年（1847 年），乾州苗民屯田被灾，而汉、苗地主催征勒索，苗族农民以石观保等为首展开抗租，酿成"烧毁仓廒"的"暴动"，凤凰、永绥苗民纷纷响应。③

在湖北的郧西县、潜江县、广济县等频繁发生欠租、抗租、争夺佃权事件，甚至酿成命案。④ 农民因为不堪忍受盘剥，不堪忍饥挨饿，奋而联合起来抢粮夺粮。上述湖北孝感县劣绅活埋农民事件即因抢夺富户而起。乾隆年间，衡阳农民因米价昂贵，穷民乏食，遂聚众强抢大户米仓。醴陵、岳州、耒阳等也先后发生了抢粮事件，他们或"拦阻采贩谷船，或希图贱买仓米"，纷纷强抢、哄抢。⑤

终清一代，抢粮夺粮事件不时发生，直至清末一直未绝。宣统二年（1910 年）发生在长沙的"抢米"风潮是清代最后一次较大的抢粮事件。事起于宣统元年（1909 年）岳州、常德、澧州等发生水灾，一直延续至秋冬，使收成失望，一些地方颗粒无收，仓廪空虚。二年（1910 年）入秋后，谷价昂贵，长沙等地甚至一日数价，灾民遍野，亟待救济。而长沙地方官和豪绅却抢购谷米，囤积居奇，不肯减价出售，遂引发饥民抢米行动。一夜之间，长沙城厢内外各处堆放之米被抢劫罄空。全城罢市，饥民还组织起来攻击巡抚衙门。同时，宁乡、益阳、湘潭、浏阳、醴陵等地饥

---

① 张建民：《湖北通史（明清卷）》，华中师范大学出版社 1999 年版，第 222—223 页。
② 湖南省志编纂委员会编：《湖南省志》第 1 卷《湖南近百年大事纪述》（第二次修订本），湖南人民出版社 1979 年版，第 5 页。
③ 光绪《乾州厅志》卷 8《苗防（下）》，第 51 页。
④ 张建民：《湖北通史（明清卷）》，华中师范大学出版社 1999 年版，第 550—560 页。
⑤ 《康雍乾嘉时期城乡人民的反抗斗争》（上册），第 297—298、553 页，转引自王继平《晚清湖南史》，湖南人民出版社 2004 年版，第 23 页。

民也纷纷行动，四处抢米。虽然最终被镇压，却震撼着清政府的统治，给清政府带来了很大的恐慌。①

罢市是城镇商民经常采用的另一种抗争方式。仍以长沙为例，康熙四十七年（1708年），长沙地方官开仓济灾，未几，复行闭仓，激起义愤，"长沙府民，盈千累万，顷刻罢市。围抚臣之署，呼名辱骂。殴现任之官，流血遍体，以致围绕竟日，合城惊骇"。②

除了这些小规模的反抗勒索、抗粮抗租、罢市外，规模较大的农民起义自然影响更大。

乾隆六十年（1795年），因不满官府偏袒苗汉地主兼并苗民土地，永绥厅苗族农民石三保、吴八月与贵州松桃冲苗族农民石柳邓策应，发动了声势浩大的苗民起义。各地苗族农民纷纷响应，起义势力很快发展到黔东北、湘西及川东三省接壤的广大地区。由于清军的镇压，次年被平。③

紧接着，嘉庆初年爆发白莲教大起义。此次起义始发于川、楚、陕边境地区，进而波及豫、甘等省，从嘉庆元年（1796年）开始，历时九年，是清代前中期规模最大的一次农民起义。湖北是作战的主战场之一，战火波及的西北部山区州县损毁和破坏尤其严重，地方社会动荡不安。

咸丰元年（1851年）爆发的太平天国农民革命对长江地区社会秩序产生了很大的影响。从咸丰元年（1851年）至同治三年（1864年），在长达十四年的时间里，起义军自南向北，横跨广西、湖南、湖北、江西、上海、河南等18个省市，与清军展开拉锯战。长江中游三省为太平军和清军主要作战地区，太平军所到之处，各地农民纷纷响应，展开不同规模的反清斗争，如湖南就有王萧氏、朱福隆、朱九涛、刘代伟等多次起义，浏阳、攸县等地天地会成员也起兵响应。

太平天国农民革命失败后，各地的反清斗争并没有停止。湖南的反清秘密组织——哥老会接过了反清大旗，先后在湘乡、湘潭、龙阳和益阳交界地区、澧州、萍乡、醴陵、临湘等地起事，但很快失败，终不能和太平天国农民革命相比。④

---

① 湖南省志编纂委员会编：《湖南省志》第1卷《湖南近百年大事纪述》，湖南人民出版社1979年版，第282—290页。
② 赵申乔：《赵恭毅公存稿》卷2，转引自王继平《晚清湖南史》，湖南人民出版社2004年版，第24页。
③ 中国大百科全书出版社编辑部编：《中国大百科全书》（中国历史）（三），中国大百科全书出版社1992年版，第659页。
④ 湖南省志编纂委员会编：《湖南省志》第1卷《湖南近百年大事纪述》，湖南人民出版社1979年版，第21、33、96—180页。

少数民族起义是长江中游地区农民起义的重要组成部分，除了上述苗族农民的起义之外，道光十二年（1832年）江华瑶族农民赵金龙领导的湖南瑶族农民起义、十六年（1836年）武冈瑶族农民蓝正樽发动的起义、二十七年（1847年）新宁瑶族农民雷再浩起义等都对清朝的统治造成了一定的冲击。

总之，作为清代社会的一个缩影，长江中游地区由于各种矛盾激化，屡屡造成社会动荡不安，秩序混乱。

第二节　社仓的衰落与调整

农村社仓的发展需要稳定的外在环境，社会矛盾激化、冲突、战乱等显然不利于其持续发展。不能否认，雍乾时期社仓的良好发展态势与当时中央集权统治加强、社会比较稳定、经济进一步发展等因素有直接的关系。从乾隆末嘉庆初开始，大大小小的农民抗争和起义不断出现，长江中游地区陷入社会动荡之中，社仓的发展也因之受到阻碍和破坏。

一　战乱的冲击

战乱对包括社仓在内的仓储影响首先表现在焚掠社谷、毁坏仓廒上，仓谷或被清军提取，或被起义军用作军粮，情形十分糟糕。乾隆六十年（1795年）发生的湖南永绥厅苗族农民起义对湘西地区冲击较大，乾州厅、凤凰厅、辰州府等均有涉及。作为起义发生之地，永绥厅社仓首先遭到破坏。据载，永绥城原有社仓数处，城内有社仓三间，"排补美社仓三间，隆团社仓三间，花园社仓三间，米糯社仓二间，洪宝社仓二间，扛溪社仓二间，茶洞社仓二间，吉东坪社仓二间，窝郎榜社仓二间，尖岩社仓二间，略把社仓二间，麻阳寨社仓二间"，仓于乾隆二十一年（1756年）劝建，已存近四十年，共贮谷1892石。苗族农民起义后，城内及各乡仓和社谷"俱被苗焚毁"。[1] 乾州厅社仓设在城内，建于康熙六十一年（1722年），原有四间仓房，乾隆元年（1736年）同知王伟增建一间，共五间，均"毁于苗"。[2] 保靖县情况稍好，原有社仓10处，共存谷2237石，乾隆六十年（1795年）苗变中部分社谷被焚烧，实存谷1699石，其

---

[1]　宣统《永绥厅志》卷12《公署·仓廒》，第19—20页。
[2]　光绪《乾州厅志》卷1《公署》，第20页。

第三章 动荡与衰落：嘉道咸时期的社会激荡与社仓命运　127

后逐渐灭失。[①]

嘉庆年间的白莲教大起义，湖北是首发地，起义军活跃在川、楚、陕交界山区，与清军展开迂回作战。在湖北境内，交战区域位于鄂西、鄂西北山区，长阳、来凤、竹山等山区州县社仓大多遭到破坏。襄阳县作为起义的首发地，原有社仓18处，储谷6414石，襄阳卫储谷1199石，起义爆发后皆"被掠无存"。其他处于作战区域的山区州县如宜城、枣阳、均州、郧县、房县、竹山、竹谿、保康、当阳、来凤等社仓境遇亦相差无多。[②]

白莲教起义平息后，中央政府令各地清查仓谷被毁情况。嘉庆十一年（1806年）六月二十四日，湖广总督全保和湖北巡抚瑚图礼就各地仓谷被焚掠一事上奏称：

> 湖北地方自嘉庆元年教匪滋事以来，或残破县治，或在境鼠扰，其常平、社仓额贮米谷，历年被贼焚掠者，为数已多。……兹据湖北报销局司道详称，查得原经咨报之保康、竹山、兴山、来凤、当阳等五县被焚常平仓谷一万九千三百三十二石零。……又原经咨报之蒲圻、黄安、钟祥、安陆、随州、襄阳、枣阳、宜城、南漳、均州、谷城、郧县、保康、竹山、竹溪、归州、兴山、恩施、来凤、荆门、当阳、远安、襄阳卫等二十四州县卫共被焚社谷六万八千五百九十七石零。又续报案内，郧西县查出嘉庆二、五等年被焚社谷一千六百六十六石零，保康县复又查出四年被焚社谷一千八百四十三石零。……又据房县查出嘉庆二年等年被焚社谷八千五百五十一石零……实系被焚掠，取具各结详送。其有详报迟延之处，委因经管之社长或被贼杀害，或被难远徙，彼时未及禀报，兼值各州县军务方殷，不暇随时查询，以致辗转稽迟。……所有各属被贼焚掠社谷八万六百五十八石，应请照数开除，即以现存及例应还仓之谷立为社本。[③]

奏报中所提及湖北二十四州县卫社谷被焚掠一事，与地方志记载相符，[④]各属被焚掠社谷有8万余石，充分说明上述州县社仓受到重创。

---

① 同治《保靖县志》卷3《食货志·仓储》，第45页。
② 民国《湖北通志》卷48《经政志六·仓储》，第20—25页。
③ 湖广总督全保、湖北巡抚瑚图礼奏为嘉庆十一年六月二十四日，《清代灾赈档案专题史料（宫中朱批奏折·财政类·仓储项）》，中国第一历史档案馆藏，第1191函第24号。
④ 民国《湖北通志》卷48《经政志六·仓储》，第20—25页。

这次的打击使湖北省社仓元气大伤。尽管只是西北和北部山区州县遭到大面积损毁，东部和南部平原地区几乎没有波及，但是，社仓的整体发展势头被打断，各地社仓渐渐衰落。

这一点亦可从地方志资料中得到佐证。据民国《湖北通志》所载，没有受到损毁的蕲州、天门、江陵、公安、石首、监利、松滋、麻城、黄冈、黄州卫、蕲州卫等州县卫所社仓谷自雍乾两朝后，皆"渐无存"，直至同、光年间才又有积谷记录。[①] 这种衰落的趋势固然有多重因素的影响，但和战乱（包括后来的太平天国农民革命运动）造成的破坏显然不无干系。

湖南、江西两省受此次事件影响相对较小，大部分州县社仓得以稳健发展。如湖南湘阴县有社仓17所，乾隆年间存谷4637石，到嘉庆六年（1801年）贮谷8367石。[②] 华容县社仓乾隆年间贮谷333石，嘉庆二十一年（1816年）附储社谷1584石，存谷量达到1917石。[③] 长沙县的部分社仓陆续有增添社谷之举，一直延续至道光朝。该县于乾隆四十六年（1781年）增储社谷1.1万石，连同原有社谷分贮十都百甲，每都有总仓及散仓，其中大贤都一甲散仓原存谷208石，道光十五年（1835年）"众姓捐贸买侯家湾田五斗，纳粮一斗八升。二十九年（1849年），又买吴盛武田一坵，纳粮六升。二户更名一公庄，建仓其处，贮谷二百八石，又续捐社谷五十二石，共贮之"。锦绣都二甲散仓亦于道光十三年（1833年）得以扩建。[④]

白莲教起义之后，局势趋于暂时稳定，长江中游地区社仓获得了数十年的发展时间。咸丰元年（1851年），太平天国农民革命爆发，对本地社仓的发展再一次造成沉重打击。湖南、湖北、江西三省地处主要作战区域，很多州县社仓遭到焚掠，仓谷损失殆尽。江西峡江县乾隆三十一年（1766年）贮社谷8375石，咸丰五年（1855年）以后，"贼匪蹂躏，各乡谷皆毁无存，仓亦废"。[⑤] 安仁县道光三年（1823年）统计城乡社仓13处，共贮谷6395石，咸丰年间遭兵燹"半粒无存"。[⑥] 以下是此时期部分州县社仓和社谷受损情形统计数据。

---

① 民国《湖北通志》卷48《经政志六·仓储》，第5—19页。
② 光绪《湘阴县图志》卷21《赋役志》，第38页。
③ 光绪《华容县志》卷4《仓储》，第3页。
④ 同治《长沙县志》卷10《积贮》，第40页。
⑤ 同治《峡江县志》卷3《食货志·仓储》，第20页。
⑥ 同治《安仁县志》卷13《建置志·仓廒》，第10—11页。

表3—1　　　　　　太平天国战争期间湖北、江西省部
　　　　　　　　分州县社仓被焚毁情况统计　　　　　单位：石

省份	州县	社谷被毁额	省份	州县	社谷被毁额
湖北省	光化县	5988	江西省	南城县	3948
	谷城县	2642		庐陵县	不详
	兴山县	1116		宁冈县	8375
	来凤县	1638		湖口县	不详
	利川县	3114		彭泽县	4025
	麻城县	27400		鄱阳县	29219
	钟祥县	1432		上高县	3356
	郧西县	8473		新昌县	2150
				奉新县	8127
				峡江县	不详

资料来源：各县地方志。

仅以表3—1所示，在战乱中被焚毁社谷就已达11.1万石。频繁的战乱使得社仓屡屡遭到破坏，无法发展。湖北来凤县在两次兵灾中均受影响，其社仓原建9处，城内1所，各里8所，乾隆年间贮谷2600石，嘉庆白莲教起义使其"荡然无存"。咸丰九年（1859年），知县王颂三劝捐社谷1638石，分储十二里。十一年（1861年），因"发逆劫毁及兵勇就食"，再次被毁一空。[①]

除了直接焚掠社谷、毁坏社仓外，战乱还以其他形式影响着社仓的发展。面对被统治阶级的反抗，统治阶级严加镇压，军费开支激增，给中央和地方财政带来压力。为了应付巨大的军费开支，清政府以"凡有款可动，无不悉索以从"的方式不择手段地加以筹措。咸丰三年（1853年），户部主管奏陈当时的情形，"臣等筹员农部，多或十余载，少亦一二载，从未见窘迫情形竟有至于今日者。若军务再不速竣，中外经费同时告竭。……大局涣散，不堪设想"。[②] 这段话直白地显示了内忧外患夹击之下清政府财政捉襟见肘的窘迫状况。为解决战时清兵军费、口粮等费用，一些地方将目光瞄向社谷，提用处于战乱影响之外的州县社谷以作急用。

[①] 同治《来凤县志》卷7《建置志·仓储》，第8页。
[②] 《祁寯藻等折》，咸丰三年六月十六日，《录副奏折》，第一历史档案馆藏，转引自严中平《中国近代经济史1840—1894》（上），经济管理出版社2007年版，第423页。

这种做法是承袭以往惯例之举。早在乾隆六十年（1795 年）黔、湘苗族农民起义期间，湖广总督毕沅奏准，将长沙等水次州县所贮常平、社仓谷加紧碾运，以备军需。湖南宁乡县原存各都社谷 2.1 万石，因常平仓谷不敷碾运，借动社谷 5749 石。事后，以五钱一石折价，抵交银 2874 两，只买补社谷 3577 石，相当于用去社谷 2000 余石。① 另有慈利县知县以办军需为名，动用社谷 2896 石。后来虽然买补，但并未还仓，而是附贮在县常平仓内。②

其后，因军需挪用社谷之事不时发生。湖南沅陵县，其社仓分布各乡，共贮谷 2510 石。道光十六年（1836 年），正值湖南瑶族农民起义，知县以办兵差为名，"尽数动用，社仓之谷遂罄"。③

湖北竹溪县各乡社仓原贮中峰（村），后移至县署厅西面，存社谷 1.49 万石，嘉庆元年（1796 年）、二年（1797 年）、四年（1799 年）、五年（1800 年）、六年（1801 年）等年受战乱影响，发给乡勇口粮、借给贫民籽种等，加上"被贼焚劫"，损失达 1.17 万石，仅余谷 3262 石。④

咸丰战乱期间则是大量的动用。例如，咸丰县，其社谷原贮 2001 石，咸丰十一年（1861 年）知县"挪发兵谷，奏准动用无存"。⑤

不仅如此，战乱还使百姓贫困程度加深，无力捐输社谷，也无力归还所借社谷，失去了民间支持的社仓逐渐变得有名无实。对于因百姓逃亡或贫困无法归还导致的仓谷短缺，雍乾时期的普遍做法是首先催还，乾隆年间湖南省还制定了对于欠户的"滚催法"，仿照政府所制定的钱粮滚催法进行。如果不能奏效，责令保人、社长等代为赔偿，这种严厉的政策可以说是雍乾时期社仓得以顺利举行的原因之一。但是，由皇帝和中央政府批准予以豁免的做法一直有所发生，特别是乾隆朝中后期之后，社会动荡使得百姓逃亡增多，地方官也无暇监管，社仓管理日渐松散，"责令代赔"制无法实施。一旦出现亏短，官府也无可奈何，只能豁免了之。有关官府对州县社谷豁免的记载时有所见，如湖南常宁县有社仓 6 处，原谷 8896 石，续捐社谷 1032 石，"城厢一处二廒，东乡一处三廒，南乡一处四廒，北乡二处八廒，社谷照例借放，息谷加一"。"六处仓廒久废，谷借贫民，逃往故绝，道光

---

① 同治《宁乡县志》卷 11《赋役二·仓储》，第 6 页。
② 同治《直隶澧州志》卷 5《食货志·储积》，第 50 页。
③ 光绪《沅陵县志》卷 12《仓储》，第 9 页。
④ 同治《竹溪县志》卷 6《田赋·仓储》，第 4 页。
⑤ 同治《咸丰县志》卷 3《建置志·仓库》，第 4 页。

三十年奉文免其着追"。①

　　无论社仓规模大小，仓谷多少，几乎均存在不同程度的民欠问题。而且，越是存贮仓谷数量多，出借越多，越容易增加民欠的几率。湖北蕲水县"社仓分建五乡，共一百九十五处，雍正二年，总督杨行文劝捐。雍正五年清查，实存本谷一万一千一百六十一石八斗，历年生息，至乾隆十二年，收息谷五千七百三十三石九斗，共本息谷一万六千八百九十五石七斗。又奉巡抚晏行查详免逃亡故绝无著谷二千七百二石六斗五升，止存本谷一万四千一百九十三石一斗二升六合。后又历年生息，截至乾隆五十四年，连前共存本息谷一万六千八百二十四石八斗七升四。乾隆五十五年，钦奉恩诏，蠲免因灾出借逃故无著谷二千九百八十三石三斗外，实在存储谷一万三千八百四十一石五斗七升四合"。②

　　影响更为深远的一个因素是战乱和日益严重的自然灾害、吏治腐败等因素结合，又加重了社仓管理松散、社长和官吏勾结贪污等问题，使得社仓在内外双重不利因素夹击之下走向衰败。湖南武冈州社仓至乾隆二十年（1755年）有社谷3万石，嘉庆二十二年（1817年），据方志载有社谷3.77万石，"至道光，府志虽登其数，乃云社仓之法渐弛，积贮一空，盖无实而名仅存"。③

　　社长私自粜卖社谷、借非其人、出借不公等问题也愈发突出，是构成社仓衰亡的另一个重要因素。雍乾时期，社仓管理中的"国家干预"比较强硬，由于中央政府一再强调地方官对社仓的督查之责，各级地方官不敢掉以轻心，对社仓的监管一般比较重视。到乾隆中后期，社长行为不端问题逐渐显现。乾隆三十年（1765年）四月，面对社长之种种行为，湖南衡州府知府曾专门下文警示，其《谕社长示》云：

> 为晓谕社长公平出借社谷事。照得社仓谷石，民捐民借，原以补常平之不足。兹当青黄不接，粮价稍长，现虽减粜常平仓谷接济民食，第乡间农民赴粜，往返维艰，或有未能普遍，正需借给社谷。除已饬县照例借放外，查社仓谷石，虽官为稽核，而收放实社长经理。诚恐分贮之谷，离城窎远，有等不肖社长乘此出借，私行粜卖，假捏借户姓名注册，掩人耳目。或概借亲族友朋及势力豪强

---

① 同治《常宁志》卷5《赋税·积储》，第13页。
② 光绪《蕲水县志》卷4《赋役志·积储》，第57页。
③ 同治《武冈州志》卷22《贡赋志》，第35—37页。

之人，实在贫民转致向隅，即或借给，而又发潮掺瘪，扣尅斗升。小民待食甚殷，只得吞声忍受。并有虑及秋成催收之劳，百般刁难，不肯借放，均未可定。夫以民间捐积之谷，不以济民急需挼诸，设立社仓之意何在？若再罟利肥囊，徇私自便，则天理国法均所不容。除一面密行访查外，令行出示晓谕，为此示仰合属社长人等知悉，尔等当念各有身家，务遵法纪，凡有里民赴借社谷，查明照例公平借给，不得克扣刁难。倘有前项弊端，一经本府访闻，或被旁人告发，其侵蚀徇私者，定严行究追，按例治罪。即遏借自便者，亦必重惩，决不姑宽。①

嘉庆之后，朝廷忙于战事，无暇顾及社仓一事，此时社仓已放归民管，地方官不再负有监管之责，而一些地方殷实公正之人早已不愿涉足社仓，社长一职遂为不肖之徒把持，他们肆意妄为，利用各种手段侵吞社谷，不实力催收还谷，勾结保甲长、盘查之吏胥上下其手等，这使得社谷存储不足和亏空问题日益严重。湖南醴陵县志载，嘉庆年间社仓放归民管，"一时称便，日久玩生，多有因民欠及社长亏空而储不足额者"。② 长沙县"社仓分贮各乡，经管不得其人，徒饱私囊"。③ 宁远县"社仓起于雍正元年，储谷虽多，久为社长那（挪）移，侵蚀至什之六七"，后经整治，略有好转。④ 酃县"但社长最难得人，其不肖者，或借放虽多，开报甚少。息谷被侵，岁增无几。或遇民间不需借用之年，任意挪吞，积成亏空。偶遇歉岁，茫无以应。又或但及亲故与势力之家，贫弱反不得与其得借者。或多方错勒，倍收其息，甚至乘谷价翔贵之时，居奇囤贩。仓书、保甲一气串通，或百计弥缝，或诡开花名，以图私饱终囊。官或恐其欺隐，而非因公到乡，势难逐处亲查。或委人代查，无论所托非人，每致贿嘱滋弊。即实心经理，精神稍有未周，弊即乘之而出，是稽查之说不过虚应故事，究无实际也"。⑤ 由于社长直接主管社谷进出，其本身行为不端，对社仓发展的危害尤大，加剧了社仓的衰落。

再以两湖平原诸州县社仓的状况说明之。

---

① 同治《酃县志》卷6《积贮·社仓》，第23页。
② 民国《醴陵县志》卷5《食货志·仓储》，第100页。
③ 同治《长沙县志》卷10《积贮》，第27页。
④ 乾隆《宁远县志》卷7《赋役》，第1页。
⑤ 同治《酃县志》卷6《积贮·社仓》，第22页。

第三章 动荡与衰落:嘉道咸时期的社会激荡与社仓命运 133

表3—2 嘉道咸时期江汉、洞庭湖平原部分州县社仓状况一览

状态	原因	州县名称
毁灭	兵燹	麻城、荆门直隶州、汉川、善化(部分)、蕲州、钟祥、黄冈
	自然灾害	公安、石首、华容、武陵
日久废弛	社长贪污、借放涣散等	云梦、嘉鱼、江陵、巴陵、临湘、湘阴、龙阳、直隶澧州、益阳
	不详	武昌、汉阳、孝感、大冶、兴国州、江夏、监利、松滋、枝江、潜江、沔阳州、黄陂、安乡、天门

资料来源：民国《湖北通志》卷48《经政志六·仓储》，第1—34页及各州县地方志。

由表3—2可知，此时期，两湖平原州县社仓因种种原因或毁或废，大多名存实亡。其中毁于社长贪污、借放涣散等人为因素的有10州县，占表中35州县的1/3；战乱、自然灾害等直接毁坏社仓的有11州县，占全部的1/3；剩下的1/3原因"不详"，恐怕和战乱造成的荒废不无干系。

需要指出的是，以上影响社仓的因素只是大致的分类，社仓的消亡往往并非单一因素引起，而是多种因素合力为之。如湖北黄冈县社仓因代远年久，百姓水旱逃亡，民欠无著，加之兵燹侵袭而不闻。[①] 石首县"社仓递年劝捐并息谷，旧积大麦七百八十二石五斗八升八合，稻谷二十五石，今水圮兵燹，荡然无存"。[②] 华容县社仓亦因此故而空虚。[③] 湖南茶陵州乾隆十九年（1754年）社仓存谷7912石，至嘉庆二十一年（1816年）总计四乡二十五都共储社谷1.7万石，其后两被水灾，迭罹兵燹，民间盖藏，洗掠一空。[④]

对于战乱对江西省社仓的冲击，光绪三年（1877年）十二月十六日，江西巡抚刘秉璋在上报各属劝谕民间捐谷情况的奏折中说道：

江西从前在官有常平仓，在民则有社仓、义仓，城乡积谷充裕，即有旱潦灾伤，无虞匮乏。乃自兵燹之后，或为军需动用，或被逆匪

---

① 光绪《黄冈县志》卷4《赋役志·积贮》，第48页。
② 同治《石首县志》卷2《营建志·仓廒》，第5页。
③ 光绪《华容县志》卷4《仓储》，第3页。
④ 同治《茶陵州志》卷10《惠政·储恤》，第6页。

焚掠，常平仅存十一，社、义几无遗粒。①

各种仓储在战乱中基本遭到焚掠，这也反映了嘉道咸时期长江中游地区社仓发展的命运。

二 充实社仓的努力

在日渐动荡的社会环境中，官方愈发倚重仓储系统的社会稳定功能，一旦局势安定，常常会尽快着手以采买、劝捐等多种形式弥补虚空、充实仓储。白莲教大起义后，中央政府批准湖北等省采取措施，分次采买，欲弥补常平、社仓缺额。嘉庆六年（1801年），准许湖北省照依例价，"发交本境有谷大户，分作三年，匀买还仓。如遇谷价昂贵，再行酌量办理"。②

但是采买往往难以按计划完成，嘉庆十四年（1809年）十月二十日，湖广总督兼署湖北巡抚汪志伊奏言：

> 湖北各州县因灾缓借粜并拨运军需、收养难民等项节年动缺常平、社、义仓谷，除经前督抚臣奏请动项买补外，截至嘉庆十二年奏销案内统计，尚未买补谷一百十八万六百余石。查前项动缺仓谷，原经前督抚臣奏明，分限三年买补。嗣因军务大功甫竣，兼之各属间有水旱，未能依限采买。③

十年后，嘉庆二十年（1815年）十一月初四，湖广总督马慧裕、湖北巡抚张映汉又奏：

> 臣等于本年十月内，接准户部咨，钦奉上谕，御史吴赓枚奏谨盖藏实仓廪一折。本年直省地方年谷顺成，多登上稔，所有常平、社仓缺额谷石，自应及时完补。著各该督抚督饬州县官酌量地方情形，将动缺谷石妥为买补，以归实贮。……臣伏查，湖北各州县从前因灾缓

---

① 江西巡抚刘秉璋奏于光绪三年十二月十六日，《军机处录副奏折（财政类）》，中国第一历史档案馆藏，3/6672/52。
② 湖广总督马慧裕、湖北巡抚张映汉奏于嘉庆十七年二月初一，《清代灾赈档案专题史料（宫中朱批奏折·财政类·仓储项）》，中国第一历史档案馆藏，第1194函第20号。
③ 湖广总督兼署湖北巡抚汪志伊奏于嘉庆十四年十月二十日，《清代灾赈档案专题史料（宫中朱批奏折·财政类·仓储项）》，中国第一历史档案馆藏，第1192函第35号。

借祟、拨运军需等项案内，节年动用常平、社、义各仓谷石，虽经节次奏请采买，而年岁丰歉不一，未能及时补足。①

总体来看，因为战乱影响、地方水旱等原因，如各督抚所言，采买之事常常难以如愿。据统计，尽管从嘉庆六年（1801年）湖北省就着手采买，但直到十一年（1806年）为止，仅于十年（1805年）秋后买谷5600石，其余"俱未能采买"。到十七年（1812年）共采买仓谷41万石，尚未买缺额谷112万石。②到二十年（1815年），仍未能及时补足，尚有未买谷107万石。③加之采买过程中勒索、强买摊买、贪污私肥等弊端，百姓不堪其扰，中央政府不得不放宽要求，"以地方之丰歉，定采买之多寡"，只强调酌情办理，加紧采买，但不再有明确的时限要求。这样，一直到道光元年（1821年）统计，仍然有常平、社未买谷63万石。④

嘉庆二十一年（1816年）十二月初十，兼署湖广总督、湖北巡抚张映汉再奏，声称宜都县买补平粜社谷1701石，"由该县照原粜价银，发交社长，自行买补"。⑤

从地方志资料来看，就社仓而言，官方的这些努力似乎并未见多大成效，各县社谷并未见明显的增长。由此推断，即使是有限的买谷，也优先补充了常平官仓，社、义等民仓并未分到有效的份额。

第三节　幻象：曾国藩振兴社仓的构想

曾国藩身为晚清重臣，是清代著名军事家、政治家、理学家、书法家

---

① 湖广总督马慧裕、湖北巡抚张映汉奏于嘉庆二十年十一月初四，《清代灾赈档案专题史料（宫中朱批奏折·财政类·仓储项）》，中国第一历史档案馆藏，第1196函第36号。
② 湖广总督马慧裕、湖北巡抚张映汉奏于嘉庆十七年二月初一，《清代灾赈档案专题史料（宫中朱批奏折·财政类·仓储项）》，中国第一历史档案馆藏，第1194函第20号。
③ 署湖广总督、湖北巡抚张映汉奏于嘉庆二十一年十二月初十，《清代灾赈档案专题史料（宫中朱批奏折·财政类·仓储项）》，中国第一历史档案馆藏，第1197函第29号。
④ 湖广总督兼署湖北巡抚陈若霖奏于道光元年十月初五，《清代灾赈档案专题史料（宫中朱批奏折·财政类·仓储项）》，中国第一历史档案馆藏，第1200函第42号。
⑤ 署湖广总督、湖北巡抚张映汉奏于嘉庆二十一年十二月初十，《清代灾赈档案专题史料（宫中朱批奏折·财政类·仓储项）》，中国第一历史档案馆藏，第1197函第29号。

以及文学家。他为人乐道的是博学、家训和军事功绩，少为人知的却是，他也曾有过在家乡建设设立社仓的想法。

道光十八年（1838年），时年28岁的曾国藩考中进士，从此开始走上仕途。他进京做官之后，除了频繁的书信往来，家人也不时前来探望，经常会谈到其家乡——湖南长沙府湘乡荷叶塘白杨坪之事。尽管早已离家为官，但他自始至终将家乡事务视为自己分内之事。长久以来，乡村有着凶年时"富户赈济穷户"的传统，曾国藩嘱咐自己家里的兄弟，每遇荒歉之年，以自己名义捐办20石谷，用以周济本境贫乏之人。后来，他更提出举办社仓的想法，以期久远。

咸丰元年（1851年），太平天国农民运动初起，洪秀全等人尚在广西境内活动，没有出省，其影响范围相对有限，全国局势比较平稳。四月初三，曾国藩在给四位弟弟的家书中，谈到与其临时捐谷，不如借鉴朱子社仓之制，仿而行之，则更为可久。方法为：

> 我家先捐谷二十石，附近各富家，亦劝其量为捐谷，于夏月借与贫户，秋冬月取一分息收还（每石加一斗）。丰年不增，凶年不减。凡贫户来借者，须于四月初问高知经管社仓之人，经管量谷之多少，分布于各借户，令每人书券一纸，冬月还谷销券。如有不还者，同社皆理斥，议罚加倍。以后每年我家量力添捐几石。或有地方争讼，理曲者罚令量捐社谷少许。每年增加，不过十年，可积至数百石，则我境可无饥民矣。

并道，行社仓法的好处，可以缓解贫民青黄不接之时的缺食之苦，使食"双谷"之风渐息。往年每每临时备谷救济地方贫户的做法，有着"施之既不能及远，行之又不可以久，且其法止能济下贫乞食之家，而不能济中贫体面之家"的缺憾，与之相比，社仓之制则"即可以及于远，又可以贞于久；施者不甚伤惠，取者又不伤廉；即中贫体面之家，亦可以大享其利"，正可以弥补临时救济之不足。况且，本家族中贫穷之人"如任尊、楚善叔、宽五、厚一各家，亲戚如宝出、腾七、宫九、荆四各家，每年得借社仓之谷，或亦不无小补"。他希望在父亲、叔父等人的支持下，一二年之内办成此事，"实吾乡莫大之福也"。[①]

不过，他的殷切期望却碰了壁。其弟澄侯言明，社仓之法虽为旧制，

---

① （清）李瀚章编：《曾国藩家书》，中华工商联合出版社2007年版，第104—105页。

但究竟难以进行,其要在于有借无还,这已成为"今日风俗"。鉴于此,社仓"竟不可议举行矣"。①

曾国藩从试图沿袭古法举办社仓,到此想法最终流产,从一个侧面说明了当时社会动荡的大环境下,社仓趋于衰微的态势。

---

① (清)李瀚章编:《曾国藩家书》,中华工商联合出版社2007年版,第108页。

第四章 重振与变革:同光时期江西、湖北二省的社仓建设

同治初期,战乱甫平,局势趋稳,朝廷开始对各项事务着手整饬,以图振兴。仓储制度的复兴即为其一。

长江中游三省恢复重建各地仓储的行动亦逐步展开。同治元年（1862年），湖南巡抚毛鸿宾令各州县捐置社谷。[1] 六年（1867年），江西巡抚刘坤一令各属官绅筹备仓谷。[2] 光绪年间，政策导向不变。光绪五年（1879年），湖广总督李瀚章令各州县举办社仓，加强劝捐。[3] 二十四年（1898年），遵照皇帝要求各地举办积谷、保甲、团练的上谕，湖广总督张之洞给湖北省制定了以"社谷"为名的积谷计划，提出了"大县五万石，中县三万石，小县一万石"的目标，下发执行。[4]

三省相较，江西、湖北二省社仓建设是卓有成效的，而湖南省则以积谷仓建设为主，要求将旧有社谷一并存入积谷仓，不再另设社仓，从而在实践中形成了积谷仓盛极一时的局面。

第一节 江西、湖北二省的社仓建设

自同治元年（1862年）始，在地方官员督办下，江西、湖北二省开始复建社仓，自此开始了清代最后一次捐谷建社仓的浪潮。

此次复建社仓的行动，与雍乾时期社仓建设相比，在设置规模、贮谷数额等方面有着较大差距。仅以社仓而言，三省相较，江西省情况最好，湖北次之，湖南则垫后。

---

[1] 光绪《湘阴县图志》卷21《赋役志》，第38页。
[2] 光绪《江西通志》卷88《经政略五·仓储》，第7页。
[3] 民国《湖北通志》卷48《经政志六·仓储》，第4页。
[4] 苑书义、孙华峰、李秉新编：《张之洞全集》第五册，河北人民出版社1998年版，第3925页。

据光绪《江西通志》记载，同治八年（1869年）后，各州县社仓贮谷数的具体情况如表4—1。

表4—1　　同治八年（1869年）后江西省各府州县社仓设置及积谷情况统计

府	州县	社谷数（石）	州县	社谷数（石）
南昌府	南昌县	18043	靖安县	3435
	新建县	12124	武宁县	3997
	丰城县	6605	义宁州	7498
	奉新县	8127	进贤县	2798
			合计	62627
瑞州府	高安县	1358	新昌县	2105
	上高县	3356		
			合计	6820
袁州府	宜春县	3604	萍乡县	2977
	分宜县	1850	万载县	2742
			合计	11174
临江府	清江县	3509	新喻县	5077
	新淦县	10674	峡江县	4231
			合计	23493
吉安府	庐陵县	7509	龙泉县	3352
	泰和县	7438	万安县	1994
	吉水县	3345	永新县	2174
	永丰县	9166	永宁县	5858
	安福县	1634	莲化厅	1495
			合计	43971
抚州府	临川县	14527	宜黄县	6066
	崇仁县	4916	乐安县	6780
	金溪县	6036	东乡县	4433
			合计	42761
建昌府	南城县	7776	广昌县	—
	南丰县	4242	泸溪县	1715
	新城县	2283		
			合计	16018

续表

府	州县	社谷数（石）	州县	社谷数（石）
广信府	上饶县	7510	铅山县	5534
	玉山县	2794	广丰县	2499
	弋阳县	3953	兴安县	2563
	贵溪县	6650		
			合计	31506
饶州府	鄱阳县	29219	德兴县	7780
	余干县	3730	安仁县	6395
	乐平县	4429	万年县	5647
	浮梁县	5459		
			合计	62662
南康府	星子县	3757	安义县	1559
	都昌县	—	建昌县	4372
			合计	9689
九江府	德化县	2503	湖口县	1896
	德安县	510	彭泽县	4025
	瑞昌县	1494		
			合计	10435
南安府	大庾县	3441	上犹县	7011
	南康县	13105	崇义县	3563
			合计	27121
赣州府	赣县	10683	安远县	4285
	雩都县	9180	龙南县	3570
	信丰县	6052	长宁县	4318
	兴国县	4514	定南厅	4821
	会昌县	1911		
			合计	49338
宁都直隶州	州社仓	8242	石城县	3110
	瑞金县	1429		
			合计	12781
共计		410396		

资料来源：光绪《江西通志》卷88《经政略五·仓储》，第3—26页。

第四章 重振与变革:同光时期江西、湖北二省的社仓建设

江西省以建设社仓为主,几乎没有兴建义仓。表4—1所列14府中,除了建昌府之广昌县和南康府之都昌县没有记载外,其他州县均建有社仓,存有数额不等的社谷,合计总数达41万石。这一数字与清前期相比,约相当于乾隆前期江西省社仓贮谷数,占乾隆年间社仓贮谷最高值71万石的58%。到光绪二十七年(1901年),社谷实存数量稍有增加,达到52.99万石,① 仍只占到乾隆朝最高值71万石的74%。由此可见,虽然建设规模不小,但是,就贮谷额而言,明显要少于清前期。

湖北各州县亦开始复建社仓。保康县社仓在嘉庆初年毁于一旦,同治九年(1870年),知县史致谟筹办社谷2000石。② 钟祥县同治六年(1867年)东乡社仓存谷145石,至光绪四年(1878年)城中社仓贮谷950石,五年(1879年)续存谷435石。③

湖北省重建社仓的整体情形及与清前期对比见表4—2。

表4—2　　　　同光时期湖北省各州县社仓与前期对照

州县	社仓数 雍乾时期	社仓数 同光时期	贮谷额(石) 雍乾时期	贮谷额(石) 同光时期	谷石增减	备注
蒲圻县	44	5	—	3650	—	
兴国州	40	39	—	20000		一说30000石,见县志
汉阳县	27	1	—	2000		
沔阳州	10	1	—	3000		
黄冈县	119	3	8051	2000	-6051	雍正时119所,乾隆十九年(1754年)并为30所。见县志
麻城县	112	2	14181			
蕲州	66	1	19595	3000	-16595	一说50座,见嘉庆《湖北通志》卷16《建置五·仓廒》
云梦县	35	2				
钟祥县	12	3	2397	1530	-867	
京山县	44	1	7946	5252	-2694	

---

① 江西巡抚李兴锐奏于光绪二十七年七月二十七日,《清代灾赈档案专题史料(宫中朱批奏折·财政类·仓储项)》,中国第一历史档案馆藏,第1221函第50号。
② 同治《郧阳志》卷4《田赋志·仓储》,第9—10页。
③ 民国《湖北通志》卷48《经政志六·仓储》,第18页。

续表

州县	社仓数 雍乾时期	社仓数 同光时期	贮谷额（石）雍乾时期	贮谷额（石）同光时期	谷石增减	备注
荆门直隶州	8	1	9100	2400	-6700	雍正时为3所。见县志
江陵县	5	5	2210	6500	+4290	
公安县	54	1	313	614	+301	
咸宁县	19	1	—	—		
崇阳县	46	4	2422	2555	+133	
蕲水县	195	1	13842	3150	-10692	
罗田县	23	60	9765	7206	-2559	
应城县	四乡	1	21623	2182	-19441	
随州	185	1	20754	—	—	
应山县	52	1	6122	3187	-2935	
南漳县	102	1	9079	2000	-7079	
枣阳县	28	2	8169	1700	-6469	乾隆二十六年（1761年）并为10所
谷城县	48	1	2642	—	—	乾隆二十三年（1758年）并为4所
房县	60	76	8626	6367	-2269	
竹溪县	1	城乡	14966	4848	-10118	
保康县	25	7	3195	2328	-867	
当阳县	49	1	4870	4820	-50	
东湖县	45	27	15604	6545	-9059	
归州	43	—	3455	3011	-444	
巴东县	各里	1	—	309		社仓另存有钱250文，光绪八年（1882年）为146文
长乐县	28	2	7604	735	-6869	
恩施县	26	1	3545	2392	-1153	
宣恩县	4	2	—	500	—	
利川县	25	4	3100	2618	-482	

续表

州县	社仓数		贮谷额（石）			备注
	雍乾时期	同光时期	雍乾时期	同光时期	谷石增减	
只建义仓、未立社仓的州县						大冶县、武昌县、通城县、黄安县、襄阳县、宜城县、光化县
没有恢复社仓、义仓的州县						江夏县、嘉鱼县、汉川县、黄陂县、孝感县、潜江县、天门县、石首县、监利县、松滋县、枝江县、华容县、武陵县、通山县、广济县、黄梅县、安陆县、均州、郧县、竹山县、郧西县、远安县、长阳县、兴山县、鹤峰厅、来凤县、咸丰县、建始县

资料来源：民国《湖北通志》卷48《经政志六·仓储》，第1—34页。

注：(1)"贮谷额"一栏数据，分别选取雍乾时期和同光时期各州县贮谷最高数额计入。

(2) 雍乾时期社仓数变动频繁，表4—2录入一般为雍正年数字，各县变动情况在"备注"中注明。

(3) 个别州县（如房县）社谷中存贮粮食，除了稻谷外，还有苞谷、粟谷、荞麦、洋芋粉等杂粮，一并按石数合并计入（房县社仓中有洋芋粉1300斤，未计入社谷总数）。

表4—2清楚地显示：就同光年间恢复社仓的规模而言，湖北省10府69州县中，恢复社仓的州县有34个，占州县总数约49%；只恢复义仓没有恢复社仓的州县有7个，占州县总数约10%；完全没有恢复社、义仓的州县数有28个，占州县总数约41%。

若考虑社谷存贮数额的话，在复建社仓的34州县中，排除记载不全、无法比较的州县，在有谷石数可比的23州县中，社谷数比雍乾时期社谷存贮额下降的有20个，约占87%，只有江陵、公安、崇阳三县比之前期略有增加，约占13%。故此，在同光年间社仓振兴活动中，只有约一半州县真正复兴了社仓，且存谷额出现大幅度的减少。有少量州县是社、义仓共建，还有约四成州县根本没有任何恢复。

光绪二十五年（1899年），由张之洞主持的以"社谷"名义进行的积谷行动开始，其进展并不顺利，预定的"大县五万石，中县三万石，小县一万石"的目标很难达到。按照他的设想，整个积谷计划应该在三年内完成，先期应于接到命令后的三个月内，各州县将章程议定着手举办，并上报第一年的应捐谷石数。为了督促此事，他还公布了奖惩措施，于规定时间内捐谷多者，无论实任、署任官员，"大功一次"；限捐谷少者,"记大过一次";若视为具文,劝办不力者,"立即撤省",停止其差事。即便如此,大半年过去,据各州上报的情况,陆续办理者仅34处,存谷多寡不一。再进一步核查,办有积谷者不过十余州县,未有办理者有34州县。在分析其原因时,他注意到了此前湖北省连续四年水旱灾荒的因素,但并非是从"体谅"官员的角度解读,而是责备官员们忘了前车之鉴,无视民众困苦,认为官员们正应该趁着本年岁收颇丰,加紧收捐,以"未雨绸缪"之谋,方为尽责之举。他下令对那些尚未举办的州县官"记过一次",并令其于十日之内上报办理章程和计划。①

光绪三十四年(1908年),在各省上奏积谷的数字中,湖北省仅仅报有3.72万石,② 相较于其他省,这个数字非常之低。

由是观之,若与清前期比较而言,湖北省的社仓无论在分布范围、设置数量,还是在积谷数额上,都逊色不少。江西省虽然各县均建,但是贮谷额明显少于前期。故总体来看,清后期二省社仓的发展远不及前期。

第二节 社仓设置与管理方式的变化

从社仓设置地点来看,要求各地遵循旧例,将社仓分置乡间,以利贫民借还。但是,有鉴于嘉道咸乱世中社仓遭到毁坏的前车之鉴,为保障社仓风险处于可控,一些地方出现了将过去分贮乡村的社仓收归县城存贮的趋向,其管理主体亦随之变更。湖北当阳县原在各乡设置社仓49处,存谷4807石。在嘉庆年间白莲教起义期间,被焚掠谷3727石。至同治初年清查,实存28处,存谷1379石,各处社仓分别存谷数石至数十石不等。③光绪七年(1881年),县令李元才整饬社仓,召集众绅耆咨询兴利除弊事宜。一众绅耆声称,除弊当以"社仓为先"。其原因是,前任县令尹钟上报社仓存谷三千余石,上司以其存谷颇多,依据谷册委员盘查,因此项数字并非实贮,有"书者未捐,而可捐者未尽书也",实际上是"社无完仓,仓无现储"。盘查时,"社长畏累,则多方诿卸;贫民有词,则指困强借,而抵冒侵欺之讼,日闻于有司矣"。且据册催促捐输,使得民人叫苦不迭。是故,社仓成了扰民之首。对于解决社仓问题的办法,士绅们提

---

① 苑书义、孙华峰、李秉新编:《张之洞全集》第五册,河北人民出版社1998年版,第3925—3926页。
② 《清朝续文献通考》卷61《市籴考六》,商务印书馆1936年版,考8172。
③ 同治《当阳县志》卷4《政典志上·仓储》,第27—29页。

议,在县城内建一总仓,将各社之谷移储在内。接下来,围绕这一建议,县令李元才和众绅耆有一段精彩的对话:

> 公曰:"谷存各社,贫民取擕甚易。均并于城内,远乡之民能沾此升斗之惠乎?"
>
> 曰:"各社存谷实数不过千余石耳,岂能惠一邑之民?而受其扰者不胜穷也。今改革伊始,不必遽言甚利,但求无害而已。"
>
> 公曰:"社仓与常平异,常平在官,社仓在民。今一切以宜领之,得毋与立法之意庋乎?"
>
> 曰:"往者,晏中丞斯盛疏言,'社仓之法,官不为理,而听民自为储,必无之事尽,利所在,终必争之'。吾邑有社仓数十百年,民不受惠,士人且避之。若逭者,以此官与民相隔,而蠹蚀其中,士与官不习,而朋夺其权也。今聚之于官,以之平粜,则出纳有稽;以之借给,则收散以时;以之存积,则盈虚易核,孰与在民者之漫而无纪乎?"
>
> 公曰:"善。"

在这段对话中,借一众绅耆之口,将各乡社仓取消、收归县城总仓这一计划的依据清楚列出,为其合理性辩护。在这些地方精英看来,社谷分散存贮,各处数量不多,并不能真正起到救济一邑的作用,更重要的是,经管社仓引起问题多多,"利所在,众必争之",不肖强者把持社长一职,使得民众不受其益,反受其害。只有将社仓收归官管,才能解决这些弊端。

在统一了认识后,县令李元才提倡,在县城文昌庙建"后钩神楼三间,内置仓三座。前钩大厅三间,内置仓二座。左右两廊各七间,分置仓十四座。外立有照墙,开东西二门。因岁修无资,门左右复钩铺屋二所,以所收租钱备之"。又捐俸三百串,建铺房三座,"岁取其租,以为修葺之费"。多次催收,得谷共4200石,自此果是"官不烦而民不扰",吏胥不过问,四乡遂致安定。①

尽管貌似经过充分的辩论和考量,但是,为了便于管理,而将社谷收归县城,由官管理,这种做法已经完全抹杀了社仓应有的性质和效用,而视其等同于常平官仓。需要注意的是,在清前期举办社仓中,除了极个别地方的州县将部分社谷收归官管,并受到谴责外,几乎没有出现过这种大

---

① 民国《当阳县补续志》卷1《政典志·社仓》,第5—6页;(清)姚德铭:《当阳新建社仓记》,前书卷4《艺文志·记》,第30—32页。

张旗鼓地将各乡全部社谷集中收归官管的情形。

第三节 晚清社仓的个案考察
——以湖北省云梦县丰云社仓为例

至光绪年间,对社仓制度的探索一直在持续不断地进行。以湖北云梦县社仓为代表,在继承了前期经验的基础上,出现了根本性的变革。

一 云梦县丰云社仓的建立及管理

云梦县位于湖北省中部偏东,境内平原广阔,涢水贯穿其中。云梦县历史悠久,汉时为安陆县地,西魏设云梦县,清代因之,属德安府。清代云梦县社仓设于雍正初年,分贮各里共35处。社仓自建立后,其发展之坎坷当可视为长江中游地区社仓发展之缩影。初始运营良好,有借有还,经理之社长认真负责。施行年久,屡遇水旱,有借无还,仓谷逐渐减少。由于赔累太重,不肖之人又借端滋扰,一时无人愿充社长,不得不将仓谷移贮城内常平仓。而随着常平仓谷被地方官挪移,社谷也逐渐亏空。后来乾隆年间设法采买,又滋生种种弊端,绅民十分不满,举人徐作域、生员黄家福、乡民周世赖等向上控诉,后方平息。至道光年间,社仓已不复存在。对这一过程,道光《云梦县志略》记曰:

> 传闻从前立法之始,有借有还,皆殷实老成之人经理。迄后屡值水旱,有借无还,日益赔补。而不肖之人藉端滋扰,或以清查短少为辞,甚至勒派强借,于是人皆袖手不敢经管。初犹仓少久贮之谷,既而里少贮仓之家。呼比追索,不堪言状,势不能不归并在城之常平仓矣。常平挪移,渐成亏空,虚名虽在,实贮难期一二。贤父母留心民事,设法采买。小民急公,未尝不供奉承应。久之而又枝节丛生,给例价者有之,劝捐输者有之,苛敛侵蚀,或所不免,告讦连年,因此拖累致毙者亦有之。乾隆年间,举人徐作域、生员黄家福、乡民周世赖等沥清控诉,始获稍息。迄今又数十年矣,社仓不能再复。而分贮三十五里之名,久经达部,又断不能废,县中若将实情禀出,必遭驳斥。此事惟有听民自便而已。[①]

---

① 道光《云梦县志略》卷2《营建·仓库》,第5—7页。

云梦县于光绪四年（1878年）再建丰云社仓，其社谷并非来自民间捐输，而是另辟蹊径，由知县划拨官有土地开垦为社田，招民耕种，以租谷入仓收贮。这种方式属于置田收租法之一种，是清中后期兴起的新型社谷筹集方法。之所以这样做，一方面是因为本县农民大多贫穷，缺少富户，劝捐不易进行，丰云社仓创办者之一、知县吴念椿在《社田记》中写道："县属土瘠民贫，即乏殷实之户，素鲜盖藏之蓄，而地处卑洼，水潦时虞，一遇凶年，荡离堪悯。"① 另一方面是鉴于社仓在长期运营中存在的贪污侵挪社谷等问题比较突出，而社田与劝捐社谷相比，具有不易被侵蚀的优势，所以采用此法。

丰云社仓由知县朱滋泽倡办，他组织开垦了罗陂湖部分土地，制定了章程。继任知县吴念椿到任后多方查勘筹划，组织开垦罗陂湖、大嘴厂、土陂湖三湖，得田230石，分建社仓，并补充制定章程，使丰云社仓最终完成。

吴念椿是精干的官员，先后三度出任云梦知县，他秉承着和陈宏谋相似的理念，认为"以君养民，不如以民养民"，当然这并不意味着政府的缺位，相反，政府的指导、推动和支援是必需的。他积极动员民众开垦荒田为社田，之所以选取罗陂湖、大嘴厂、土陂湖三湖加以开垦，是因为"查其原议匆卒建言，其于三湖兴废来源，尚未深考，故端倪未见，争扰之徒相率而起。溯查三湖淤荒历已有年，傍湖居民久已视为固有之业，彼侵此削，私垦者业经过半矣"。② 可见此三湖久已淤荒，由于官方长期未加管理，沿湖居民纷纷私垦，不但使公产沦为私业，而且因为产权不明而争执四起。将此三湖由官方出面组织开垦社田，显然可收一箭双雕之效，既可使产权明了，解决纷争，保持地方安定，又可趁机举办社仓，积贮社谷，用于备荒救灾，以安定民心。

在吴念椿看来，丰云社仓的兴办是一件极为重要的事迹。在由他主持编纂的《云梦县志》中，卷首"县署"之后即绘有丰云社仓的社田图和仓基的介绍，紧接着卷一"营建"花了相当的篇幅列举了社仓条规，足可见社仓在他为官生涯和当地公共事业中的重要地位。当然，与前、后时期的县志相比，这一版本的县志因档案资料缺失、编纂时间仓促（六个月）而显得内容单薄，③ 客观上凸显了社仓的不同寻常的分量，但这反而

---

① （清）吴念椿：《社田记》，光绪《德安府志》卷6《田赋·积贮》，第29—30页。
② 同上。另参见云梦县志编纂委员会编：《云梦县志》卷7《民政外事》，生活·读书·新知三联书店1994年版，第159页。
③ 云梦县志编纂委员会编：《云梦县志》卷7《民政外事》，生活·读书·新知三联书店1994年版，第594—595页。

更能说明社仓是吴念椿呕心沥血的得意杰作。

丰云社仓分南北两仓,在筹划开垦社田的同时,仓亦开建。其北仓在县城内西街,"坐南问北,仓屋二进。第一进深三丈,第二进深二丈,均宽三丈三尺。又问东厢屋一间,均私墙私脚,东至关宅,西至安宅,南至关宅,北至大街。系光绪九年价买关敦义堂仓屋改建,临街基地,现拟构屋,以便执事人居住"。南仓在南乡永兴会长江埠北岸堤外,"坐东问西,仓屋三间,深二丈六尺。又仓屋前执事人居住屋三间,深二丈二尺,均宽三丈六尺。基地周围十九丈二尺,东至堤边,西至戴姓田,南至戴姓基,北至张姓基,各立界石。光绪七年价买罗兆泰基地建造,又买戴公祀田一坵,以为取土填基之用"。①

三湖社田开垦有先后,罗陂湖最先开垦,在知县朱滋泽任内基本完成。大嘴厂、土陂湖次之,后任知县吴念椿接续召垦完成。开垦后,实际得田数为:罗陂湖得田143号,共计132石,内除社堤压挖田5斗,实得田131石。大嘴厂得田44号,共计40石。土陂湖得田63号,共计58石。三湖实际共得田250号,231石。②

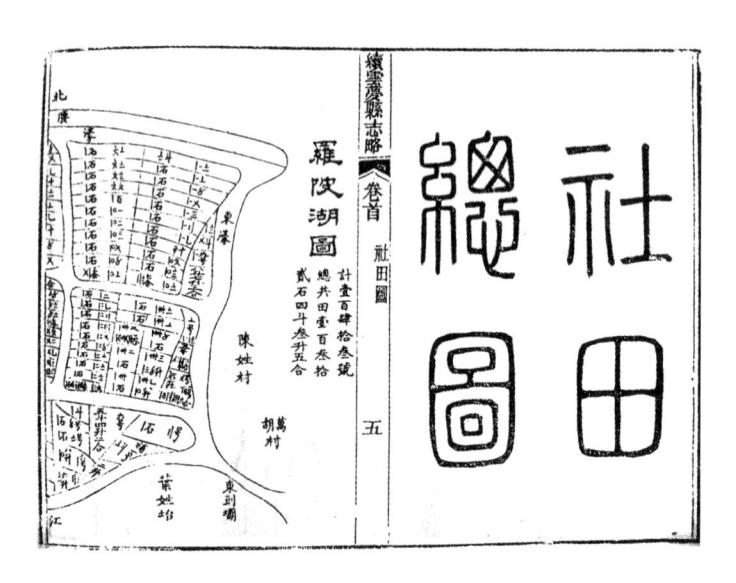

图4—1 清末湖北省云梦县社团

---

① 光绪《续云梦县志略》卷首《社仓》,第9页。
② 光绪《续云梦县志略》卷1《营建·社仓》,第3—4页。光绪《德安府志》卷6《田赋·积贮》,第29页。

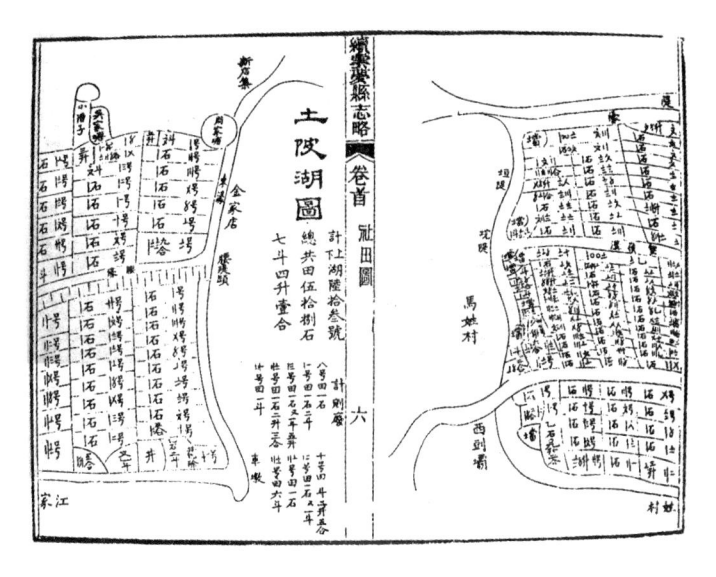

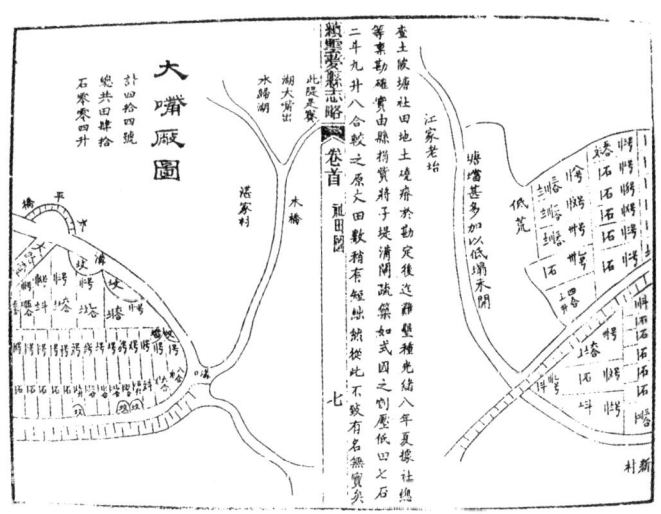

图4—2 光绪《续云梦县志略》卷首《图》

社田顺利开垦，需由县府制定章程配套执行，以明确相关事宜，严加管理，以期久远。"然仓之谷出于田，而田之经画则须人以理之，方可永远无弊。夫丰歉不能必之于天，每念穷民食用，苦无蓄积，终岁勤勤，仅能敷衍目前，一遇偏灾，绵力遂不能支，此社田之关乎民命为尤要也。"[1]

---

[1] 光绪《续云梦县志略》卷首《社仓》，第8页。

丰云社仓条规由两任知县朱滋泽、吴念椿先后主持制定，其中朱任条规21条，吴任条规22条，共43条，其两任条规主要内容如下：

原议条规（朱任）：

> 仓分南北，南仓建长江埠，北仓建城内。仓各六廒，每廒储谷以千石为准。另建屋一楹三间为司事起坐及仓夫居。营造务取坚固，不必涂饰外观。其新收专在南仓，北仓皆由南仓转运至。储蓄之数，南北仓各半，以六千为率。积谷已满一万二千石之数，大荒直赈，小荒平粜，平粜之钱存典生息。至平粜出谷不得过半，存半以备不虞。直赈视灾权宜，酌留来年籽种。南北仓各设仓书一名，仓夫一名，必地方有室家之人，荐者出具认保状。粜必岁小歉而后平，小歉无定象，以市之谷价为准，大抵云梦谷价每石钱二千数百文为常数，今定市价每石卖至钱三千即算小歉；市价不上三千，民间不得称歉索粜；市价已上三千，社正等不得闭粜。定市面谷价卖钱三千，社谷以二千五百文平粜；市价昂至三千五百文，社谷以二千八百平粜；市价昂至四千，社谷以三千平粜；以后市价任昂，社谷以三千为定，永不加价。其平粜之钱，夏秋总以买谷填仓，不得买麦。荒不必合县，或一乡或数会大旱大水，人民绝食，有流离难存之象，社长、社副即应禀官散赈。民间固不得假荒请赈，社首亦不得玩荒闭谷。但官、绅、民公议，上下皆曰"应赈"，则即赈之。……赈荒分极贫、次贫，自鳏寡孤独以至无业及田不满一石者为极贫，田不满五石者为次贫。灾浅则赈极贫，灾重则赈次贫。赈必社正、社副亲至被荒处所查勘明确，实系流离难存，即行挨村挨户，查明一家大小几口，登载住址，然后总计被荒地方灾民若干，挨户发给赈票，五日一领，一家几口共应领谷若干，亲至社仓验票给领，以昭慎重而免浮冒。赈票及帐上注明极贫、次贫字样。照云梦升斗，大口日摊谷七合，小口日摊谷四合，五岁以上为大口，以下为小口。以八口之家计之，大口六，小口二，得谷五升，此其大略也。散赈之岁，如春间曾经平粜，仍以平粜之钱搭赈。赈钱之法，即以市面谷价为准，大口日给七合谷价，小口日给四合谷价。南北仓钱存典生息，典中字据书典东名目，借到丰云社公项钱若干、行息若干，券内必填明社正、社副某人名目、同交同取字样，一人不到，不得取钱分文。存典生息之钱以五千贯为准，已满五千贯外，再有存钱及年年粜谷之钱，该社正、社副遇有民间出卖之田，即行公同禀官，买田作社田，由官备案。

第四章 重振与变革:同光时期江西、湖北二省的社仓建设

续议条规（吴任）:

三湖废地荒芜已久，开垦一切颇非易事，而土陂湖尤为硗土，当此初垦，收成自与熟田稍薄。……至仓廒既定，用费弥补已清。遇岁收丰稔，罗陂湖、大嘴厂每石按五扣纳租，春季收麦二石，秋季收谷三石。其土陂湖土色稍次，作四扣收租，每石田于春季收麦二石，秋季收谷二石，以昭平允。……云邑地处低洼，该三湖均居水乡，一遇水势泛涨，堤藤漫溃，即成泽国。设有水旱偏灾，自宜看田取租。如或稍有歉薄，应由社正禀县示办，以昭体恤。……县官新旧交替，应查验仓储实数一次，只须传令社总并值年正副出具存数，并无亏挪，册结存核，以免盘查费事。官惟督办之责，其仓中存数责成绅士稽考，不入交代也。社仓积储为合邑荒歉赈粜之需，经理一切统归总社及社正副等，县中书吏不得干预。每值年终，总由地方官查明南北仓收储谷麦实数，取具社正副及仓书等各切实甘结一纸存案备查，仍具文申报一次，俾昭慎重。其新旧交替即不入于交代，请免委员查盘，以节糜费而省烦扰。……南仓立总社一人，谕派生员戴炳南公正老成，东南乡众所信服，开垦社田始事，苦心设法布置，克成善举，嗣后办有成效，设因年久辞退，未便强留，必须邀同绅耆举荐有人，始准另谕接手总社督理三处社田公事并南仓收放总数、经管图记、匙轮、账本。凡当社正副者有事必须告知，和衷共济。北仓社正三人，谕蓝翎五品衔选用按司狱李肇基经管图记、匙轮、账本，五品衔选用县主簿李炳均、蓝翎五品衔尽先选用从九品左瑊公同办理，均系老练详明、始事用心开垦试办之人。现在社田虽已开成，凡建仓收放赈粜，在在事繁，非数年不能成效，该社正等急切不得更易，须得承办三年以后，诸事定妥，方准举荐一二人接替。而三人未便一年更换生手也。南仓谕派社正一人，社副一人，勤办社事，除总社经管总簿外，各立仓簿一本，自行收藏备查，承办三年后，事有成效，定妥方准移交下届值年正副接办。……每年收稞，由南仓定期先出报单于某日开仓至某日至，如逾期不纳，禀官差追究办。先期通知北仓，邀社正一人，并请城守随带兵丁二人弹压。北仓收储谷麦，平粜散赈，归捕厅派差二名，随同弹压兵差，照章发给饭食，不准需索篝费。……谷麦储仓，不无鼠耗狼撒与夫气头廒底，如存储二年以后，不能不盘量一次，必有折耗，若令社正副因此赔累，未免偏枯。应仿照向来常平仓章程，遇有盘放，每百石准其折耗一成，有少无多。此后逐年盘

量，每百石只准折耗五石，庶经理者不致视为畏途。……每年丰稔，酌提谷子数目，南北仓社总、正副六人计数三十六石，倡办首士均各情愿捐归城中善堂济用。捕厅、城首各有弹压南北仓谷麦收放等事，每人提谷六石。仓书有经理仓中谷麦存数，责任较重，提谷二十石。仓夫经理仓事，提谷十石。户房经承逐年申报文件，提谷六石。工房始事开垦丈量，提谷四石，日后修造堤埂等事不准索取酬费。又拨完土陂湖钱粮谷子四石，统于每年租谷上仓后照数量给。①

从条规内容来看，朱任主要明确了罗陂湖社田开垦、修拦水坝、灌溉、南北社仓积谷数、社谷赈济、平粜程序、存典生息等内容，而吴任续议条规则补充了朱任条规中没有涉及的大嘴厂、土陂湖开垦，三湖收租以及南北仓社总、各社正副职责，社谷借贷，社仓管理机构人员构成，费用支出，官方监督等内容，使社仓条规趋于完整，更加完善。

从地方志记载来看，丰云社仓条规称得上是晚清长江中游地区各州县社仓中记载最详的章程，它既为我们勾勒了晚清社仓从筹办到社谷发放、经营的完整过程，同时在其规定中凸现了处于社会转型时期的社仓管理与运营的特点。

丰云社仓的举办和管理可分为以下几个步骤。

（一）筹办：社仓筹办主要包括社谷筹集、仓房建设、选拔社长等问题

社谷筹集方面：为减轻百姓负担，采用官拨田地、开垦社田、招民耕种、收租入仓的办法。同时，所划定开垦社田之处，为三湖中"淤荒不易蓄水之区"，即地理位置不佳、不易开垦土地，这样做的目的是"不与民田争利"。这一思路在罗陂湖社田划定和开垦中体现得淋漓尽致，该湖以腰堤为界，分为上下，腰堤以上为上湖，稍能蓄水，条件稍好；以下为下湖，久属淤荒，只有东岸沿边低处稍能积水。遂规定将下湖中淤荒不能蓄水之区开垦社田，与蓄水之区筑堤为界，界堤以东蓄水之区划为民田，以西不能蓄水之区皆现开社田，共130余石，东西之间界限明确，不得混淆。

既然将耕作条件不佳的缺水土地划归为社田，就要考虑其灌溉问题，否则将无法出租。这个问题从两方面解决，一方面，罗陂湖未淤之前，沿湖及周边农田均由湖水灌溉，现时根据罗陂湖地形变化及周围农田分布状

---

① 光绪《续云梦县志略》卷1《营建·社仓》，第3—13页。本节以下内容如无特别说明，均出自此。

况,在涢水河边原有大陂塘处穿隧建闸,引河水由旧沟沿途灌溉东、南、西沟农田以及社田,"是民田失湖水而得河水,社田易荒地为腴壤,民社两便,似无出此"。另一方面,利用周边农田修建收水石坝,收集雨水灌溉,并详细规定了修筑收水石坝的具体计划,"东沟收水石坝安于土名木磙桥上,南沟收水石坝安于江姓村后。春夏雨水盛时,水小闭镂蓄水,水大开镂,下有收水石坝,无虞漏洩。地方不得闭塞塝口,涸沿沟使水之田而溃洩东之社田,违者禀官重究"。

在对三湖社田收租时,相应地根据社田土质好坏、耕种难易分别收取,罗陂湖、大嘴厂与土陂湖略有差别,遇岁收丰稔,后者收租比例(按四扣收)低于前两处(按五扣收),如遇水旱天灾,社正副看田取租,禀县示办。

仓房建设:丰云社仓分南北两仓,于开垦社田的同时,逐步修建完成,其购买仓屋钱没有明确交代出处,但从"价买"等字眼以及社田开垦时间判断,应该是由地方官出资购买。根据条规,其修建仓廒费用则由三湖租课及湖课支出。

社长的选拔:由于丰云社仓分南北两仓,规模较大,因此,其管理社长之设置也需要慎重考虑。

其一,于南北仓社正副之外,另设总社1人,统管两仓之事。总社设在南仓,兼管南仓事务。南北两仓社正副设置为,北仓设社正3人,南仓已有总社一人,另设社正1人,社副1人,其各自职责在章程中明确规定。南仓社正、社副"勷办社事,除总社经管总簿外,各立仓簿一本,自行收藏备查"。北仓社正主管北仓之事。若办理仓务,两仓社正副需事先报告总社,共同筹划。

其二,在总社和社正副人选上,虽承袭惯例,选用有身家、有名望之士绅担任,但规定非常严格,在章程中明确了第一任之姓名、经历,从中可见,总社及各社正副均为同乡绅耆举荐,从筹办阶段就参与社仓建设之人。总社一职责任重大,由生员戴炳南担任,其人公正老成,"为东南乡众所信服",从开垦社田起就参与从事,"苦心设法布置,克成善举"。南北仓社正副亦同样为"老练详明、始事用心开垦试办之人"。

其三,以谨慎的态度详细规定了总社及社正副更换的条件和程序。对于总社人员更换,由于现任总社劳苦功高、办理有方,需等其退休才考虑更换。接替之人由绅耆举荐,地方官考察后,"始准另谕接手总社"。南北仓社正副现任期必须满3年后,方准接换。之所以不采用有些地方实行的一年一换惯例,是因为"现在社田虽已开成,凡建仓、收放、赈粜在在事繁，非数年不能成效。该社正等急切不得更易，须得承办三年以后，诸事定妥，方准举荐一二人接替，而三人未便一年更换生手也"。显然是顾虑社仓管理工作的连续性和稳定性。还规定，南乡另外由官选派社正副2人，赈歉之年，随同现届正副学习帮办，等三年满后接办。以后以正副4人逐年轮流，以一正一副周而复始更替。

（二）灾情发生后的勘察及等级评定

社仓章程规定社谷用途为"大荒直赈，小荒平粜"，灾情发生后首先必须勘察，这是社谷有效发挥作用的前提。

丰云社仓章程的一个显著特色是将仓谷管理和运营的关键环节尽量以便于操作和核查的量化形式明确的固定下来，对于那些确实无法量化的问题，则尽可能地避免使用模糊词语，以减少人为纷争，使社仓管理和运营进一步规范化和合理化。

认定赈救时机和方式：灾害发生后，仓谷到底是用来赈济还是用于平粜，取决于对"大荒""小荒"的认定。实际上，从清代设置社仓以来，由于仓谷主要用于每年"春贷秋还"，所以基本不存在对灾情的认定问题。而当仓谷用于赈济或平粜的时候，这个问题就显得十分必要。虽然没有现成的方法可供借鉴，但丰云社仓通过自己的方式解决了这个问题，其章程规定，一县之中，一乡或数会遇水旱灾害，"人民绝食，有流离难存之象"，社正副即应向官禀报散赈，然后由官、绅、民三方共同决定是否应赈。显然，其赈济时机的把握依据有二：一是自然因素，确实发生了灾害；二是人为因素，官、绅、民三方同意才能实施赈济。这种将自然因素和社会因素相结合的做法，区别于常平官仓救助的官方决策和原有社、义仓救济的民间（社正）自主决定，从而避免了民间"假荒请赈"或社正副"玩荒闭谷"等问题，可降低地方官员、吏胥和社长侵蚀社谷的可能性。

查勘灾情和确定救助标准：在确定应赈后，需查勘灾民受灾情况，评定灾民等级，以确定赈济标准。这项工作由社正副亲自完成，有明确的量化标准可供执行。灾民分极贫、次贫两级，"鳏寡孤独以至无业及田不满一石者为极贫，田不满五石者为次贫"，"灾浅则赈极贫，灾重则赈次贫"。施赈前，"社正、社副亲至被荒处所，查勘明确，实系流离难存，即行挨村挨户查明一家大小几口，登载住址，然后总计被荒地方灾民若干，挨户发给赈票，五日一领，一家几口共应领谷若干"。"赈票及账上注明极贫、次贫字样。"施赈时，社正副"亲至社仓验票给领，以昭慎重而免浮冒"。

若属"小荒",同样需要判断平粜时机是否成熟,这相对于赈济更难判断,遂规定以市场粮价为参考标准,"大抵云梦谷价每石钱二千数百文为常数,今定市价每石卖至钱三千即算小歉。市价不上三千,民间不得称歉索粜。市价已上三千,社正等不得闭粜"。

(三)赈粜

仓谷的赈粜是社仓的中心事务之一,赈济规定了具体标准,"照云梦升斗,大口日摊谷七合,小口日摊谷四合。五岁以上为大口,以下为小口。以八口之家计之,大口六,小口二,得谷五升,此其大略也"。如遇灾年,已办过平粜,又需散赈的,"仍以平粜之钱搭赈,赈钱之法,即以市面谷价为准,大口日给七合谷价,小口日给四合谷价"。

对于平粜价格的规定是以当地粮价为参考,见表4—3。

表4—3　　云梦县丰云社仓社谷平粜价格与市场粮价对照

市场谷价(文)	平粜谷价(文)	平粜谷价与市场谷价百分比(%)
3000	2500	83
3500	2800	80
4000 及以上	3000	75

在谷价高时以低于市场价卖出,以平抑粮价,待谷价低时买谷入仓,以弥补和增加存储,这本是常平仓谷的运营方式。丰云社仓将其"移植"到社谷的运营上,从表4—3看,市场谷价上扬时,社谷仅以市价70%—80%的价格售出。而且市价愈高,平粜价与市场价相差愈大,即价格愈低。当市价高至每石4000文以上,无论多高,"社谷以三千为定,永不加价"。以谷价绝对值而言,市场谷价越高,平粜价格相应越高,这意味着社谷的价格盈利越多,当谷价恢复正常时可以买入的社谷就更多,如此循环往复,其救济和增殖"双赢"的效果愈加明显。

同时规定,"其平粜之钱,夏秋总以买谷填仓,不得买麦"。由于南方气候潮湿,麦比谷更容易霉变,因此沿袭雍正年间旧制南方诸省仓储"以麦易谷"之规定,买谷而不买麦。仓中原收有麦,"平粜先尽仓中储麦出粜,应照谷价,每石减四百文,每遇市面谷价昂而麦价低,则出麦即照市价售之"。

行平粜之事,最易出现的问题是不法之徒借机囤买多买,牟取暴利。常平官仓即苦于此弊而使平粜效果大打折扣,乾隆八年(1743年),湖北巡抚晏斯盛在《推广社仓之意疏》中指出:"常平之敛也,谷贱而籴,市人藉以增价，贫民既苦涌贵；其散也，谷贵而粜，市人因而囤积，贫民又苦交持。"①

为防止出现此类问题，丰云社仓规定："平粜无他弊，惟防囤买。今议籴者每人至多不得过三斗，如有富民奸贾倩（应为'遣'）人冒买，蚁驮蛭聚，实属为富不仁，该社正、社副查明当即禀官究处。该社正、社副如有私亲朋辈徇情多籴，查出与囤买同罚。"

（四）出借

在丰云社仓原议条规中，社谷主要用于赈粜灾民，其后在吴念椿所制定"续议条规"中，出现了将社谷用于春借秋还的规定，算是对清前期社仓功能的回归。考虑到遇连年丰稔，社谷不赈粜，可能红腐，规定可用于借贷，还仓加二行息。"谷麦储仓原为歉灾之需，倘或连年丰稔，其谷麦三年以后若不变易，积年过久，势必红朽，亦不能不酌量变通，出陈易新。"规定每年当青黄不接之时，借贷给极贫之户，仿照乾隆年间的规定，保人作保方准借给。"准邀殷实之人具保，赴仓领取谷麦，每家多则一石，俟收新时加二完仓。如有拖欠，惟保人是问。仓中出数不得过半，余留备荒，不可多出，以防后来饥岁。"这表明：在地方官看来，社谷赈济、平粜是首要考虑的问题，在社谷充裕而又连年丰稔的情况下，才考虑出借，而出借也只限于极贫户，且需殷实之人作保，种种迹象显示了社谷在用途上的分配变化。

（五）收租与还谷

丰云社仓采用社田收租的方法保证仓谷有稳定的来源，每年秋收后的收租是其重要工作之一。在收租的步骤和程序上有明确规定，南北两仓中，考虑到交租的近距离要求，"其新收专在南仓，北仓皆由南仓转运至"。每年收课之前，"由南仓定期先出报单，于某日开仓至某日至，如逾期不纳，禀官差追究办"。同时通知北仓，邀请社正1人，并请城守随带兵丁2人弹压，共同收放。而北仓收储谷麦、平粜散赈等事，由捕厅派差2名，随同弹压兵差，"照章发给饭食，不准需索筹费"。

（六）社谷经营

社谷的经营是关乎社仓持续发展的重要事项，除了平粜、出借加息等方式之外，丰云社仓还规定用发典生息的方法聚集社本，这是清后期社、义仓常见的经营方式之一。其法为，用平粜所得之钱存典生息，"存典生

---

① （清）晏斯盛：《推广社仓之意疏》，《清朝经世文编》卷40《户政十五·仓储下》，第38页。

息之钱以五千贯为准","已满五千贯外,再有存钱及年年粜谷之钱,该社正、社副遇有民间出卖之田,即行公同禀官,买田作社田,由官备案"。如此,先用社田租入行平粜,再用部分平粜之钱发典生息,然后用余钱再买社田,又以社田出租,周而复始,社仓就进入了自我繁殖的良性循环之中,源源不绝,行之永远。

如果将丰云社仓的收入和支出情况进行对比,其商业经营色彩更加浓厚(见表4—4)。

表4—4　　　　　云梦县丰云社仓每年收支情况一览

	收入	支出
田租	春季:罗陂湖:麦262石;大嘴厂:麦80石;土陂湖:麦116石 秋季:罗陂湖:谷393石;大嘴厂:谷120石;土陂湖:谷116石	总社及社正副:每人6石,共36石 仓书:20石 仓夫:10石 户房:6石 工房:4石 完纳土陂湖钱粮谷子:4石 捕厅城守:12石
平粜、存典生息、出借加息等	不定	
合计	田租:麦458石,谷629石,合计1087石。平粜、发典生息、出借加息等钱另计	92石

注:支出中"完纳土陂湖钱粮谷子"一项,是因土陂湖开垦社田以前,其应纳钱粮由沿湖居民完纳,社田开垦后,本应由耕种社田户完纳,但由于该湖"事远年湮,征册底案无从稽查推收",故继续由民人完纳,每年从社田内提取4石谷子,拨给土陂湖认粮各户,以示公平。

如表4—4所示,正常年景下,丰云社仓每年仅田租一项即收入谷麦1087石余,这足可支出其92石各项开销,还不算其平粜、存典生息、出借加息等收入,可见此时的社仓已不仅仅是作为民间社会救济机构行使单纯的救助职能了,而更侧重于仓谷本身的经营,通过让社谷参与市场流通使社仓获得更多盈利,运转更加良好,从而更加施惠于百姓。

(七)监督

丰云社仓和前期社仓一样,由总社和社正副主管社谷进出。有所不同的是,与前期一些州县由社长全权负责,官府只起名义上的监管作用相比,丰云社仓由地方官监督社谷进出的意图非常明显。虽然规定,"社仓积储为合邑荒歉赈粜之需,经理一切统归总社及社正副等认真经理,县中书吏不得干预","其新旧交替即不入于交代,请免委员查盘,以节靡费而省烦扰"。又规定,"县官新旧交替,应查验仓储实数一次,只须传令社总并值年正副出具存数,并无亏挪,册结存核,以免盘查费事。官惟督办之责,其仓中存数责成绅士稽考,不入交代也"。名义上"不加干预",但实际上,从社仓的运作中处处可见地方官府的介入,总社和社正副人选及更替要报官批准,赈济要由官绅民共同决定,赈济标准要按照官方制定的标准进行,收谷入仓要由地方官派兵丁弹压看管,社仓还需要为此支出费用。同时,每年年终,"总由地方官查明南北仓收储谷麦实数,取具社正副及仓书等各切实甘结一纸,存案备查,仍具文申报一次,俾昭慎重"。这一切使丰云社仓的官方色彩表露无遗。

二 晚清社仓的转型

置田收租和详尽的管理章程有效保障了社仓的延续性,云梦县丰云社仓历经清末民初的时局动荡,并未受到大的冲击,得以存续。1931年,云梦县政府规定,"遇有荒歉或青黄不接米价飞腾时,经管理委员会决议",虽然管理主体变更为专门的委员会,但其基本功能并未改变,社仓存粮对贫民分别实行贷予、平粜、散放。其实施的方式和标准则做了调整:借贷,在所存社谷三分之一限额内,春贷秋还,加一还仓;平粜,以最低不低于市场价70%的价格出售;散放,则由管理委员会视灾情轻重决议之,着力解决灾民的生机之需。[①]

与前期相比,云梦县丰云社仓在管理制度和运营方式上出现了一系列变化。

其一,社谷来源上,从劝捐为主转变为以置田收租为代表的新型谷本筹集方式。

对于社谷的筹集,自朱子社仓建立后,由宋至明,相继出现了以常平米作本、摊派等方式,到了清代,个人自愿捐输(主要是民间捐输)成为最主要的募谷方式。清历任皇帝十分重视,屡下圣旨强调此事。如果说清代长江中游地区社仓谷本来源从一开始就呈现出以民间捐输为主、以常平米调拨、派捐等其他方式为辅的话,那么,到了清后期,社谷来源多样化的趋势就更加凸现。由于以劝捐为代表的传统方法已经缺乏新意,且容

---

① 云梦县志编纂委员会编:《云梦县志》卷7《民政外事》,生活·读书·新知三联书店1994年版,第159页。

易加重百姓负担，所以逐渐被弃用，以置田收租法为代表的新型谷本筹集方法开始大行其道，正如丰云社仓采用的既不扰民、又能使社仓获得源源不断的谷石补充的方法，充分体现了社仓的制度性变革。

置田收租法通常是由官买、官拨、民捐或以其他方式提供田地，出租给民户耕种，然后收取租息补充社谷的方法。此法并非晚清社仓的首创。早在宋代，朱熹首创由常平米作本的社仓，并由宋孝宗下令在全国推广之后，就有人尝试用社田收租法取代，并在当时引起轩然大波。其时，思想家黄震任广德军通判，建立官办社仓，因民户为息谷所困，社仓法行之为难，遂下决心改革。时人皆谓"朱子之法，不敢议"，黄震认为，"不然！法出于尧舜禹三代，圣人犹有变通，安有先儒为法，不思救其弊乎？况朱子社仓，归之于民，而官不得与。官虽不与，而终有纳息之患"，为解除百姓"纳息之患"，他买田600亩，出租耕种，以其租取代社仓息谷，并规定，只有凶年方能出借，出借概不取息。① 可惜，这一另辟蹊径的做法未被后来者继承。直至乾隆末年，长江中游地区才有州县尝试重拾此法。湖北黄梅县社仓建自雍正二年（1724年），分贮城乡，至乾隆二十年（1755年）应存本息谷2.24万石，但在城社仓因社长侵渔、有借无还、逞强借取等种种弊窦，"开仓无半粒之存"。其在乡社仓亦因纠纷不断，不得不将在仓社谷按户平均分给。无奈之下，社正副和士绅商议由富户捐钱买田，以免侵渔，以平纷扰，保障社谷来源，救济方式亦由借贷相应改为遇灾歉无偿赈给。时人记曰：

> 于是在城者乃议，一门所有各甲，有力者各输钱若干贯，买田若干亩。谷可侵渔而田难乾没，谷有盈虚而田为永业。门推择殷实植品者数人司其事，岁收所入贮于仓，入簿录。歉则俵散给无食者，以济急而不责其偿，不责偿而仍给，绳绳不已，司事者亦不得以有借无还为口实，而诸弊可免。以视在乡之三十五仓，名存实废者相去远矣。是不泥古法而有合于立法之意，不擅改社仓之名，而能收社仓之效者也。②

置田收租可使社仓获得相对稳定的租谷，更重要的是社田很难被人侵

---

① 李文海、夏明方主编：《中国荒政全书》第二辑第四卷，北京古籍出版社2004年版，第425页。
② （清）喻文鏊：《东城社仓捐田记》，光绪《黄梅县志》卷16《赋役志·积储》，第3页。

蚀挪用，与捐纳社谷的方式相比，具有较为明显的优势。可见此法是经过长期的实践之后总结形成的更为合理的方法。

此法的应用，从田地来源看，主要有官民捐买田地或息谷购买田地等。从时间上看，大多出现在道光朝以后。如湖南长沙县，其各都多重视置田，道光五年（1825 年）十都社仓中之尊阳都九甲乡绅罗治亭、单归贤、尹元等买万寿庵僧业水田 1 石，粮 4 斗 5 升，在该处建仓，取名"耕余堂"，历年管放生息，其社谷由原来的 60 石增加到 380 石。道光十三年（1833 年），锦绣都二甲经管社长陈熙亭买蒋家段房屋一所，大围一双，移建仓廒；二十九年（1849 年），买社仓侧荒地一块，用于出租。①

此法之所以自道光朝开始出现，和当时义仓的兴起不无关联。自道光初年安徽巡抚陶澍提议建设义仓获准后，义仓建设的步伐逐步加快，并有超越乃至取代社仓之势。此时兴起的义仓与前期义仓的区别之一在于采用以田养仓的方法养育义仓，如著名的湖南辰州府义仓、大名鼎鼎的江西南昌府丰备义仓等，均采用此法。

同治朝，采用这种方法筹集社谷本的州县更为增多。衡阳县各都社仓，为谋久远，同治年间，二十五都中有多达 7 都均用息谷买荒田，招民耕种，收租入社，其中一都有田租 4 石，三都有 9 石，九都有 38 石，十二都有 41 石，十九都有 80 石，四十都有 1 石，共计每年得租谷 175 石。②

再如湖北宣恩县，社仓在县署内，本有流交钱 100 串。同治五年（1866 年），知县胡昌铭劝捐得钱 2000 串。同治十三年（1874 年），知县陈富文用这些钱置买社田，每年收租谷 64 石。③

在这种背景下，云梦县丰云社仓继承了此法。它的盛行，从根本上改变了社谷以捐输为主的不稳定性，为社仓的持续发展提供了稳定的物质基础。

其二，救助方式上，社谷由以常年性借贷为主向以赈济、平粜、借贷等多种方式的全方位救济贫民转变，社仓也由乡村借贷机构转变为综合性的社会保障机构。

魏丕信指出："从原则上说，义仓是建立在非行政单位的市镇，其仓谷可以部分用于平粜，而社仓则是专门的乡村借贷机构。"④ 无论从各省

---

① 同治《长沙县志》卷 10《积贮》，第 36—37 页。
② 同治《衡阳县志》卷 4《建置》，第 10—12 页。
③ 光绪《施南府志续编》卷 3《续经政志·仓储》，第 9 页。
④ ［法］魏丕信：《18 世纪中国的官僚制度与荒政》，徐建青译，江苏人民出版社 2006 年版，第 194 页。

制定的社仓条规,还是从各州县实践来看,至少在嘉庆以前,长江中游地区社仓基本上都属于魏丕信所说的"乡村借贷机构",虽然也有保障的意义,但它和农民的关系更多地体现为一种生产和生活资料借贷关系。由于对救助对象的限定、必须提供担保、借谷需加10%—20%利息等条件限制,导致实际上所救助的范围和力度是十分有限的,社仓仅仅属于"基层社会救助圈"(官方救助、宗族救助、个人救助)中社区救助的一部分。清后期,随着"基层社会救助圈"的松弛和官方救助力度的下降,社仓和其他社会救助组织和机构一样,突破之前局限,不得不以赈济、平粜、借贷等多种方式提供救助,其基层社会保障功能日益凸显。甚至在这三种救助方式之中,赈济、平粜成为主要职能,而借贷则沦为次要,只是考虑到仓谷的新陈代新才加以实施。在救助过程中,保障面也有所扩大,赈济、平粜对象没有限制,灾贫民都可以得到帮助,而借贷仍然保留上述的限定条件。

造成这一变化的原因十分复杂,至少包括以下两个方面:(1)自然灾害加剧。正如本书前述,清代长江中游地区自然灾害呈现不断加剧的趋势,到了清末进一步恶化。因此,对于灾荒的救助显得更为重要。(2)官方救灾能力下降。清后期,中央集权财政状况日益恶化,用于各省救灾的支出必然减少,加上官吏挪用截留等,发放到灾区的救济款粮自然是极为有限。[①]一方面是日益严重的自然灾害,一方面是政府救灾能力的不足,在这种情况下,具有民间自救性质的社仓、义仓逐渐在地方救灾中担负起主要责任,在仓储保障体系中的地位有所上升。

其三,从社谷运营来看,从借贷为主转变为平粜、存典生息等,通过多种方式实现社谷的保值增殖,从而在一定程度上克服了清前期社谷运营的稳定性不足问题。

前期社仓主要为"乡村借贷机构",基本上靠社谷出借加息来维持,不参与市场流通和竞争,这显然存在一定的风险。固然,"由于它们是实物借贷,下季收获后必须归还,因而从理论上讲,它们是自给自足的,甚至无需再捐输,也可以增加仓储量,因为在收回仓谷时要收取十分之一的息谷"。[②] 然而,当面临因种种原因借谷不还的情况时,由于缺乏有效的

---

① 以江汉平原为例,据统计,乾隆时期,清政府对于该区遇灾蠲缓钱粮和发放赈济的年份、次数、数额明显多于嘉道和同光时期,参见彭雨新、张建民《明清长江流域农业水利研究》,武汉大学出版社1993年版,第267页。

② [法]魏丕信:《18世纪中国的官僚制度与荒政》,徐建青译,江苏人民出版社2006年版,第194页。

约束机制和补偿机制,这种理想化的模式就会逐渐瓦解,危及社仓的生存。清末,在从根源上解决了谷本不足的前提下,以平粜、存典生息等方式使社谷参与市场流通,一方面利用粮食价格年度性、季节性变化赚取差价,另一方面利用典当行业赚取利润,同时以盈利购买更多社田用于收租,这样从多渠道挖掘利润,使社仓的经营性和商业性成分更加突出,规避了社谷单一化运营所带来的风险,有利于社仓的可持续发展。

其四,与嘉庆以前社仓管理制度相比,清末州县社仓条规内容更加完善,更加细致,且具有较强的可操作性。

比如对于赈济标准、平粜时机和标准、社谷管理人员的酬劳、社谷的支出等各个环节的规定都力求明确,并尽量使之量化,使得社仓条规更便于操作,社仓更易于管理,也避免了官绅侵渔的制度漏洞,在一定程度上体现出管理标准化和科学化的特点。

其五,从社仓的管理模式看,在沿袭官督民办的前提下,官方干预色彩更加浓厚,社仓由清前期形式上民捐民管的农村仓储变成了官方资助、士绅管理、官绅民共同参与其中的基层社会救助组织。

正如前述,嘉庆以前,尤其是乾隆时期,官府所制定和颁布的社仓管理章程十分强调官方的整体监督职能,但在州县实施过程中,却出现官方力量弱化的现象,官方政策和地方实践之间存在着一定差距。嘉庆六年(1801年)后,规定社仓进一步放归民管,官方基本不予干涉,只凭社长所报数字上报户部。清末社仓所出现的明显变化,一是社仓章程由省抚制定改为由各州县制定,州县官员在社仓举办中起着更为重要的作用;二是在社仓举办和运营中官方色彩更加浓厚。从云梦县社仓来看,社田是由官方提供的,其开垦工作由官方主持,社长的任免、社谷进出、是否赈济等都要报官或经过地方官同意。有的地方甚至规定"其未禀官而私动仓谷,以作弊论,准里中绅耆禀请查究"。① 如果说乾隆时期所强调的是官府在"组织和会计方面的控制"的话,② 那么清末州县官府对社仓的"控制"就是全方位的,社仓已更明显带有"官方"的印记。在这个过程当中,进一步加强了对社长的监督,既有"自上而下"的纵向约束,即地方官府对社长行为的监控,又有横向约束,除了社长外,另增设总社、总管,统管社长工作。在如兴国州社仓的例子中,保甲长、宗族势力亦渗入社仓

---

① 光绪《兴国州志》卷6《政典志二·仓厫》,第10页。
② [法]魏丕信:《18世纪中国的官僚制度与荒政》,徐建青译,江苏人民出版社2006年版,第196页。

第四章 重振与变革:同光时期江西、湖北二省的社仓建设

的管理中,一方面协助社长搞好工作,另一方面也起到监督社长的客观作用。从云梦县丰云社仓可以看出,社长已经变成了协助和代替州县官管理地方仓储的角色,而不再具有民办仓储"代言人"的形象。

换句话说,清末社仓管理中的"官僚化"倾向非常明显,这对于社仓管理和运营既有积极的影响,又有消极的方面。它减少了社长等人侵蚀社谷的可能性。但是,过分强调社谷存贮数的无误差性,势必会降低社长将社谷用于出仓救助的积极性,从而影响到社谷效能的发挥。从湖北省地方志资料来看,同治时期,尽管有近一半的州县重建社仓,且存有数额不等的社谷,但到光绪八年(1882年)清查时,绝大多数州县社仓存谷数没有增加,仍保持着同治年间兴建时的数目。[①] 这验证了官方干预社谷进出的不利后果。

地方政府通过对社仓的积极监管达到了社会管理的目的,说明中央政府虽然已经越来越力不从心,但基层政府并没有放弃其社会救助的责任。在这个过程中,不同于人们对于晚清以来皇权、官权收缩、绅权扩张的印象,国家控制管理仓储的力度和能力有所加强,而地方士绅的自主性和自主权力则进一步下降,这为民国时期国家权力加强对于地方事务的管理埋下了伏笔。

---

① 民国《湖北通志》卷48《经政志六·仓储》,第5—33页。

第五章　分流与合流：太平天国之后湖南省的地方重建与积谷仓建设

同光时期，湖南省的仓储建设呈现出不同于江西、湖北二省的特色，江西、湖北二省继续沿袭了常平、社、义仓的传统仓储格局（虽然常平仓已然衰落），而湖南省则出现了轰轰烈烈的积谷仓建设运动，积谷仓迥异于常平仓、社仓、义仓等，具有仓储制度转型的重要意义。

光绪二十四年（1898年），戊戌变法之年，皇帝下令各地加紧举办积谷、保甲、乡团三事，[①] 此后各地相继展开了整顿、劝积谷石的行动。不过，各省积谷的名目并非整齐划一，有以"义仓"之名进行的，有以"积谷仓"名义劝办的，还有少数省份如湖北省仍以"社仓"之名劝捐的。另外，在上报给朝廷的积谷数中，则涵盖了常平仓、社仓、义仓、积谷仓等仓谷数的总和。在这一轮积谷的过程中，相当多的省份是以积谷仓的名义动员民众捐输谷石的，湖南省即是其中之一。

"积谷"一词，从字面释义，指积贮谷石之意，是举办仓储的泛称。在同治朝之前的文献中，所出现的"积谷"一词即为此意。在此之后，特别是到了光绪朝，"积谷"一词越来越指向一种区别于常平仓、社仓、义仓的新的仓储，这种仓储多以"义仓"为名进行建设，但在光绪朝末期一份官方文献资料中明确称为"积谷仓"，实际上是晚清出现的一种特殊的仓储形式。

这种积谷仓表面看来和社仓之间毫无关联。但其实不然，太平天国战争后期开始，伴随着湖南省的地方重建，其仓储建设的特点是：绝大多数州县遵从同治初年巡抚恽世临的一道命令，纷纷推行积谷行动，并将原有社谷归并其中，一并经营，使得积谷仓承担起社仓原有的功能。而那些保留了社仓的州县，亦有意识地对社仓制度展开了变革。

---

① 《清实录》第五十七册《清德宗实录（六）》卷430，中华书局影印本1987年版，第645—646页。

第一节　同光时期湖南省的社仓建设规模和制度变革

同光时期，伴随着中央政府对地方仓储的整饬，湖南省也开始重振仓储，各督抚屡屡下令筹备和举办社仓。同治元年（1862年），湖南巡抚毛鸿宾令各州县捐置社谷。[①] 十年（1871年），时任湖南巡抚刘崐下令各州县官民续捐社谷，[②] 以广积贮。光绪五年（1879年），湖广总督李瀚章令各州县举办社仓，加强劝捐。[③]

然而，仅有善化、巴陵、湘阴等极少数州县恢复了社仓，宁乡县则是在劝捐积谷仓成功后，才又办理社仓的。善化县雍正初年有社仓6所，乾隆四十五年（1780年）扩充后达46所，至同光时有55所，社谷数清前期最高纪录为1.4万石，后期则为9215石。[④] 湘阴县社仓数清前期为17所，乾隆十年（1745年）归为2所，同光时期则增加到29所，社谷数最高值由清前期的4637石增多到后期的3万石，成效显著。[⑤] 即便这样，在那些办有社仓的地方，仍然在地方官主导下对社仓制度力图变革。

同治初年，在少数州县复建社仓的过程中，对于社仓衰败的原因，尤其是对社仓制度的反思成为重点关注的话题。确实，社仓百余年来的发展历史证明，其顺利发展，既需要一个稳定的外部环境，也需要有一个完善的制度。清前期，无论是中央政府还是地方政府，所颁布的社仓章程基本是一脉相承。这些看似"严密"的制度，在长期的执行过程中已经严重变形，变得千疮百孔，不堪一击。社仓在人们心目中的形象也是一落千丈。要想重振社仓，必须有所变革。

不同于清前期社仓制度安排中中央政府和各省督抚占绝对主导地位，在这一轮社仓改革中，州县官走向了前台。

较早对此问题给予关注的是同治初年的湖南宁乡县知县郭庆飚。该县

[①] 光绪《湘阴县图志》卷21《赋役志》，第38页。
[②] 民国《醴陵县志》卷5《食货志·仓储》，第100页。
[③] 民国《湖北通志》卷48《经政志六·仓储》，第4页。
[④] 嘉庆《善化县志》卷7《积贮》，第19—22页；光绪《善化县志》卷9《积储》，第7—14页。
[⑤] 光绪《湘阴县图志》卷21《赋役志》，第38—39页。

于雍正初年，奉总督杨宗仁之令，在十都各区分别捐谷，建立社仓。乾隆十二年（1747年），应湖南巡抚杨锡绂之令，将各区社谷并归为一，每都或一仓，或二仓，集中存贮社谷，共积存社谷2.1万石。其后，历经百余年，屡有挪用、民欠等情况，至同治初年清查，几乎亏短过半。

同治三年（1864年），时任湖南宁乡县知县的郭庆飓奉令举办积谷仓，很快筹集积谷万余石，分贮本城及各都。他认为积谷是为民藏富，固须举办，而社仓为自古之济荒良规，亦不可偏废。于是在办妥积谷后，于同治六年（1867年）召集各都士绅杨活渠、龙松轩、杨步云、闵琼林、姜香畹、杨筱亭、罗竹齐等数十人分赴各乡，将社谷逐一清理，新立社长，劝捐社谷，分贮各都公仓，共计旧储并新捐社谷1万余石（见表5—1）。并立《社谷章程》共十二条，以严出纳，以期久远。[①] 宁乡县因此成为同时拥有积谷仓和社仓的州县。

表5—1　　　　清代湖南省宁乡县社仓前后期对照

各都	乾隆时期		同治时期	
	设置地点	贮谷数（石）	社仓数	贮谷数（石）
一都	柿花园	1622	24	738
	双江市	1122		
二都	浯溪寺	1131	32	1410
	福慧庵	1603		
三都	天一山	599	27	1307
	晴峰铺（上三都）	650		
	南狱庙（中三都）	996		
	麻洋坪（下三都）	796		
四都	南庵寺	1206	19	588
	道林市	1131		
五都	禅喜庵	1800	30	1080
	凝寿庵	953		
六都	五龙寺	1286	46	1488
	水云山	436		

① 除特别注明外，本节引用内容均引自同治《宁乡县志》卷11《赋役二·仓储》，第8—9页，以及《郭庆飓清查社谷禀》，民国《宁乡县志》《故事编·赋役志·备荒》，第10—13页。

第五章　分流与合流:太平天国之后湖南省的地方重建与积谷仓建设

续表

各都	乾隆时期		同治时期	
	设置地点	贮谷数（石）	社仓数	贮谷数（石）
七都	罗溪寺	981	36	1059
	紫龙寺	244		
八都	景德观	908	27	978
	上林寺	407		
九都	螺塘庵	640	31	1138
	迎水铺（上九都）	540		
	灵山寺（下九都）	474		
十都	檀木庵	473	34	827
	西门铺（上十都）	486		
	黄材市	363		
本城			4	167
共计		21698		17090

资料来源：同治《宁乡县志》卷11《赋役二·仓储》，第8—9页；民国《宁乡县志》《故事编·赋役志·备荒》，第10—13页。

由于已经办有积谷仓，社仓处于辅助地位，仓廒和仓谷更为分散自然是贴近民户的合理选择。鉴于长期以来社仓的优势和弊端，郭庆飏十分关注这对于积谷仓的警示作用。在由其本人牵头编纂的《宁乡县志》中评论了积谷仓和社仓二者之间的关系，认为二仓"其利相若"，"其弊亦相因"，并列举了五点弊端：第一，各都路远，仓并非按区分置，贫民换运艰难。第二，社长、仓长往往不能及时更替，谷石由其经管，极易引发亏短，"始则挪移渔利，继则侵蚀多亏，久遂查追无缴"。第三，谷石用于救荒，容易出现出借时强者挟借、还谷时抗欠不还等现象。若丰年谷足，却又容易出现无人借谷的窘境。社谷本就靠出借取息生存，若无人借谷，息从何出？第四，书差行为不端，或伙同罔利，或借端索费，或影射添名，滋害无穷。第五，仓谷归还困难，稽查者往往发难，着落社长归还，因此造成殷实廉正之人畏缩不前，仓谷亦随之渐渐耗失。

郭认为，要想使社仓能够行之有效，且存之久远，必须从制度上革除这些弊端。因此，应刘朴堂、丁汉门、曾敬庄、邓绍芗、周熙臺等数十位士绅之申请，郭会集各都团总、绅耆酌议，最终制定《社谷章程》共十二条，在全县颁布实施。

其主要内容如下。

（1）禁私领以溥惠泽。在社谷存贮中，因缺少仓廒、监管不严等原因，历来存在社谷由社长私领发放等旧习，从而引发侵蚀渔利等弊病，甚至救荒时不散颗粒。规定此后所有谷石均需收贮公仓，严禁私领，由绅耆轮管，岁歉则酌时救助，或赈或贷，使穷民得沾实惠。

（2）就近便以纾民力。乾隆年间曾在各都设立总仓，收贮社谷。经过数十近百年，各仓早已朽坏，谷经各区分领，分区分贮。而宁乡县每都道路远近不一，其中有远至八九十里者。若谷归总仓，不便于贫民借领。因此，此次设置社仓，需以近便为原则，每都各区可以在原来的基础上，根据需要，分一至数仓，以便于救济。

（3）择贤良以重管。由于畏惧赔累，以往担任社长者，殷实公正之人绝少。社长一职，多为刁徒把持，谷石因此容易亏短。今后，由各团选择廉正粮户轮流经管社仓，不准推诿。

（4）限交卸以杜侵渔。昔年因多无良之人混充社长，多恋充此职，极久不报，更有逃亡故绝者，弊遂丛生。此次重申，社长必须三年更换，谷石必须过量确交，限定于九、十月间，新旧社长和团甲一并具禀申报，以免侵蚀。

（5）给销照以免后累。往年，有社长早已新旧交卸分明，但过了很久，旧社长仍未除名者，这是士绅视社长一职为畏途的一个主要原因。今后，新旧社长交卸时，每仓按名各发给销照一纸，注明现管仓谷若干。新社长只负责现管之社谷，不与旧管谷相干，以免新旧牵混。这样，士绅方能踊跃从事。

（6）严出纳以惩刁劣。社谷出借，必须确系贫户，兼有保人，方准借给。荒年赈济时，由社长和团甲长协商斟酌，公平散给。社谷按加一行息，以四升为修仓等费，六升归仓作本。如有刁徒强借、抗骗不还、借例滋事等，禀官究追。若社长有伙串射利、挨延不发者，亦准禀官惩处。

（7）设首事以防废弛。以往，社谷由各社长自行经理，州县无专人总管，久易废弛。此次议定，社谷归县团局管理，设首事一人总管其事，各社长只是分领其谷，分别经管。社长有事来县禀报，首事必须妥为办理。值社长交替之年，发给销照、印谕及核谷登册诸事宜，均归该首事逐一认真理清，不得含糊了事。此项费用，则从社谷中每石提钱一文，作为办公、伙食、车夫、纸笔等费。

第五章　分流与合流:太平天国之后湖南省的地方重建与积谷仓建设　169

（8）销前卷以清弊窦。自嘉庆朝以来，县城迭经贼扰，社谷案卷多已毁失。县城户房所存各报更社长之卷宗亦残缺不齐，无从确查原委。社长总册原是白纸一张，他们任意填写增减各都谷数。社谷历经百余年，虽屡有亏短，但是账目早已无从追查。各士绅、团保在清查时，往往指陈弊端。今次办理社谷，将以前卷宗一概注销，概不为凭。每都新立印册两本，按区注明某团现存谷数、新社长名目，旁注共计新社长几名。填妥后，送往首事查核，标日盖戳，以为定章。一本存县户房备案，一本交首事收存。当三年报更，按团核算，仍照前式续登。如此，则从前影射混添及此次查追无缴各名目均得以消除，后此永无牵扰。

（9）议小费以免纷扰。历来值社长更替之年，州县官派书差下乡查核，差役均不无需索，社长往往以此为累。若概行裁汰，亦不实际。今后，既然社谷已经归公轮管，此项费用亦应该从公项酌筹。议定，照现在缴存谷数，每石按年提钱九文，除一文作为首事办公等费外，余下的两名书差各得四文，该项提钱用市面用钱交付，永无增减。从今往后，凡是遇到跟社谷相关的事宜，如盘查、处理事端、报更之年社长领取销照印谕等，书差需随到随行，严禁另行所费。其钱由社长从社息谷中支取，由保甲长查核点卯时，带交首事开销，不准动用本谷。

（10）并章程以广积储。这一条主要是针对积谷仓的。积谷仓和社仓两项均归团局首事一人总理。积谷仓虽经详定章程，但查奉捐之谷册籍，初始按区合贮，后来则按团分储，如此，前后不符，日后难免牵混纠葛。现在，既然已经议定社仓销照、卷宗缮写流转等事宜，请将积谷仓亦照社仓章程一并办理。其各项费用，则照现在谷数，每石按年提钱二文，作首事办公等费，由各仓长从息谷内支取，不准动用本谷。至房书纸笔等费，已奉详定，由官酌奖，毋许需索民资。

（11）竖碑以垂久远。有鉴于以往"公门案卷，乡愚莫知"，以致法虽立，弊照生。规定，将此善后章程除录卷存户房外，刊碑竖立大堂，并刷给各都照依刊立，以便乡民共见共闻，永遵不易。

郭庆飓对此次《社仓章程》的影响非常自信，认为社仓之弊已"剔除殆尽"，从此可以源远流长，经久不衰。

应该说，郭庆飓此次制定的《社仓章程》，比之清前期的一个本质性的变化，是社仓的归属问题，他强调社仓必须坚持"官主之，乡人经纪之"的督办方式。通过挑选任命团局首事和将社谷、积谷一并收归首事管理，他认为加强了对于社仓的管理。在《社仓章程》中明确规定，社谷不再归民间所有，而归团局所有，社长只是其聘请来分管社谷的代理人而已。在他看来，这种方式的好处在于，社谷由团局的首事总领，社长只是分领其谷，从此可以无虞，自然不会将担任此职视为畏途，社仓之弊自然也会消除。显然，他对社仓制度的变革是和积谷仓的管理放在一起通盘考虑的。然而，由于将社仓具体管理权和积谷仓一并赋予团局，官方事实上减少了对社仓事务的干预，而不是相反。

第二节　晚清积谷政策与实践

晚清的积谷仓主要分布于江南地区、四川、湖南、山西、直隶、河南、吉林、广东、云南等省和地区。有学者认为，它脱胎于道光年间陶澍的丰备义仓，其诞生经历了两个重要阶段：一是嘉道时期的义仓改革，二是同光时期的积谷运动。[①]

其实，在陶澍之前，就已经有人提出过劝办积谷的设想和方法，这就是湖南巡抚左辅。道光元年（1821年），左辅倡令在全省范围内建立新型义仓，按照"中户以上，秋成，石取一升"的办法筹集谷石。他指出，此项义谷只是专用于荒年赈济，平时不出粜，不出借，专门存储，以弥补常平、社、义等仓之不及。[②] 这种以摊捐办法筹集谷本、谷石专注积储的方式，显然区别于传统的常平、社、义等仓，可视为后来积谷仓之开端。可惜，由于两湖地区的社会动荡，这一积谷计划未能后续展开。

较早推行积谷建设并卓有成效的是在江南地区。咸丰元年（1851年），两江总督陆建瀛在江苏省劝捐乡谷，上元县乡捐谷3.2万石，江宁县乡捐谷2.7万石，可谓小有成效。此次捐谷实际上为陶澍"丰备义仓"之延续。上谕，义仓之设，由民间公正绅耆自收自放，不涉官吏之手，最为善政，令其饬下各属按照章程广为劝导，并令各省督抚照此"一体妥办"。[③] 二年（1852年），再行申饬各省督抚体察地方情形，妥为筹办，

[①] 吴四伍：《晚清江南仓储制度变迁研究》，博士学位论文，中国人民大学，2008年，第44—46页。
[②] 道光《永州府志》卷7（下）《食货志·积贮》，第42页。
[③] 《清实录》第四十册《清文宗实录（一）》卷43，中华书局影印本1986年版，第601页。

第五章 分流与合流:太平天国之后湖南省的地方重建与积谷仓建设

并将筹办情况及时上奏。①

然而,此次全国范围内的积谷行动计划很快即因太平天国战争的爆发而无奈搁浅。

晚清积谷仓的建设以光绪二十四年(1898年)为界,分为两个阶段。前一阶段,同治元年至光绪二十三年(1862—1897年)为各省自行举办阶段,虽然中央政府也有过命令,如在同治五年(1866年),"谕御史邹纯嘏奏积谷备荒一摺,著各督抚仿照常平、社仓之意,敕令民捐民办,不准吏胥经手,以杜扰累。"②

但并没有更为详尽的政策紧跟,所以,各省仍处于自行摸索状态,一些省份在重建仓储的行动中劝办积谷,建立义仓。

显然,同治年间,积谷仓建设的展开在很大程度上是受太平天国战争后那些受到冲击的地方粮食空虚的局面催生的。江南地区的积谷备荒行动开始于同治六年(1867年),由时任两江总督曾国藩启动,其积谷规模为大州县五万石,中等州县四万石,小州县三万石。在江苏巡抚丁日昌的积极推动下,各州县纷纷开捐积谷。③

到了光绪年间,各省积谷建设的情况开始不断上奏中央政府,如四川、河南、陕西、直隶、山东、云南等地。

四川省的积谷仓建设在各省中较为突出。这和四川总督丁宝桢的大力推动有密切关系。丁宝桢(1820—1886),字稚璜,贵州平远州(今织金)人,咸丰三年(1853年)考中进士后,充任翰林院庶吉士,从此走上仕途。他骁勇善战,因回乡服母丧期间,招募乡兵镇压汉民和苗民起义而获得赏识,并改任翰林院编修。咸丰十年(1860年),授湖南岳州府知府。同治元年(1862年)正月,调任长沙府知府,十一月,奉特旨署理陕西按察使,未履任。二年(1863年)正月,授山东按察使,跟随僧格林沁进剿捻军,期间遭其弹劾,革职留任,暂任布政使。后在曾国藩的保举下,于五年(1866年)暂署山东巡抚。六年(1867年)二月,正式升任该职。在山东任职期间,丁宝桢镇压捻军,办理赈务,兴修水利,整治黄河,兴办洋务等,功绩卓著。光绪二年(1876年)八月,改司四川总

---

① 《清实录》第四十册《清文宗实录(一)》卷64,中华书局影印本1986年版,第845页。
② 《清朝续文献通考》卷61《市籴考六》,商务印书馆1936年版,考8171。
③ 吴四伍:《晚清江南仓储制度变迁研究》,博士学位论文,中国人民大学,2008年,第359页。

督一职。十二年（1886年）于任职期间去世。①

在到任四川总督之前，丁宝桢曾在湖南省长沙府知府任上积极推行积谷建设。一到四川，他即筹划积谷计划，嗣后，因北方各省大旱，酿成"丁戊奇荒"，四川作为产粮大省，先后协办晋赈、陕赈、豫赈等，无暇办理本省积谷。光绪五年（1879年），协赈稍定，即妥议章程，令各州县积极筹办积谷。丁规定，除瘠苦州县毋庸办理外，其余丰收之处，皆按"每收谷百石，积谷一石，以此类推，百分捐一"的标准摊捐。据他的奏报，各州县士民踊跃捐谷，很快即办有成效，至七年（1881年），先后办理积谷的州县达110余处，共收仓斗谷55万余石。丁的计划是要募集到二三百万石方停。②

直隶省和山东省的积谷行动则要归功于另一位省级要员任道镕。直隶省于光绪五年（1879年）开始积谷行动，藩司任道镕奏请筹捐积谷，并制定章程八条，规定了各州县积谷数量，"以州县之大小，定积谷之多寡。大县派谷一万石，中县派谷六千石，小县派谷四千石，最小县派谷二千石"。③

山东省于光绪七年（1881年）由新任巡抚任道镕劝办积谷，不久，即募得积谷68万余石，存钱10万文，存银1200两。④ 至十五年（1889年），山东巡抚张曜发谷赈灾，据其上报，本省所存仓谷，除了从前借出15万石外，所有本年被灾各州县，实际已放积谷35万石，其无灾之各州县，尚存积谷19万石。⑤

光绪二十四年（1898年）是戊戌变法发生之年，在自强、改良的洪流之下，以慈禧为首的守旧派，希望通过推动各省重视积谷、保甲、团练等传统事务来稳固统治。三月，慈禧谕内阁，据刚毅奏称，"各省常平、社仓，久同虚设。民间义仓，必应劝办。每处每年积数千石，三年数逾万石，虽遇奇荒，小民不至失所等语"，批示"各省积谷，为备荒要政，……必须实力举行。著各督抚严饬所属劝谕绅民，广为劝办，

---

① 罗文彬编：《丁文诚公（宝桢）遗集》《国史本传》，转引自沈云龙主编《近代中国史料丛刊》（第八辑），台北文海出版社1971年版。
② 四川总督丁宝桢奏于光绪七年闰七月二十九日，《清代灾赈档案专题史料（录副奏折）》，中国第一历史档案馆藏，3/137/6673/44。
③ 四川、直隶总督裕禄于光绪二十四年十二月十九日奏，《清代灾赈档案专题史料（录副奏折）》，中国第一历史档案馆藏，3/137/6678/34。
④ 民国《山东通志》卷84《田赋·仓储》，第3页。
⑤ 《清实录》第五十五册《清德宗实录（四）》卷270，中华书局影印本1987年版，第614页。

第五章 分流与合流：太平天国之后湖南省的地方重建与积谷仓建设　　173

不得以一奏塞责"。① 六月，又谕内阁，据御史韩培森奏，"积谷为民食攸关。遇有偏灾，藉资补救。惟各地方官往往不以民事为事，以致建设仓储，半属有名无实。每逢前后任接卸，皆以银钱抵交，利于简便。一遇荒歉，辄请开赈捐，截漕粮，徒肥中饱，毫无实惠。此风急宜禁革，著各该督抚严饬所属州县，凡有仓谷，务当认真筹办，实储在仓。其有以银钱列抵交代者，勒限一律买补，以备缓急。不得阳奉阴违，虚应故事"。② 中央政府显然对各省积谷的进程并不满意，要求各督抚以更为务实和积极的态度加紧办理此事。接着，六月至九月戊戌变法期间，光绪帝极为重视，频下旨意，督促不断，要求那些至今尚无仓谷的地方要抓紧设法筹办，还应同时办理保甲、团练二事。九月，再谕："积谷则歉岁足以救荒，保甲则常年足以弭盗，乡团则更番训练，久之民尽知兵，自足为缓急之恃。"

以直隶、奉天、山东三省为始，各省督抚必须认真兴办积谷、保甲、团练三事："其旧有章程者，重加厘订。其未有章程者，妥议举行。先从省会办起，推之全省，行之各邑。速即照章举办，以期逐渐扩充。"

并一再强调，各省不可将此次行动视为老生常谈，将来仍"以一奏塞责"，此事关系国计民生，各省务须认真对待。③ 九月下旬，慈禧重新掌权，轰轰烈烈的变法运动失败，但对于练兵、办团、保甲、积谷等事并没有废止。十一月，慈禧下旨敦促各省在收到谕旨一个月之内，迅速具奏积谷办理成效，并派员前往考察。④ 此后继续三令五申，各省积谷建设自此进入国家强制推动阶段。

在那些已然举行积谷的省份，积谷数量进一步增多。二十四年（1898年）九月，直隶总督裕禄奏报，除了张理、独石、多伦、承德等个别地方外，其余140州县原派捐谷73万石，共已办积谷约33万石，除陆续动用开支外，实存谷约24万石。捐谷价银8万两，除动用开支外，实

---

① 《清实录》第五十七册《清德宗实录（六）》卷416，中华书局影印本1987年版，第443页。
② 《清实录》第五十七册《清德宗实录（六）》卷421，中华书局影印本1987年版，第524页。
③ 《清实录》第五十七册《清德宗实录（六）》卷430，中华书局影印本1987年版，第645—646页。
④ 《清实录》第五十七册《清德宗实录（六）》卷434，中华书局影印本1987年版，第698页。

存银 7 万两。存谷价钱 33 万文，除动用外，实存钱约 31 万文。①

光绪二十七年（1901 年）二月，据四川总督奎俊奏，至光绪二十六年（1900 年）冬止，四川省各府厅州县，除因灾赈粜动用仓谷 4 万石外，实存仓斗积谷约 14.7 万石，并存谷价银 8700 两，谷价钱 2000 串。② 比之二十一年前初办时的五十万石，增加了将近三倍。

之前并未举办积谷行动的其他省份，如吉林、江西、云南、广东等，亦开始陆续行动，积谷政策在全国范围内得到响应。

需要说明的是，虽然"积谷"一词早已出现，但是，关于"积谷仓"一词的提法却是出现在光绪末年的官方文献中的。光绪三十三年（1907 年），民政部奏：

> 拟请饬下各省将军督抚迅饬所属府厅州县，各就该地方积谷仓办法，禀由该管官吏转咨报部备案，并由该地方官刊发浅明图说，急切劝谕，广为存储。③

虽然并没有对积谷仓的举办规则明确化，但是却由中央政府第一次对"积谷仓"名称进行了确认。

宣统元年（1909 年），清政府度支部制定《清理财政章程》，按照其中第四章第八条的规定，要求各省在认真调查的基础上，将光绪三十四年（1908 年）仓储实数上报到部（见表 5—2）。

表 5—2　　光绪三十四年（1908 年）各省上报积谷数目统计　　单位：石

省份	仓谷数	省份	仓谷数
奉天省	135137	山西省	413736
吉林省	1325	河南省	254767
陕西省	99871	浙江省	34703
江西省	169029	湖南省	700725

---

① 直隶总督裕禄奏于光绪二十四年十二月十九日，《清代灾赈档案专题史料（录副奏折）》，中国第一历史档案馆藏，3/137/6678/36。
② 四川总督奎俊奏于光绪二十七年二月二十五日，《清代灾赈档案专题史料（录副奏折）》，中国第一历史档案馆藏，3/137/6680/19。
③ 《清朝续文献通考》卷 61《市籴考六》，商务印书馆 1936 年版，考 8171。

第五章　分流与合流:太平天国之后湖南省的地方重建与积谷仓建设　175

续表

省份	仓谷数	省份	仓谷数
湖北省	37289	四川省	436192
新疆省	596602		
共计	十一省共储谷 2879382 石		

资料来源:《清朝续文献通考》卷61《市籴考六》,商务印书馆1936年版,考8172。

各省仓储名目不一,所报出的仓谷包括原有常平仓、社仓、义仓以及积谷仓谷数在内。除了未报的省份外,包括从未举办过常平仓、社仓、义仓的奉天等省在内,或多或少,都有了数量不等的积谷。

当年,江苏省并未报出数字。宣统二年(1910年),据江苏巡抚宝芬上奏,"苏省自经兵燹,常平官仓业已被毁无存,各州厅县见存积谷,皆系民捐绅办,官为督察,均属义仓"。①

还需注意的是,尤其是在光绪二十四年(1898年)之后,由于很多省份在劝办积谷的过程中,多以"义仓"之名进行,因此,同光年间所谓积谷行动,实际上主要包含两部分:一部分是传统的义仓建设,另一部分是积谷仓建设。区分二者的关键,其一,谷石筹集的方式。积谷仓主要是按田亩摊捐,这显示出其强制性的一面。而义仓仍以劝捐(名义上的自愿捐输)为主。其二,积谷仓的用途以不出粜、不出借、专注于存储,只用于灾荒赈济为主要特点,或者像湖南省那样,根据需要相应变化,道光时期专为赈济,至同光时则赈、粜、借兼行,更为灵活多样。而一般意义上的义谷用途则多以赈济为主,几乎不出借。其三,在设立布局上,积谷仓以城中设局、乡下建仓、由城局统领乡仓的形式勾连起城乡关系,改变了以往城仓和乡仓分割的状态,这尤其体现其制度创新的意义。因此,捐谷的强制性、仓谷侧重赈济和城乡联结性,使得积谷仓迥异于传统义仓及其他仓储形式,成为晚清仓储系统中一道独特的风景线。

关于积谷在备荒救灾中所发挥的效用,在史料中偶有所见。如山东省,光绪初年办有积谷约68万石,自七年劝办至三十四年(1881—1908年)止,因陆续用于歉收平粜、散放折耗等,实存谷10万石,存钱3万文,存银2万两。②应该说,还是具备一定的救济能力的。

---

① 《清朝续文献通考》卷61《市籴考六》,商务印书馆1936年版,考8173。
② 民国《山东通志》卷84《田赋·仓储》,第3页。

第三节 湖南省的积谷行动

早在道光初年，湖南省就有过举办积谷的尝试。至同治初年，开始在全省各地广泛劝办积谷，光绪年间，已经举办有数十年，积累了相当的规模和经验。二十四年（1898年）之后，则有续捐积谷之举。

道光元年（1821年），湖南巡抚左辅饬令各属"劝民行义谷"，"捐本里保之余粒，济本里保歉岁之穷黎"，立积谷之法，"中户以上，秋成，石取一升。一遇灾荒，分极贫、次贫均匀散给"。并立捐义谷规条：

> 每里保公举身家殷实、公正成熟二人为董士，专司捐谷收贮发放。里保中，田在一石以上之户，遇夏秋收获，除棉花、芋瓜外，凡豆麦、三稻及包谷，每收一石，量捐一升。每季收毕，即开列某庄某户捐谷若干，共得谷若干，揭示公所，使共知闻。每里保有谷，不能另立义仓收贮。若借贮寺庙公所，看守晾晒，暨多繁费，不如即令董士存贮，即资其家，雇工看晾，但酌给房租工力，省便易行。此款专为歉年施给穷黎，以补常平、社、义各仓所不及。……捐谷若屡遇丰年，陈陈收贮，无论捐数之多寡，一不许颗粒私备，二不许藉称迎神赛会公事吊销，三不许出陈易新，四不许因市价高昂开列出粜，守定原收原贮，概不擅动。……此项义谷，民间自为经理，但将收发总数报官，免扰义举。①

此项积谷明确说明是为了"补常平、社、义各仓所不及"，显然是区别于传统仓储的新的仓储形式。

从各州县记载来看，终道光一朝，湖南省举办义仓的府、州县并不少见，但多属传统义仓的沿袭，并非巡抚所定的积谷之法。其中较有影响的例如辰州府义仓，是以官绅捐输为募谷渠道，用一部分捐款购买义田，用以出租，获取租谷存入义仓，来维持义仓的运转。大多数义仓亦不采取摊派的办法筹集义谷，也没有排除义谷的借粜手段，少数宗族义仓自然更是如此。

经过自乾隆末嘉庆初开始历次大大小小农民反抗的洗刷，特别是太平

---

① 同治《永州府志》卷7（下）《食货志·积贮》，第42页。

第五章 分流与合流:太平天国之后湖南省的地方重建与积谷仓建设 177

天国战争的激荡,至同治初年,湖南各属仓储基本空虚损毁。而此时正处在清军扑灭太平军的关键时刻,作为主战区之一的湖南省省内粮食需求大增,又因属产米之乡,临近省份清军也纷纷来此贩运米谷。一面是几乎毫无储蓄,一面是需求量大增,加之干旱,遂至粮价上涨异常,每石陡涨至五六千文,百姓生活艰难,人心惶惶,境内饥荒现象开始蔓延。经过官府出面,采取劝谕有谷之家通融调剂、免除厘金、用公款招商运米运赴各地赈济等措施,又幸获时雨,方始缓解。为了改变这种粮食紧张的局面,必须重新举行积蓄。当时的情形是,常平仓谷自从办理军务以后,多所挪用,账面上仅存三十余万石,且其中存在大量谷石动缺、谷价存司未领的情况,由于对外赔款、军需粮饷等,一时很难筹款买补。社谷亦多有亏缺,历年久远,难于追赔足数。要想举办仓储,唯有另开名目,劝捐义谷。而要想在短期内取得成效,在新上任湖南巡抚恽世临头脑中,最为便捷的办法莫过于耳熟能详、越来越常用到的摊捐。[①]

同治元年(1862年),恽世临下令,各地方官务必趁新谷将登,加紧劝办积谷。二年(1863年)颁布劝办之法:

> 各州县都图里甲名目不同,大抵以甲为断。……每租谷一石,捐谷二升或三升。……如有山多田少者、烟户稠密之处,应各就地方情形,酌量增加。总期一甲之谷,足备一甲之用。无论官绅公私庄业,一律劝捐。所捐积谷,应择甲内公地或最为殷实之家,建立义仓,藉众收存,其仓祇期结实,不可过费。……各县地方向有社谷一项,准其归并积谷收存,无容另立社长。……各处神庙向有公田,多系迎神演戏之用,凡遇荒年,视此嗷嗷,神灵亦不安妥。此次捐谷,应于庙内公田每石捐谷一斗,以示区别。其余各项公田,仍照每石二、三升之例。经管积谷,应举甲内殷实老成二、三人轮流公管,认真收成,或三年一换,或五年一换,一经公举,毋得有所推诿。……当谷贱之年,出陈易新,以小暑为期。佃种之家,凭众书立字据,借领谷石,限定秋分,每石应加收耗谷二、三升运送归仓。其并未种佃与无业者不与。若遇荒歉,或减价平粜,或借或赈,仍丰年捐还。[②]

从恽世临公布的积谷章程可以看出,虽名为建立"义仓",但和靠民

[①] 同治《长沙县志》卷10《积贮》,第43—45页。
[②] 光绪《重修龙阳县志》卷10《食货二·积储》,第20—23页。

间自愿捐输为仓谷来源的传统义仓截然不同,是为道光初年湖南巡抚左辅之新型义仓即积谷仓之延续。

此次积谷与以往之社仓、义仓的主要区别之一,是按田亩摊捐来筹集谷石。以甲为单位,一甲内,除了庙内公田捐谷10%外,其他农田、公田,每粮一石,均需按照2%—3%的标准缴捐积谷。在人户稠密、山多田少的地方,还可以酌量增派。该项积谷由本甲捐出,存于本甲,由甲内殷实老成之人主管,定期轮换。积谷用于本甲,丰年推陈出新,佃户借谷应于秋后每石加收2%—3%耗谷偿还,歉年则平粜、赈济、出借兼行。值得注意的是,积谷章程规定,准许将本地旧有社谷全部归并积谷收存,不再另立社仓,也不再另选社长。这一政策意味着晚清湖南省仓储建设以积谷仓为主,而社仓渐废的格局由此开始形成。

省抚对于本次积谷行动的推动力度很大,到同治三年(1864年)七月,巡抚恽世临上奏"已办有成数",全省积谷上仓者多达61.12万石,未缴上仓谷8.9万石。已缴仓谷,令或建仓存储,或存于公所,未缴者均于秋后一律呈缴。在各州县中,绝大部分已经办妥,只有安仁、酃县、永明、江华、新化、新宁、城步、凤凰、永绥、晃州、保靖、桑植、绥宁等13厅县,因为遇有灾歉,尚未办理,需等到秋后察看情形,再分别举办。[①]

以下是据各州县地方志材料整理的积谷仓建设时间、积谷规模等信息(见表5—3)。

表5—3　　晚清湖南省部分州县积谷仓建设情况统计

府	州县	举办时间	积谷数(石)	设置地点
长沙府	长沙县	同治元年	15746	各都甲
	善化县	同治二年	12638	各都团
	醴陵县	同治二年	数目不详	各团
	湘潭县	同治二年	66333	各都甲
	宁乡县	同治二年	22199	各都
	安化县	同治三年	11651	各乡
	茶陵州	同治元年	10344	各都
衡州府	衡山县	同治二年	14573	各所
	耒阳县	不详	14484	各乡区

---

① 同治《长沙县志》卷10《积贮》,第44页。

第五章　分流与合流:太平天国之后湖南省的地方重建与积谷仓建设　179

续表

府	州县	举办时间	积谷数（石）	设置地点
永州府	零陵县	同治六年	2647	县城中
	祁阳县	同治三年	8712	城乡
宝庆府	城步县	同治三年	2020	各都
	武冈州	同治三年	14207	城中
岳州府	临湘县	同治元年	10025	各团局
	平江县	同治十三年	35190	各团
常德府	桃源县	同治元年	13063	各村
	龙阳县	同治二年	14855	各乡
沅州府	黔阳县	同治三年	14441	各都里
辰州府	沅陵县	同治二年	8002	各都乡
	麻阳县	同治三年	5170	城乡各都
澧州	慈利县	同治二年	5000	城乡
	安福县	同治二年	10109	城乡
郴州	桂东县	同治二年	2333	城乡各都
靖州	绥宁县	同治三年	11965	各里

资料来源：各府州县志。

表5—3中的信息显示出，积谷仓的建设情况总体是比较理想的。各州县积谷规模和雍乾时期相比，并不逊色多少。这种成绩的取得，和其筹谷方式有直接的关系。

各州县多根据本地实际情况，依据巡抚恽世临制定的积谷章程中"每租一石，抽捐三升，仓费钱十二文"规定，制定适合本地的摊派标准。如平江县规定，由各团局协同本团绅耆推举仓长、仓正二人，共同和保甲长将本团业户及外团庄业，逐一查明租数，于一月内先行开报。"毋论公私庄业，不分多寡，自耕自田及赁耕别团业户庄田，均按租捐谷。每租谷二石，该田主捐出谷三升，随捐仓费钱十二文。其自耕自田者，每谷二石，算租谷二石，各开具谷票，先缴仓费。"这个标准显然要比省级的更低。

对居住山区的民户，田少山多，若只按田捐积，获谷无几，"而每遇歉岁，山户尤为缺乏，往往藉资事端"，除田租照章程捐谷外，又照山租出息，"每租钱一千，捐钱二十二文，捐仓费钱八文；其自种自山者，按山中出息作租扣算，照章捐钱"，交仓正、仓长买谷存仓。

附近县城各团和城内商户摊收方式又有不同,"附城各团之谷,即归附城团建仓收贮,不入城仓。城内铺户抽捐店租,以昭平允。每店租钱一千,房主捐钱三十文,仓费钱八文,由店主先行垫出,交仓正、仓长采买存储"。①

这样一份周密详尽的摊捐计划,把平原和山区的所有田亩,田主、自耕农户、租户和城中商户全部囊括其中。平原农户(佃户由田主缴纳)按每石1.5%的标准捐谷,并捐仓费钱6文;山区户需按每千3%捐钱;商户(房主)则按每千3.8%捐钱,虽然比省定标准有所下降,但其征捐范围之广、力度之大,是极为少见的。虽然和社仓、义仓一样,积谷仓一开始就定位为"民仓"性质,但其筹谷方式却不同于社仓、义仓"以富济贫"、劝富户捐输的做法,凡是有田之农、有铺之商,均需抽捐,这为积谷谷石的取得提供了稳定的保障。

积谷仓办理之迅速,当然也和各州县官的积极运作、百姓的密切配合相关。郭庆飚是积极推动积谷仓建设的佼佼者。同治二年(1863年)他担任衡山县令的时候,就在各字都劝办积谷。三年(1864年),任宁乡县令时,督饬各绅着劝捐积谷,前后共计2万余石。按照十都中各区地境宽窄、道里远近之不同,定建仓之多寡,或一区而分设二仓、三仓,或一区共为一仓,只图便于搬运。至四月,各都区具报仓已渐次告成,谷亦陆续收捐。除建仓搬运等费用过积谷3336石外,各都区共实存积谷1.88万石。同时,他和县内绅士商酌,颁布积谷收放条款一十五则,令各地循照章程,并因地制宜,稍为变通,以符舆论。②

同治初年开始的积谷行动中,按照省抚的要求,多数地方将原有留存的社、义谷都归并其中,不再另设。醴陵县至同治十年(1871年),湖南巡抚刘琨檄劝续捐,知县张玉森、汤瑄等先后劝民纳谷,"按团置仓,以乡人典掌之,官吏不得支放焉……并各处社仓通称为积谷仓,仓设积谷会(注:当时讳言会,故通称祀),置首事三人,一年一换,或三年一换,本社民众皆有选举监督之权"。"积储有年,往往大于原额数倍,乃至数十,图谋收换之便,又多由合而分,各族姓祀会及有力之家,且纷纷成立义仓,以补其不足。"③

另如辰州府,曾于道光年间举办府义仓,咸丰初年,鉴于城中义仓不

---

① 《县定捐办积谷章程》,同治《平江县志》卷20《食货志·仓储》,第8—10页。
② (清)郭庆飚:《劝办积谷禀》,民国《宁乡县志》《故事编·赋役志·备荒》,第11—13页。
③ 民国《醴陵县志》卷5《食货志·仓储》,第100页。

第五章 分流与合流：太平天国之后湖南省的地方重建与积谷仓建设

能济远，知府谕令各乡堡绅耆劝富户就近于各村设立丰备仓，全县有百余堡，共应捐谷 7500 石。同治二年（1863 年）劝捐积谷，将各乡有丰备仓谷的，抵作积谷。①

到了光绪年间，个别州县于积谷之外，又以社仓名义另外捐办谷石的，然后将两项合并，以社仓之名运作。桃源县于同治初年劝捐义谷，共得谷 1.3 万石。光绪十七年（1891 年），知县余良栋清查旧存义谷，并新捐社谷，两项合共谷 2.17 万石，部分存贮在社仓，部分领出发典生息。二十年（1894 年），由县筹款购买考鹏东地基新修仓 24 廒，将各村社谷如数总聚修城，以杜侵蚀。②

湖南省积谷行动一直延续至光绪年间，至光绪二十五年（1899 年）统计上报，全省原捐及续增积谷共计约 130 万石。③ 三十四年（1908 年）存有约 70 万石。④

积谷仓的布局和管理方面，和晚清基层社会组织的变化紧密关联（详见第七章）。具体而言，即是通过"团局"来进行。沅陵县的做法是，由干练绅士在城中设总局，推举各都、各堡内素负重望的绅士耆老，发给贴照，董理其事。各处积谷则由二三人或四五人任首事认真经管。⑤ 后来担任湖南巡抚的李瀚章曾发出感慨：

> 今之经理积谷者，与昔之社长迥不相侔。昔之社长大抵多乡曲滑民，积久不更，故有侵蚀亏折，人亡产绝，……今则各州县均设团局，而董事率选公正富绅，谷归团局经理，人众三五年一换，未必据有侵蚀亏折之虞。⑥

这种城中设局、统领各乡仓积谷的做法是当时积谷仓的常见管理模式，体现了城乡之间的联结。

湘潭县的做法颇具代表性。其积谷仓建设卓有成效，且持续时间较长，同治初年成立后，由于设在县城的积谷局管理得力，各都甲的义仓积

---

① 光绪《沅陵县志》卷 12《仓储》，第 13 页。
② 光绪《桃源县志》卷 3《赋役志·积贮考》，第 7 页。
③ 湖南巡抚俞廉三奏于光绪二十五年八月十四日，《清代灾赈档案专题史料（宫中朱批奏折·财政类·仓储项）》，中国第一历史档案馆藏，第 1220 函第 79 号。
④ 《清朝续文献通考》卷 61《市籴考六》，商务印书馆 1936 年版，考 8172。
⑤ 光绪《沅陵县志》卷 12《仓储》，第 11 页。
⑥ 同治《益阳县志》卷 6《田赋志三·积储》，第 61 页。

谷数量可观，"为湘湖之冠"，且历经数十年，一直延续至民国年间。民国十四年（1925年），据积谷局最后一次统计，全县积谷18.9万石，仓1423处，是湖南积谷最多、管理最好的县。二十二年（1933年），湖南各县积谷达二十万石以上者只有湘潭一县。①

湘潭县的积谷仓采取乡中建仓、城中设局的方式进行建设和管理。同治二年（1863年），在县城原社仓基址设立积谷局，由官方倡导、地方士绅管理，作为社仓的接替机构出现，并与乡中义仓形成纵向联结的关系。积谷局设立有详尽的积谷章程，涵盖对城局和各都义仓的管理办法。城局和义仓所积米谷根据田亩数按一定比例强制征收。积谷局既是各都义仓的总管理机构，又为义仓提供庇护。各都义仓的仓长享有一定的自主权，但受到积谷章程的制约。积谷局一直处在地方官府的监督之下。各都义仓与寺庙、团练和家族均有一定关系。随着积谷数量的增加，积谷局的经济实力逐步增强，在地方赈灾中发挥着重要作用，继而积谷局在地方公共事务中的功能也有所拓展，通过兼理地方保甲局、承担地方公共祭祀的责任，积谷局在地方事务中的地位逐渐提高。士绅透过对积谷局和义仓的掌握干预地方政治，乃至影响到地方政治权力的格局，在清末地方自治中留下积极的身影。直到民国时期，才在官方政治进程迅速铺展的环境下，逐步退出了历史舞台。②

积谷和团局的密切结合，是晚清仓储制度运作的一大特色。由于谷归团局，从管理人员的设置上，对仓长形成更多的制约，仓长的权力进一步下降，而团局的权力在上升。在一些地方，除了主管仓谷进出等日常事务的仓长外，还另设仓正、经管等职，以商酌相关事宜，并稽查利弊。如同治初年，长沙府知府丁宝桢所制定的积谷章程规定，每仓设"仓长"二人经管收放事宜，另由每都推举二人为"仓正"，稽查各甲仓长账目、谷石数。③

各地对仓长的监督松紧程度有所不同，有的州县还会延揽保甲长等人对积谷督查，从而形成仓长、经管、里总共同对积谷负责的管理格局，益阳县就曾规定：

> 每处各设仓长一名，择老成承充，专司出纳。又派经管一名，会

---

① 胡忆红：《民国〈湘潭县积谷局志〉述评》，《中国地方志》2014年第11期，第58页。
② 王日根、陈瑶：《晚清湘潭民仓与地方政治的变迁——基于〈湘潭积谷局志〉的分析》，《社会学研究》2009年第5期，第1—27页。
③ 同治《安化县志》卷16《经政·仓储》，第2—3页。

第五章 分流与合流：太平天国之后湖南省的地方重建与积谷仓建设

同监对。平时互相照料，毋任霉变损失，以昭慎重。里总有督查之责，本里各处义谷，责成该里总随时稽查，如仓长有侵渔及盗卖情事，禀官革退；或有穷民诓借，即约团绅弹压禀究。仓长等三年一更，以均劳逸。①

此项积谷与社仓的一个重要区别在于官方监管的形式。相比社仓，积谷仓排除了州县官派员下乡核查的职责，而只需将数字转报上司即可。当然，并非每一个官员都能有此认识。在劝办之初，按照湖南布政使石赞清的设想，是各都甲积谷由公正绅士自行经管，官有查管之权，"惟不予官以经理之政，仍须予官以查管之权。庶几绅有弊，官得而考察之；官有弊，绅得而举发之，权不互侵，责有分寄"。除捐收各册及经管绅士切结存案外，"请嗣后此项积谷如须动碾，一面由绅士禀地方官转详，一面即予动碾，总作本地方荒歉、城防之用，秋后，立即归补。其经管册结归入交代，州县官如有交卸，另具稽查所存义谷并无亏短印结一纸，申送院司道府查核"。"平常动碾时，若绅士、地方官有意见不合，互相掣肘，查明所持之见为公为私，分别承办。经管绅士如有侵蚀，追赔后，仍照监守自盗律，官照失察律议办。官有威逼侵借，照在官求索律究惩追赔。"他认为，举办积谷仓在湖南省为首次创办之事，应立定章程，奏明立案，以免日久无所稽考。可以看出，由于认为是"创举"，无先例可循，他担心办理不当，所以希望通过借助官府的权力，官绅协同，互相监督，将仓办好。这实际上是一种思维惯性。

湖南巡抚恽世临对此部分认可，但又指出：

> 惟此项谷石，本系民捐本积，不特与常平仓官物不同，即与报部社谷亦异。动碾、买补等事，请免部中行查，并免照常平例干出纳等事，责以册结咨部，俾经收出纳者不致疑畏。②

他的意思很明确，此项积谷与常平、社仓都不同，其动碾、买补等事，应无须报部核查，只需报上司备案即可。免于报部，意味着积谷的管理权限下降到了省及各道府，如果说恽世临的省府积谷办法中，对官府权力仍有一定保留的话，在各地实施的过程中，却呈现出大幅度压缩官府权

---

① 同治《益阳县志》卷6《田赋志三·积储》，第59页。
② 同治《长沙县志》卷10《积贮》，第45页。

力、突出民管的趋势。如平江县规定,"此项积谷早经奏定有案,断不归官,官止综核数目,不令丁胥干预,亦不提用,勿为浮言所惑,稍存观望。即各该团内有别项公事,亦不许挪用,以杜侵蚀"。[①] 在积谷的管理中,官府只稽核数目,不准干预、提用、因公挪用仓谷。

综合省抚以及各府州县条规来看,官府对于积谷仓事务的监管力度呈现出较大弹性,总体的趋势是在放松,而不是相反。谷归团局,更利于地方士绅以"团体"的力量形成和官府抗衡的态势,各府州县官员除了和主管士绅协商动碾时机、听报仓谷数目以及对仓长不端行为的惩处等,其他方面均不能作为。与社仓的管理相比,由于排除了官府下乡核查仓谷实数的责任,相应地就避免了吏胥扰民、贪污等问题,而这正是困扰社仓的关键节点之一。州县官不再承担稽查仓谷的责任,也就失去了干预仓政的动力。消解了这一痼疾,无疑为积谷仓的生存和后续发展创造了更为有利的条件。

对于积谷的用途,按照恽世临的劝办之法,遇到荒歉,根据需要,或借、或粜、或赈,仍于丰年捐还。谷贱之年,则出陈易新,还谷时只收耗谷少许。

各府州县关于积谷的用途规定比较灵活,侧重点也不一样。常见的做法是规定仓谷不许出借,像益阳县,"此次积谷议定不许出借,毋令慎重积储,以备不虞"。[②] 这种只积储、不出借、不出粜、专为赈济的做法,沿袭了陶澍"丰备义仓"的规定,也是当时江南地区积谷仓的普遍做法。

不同于江南地区,湖南省积谷仓的救济手段比较灵活,大多不拘泥于某一种形式。同治初年,长沙府知府丁宝桢在仅仅年余的任期里,加紧劝办积谷,专门制定了"积谷收放赈借章程",其仓谷出借与社仓如出一辙。规定,其一,积谷出借收息。积谷用于每年青黄不接之时出借给贫民,资助其口粮,利息为每石收息谷一斗二升,用作耗谷、岁修、看守诸运转经费,其中二升专门用抵仓谷虫伤鼠耗及东量西失等损耗。其二,积谷出借程序。积谷每年五月出借,贫户必须有保人方能借给。每个保人所保谷不能超过十石。如无保人,可以物估半价质押。无保无质之户,不准借给。其三,还谷事宜。借谷需秋后加息归还。如果逾期不还,着保人先行垫还。如欠户一味拖延,准保人坐取。坐取不偿,准协助团保扭送禀追,加倍罚谷,并下半年不准再借。欠户之质押之物若逾期不取,由仓长

---

① 《县定捐办积谷章程》,同治《平江县志》卷20《食货志·仓储》,第8—10页。
② 同治《益阳县志》卷6《田赋志三·积储》,第59页。

第五章 分流与合流:太平天国之后湖南省的地方重建与积谷仓建设　185

变价买补。还谷之时,需仓长、仓正及其承接之人同时到场,核明数目,共同办理。然后,由承接之人按照簿记过量谷数。年清年款,如有亏短,由仓正赔补。

若遇荒年,应行赈粜。由仓长、仓正会同绅耆查造欠谷之户,分极贫、次贫,应给谷若干,极贫给赈,次贫减粜,其余耕户免息归还,以谷之多寡均分接济。秋收后,照章分年捐补。①

有的州县如平江县,则主要将仓谷用于出粜,"此项积谷既已捐出,即属公项,遇有歉岁,止许均匀粜买"。该县的章程还特别提到这样一种情形,因积谷为摊捐而来,并非自愿捐输,对于那些捐谷之后迁居别处的人户,难免产生"谁捐谁受益"之争议。解决之道是,以现居住地为准,本团之谷只救济本团之民,"不得以从前捐谷之家,现居本团,固宜一律发粜,即新来落户于此团,虽未捐过,亦不宜令其向隅。或已由此图迁往别团,不得以曾经捐谷,转向索粜。惟隔团业户捐谷较多者,准其稽查。如有侵蚀,指实禀究,仍不得恃捐闲揽及挟私禀"。而且,歉岁平粜不能减价,只照时价出粜。"逐查团内需食之家丁口多寡,均匀派粜,不许漫买,以杜转贩。至贫人骤难措钱,或碾米按日发粜,以资接济,尤为妥便。"②

积谷仓作为晚清湖南省最主要的仓储形式,经过同治和光绪两朝的连续举行,各地确实积累了数额不等的积谷。整体而言,积谷仓运行顺畅的时候居多,在一些地方,积谷仓历经数十年的岁月和清末乱世的动荡,直全民国年间,仍有存续。

慈利县于同治二年(1863年)捐办积谷5000石,未儿,因战乱全毁。光绪七年(1881年),分守道崔穆之檄令复办,令按亩派输,又得谷7000石,在溪口、龙潭河、儿溪、东狱观各分贮800石,余下4000石贮于县城。几经坎坷,一直到民国时期,存谷不到1/10。③

积谷谷石除用于备荒救灾之外,还经常被用作地方临时或必需的公共事务之需。

龙阳县地处湖区,于同治初年劝办积谷共1.48万石,因未建仓,谷一直存于各捐户之家。同治九年(1870年)闰十月,知县张奉祥禀称,各处溃损之堤垸申请修理,本地无他费可用,绅民拟借积谷动用修堤,待

---

① 同治《安化县志》卷16《经政·仓储》,第2—3页。
② 《县定捐办积谷章程》,同治《平江县志》卷20《食货志·仓储》,第8—10页。
③ 民国《慈利县志》卷7《建置四·仓储》,第3—4页。

来年秋收后归还。巡抚以此谷并未收储在仓、尚未收齐为由，批准暂借，最终共借谷6979石用于修堤。①

黔阳县于同治三年（1863年）办积谷，在县局存谷3771石，后曾用作防堵太平军之资。同治八年（1869年），因收成歉薄，饥民流离，经县令禀请，将办理防堵动用积谷所存筹还买补钱文拨出购米煮赈，事后筹还，得到批准执行。办完后，其变卖动用积谷以及派收各团谷等各项钱文，除了填还积谷、补整旗帜、器械、驳船、兵勇、各书口粮、工食、造修等资用以及发粥赈饥、书院告竣挪项、总局和分局伙食、薪水、油蜡、纸张等一切应办公项外，仍欠积谷钱约一千三百文。因是用作公事，并非私挪，故接济办法是就地筹款，尽量弥补。②

相较而言，虽然仍旧不免发生，但积谷仓在管理和运营中出现问题的严重程度比之社仓要减轻很多。湖南永绥厅于同治二年（1863年）劝捐义谷，举办义仓。三年（1864年）统计劝捐谷石1127石。五年（1865年）登记存谷3013石。八年（1869年）清查时，"已无谷石"。十年（1871年），义仓首士"以亏短详革追缴"，派全大受、刘理清、杨瑞瑢、李效典接管，原管之邹一俊、吴庆余、陈元礼与四人共同办理，自此，每年清理，"屡致讼端，案繁不及备载"，只好以首士所呈之账目为准存之。光绪二年（1876年），县委派妥绅经管义谷，每年平粜，有赢无绌。二十二年（1896年），首士又因舞弊被控告。二十四年（1898年），县再次整顿，"轮流换委"。三十四年（1908年），由五品顶戴岁贡生训导吴树声和贡生张光宇担任首士。宣统元年（1909年），由吴树声、李瑞龄担任经管人。③

光绪二十四年（1898年），皇帝和中央政府下令举行积谷、保甲、团练，次年八月，辰州府就出现所办积谷被劣绅邹盛敏侵蚀挪移之事。据报，该绅于上年将粜谷钱一万余串，私自立折取息，本年地方荒歉，应行接济，但他竟然不出粜。地方士绅向其清算公账，他又以捏造呈验。事发，被人上告至中央政府，慈禧得知，谕令巡抚俞廉三严查。④ 看来，对主管仓长之制约，仍未能取得良好结果。

谈到积谷仓与社仓的关联，首先，正如前述，因为将旧有社谷纳入积

---

① 光绪《重修龙阳县志》卷10《食货二·积储》，第24页。
② 同治《黔阳县志》卷15《户书二·仓储》，第3页。
③ 宣统《永绥厅志》卷13《营建门·义仓》，第20—27页。
④ 《清实录》第五十七册《清德宗实录（六）》卷449，中华书局影印本1987年版，第935页。

第五章 分流与合流：太平天国之后湖南省的地方重建与积谷仓建设

谷仓一并管理和经营，积谷仓实际承担了社谷借贷以救助贫民的功能。其次，积谷仓的筹谷方式对那些重建社仓的州县有示范作用。衡阳县原有城乡社仓数所，分贮城内及各都，雍乾时期贮有社谷官斛 2.9 万石，后"事远荡析"。同治元年（1862 年）劝捐社谷，"按田派谷"，得谷 1.17 万石。九年（1870 年），因小歉之年社谷不足，又"按亩募谷三升"，其塘山土诸税"按额税千钱出钱二十"，并立条款，分载簿册，共计城乡 997 社，新旧社仓本息谷按衡阳斗 1.4 万石，按官斗 1.96 万石。①

如果从社仓、义仓、积谷仓之间的联系来看，在溆浦县的事例中，从各仓的命运颇能体味其变迁。该县自雍乾时期举办社仓、义仓以来，一直到清末，尽管各仓存谷数量大幅减少，但从未中断。至同治年间，县城内、桥江油洋村、龙潭广福寺三处社仓中，前两处仓廒已毁，而龙潭广福寺社仓仍有存谷，曾在同治二年（1863 年）由三里首士籴谷 110 石，用于防范农民军。同治五年（1866 年），知县姜钟琇劝谕绅民修复广福寺侧中厅后楼，增建仓四间。该县义仓建于乾隆时期，曾一度因有谷无仓，将谷转存于社仓，至咸丰年间才真正建仓（丰备仓），并买谷千余石，购置义田数十亩，交绅士经管。长期以来，屡有挪移耗散，并换过数任首士。同治九年（1870 年），将谷转交由钟允济、刘士清接管，存钱千余串，田亩、铺店若干。又有大江口义仓，亦建于咸丰年间，原存谷 500 石，由首士郭远厚经理，叠经借出耗散。同治五年（1866 年），知县姜钟琇追还积年欠谷 200 余石，交监生唐文灿接管，九年（1870 年），令唐文灿交出，选派附近绅首管理义谷共 346 石。除了社仓、义仓之外，同治初年，湖南全省办理积谷，各乡遵行，或捐积谷百石，或数十石不等，在附近宗祠庙宇存贮，自行收放。

到了光绪元年（1875 年），该县对各处仓谷彻底清查，并由知县等人增捐补足，本城丰备仓共存谷 1000 石，龙潭三里义仓，在上、中、下各里共存义谷 1921 石，大江口义仓共存谷 763 石，以上三处义仓共存谷 3684 石。又有五都各乡积谷若干。各处积谷均由县总管，交由首士具体经管。此后，屡有整治、提用，部分义谷一直存续至民国年间，继续为地方公用、慈善事业提供资金来源。其中，光绪二十五年（1899 年），知县何莘耕将各乡都积谷全部缴归桥江公仓存贮，共 381 石。龙潭三里积谷变化各有不同，其上里积谷散存于各乡，光绪六年（1880 年），县令李大绪饬令龙潭巡检王祖源清查积谷，并将其提归毛家湾祖师殿存贮，新旧共得

---

① 同治《衡阳县志》卷 4《建置》，第 10—12 页。

谷 524 石。而上里另两处积谷中，鹤田屯水口庵旧存积谷 40 余石，后因火灾移贮姜氏宗祠，民国三年（1914 年）因大水将祠宇淹没，谷荡然无存。王家山积谷则于民国五年（1915 年）增捐谷 42 石，由姜祖龙、姜时瑾等经理，至十年（1921 年）存谷 80 石。民国七年（1918 年），陈光斗兵驻龙潭，在当地勒捐洋银 1 万元，招待伙食费 2300 串钱，因为事出仓促，来不及捐派，于是将中、下二里原存积谷 2312 石悉数出售，挪用无余。大江口义仓后来分为东、西两仓，增捐谷石，存贮谷增加到 1645 石。①

由上观之，同光时期湖南省积谷仓的建设成效颇为显著。其将原有社谷一并归入积谷仓，除了承担起社仓扶助生产和生活的社会功能外，还通过赈济、平粜等手段，成为基层社会救助中不可缺少的一支力量，并通过参与地方公共事务扩大了影响。

---

① 民国《溆浦县志》卷 8《食货志一·积储》，第 2、4 页。

第六章　整体与关联:清代长江中游地区的社仓与其他类仓

仓储制度是清代最为重要的制度之一。清代的仓储制度相当完备,在全国各地设立了分门别类的各类仓储,如漕仓、常平仓、社仓、义仓、旗仓、营仓、盐义仓等,这些仓储名称各异,形式多样,功能互补,共同构成仓储救助体系。

清代长江中游地区仓储同样形式众多,涵盖常平仓、社仓、义仓、漕仓、便民仓、宜民仓、军储仓,等等。仓储的分布,一般省有省仓,府有府仓,(州)县有(州)县仓,乡村中有社仓、义仓等。各地粮仓尽管数量不一,名称互异,其功能却大致有二:一为贮税粮,上缴国家,如漕米仓、南米仓等;二为备灾救荒,包括常平仓、社仓、义仓以及其他用于贮粮备荒的粮仓。

在以备荒救灾为基本职能的粮仓中,以朝廷明令设置,遍布各府州县的常平仓以及分布于市镇乡村的社仓、义仓最为普遍。至于各州县根据本地实际情况增设的预备、便民等仓,按照建仓方式及经营形式的不同,有的与常平类似,如湖北江夏县的大有仓、积谷仓、丰备仓,湖南湘乡县的采买仓、监谷仓、加贮仓等,[①] 有的与社仓、义仓相近,如湖南长沙县的储备仓等,它们都具有预备荒歉的功能。此外,还有一些以"局"命名的粮仓,也具有救灾功能,如咸丰七年(1857年)湖北江夏县巡抚胡林翼借拨湖南附近水次州县湘潭、衡阳二县仓谷4万石,旋设捐米局,以谷代米,储至十余万石,"以充军事,以济灾赈"。荆州府的捐米分局亦属此类,于咸丰九年、十年(1859—1860年)设立捐米分局,共获谷6886石。同治二年(1863年)借拨兵米5000石,五年(1866年)抚恤公安、监利二县灾民社谷2600石,十年(1871年)采买谷2

---

① 同治《江夏县志》卷2《疆土志·仓廒》,第47页;卷3《赋役志·仓储》,第13页。同治《湘乡县志》卷3(上)《建置志·公署·仓廒》,第7—9页。

万石归仓。① 这些林林总总的粮仓，作为救灾仓储的补充，当灾荒严重而常平、社、义仓储备不足、不敷赈济时，参与其中，共同构筑起基层社会救助的防线。湖南武陵县在常平及社仓外，于道光元年（1821年）另建预备仓，仓建于县育婴堂侧，计10间，由邑人赵慎畛捐俸创建，并出钱买谷2200石存贮备赈。道光"辛卯（1831年）大水，当事设粥厂，以哺饥民。常平、社仓谷悉罄而灾犹未已，……（预备仓）尽出所贮接济之"。②

第一节　常平仓与社仓

一　清代长江中游地区的常平仓

常平仓是清政府积贮备荒的重要手段，也是清代仓储制度的主要组成部分，其职能多、影响大、历时久，在各类仓储中地位突出。它由官府主持建设，并派员经营，立于各州县城市，通过官帑采买、截留漕粮、调拨以及捐纳等方式筹集谷本，主要通过灾年减价出粜，平抑粮价，达到救灾目的，也用于赈济和出借，必要时还用于供给军需。其经营管理和筹谷方式与社、义仓截然不同，发展程度也有差异，但其社会功能、目的却与社、义仓类似，即储粮备荒以维持地方社会秩序的安定，两类仓储之间既相互补充，又相互交叉，在实际运作中常常互相沟通，有着千丝万缕的联系。③

魏丕信、王国斌令人印象深刻的关于清代国营民仓系统的著作，其下限截止于1850年，即太平天国战争之前，这是他们认为清代粮仓已然从18世纪的巅峰时期明显衰落的分界线。④ 这无助于我们了解在此之后直到清帝国解体为止这一时期仓储系统的整体状况，更不用说与地方社会的互

---

① 同治《江夏县志》卷3《赋役志·仓储》，第14页；光绪《荆州府志》卷15《经政志三·积储》，第6页。

② 同治《武陵县志》卷19《食货志·积贮》，第5页。

③ 牛敬忠：《清代常平仓、社仓的社会功能》，《内蒙古大学学报》（哲学社会科学版）1991年第1期，第42—47页；张岩：《论清代常平仓与相关类仓之关系》，《中国社会经济史研究》1998年第4期，第52—58页。

④ Pierre-Etienne Will &r. Bin Wong, *Nourish the People: The State Civilian Granary System in China, 1650–1850*, Michigan: Center for Chinese Studies, The University of Michigan, 1991.

第六章 整体与关联:清代长江中游地区的社仓与其他类仓

动关系。李汾阳侧重于从政略的视角出发,分析了清代仓储的制度安排和各地的展开过程,其维度主要在于中央和地方之间的关系,①缺少对各区域内更为细致的考察。

清代长江中游地区常平仓的兴衰轨迹同社仓、义仓并不重合。其最初修复始于顺治六年(1649年),湖北钟祥县奉令整理仓储,将明季所设之广盈仓遗址修理后,改为积贮常平仓,"正厅旁列东西二仓,西六间,俱系县仓,贮谷五千石;东六间,俱系府仓"。②

常平仓在各州县的全面建立则经过了康雍朝的持续建设,个别地方直到乾隆时期方才完成。康熙八年(1669年),湖北武昌县建"积谷仓二间"。③ 二十二年(1683年),湖南直隶澧州知州张学圣"建常平于本城",④ 大冶、黄冈、麻城、监利、松滋、益阳等州县亦于康熙年间建仓。雍正时期,湖北江夏、兴国州、汉阳、汉川、天门、枝江等州县相继建成常平仓。荆门直隶、江陵等少数州县则迟至乾隆年间方才建立。此时,随着国力增强,财政好转,地方政府对常平仓的投入也不断加大,各州县常平仓遂与社仓一样,逐渐步入鼎盛时期。

湖北黄冈县有"常平仓二座",一名储丰仓,创自康熙二十一年(1682年);一名永丰仓,创自雍正九年(1731年),"各案共贮谷一万二千八百九十二石零"。乾隆十八年至二十年(1753—1755年)加贮官银采买谷24000石。二十三年(1758年)加贮川米易还谷13600石。三十年(1765年)将府仓改归县管,加贮府仓谷19300石,又加贮易谷2028石。五十年(1785年)添贮捐输谷10石。嘉庆六年(1801年)加贮南漕耗米83441石。九年(1804年)附贮2119石。屡次加贮,使谷数不断增加,存数已是原来的十余倍。⑤

湖南龙阳县常平仓原有仓房2间,贮谷8000石,经过雍正四年(1726年)、九年(1731年)、乾隆元年(1736年)、四年(1739年)、八年(1743年)、十年(1745年)、十四年(1749年)、二十二年(1757年)、二十四年(1759年)屡次添加,仓房增加至52间,额贮谷2.3万石。⑥

---

① 李汾阳:《清代仓储研究》,台北文海出版社2006年版。
② 乾隆《钟祥县志》卷3《田赋·仓储》,第39页。
③ 康熙《武昌县志》卷2《建置志·仓厫》,第26页。
④ 同治《直隶澧州志》卷5《食货志·积储》,第48页。
⑤ 光绪《黄冈县志》卷4《赋役志·积贮》,第43页。
⑥ 光绪《重修龙阳县志》卷10《食货二·积储》,第17—18页。

从各州县总体情况来看，在乾隆时期普遍添建仓厫，增加贮谷，自嘉庆年间开始，则支出增多，进项减少了。这一方面是因为内忧外患使国家政治经济逐步衰落，政府对常平仓的投入逐渐减少，使得以官方支持为主要依恃的常平仓犹如无源之水，日渐枯竭。另一方面，随着以白莲教大起义、太平天国战争为代表的农民起义相继爆发，政府军费开支急剧增加，在正常渠道筹措不足的情况下，地方仓储亦受到影响。常平仓本为官物，因此首当其冲被用作军食，加之或毁于战火，或被农民军所掠以及水灾侵蚀、出借未还等，种种打击之下，常平仓遂逐渐衰落，仓谷大幅度减少乃至废圮无存。例如，上述黄冈县常平仓尽心积累十余万仓谷，后经因公动用及战乱被燹，至咸丰六年（1856年）清查时已荡然无存。[1] 湖南益阳县，常平仓贮谷本达3万石，"自道光十一年起至同治四年止，动碾、煮赈、提拨兵粮、被水霉烂，旧贮谷悉已无存"。[2] 又如直隶澧州，乾隆二十四年（1759年）存常平谷2.2万石，自咸丰三年至十一年（1853—1861年），动碾兵米、民欠无着等，同治初年清查仅存98石。[3] 再如湘阴县，咸丰三年（1853年）因巡抚骆秉章令各州县常平仓谷变价提充军饷，奉命"折缴谷价一万八千四百七十二石，而常平仓积谷一空，绅民承领采买未缴谷一百石三升五合一勺而已，其余一万五千三百八十七石无案可稽，盖积渐侵亏然也"。[4]

嘉道咸时期长江中游地区州县常平仓衰亡情况见表6—1。

表6—1　嘉道咸时期湖南、湖北、江西部分州县常平仓衰亡情况统计

状况	州县名
毁于战乱	江夏县、武昌县、嘉鱼县、汉阳县、汉川县、黄陂县、沔阳州、黄冈县、麻城县、云梦县、京山县、潜江县、天门县、监利县、蕲州、进贤县、奉新县、武宁县、高安县、建昌县、宜春县、分宜县、万载县、新喻县、庐陵县、泰和县、永丰县、安福县、龙泉县
圮于水灾	公安县、石首县
动用无存（兵食、民欠等）	兴国州、大冶县、孝感县、长沙县、湘阴县、巴陵县、武陵县、龙阳县、沅江县、临湘县

---

[1] 光绪《黄冈县志》卷4《赋役志·积贮》，第43页。
[2] 同治《益阳县志》卷6《田赋志三·积储》，第59页。
[3] 同治《直隶澧州志》卷5《食货志·积储》，第48页。
[4] 光绪《湘阴县图志》卷21《赋役志》，第37页。

续表

状况	州县名
仓谷减少	江陵县、松滋县、荆门直隶州、枝江县、善化县、益阳县、湘乡县、华容县、直隶澧州、安乡县

资料来源：民国《湖北通志》卷48《经政志六·仓储》，第1—34页；光绪《湖南通志》卷55《食货志一·积储》，第22—42页；光绪《江西通志》卷88《经政略五·仓储》，第3—26页。

由表6—1中可知，由于战乱、自然灾害等客观因素的影响，以及频频动用、买补不足、民欠未还等人为原因，到咸丰年间大多数州县常平仓毁灭无存，仓廒积谷一空。一些州县虽勉强有存，但仓谷损耗十分严重。战后，湖南省于咸丰十一年（1861年）清查各地常平仓谷，结果见表6—2。

表6—2　　咸丰年间湖南省部分府州县常平仓贮谷情况统计　　单位：石

府州县名	原贮谷	咸丰年间存谷	备注
长沙府	—	—	储谷归长沙、善化二县经营
长沙县	72188	无存	寄存湘潭、湘乡、衡山等县谷32011石余，又囚田租谷88石余
善化县	73446	2964	寄存湘潭、湘乡、醴陵等县谷34769石余
湘阴县	39959	无存	
浏阳县	34064	4595	
醴陵县	33748	9228	
湘潭县	78600	19821	
宁乡县	20449	11176	
益阳县	30380	2304	
湘乡县	58366	11491	
攸县	24974	13234	
岳州府	—	—	额储谷归巴陵县管理
巴陵县	54718	无存	
平江县	7324	3633	
临湘县	20540	无存	
华容县	22312	8828	
岳州卫	4931	无存	

续表

府州县名	原贮谷	咸丰年间存谷	备注
常德府	—	—	额储谷归武陵县管理
武陵县	68227	无存	
桃源县	25032	400	
龙阳县	23000	无存	
沅江县	15560	无存	
永顺府	—	—	额储谷归永顺县管理。另有府同知常平仓,储谷1908石
永顺县	28620	19668	
保靖县	12009	无存	
龙山县	10412	7037	
澧州	22102	62	
安乡县	7630	265	
石门县	6214	3229	
慈利县	6662	2056	
安福县	6009	1009	
永定县	6451	1874	
安化县	8000	7591	

资料来源：光绪《湖南通志》卷55《食货志一·积储》，第22—42页。

表6—2中所列各府州县常平仓谷于咸丰年间均有大幅减少，总额由约82万石下降至13万石，降幅达84%，长沙、湘阴、巴陵、临湘、武陵、龙阳、保靖、沅江县及岳州卫常平谷甚至全部"动用无存"。

魏丕信、王国斌在其其关于清代仓储制度的著作中指出，常平仓系统在十九世纪中期以后就消失了。[1] 如果从常平仓在仓储体系中所应发挥的作用来讲，与清前中期相比较，这个结论当然是中肯的。

再考察湖北省的情况，据民国《湖北通志》载，道光二十九年（1849年）清查发现，常平仓原应存正额、附额、增额共谷约193万石，粟谷8850石，苞谷809石，大麦101石，小麦200石折谷400石，因节

---

[1] Pierre-Etienne Will &r. Bin Wong, *Nourish the People: The State Civilian Granary System in China, 1650–1850*, Michigan: Center for Chinese Studies, The University of Michigan, 1991.

年奉文动碾及亏缺、漂失霉烂等损失，实际存谷55万石，粟谷2594石，包谷、大麦、小麦折谷如数。咸丰六年（1856年）再次清查，发现自道光二十九年（1849年）以后，"节年因公动用、交代亏短、盘折借拨、霉烂、漂失，并被粤匪劫掠焚毁"，损失谷约达50万石，仅存谷4万余石，粟谷1533石，小麦折谷原数，苞谷、大麦均无存，① 总数只占原额约10%。

同光中兴，整顿仓储，常平仓的复兴是其中之要义。然而，由于政府财力不足，常平仓的复建工作十分困难，进展缓慢，整体上看处于极度萎缩状态。一直到光绪八年（1882年），湖北省常平仓谷存数仍保持较低的水平，该年按惯例清查常平仓谷，发现"自咸丰六年（1856年）以后，谷石缺存不一，通省计江陵、公安、松滋、枝江、枣阳、南漳、均州、长阳、鹤峰、长乐、恩施、咸丰、利川、建始、荆门、当阳等十七州县、荆州荆左、荆右、襄阳四卫共实存谷四万二千九百二石六斗三升一合四勺，粟谷一百九十七石一斗八升，小麦折谷如故，其余各州县卫无存"。② 显然，自咸丰朝之后常平仓处于停滞状态。

光绪二十四年（1898年），据军机大臣刚毅上奏称，"各省常平、社仓，久同虚设"。③ 显然，即使是刚毅有夸大的成分，但也说明了当时常平仓的总体发展状况是很不理想的。

二 社仓与常平仓的关系

常平仓谷的来源有采买、捐输（官捐、民捐、商捐、捐监）等，其救济方式主要为平粜，也用于出借、赈济。例如，湖南湘乡县，于同治年间额贮常平各案仓谷5.83万石，其中包括：常平仓谷4631石，漕斛浮米易谷252石，采买谷4771石，买补、减粜羡余谷199石，赎罪谷1440石，收捐监谷1.47万石，买补碾运河南谷3万石，加买谷2000石以及借给农民收加一息谷318石。④

在历次仓储整饬中，通常都是常平仓、社仓、义仓双管齐下。总体而言，常平仓因系官办，财力相对充足，其举办好坏关系到政府的声誉，因此一般力度较大，其贮谷量自然也多于主要靠自愿捐输的社仓，这一点是

---

① 民国《湖北通志》卷48《经政志六·仓储》，第4页。
② 同上书，第4—5页。
③ 《清实录》第五十七册《清德宗实录（六）》卷416，中华书局影印本1987年版，第443页。
④ 同治《湘乡县志》卷3（上）《建置志·公署·仓厫》，第8页。

毋庸置疑的（见表6—3）。

表6—3　清前期湖南、江西部分府州县常平与社仓积谷情况对比

府	州县	常平仓贮谷（石）	社仓贮谷（石）
衡州府	衡阳县	27468	4941
	清泉县	29000	4273
	衡山县	37918	7695
	耒阳县	19556	9843
	常宁县	9266	8459
	安仁县	17741	3270
	酃县	12169	3104
建昌府	南城县	20000	11035
	南丰县	16000	5123
	新城县	16000	1969
	广昌县	16000	4810
	泸溪县	12000	2477
袁州府	宜春县	16000	6571
	分宜县	16000	2794
	萍乡县	12000	7032
	万载县	12000	5140

资料来源：乾隆《衡州府志》卷15《仓贮》；光绪《建昌府志》卷3《食货志·恤政·积储》，第4—5页；同治《袁州府志》卷3《食货·仓储》，第89—91页。

作为官办的粮仓，常平仓贮谷量较为可观，救灾实力远远大于作为补充的社、义仓，尤其是在清代前期。

然而，在一些社仓发展较好的州县，社仓贮谷可能和常平官仓不相上下，甚而好于后者（见表6—4），其救济实力自然不输常平。

表6—4　清代江西省南昌府、广信府常平、社仓积谷情况

府	州县	常平贮谷（石）	社仓贮谷（石）
南昌府	南昌县	13000	18043
	新建县	38251	12124
	丰城县	25500	6605

续表

府	州县	常平贮谷（石）	社仓贮谷（石）
南昌府	进贤县	21100	3867
	奉新县	16000	8127
	靖安县	12240	3351
	武宁县	12000	3997
	义宁州	16000	7467
广信府	上饶县	8000	8428
	玉山县	12000	5210
	广丰县	16000	4779
	铅山县	16000	5508
	弋阳县	16000	3799
	贵溪县	16000	6186
	兴安县	12000	2457

资料来源：同治《南昌府志》卷15《赋役志·仓储》，第83—86页；同治《广信府志》卷2《建置·仓储》，第58—59页。

注：表中南昌府之奉新县、武宁县、义宁州以及广信府各州县常平仓贮谷数均为"额贮谷数"。

表6—4中南昌府和广信府多数州县社仓贮谷少于常平谷数，但南昌县和上饶县社仓存谷多于常平谷数。清后期，常平仓恢复缓慢，且弊端丛生，社仓、义仓、积谷仓发展迅速，在备灾赈恤中的地位有所上升，显示出仓储在基层社会救济中力量和地位的消长变化。

在基层社会救济中，常平仓和社仓救济手段有差，但功能相似，各有所长。有关常平仓的救济优势及局限有大量的言论，其中最常为人指陈的是"积于城郭"所带来的救济便捷性与救济面的缺憾，正如曾任安徽布政使、湖北巡抚的晏斯盛所言，"而以常平之法行之，使专积于官，则失实之甚，何也？常平务积而已，不善为散。所积者在官而已，无及于民。夫无及于民，非仅丰年之蓄也。即岁歉赈给，亦无及于民也。城郭之中，贮米千万，领给者多半囤贩，而嗷嗷待哺者实在四乡，匍匐数十百里，不得沾颗粒者，往往有之。借曰粜贱买贵，如平粜法，而民之贫无所得银者，亦终不可得米。此常平之积于城郭，而粜余之不若社仓之贮于当社而贷易之为有济也"①。

而社仓为民仓，分散乡里，救助面更广，也更简便，救助更加及时。古人对社仓的益处认识十分清楚：

> 社仓之设，其益有八：官仓之谷有限，遇荒尽发，则县无余蕨，气象萧索，且恐后荒继之，何以为备？又恐乱从荒起，愈不可支。故每稍发，以苏众口之枵饥；而必多留，以培一邑之元气，此官仓之体然也。今得社谷，可济官谷之不足，则邑有不置之备而人心自壮，其益一。每发官谷，或里长虚报姓名，或殷实之户冒为贫户，入饥喉者未及半也。今各都有仓，本都给谷，则殷实饥贫，耳目相习，欺混县官之弊，必不能施乎社长、社副，而所领皆饥民，其益二。壮者枵腹，负戴不胜，若霜婺在室，老弱仆途，尤不能逾山越涧，从乡至城，争领担石。今以都民领本都之谷，何近何便！其益三。每发官谷，有奸民以诡名领去者，有顽民而强戾不还者，虽借犹蠲也。今闾井土居之民，平日知之，已审穷□，公共之谷，孰肯容其逋欠？其益四。官谷止贷于荒岁，不贷于平时。民间常例，几贷一石，加息四五斗。今止加二，则仓有生息之积，民沾生利之休，可以随时应贷，其益五。盗贼窃劫，多从近地知门径也，得食则饥荒可度，夜警不生。是富家出谷，既收济人之美名，复得卫已之大利，其益六。有孝子节妇，贫不聊生，与夫孤儿、未婚、亲丧未葬，里排从公报名，各行周助，则可以敦古俗、倡义风，其益七。岁久，息谷□□产收社租之所入仓，息愈饶，所济愈广，垂之不□，永无荒患，其益八。②

这段话很好地概括了社仓的有利之处。显然，与常平仓相比，社谷具有诸如无须官方承担费用、救助的精准性、便捷性、常年性、持续性、低利率等优势，不仅弥补了官仓救助之不足，还可以常年资助乡里鳏寡孤独、节孝之民，有益于地方治安和乡里教化。

陈宏谋正是秉承着这一理念，将其付诸社仓的运作。在实践中，他尽可能寻求实现两者间在地点、手段、服务对象等方面的分工。在他看来，常平仓可以用于作为籽种和食物出借给贫民，但如常平仓和社仓因此形成

---

① （清）晏斯盛：《请分常平为社仓疏》，《清朝经世文编》卷40《户政十五·仓储下》，第35—36页。
② 乾隆《广丰县志》卷3《建置·仓库》，第10—11页。

第六章 整体与关联:清代长江中游地区的社仓与其他类仓　199

竞争,就应该禁止它的这种做法,而由社仓承担。① 这一点在地方州县同样得以反映。如湖北汉川县,其常平仓谷在乾隆年间经常用于出借,乾隆二十三年(1758 年)发谷 2000 石出借农民,自乾隆二十六至四十三年(1761—1778 年),"每年出借",以扶助贫民。同时,利用出借取息不断增加存谷数额,扩建仓廒,使储谷量由最初的 6000 石增加到 2.59 万石,仓廒也由 5 间扩大到 23 间。② 不过,出借并非常平仓粮最重要的功能,也仅是在乾隆年间比较常见,自嘉庆年间规定"其无灾年份,概不准出借"之后就很少出现了,这一功能转而由社、义仓承替。③

尽管强调由民众自愿捐输,但很多地方社仓的初始谷石筹集常常要借助官府的资助才能实现,借拨常平仓粮给社仓是经常使用的做法。这是社仓能够办成和运转起来的重要凭借。待到社仓运转起来后,出借生息,息谷充裕,以本谷归还常平仓。作为热心社仓的二位名臣,晏斯盛、陈宏谋十分推崇并时常采用这种做法。

晏斯盛,字虞际,江西新喻人,康熙六十年(1721 年)考中进士,乾隆年间先后任山西道御史、安徽布政使、山东巡抚、湖北巡抚等职,除了兴修水利、整治社会秩序等事外,他非常关注救济民食一事,屡次上疏陈述对仓储以及民生问题的种种见解。他曾经指出:社谷劝捐过程中的"勉强"之处,极易导致"摊派"之后果,进而引发官民之间的冲突。而且,靠这种方式所筹得的社谷按照人口来衡量是十分有限的,他在推广社仓的奏折中谈道:

> 州县形势,广狭不一,约分四乡。小州县一乡约五千户,四乡约三万户。中州县一乡约一万户,四乡计四万户。大州县一乡约三万户,四乡计十二万户。大小相衡,通约一乡二万,总计四乡计八万。其间举行社仓者,除虚报数目及仝未有余外,或于四乡各设一仓,积谷数百石或千石至三四千而止。各仓多寡相衡,仓约二千五百石,总四乡约一万石。以一乡二万户之人,食二千五百石之积,每户计得谷一斗二升五合。户约四口,大小口相衡,约为三口,日食谷一升,户计三升,二万户日食谷六百石,则二千五百石之积,不五日而已罄。所谓生齿之繁,利不博不能济者,此也。今天下赋税,有经额征银米

---

① [美]罗威廉:《救世——陈宏谋与十八世纪中国的精英意识》,陈乃宣、李兴华、胡玲等译,中国人民大学出版社 2013 年版,第 397 页。
② 同治《汉川县志》卷 10《民赋志·仓谷》,第 15 页。
③ 刘翠溶:《清代仓储制度稳定功能之探讨》,《经济论文》1980 年第 8 卷第 1 期。

而外，丝毫无所取，至奉行社仓，各省乃误以隋义仓之积为社仓法……惟劝民捐输之为事。而其间最不善者，仰承上司风指，邀集豪富绅监，肆筵设席，册名乐输，其实勉强。又其甚者，按粮科配，于额征之外，勒输若干。及其久也，以册为仓，并无实在。前官一易，按册而稽之，则吏执册而对曰："此欠在民"，遂不得不行追捕。追捕不完，则拘比之，于是签票交加，示曰："锁拏乐输。"而户民之见示者，曰："既乐输矣，又曰锁拏，是不可解"，官吏亦无辞以对。所谓生人之计，道不大不可久者，此也。①

既然劝捐、摊派有"勉强"之嫌，追捕完纳又容易招民反感，须另想办法，方能既不扰民，又能保证社谷充裕。在他看来，调拨常平仓粮支持社仓是可行之良法。乾隆元年（1736年），晏斯盛担任安徽布政使期间，就已施行此法，史载："如太湖、宿松、休宁、婺源、祁门、宣城、南陵、东流、无为、舒城、凤阳、临淮、凤台、亳州、六安、龟山、泗州等州县并无仓储，如太平、当涂、芜湖、窦邱等县各存谷仅三五十石，殊违功令。臣请将各属常平积米至万石者，存三千外，各于近城四乡，按社保设立社仓，将常平米七分均贮各乡，以为社本。其常平所积甚少，不满三千者，即于江宁省仓常积之米，均发该州县，以为社本。"② 又奏请将省仓历来贮存捐监米分发各属，充作社本，"将以前未经设有社仓及有社仓而为数甚少之州县，酌量多寡数目派散"。实行后，"分别贮米二千石、一千二百石以下不等，共动拨省仓米七万六千六百八十石，连旧存社米共九万五千五百六十七石"。③

乾隆八至九年（1743—1744年），晏斯盛担任湖北巡抚，再次提出了推广社仓的计划，所提出的筹谷办法和在安徽时的做法不同，即在应纳民赋"各银一两内，以一钱五分，照地方时价入谷与本里保仓"，实际上是从政府赋税收入支出，不再另行摊派给农户。对于无粮之户较多的地方，仍旧沿用常平谷拨出之做法，"分常平之谷，以为之本。积之又久，息多

---

① 湖北巡抚晏斯盛奏于乾隆八年六月十一日，《清代灾赈档案专题史料（宫中朱批奏折·财政类·仓储项）》，中国第一历史档案馆藏，第1125函第37号。
② （清）晏斯盛：《请分常平为社仓疏》，《清朝经世文编》卷40《户政十五·仓储下》，第35—36页。
③ 协理户部事务、管理户部三库事务大臣讷亲等奏于乾隆五年十月二十八日，《内阁汉文题本·户科》，中国第一历史档案馆藏，第13322函第6号。

第六章 整体与关联:清代长江中游地区的社仓与其他类仓

于本,本还于官,即以息为本,如社仓本法可也"。① 他提出将全省应捐补常平之谷 70 万石支持社仓,"楚北大州县三十一,应得谷七十七万五千。中州县十四,应谷二十万一千六百。小州县二十三,应谷二十四万八千四百。总一百二十二万五千石。除查现存有社谷四十八万八千七百七石零外,应捐谷七十三万六千二百九十三石。如果可行,即请将现在题明应捐补常平之七十三万五千九百四十九石零移入社仓,再加捐三百四十四石,已足其数。其现存社谷,无仓之处,请将各州县数年之息,酌量分建,则社仓之名实俱备"。②

还有一位是陈宏谋。雍正十三年(1735 年),他曾在云南采用与晏相同的作法,乾隆七年(1742 年)在江西、二十年(1755 年)在湖南再次使用此种做法。

乾隆七年(1742 年),任江西巡抚时,陈宏谋曾就调拨常平米增作社本,分贮民间事上奏:

> 江西十三府七十一州县共有乡斗社谷一十五万四千余石,向来多贮在城。其离城三四十里之民,即难赴借。常年空贮,间有贮于各乡者,其谷又分寄于社长之家,并无社仓。……(今)将社谷各按村庄疏密,酌拨分贮。另建社仓,另选社长,乘此春耕,即令该地农民借出,以资籽种。小民利其就近可以借还,争先求借。惟是一十五万余石之数,聚之则见其多,散之则见其少。每州县旧有社谷多至数千石者,不过二十余县,其余有止数百石者,有数十石者,有并无社谷者,自此以后,实有不敷接济之虞。江省富户最少,捐输之说,实不足恃,若不通融,则良法美意难收实效。
>
> 臣查江西一省现在实存仓谷一百一十八万九千余石,此外尚有未买谷三十万三千余石,经署抚臣奏请先买二十万石,现据各属报到,已买就十三万三千余石,前后尚需买谷一十六万余石。……较之别省,积贮已为数不少。每年出陈易新,减价平粜,总不及粜三之数。若易粜为借,则仍止便于近城之民。其离城稍远者,苦于搬运,仍不能借。历年常平例许出借,虽不收息,而民间不肯赴借者,皆此故也。与其久贮于官,民不能借,莫若通融酌拨,分贮于乡,暂作社

---

① 湖北巡抚晏斯盛奏于乾隆八年六月十一日,《清代灾赈档案专题史料(宫中朱批奏折·财政类·仓储项)》中国第一历史档案馆藏,第 1125 函第 37 号。
② (清)晏斯盛:《社仓保甲相经纬疏》,《清朝经世文编》卷 40《户政十五·仓储下》,第 42—44 页。

本，令民就近借还，较之减价平粜，更为便捷。……臣现在遵照社仓事宜，行令地方分贮，而社本不敷，急宜筹及，理合奏请……于社谷最少，不敷出借之处，酌拨常平谷石，分贮民间，以为社本，一体生息，约计须谷五六万石。俟将来生息渐多，或有士民捐输，足敷分借，再行归还常平本款。名虽拨为社本，其实仍为该地方接济之用。

这段话指出，江西省社仓分布在城者过多，在乡者少，造成百姓借还不便，若按村庄疏密酌拨分贮，则现有仓谷15万石不足分配，而本省富户较少，捐输不足为恃，必须借拨常平仓谷五六万石作为谷本，方能使百姓有谷可借，免受高利贷盘剥。整份奏折分析入情入理，乾隆帝十分赞赏，批示"所言甚属妥协"，① 准行。江西省的社仓建设由此步入新一轮的发展通道。

在德安县，乾隆七年（1742年）动拨常平米1200石用作社本，分贮二十八乡，九年（1744年）还本，只存息谷246石出借。至乾隆二十年（1755年）有社本谷512石，嘉庆二十三年（1818年）增至2427石。② 进贤县原有社仓17处，社谷共699石，乾隆七年（1742年）动拨常平谷1400石一并出借。两年后，归还常平仓谷，息谷留作社本。③ 龙南县至乾隆七年（1742年）有社谷1944石，分贮各乡八堡，该年，知县方求义拨常平仓谷2440石用作社谷本，九年（1744年），将谷本归还常平仓。④

十年后的乾隆二十一年（1756年），陈宏谋就任湖南巡抚期间，因上年冬邻近省份采买过多，导致湖南各地米粮价昂，以致影响到春耕，沿袭前此思路，再次奏请对于社谷"止有一二百石"不敷出借之乾州、永绥二厅和华容、永定二县，每县借拨常平仓谷800石，"各于本处仓内拨作社本，同现有社谷一体出借，接济民食"（湖南省有常平仓谷概不出借的惯例），准奏后，计共拨常平仓谷5300石，"年年生息，数年之后社本渐充，仍即归还常平"。⑤ 华容县的社谷由原来的440石增加到1240石，缓解了储粮过少的矛盾。⑥ 同时，对社谷"止有五六、七百石之数之永顺、

---

① 江西巡抚陈宏谋奏于乾隆七年二月二十一日，《清代灾赈档案专题史料（宫中朱批奏折·财政类·仓储项）》，中国第一历史档案馆藏，第1118函第17号。
② 同治《德安县志》卷5《食货志·田赋·仓储》，第2页。
③ 光绪《进贤县志》卷4《建置·仓廒》，第3页。
④ 道光《龙南县志》卷3《政事志·赋役》，第13页。
⑤ 同治《长沙县志》卷10《积贮》，第17页。
⑥ 乾隆《湖南通志》卷40《积贮下》，第4页。

保靖、桑植等县借拨常平仓谷五百石",永顺府各州县社仓谷石历来系官民陆续捐储,乾隆二十一年(1756年)借拨常平仓粮后,永顺县3处社仓储谷1622石,保靖县10处社仓储谷2237石,龙山县17处社仓共储谷1170石,桑植县2处社仓共储谷1134石。[1]

常平仓和社仓的另外一个联系是仓房的混用。社仓建设的步骤,第一步是劝捐和筹集社谷,暂时存贮于公所、寺庙的闲置房屋,或者先行确定的社长家里,待到运行一段时间社息谷达到一定数量后,再利用息谷收入修建仓廒,将社谷存入。即便该地社仓谷充裕,社长管理得当,每年出借并顺利收回息谷,这一过程亦需持续数年才能实现。由于上级官府对于社仓未建之前社谷的存储地点无法做出具体规定,一些州县地方官为了便于管理或交差了事,会借助现成的常平仓存储社谷,这种"暂时借贮"为州县官实现对仓储的管理提供了相当大的便利。不唯如此,社谷和常平谷一样,需要由州县官层层上报,最终这一统计数字经各省督抚上报至户部,这种压力必然会促使州县地方官想方设法规避社谷的短少和流失,只要中央政府放松控制和强调,州县官就会有将分散乡里、易于侵蚀的社谷"附贮"常平官仓的冲动。湖南《古丈坪厅志》载,有"义仓,谓之乡仓,亦曰积谷仓,即社仓也,湘中遍地皆有之。盖乡人预防饥馑,图匮于丰,集腋成裘,存之公所。遇荒则薄息出贷,岁熟则并息取偿,愈积愈多,生生不已,实良法也。古厅原亦仿此,分囤各保,因屡为经手侵蚀,遂举而归之于官,附储常平,是以向未建仓而仓名仍立"。[2]

有的地方是因社谷捐输数量较少,或社仓仓廒不足、损坏等原因而选择将社谷附贮在常平仓内。江西南城县在乡建社仓59处,分贮各都,乾隆七年(1742年),在城建社仓5所,其中城内社仓在义学后,贮谷54石;东关社仓在土神祠,贮谷87石;南关社仓在定印寺,贮谷42石;北关社仓在万寿宫,贮谷107石,除西关社仓因"地狭人稀,捐谷者少,遂并于十六都内",其余谷全部归入常平仓。[3]

义宁州有社仓37所,分贮各乡及城内,其中州城社仓1所,为"息"字廒,贮谷206石,因仓年久朽坏,谷归入常平仓附贮。[4]

湖南《湘乡县》载:"乾隆四十六年,巡抚刘墉奉部饬行劝捐社谷一

---

[1] 乾隆《永顺府志》卷4《仓储》,第37—40页。
[2] 光绪《古丈坪厅志》卷8《建置五·义仓》,第10页。
[3] 同治《南城县志》卷2《建置志·义恤》,第3—4页。
[4] 同治《义宁州志》卷12《食货志·仓储》,第31页。

万石，"因社仓仓廒废弃，"知县王业铨如数报捐，寄存常平仓内"。①

湘潭县于乾隆四十六年（1781年）劝捐增贮社谷，原本在县城内已有1所社仓，因捐谷较多，又计划在县城三义井新建1所，士民共捐谷1.17万石，已买好地基，准备开工建仓，除动用部分社谷用于建仓费用外，将余谷7238石全部附贮在常平仓内。②

在同光年间，各州县设立社仓的数目普遍减少，一些州县仅在县城内设置一所，把社谷和常平谷存于一处的情形更易出现。湖北南漳县在光绪七年（1881年），由知县刘兆霖劝捐社谷共计2000石，而当时经过咸丰战乱后，常平仓谷仅剩365石，于是就势将捐输社谷全部附贮在常平仓内。长乐县亦同样，同治年间重建社仓，从同治八年至十一年（1882—1885年），历任知县邓师韩、龙兆霖、曹煊均将劝捐来的谷石一处附贮在县常平仓内，另一处湾潭社仓则直接利用县常平仓旧址修建。③

从储存谷数来看，多数情况下，州县会根据需要分贮一部分社谷于常平仓内。湖北宣恩县常平仓分内外仓，内仓在县署仪门左，以"大有庆丰年"五字编号，共有5廒；外仓在县署前十字街，以"民安物阜长歌"六字编号，共6廒，两仓原额贮谷4800石，后因动用，实存谷2514石，又附贮社谷48石，共2562石。④ 湖南宁远县常平仓原额贮谷566石，后买补等凑足额数，共实贮谷8000石，另外附贮社谷175石，"数归社项，谷附常平"。⑤ 安福县有社仓谷1000石存贮县常平仓。⑥

应该说，常社仓房合而为一，确实能暂时解决一部分社谷存放的困难。比较危险的是社谷收归常平仓内后，和官粮混为一谈，视同官物，从而引发一系列后果。由于社谷归入官仓后，士绅几乎无法插手，本意是为了防范主管社长侵蚀仓谷和借放涣散而收归官仓的做法，却为州县官侵挪社谷打开了方便之门。湖南安化县就记载有县官挪用社谷充作常平缺谷，以蒙混过关的事例。该县社仓建于雍正年间，因"日久弊生"，稽查困难，乾隆五十五年（1790年）经知县冷紘玉清理，将社谷2427石追出，附贮在常平仓内。道光年间遇灾，知县戚天保将贮仓社谷减价粜济贫民，秋后如数买补还仓。咸丰九年（1859年），知县高镜澄卸任时，

---

① 同治《湘乡县志》卷3（上）《建置志·公署·仓廒》，第9页。
② 嘉庆《湘潭县志》卷17《积贮》，第31页。
③ 民国《湖北通志》卷48《经政志六·仓储》，第21页。
④ 同治《宣恩县志》卷4《建置志·仓库》，第1—2页。
⑤ 民国《宁远县志》卷3《赋役》，第3页。
⑥ 同治《安福县志》卷11《积贮》，第9页。

第六章　整体与关联：清代长江中游地区的社仓与其他类仓　205

因亏短常平仓谷石，难于交代，于是移甲作乙，挪用社谷486石充数过关，社仓只剩谷2012石。此项挪用谷一直未能弥补。至同治十年（1871年）清查，社仓实存谷1962石。知县余坚弥补充谷500石，共贮社谷2461石。①

确实，社谷存入常平仓后，虽仍保持社谷名义，但易于和常平仓粮一体经营，动用和买补均不分彼此，年长日久，随着常平米谷屡有增减，社谷亦随之沉浮，最终可能谷量减少，乃至不知所终。湖南武冈州"乾隆四十八年（1783年），知州张绍鼎劝捐社谷二千三百七十石八斗，寄储常平。嘉庆十四年（1809年），知州丁淑鑑建义仓四，于常平仓之东以储焉，后署州查领用前州丁钰解缴府库社谷价银八百三十两零八钱三分六厘，作谷一千六百六十一石六斗七升一合三勺，并未买补还仓，又历任盘折谷四百五十七石四斗，实在储仓社谷二百二十一石七斗二升八合七勺"。②

湖北均州仓储的变化颇能说明问题，"查州册常平、襄漕各谷一万八百五十余石，社仓谷一万七千六百七十六石六斗八合七勺，向系分贮四乡，嘉庆年间附储常平。除动用外，两项实存谷二万二千三百七十七石八斗二升八合三勺，节次因公动支，皆陆续买补如额。道光十二年，汉水溢入，州城仓谷被浸，堪存储者仅上层谷九千五百六十石，余一万二千八百一十七石八斗二升八合三勺，日就红腐，不堪存储，知州郑伟、署知州王汝霖通详各宪批准，分别变粜，获银二千六百二十四两三钱，解郡发典生息，俟符原数，即请买谷还仓。自道光十三年至二十六年，共得本利银一万一千四百六十五两五钱一厘，由府解存藩库。咸丰二年，粤逆陷省垣，此项遂无著。所储乾谷九千余石，除历年奉文动用，未经买补外，实存常平仓谷三百七十七石九斗五升二合三勺，又附存襄漕米易谷三百五十六石九斗五升一合七勺"。③

仓储本为备荒救灾之机构，用于赈救灾民、贫民本为其职责所在，无可厚非，但是，各种仓储形式相互之间是既独立又合作的关系，模糊了其独立性，自然是极不合适的。常平官谷和社谷混为一谈，使得社仓的角色逐步"消失"，名存实亡。湖北通道县社谷收贮常平仓后，"仍照每年官发印册，于初夏发谷，至秋中，令子目并还，以每石加息一斗为额"。④

---

① 同治《安化县志》卷16《经政·仓储》，第1—2页。
② 同治《武冈州志》卷22《贡赋志》，第37—38页。
③ 光绪《续辑均州志》卷7《户赋·积储》，第25—26页。
④ 嘉庆《通道县志》卷2《营建志·仓库》，第28页。

湖南《清泉县志》载："乾隆二十一年，衡阳县分拨东南乡七所，共储谷四千二百七十七石三斗四升，后运谷入城，官为经理，久之无存。四十五年，续捐一万石附储常平仓，不立社长。道光、咸丰以来，历任知县碾粜动用，或折价移交，或以应领军需银作抵，亦成无著之款。"[1]

比较少见的是将常平仓谷分贮社仓的情况。湖南溆浦县常平仓原存谷3万石，义仓官民捐谷共有106石，该县于乾隆十五年（1750年）建社总仓3处，"在城东东狱祠侧者储谷六百八十八石，在桥江油洋村者贮谷七百五十四石零"，"在龙潭广福寺者贮谷三百三十五石零"。乾隆二十七年（1762年），将"常平、义仓悉分贮社仓，交社长经管"。该项谷因历年久远，渐致无从察实。直到咸丰三年（1853年），才由知县陆传应出面，在县城东门外建置义仓，用捐款两款买谷1000石，田43亩，铺店5所，交由士绅李百涛、钟允涛、杨海南、郭远丰等经管。[2]

显然，乾隆前期，长江中游地区那些捐谷较少、社仓办理困难的地方，官方将常平仓谷拨作社谷，作为社仓的启动资金，是惯常的做法，它和民间（私人）自愿捐输社谷相结合，是社仓得以真正全面铺开、社谷增多的重要前提。在社仓运行过程中，遇仓廒缺乏、损坏、不足或者社谷亏短时，往往由官府出面做出决定，将社谷"暂时存贮"或"附贮"在常平仓内，以解决面临的困境。清后期，当仓储体系逐渐松弛重振有限时，这种情形更易出现。在州县地方官员的视野里，虽有官仓与民仓、官谷与民谷之分，但并非意味着不可跨越，当中央政府控制放松或者强调不够、面临地方必需时，他们往往会做出较为灵活的处理，从而影响到社仓在这些地方的命运。

第二节　义仓与社仓

义仓是传统社会民间备荒救灾的仓储形式之一。在长期的发展过程中，清代义仓形成了三种类型：一是设立于乡村或市镇，由民间自行经理，用于帮助灾贫民的粮仓。这种形式的义仓分布最广，和社仓也最为相像，因此，两者名称也常常混用。二是设立于市镇，由商人资本捐资兴办

---

[1] 同治《清泉县志》卷4《贡赋·积储》，第4页。
[2] 乾隆《溆浦县志》卷5《公署·仓储》，第5页；民国《溆浦县志》卷8《食货志一·积储》，第2页。

的专门性粮仓，如商义仓、盐义仓等。三是与宗族制度有关的宗族义仓，主要以赡养救济族内贫户为目的。限于研究主题以及设置的普遍性和公众影响力，本书主要讨论第一种义仓。

一 清代的义仓制度与实践

义仓作为另一种十分重要的民仓形式，起源于北齐，真正建立也是在隋，即隋开皇五年（585年）工部尚书长孙平的奏请，初始在筹谷方式、建仓地点、运营管理上与社仓无二，① 后曾一度立于州县，自宋以后，逐渐回归，成为与社仓类似的民间互助型粮食储备设施。

清代义仓和社仓并行，按照康熙十八年（1679年）的规划，州县立常平，乡村立社仓，镇店立义仓，共协赈济。但是，在康熙四十二年（1703年）之后，各地由民众自愿捐输米谷、民管民用的仓储，皆称为社仓，义仓之名不再出现。其再次出现是在雍正四年（1726年）正月两淮盐义仓的成立。当时题准，两淮众商公捐银约24万两，盐政缴公务银8万两，以其中2万两赏给两淮巡盐御史，以30万两为江南买贮米谷，盖造仓厫之用。所盖仓厫，赐名"盐义仓"，由两淮巡盐御史交给商人经理。② 之后，江浙盐商随之在扬州、泰州、通州、如皋、盐城、海州、板浦等地设立盐义仓。雍正朝的义仓建设因此以盐义仓为主。

乾隆朝，义仓的范围开始扩大，除了专门性的盐义仓之外，号召于各乡村建立一般意义上的义仓。从此时重提设立义仓的初衷看，是政府官员们认识到社仓功能相对单一，希望借此扩大粮仓规模和形式，以作为常平仓和社仓之有效补充。乾隆十一年（1746年），直隶总督那苏图和布政使方观承倡建义仓。在方观承看来，"（义仓）大约与社仓事目相仿佛，而社仓例惟借种，义仓则借与赈兼行，而所重尤在猝然之赈也。借直如民间之自通有无，赈不啻各村之家藏储蓄。而其大要，则设仓宜在乡，而不在城；积谷宜在民，而不宜在官，不过官为稽核，无致侵损浥变耳"。③

其后，针对乾隆十三年（1748年）五月，户部议覆直隶总督义仓事宜，方观承又指出："臣思义仓之制，以本地之有余，助本地之不足，原

---

① 邓拓：《中国救荒史》，北京出版社1998年版，第433—434页。
② 光绪《大清会典事例》卷193《户部四十二·积储》，商务印书馆1908年版，第4页。
③ 署理山东巡抚、直隶布政使方观承奏于乾隆十二年正月十二日，《清代灾赈档案专题史料（宫中朱批奏折·财政类·仓储项）》，中国第一历史档案馆藏，第1138函第5号。

系民间自为赒恤之举，与积贮在官者不同，故其输出、收纳一切典之于民，惟藉官为稽察，无使侵耗而止。从前社谷一项，亦系民为典守，自入奏销册案。民间以为在公禀，而不在民社，缓急动用均须报部，是以惟捐输于举行之初，而其后只出借增收息谷而已。今义仓之设，用以补常平、社所不及。"在方观承看来，社仓因需和常平仓一并上报数字，民间视其为和"公"有关之物，并未有持续捐谷，惟有另开义仓。他所提倡的义仓，同社仓一样设在乡村，但却借赈兼行，比之社仓要灵活得多。同时，他希望义仓的管理不要纳入常平、社仓每年奏销的体系，而是单独具折奏报，以显示其为"民物"的本质。①

直隶的义仓建设是卓有成效的。直隶省各州县原设有社仓，但是，分设乡镇者仅占十之一二，附贮在城内常平仓者倒有十之七八。自乾隆十一年（1746年）试行义仓，很快筹得士民捐输义仓杂粮、粟谷11万石。义谷既增，自然应该分贮各乡。于是，令各乡捐谷2000石以上的，先拨司库银建仓存贮，日后从息谷归还；捐谷不足2000石者，则暂时租房收贮，等息谷充裕后再建。如此，使本处捐谷之人春借秋还，民情利便，以鼓舞士民乐输，以臻实效。总督那苏图认为，义仓和社仓"事例相同"，他依照社仓事目，制定了简单的义仓条规，除了上述在乡村建仓分贮外，还包括：仿照雍正初年关于捐输社谷的奖励标准，对捐输义谷之士民，按照谷石多寡，分别给予花红、给匾以及顶戴等奖励；按照各州县每乡谷数多寡，500石以内者，设仓正一名，1000石以外者，添仓副一名；秋收后十二月底，州县官逐乡同仓正副盘查一次，取具加结，详报道府等。特别之处在于，第一次将捐谷之旗人纳入奖励范畴。旗人是比较特殊的群体，他们和仓储的关系，主要还是在捐谷给常平官仓，可以和民人一样享有捐监生的待遇。除此之外，他们一直远离民仓建设之外。由于直隶省地理位置的特殊性，在乡村捐输义谷，不可能回避旗人的领地。于是规定，旗人捐出义谷，照民人之例，一体给奖。还有义谷每年劝捐、设立仓正副经管、州县官查核、春借秋还、从息谷中支出各种折耗，等等。② 总体来看，那苏图所建立的义仓填补了直隶社仓在乡村分布较少的缺憾，义仓和社仓二者确实是事同一体。

方观承到山东担任巡抚后，亦举行义仓。乾隆帝据此认为，北方各省

---

① 直隶总督方观承奏于乾隆十八年二月十九日，《清代灾赈档案专题史料（宫中朱批奏折·财政类·仓储项）》，中国第一历史档案馆藏，第1152函第5号。
② 直隶总督那苏图奏于乾隆十二年正月初二，《清代灾赈档案专题史料（宫中朱批奏折·财政类·仓储项）》，中国第一历史档案馆藏，第1138函第21号。

容易办理，于是下令仿行。但是，唯有山西表示可以遵行，①陕西、河南等省都以本省社仓并不只是出借，原本就借赈兼行，和义仓事同一例，无需另立仓储名目为理由，拒绝执行。河南省并奏明，康熙年间曾试行过义仓，但行之四十余年，只得谷8万石，而社仓自雍正二年（1724年）开始举办，仅二十余年，已积谷50万余石，以此说明举办义仓根本无益于积贮。不仅如此，还会使"官须分款劝捐，民须两处分纳，恐丰于此者，必绌于彼"，徒添麻烦。②山东随后亦奏，因是年受灾，继任巡抚准泰请求暂停捐办义谷，等到年岁屡丰之后再作打算。③后来实际上则基本停止了。因此，这一轮义仓建设除了在直隶、山西取得一定成效外，其他地方基本无甚动静。

方观承一直在不遗余力地坚持劝办义谷，尤其是在直隶省任职时。乾隆十八年（1753年）二月，他任直隶总督期间，共建义仓1005所，筹积义谷28.5万石，并绘全省义仓全图呈进给乾隆帝。④他的义仓理想在直隶省得以实现，到四十九年（1784年），实存义谷（米麦粱豆合谷）约42万石，息谷2万石。⑤

几十年过去了，嘉庆二十年（1815年），直隶总督那彦成清查义谷时，发现短少情况十分严重，实存谷不足8万石。他因此申请恢复义仓旧制。二十一年（1816年），他报称初有成效，称自己倡捐3000石，官绅共捐谷16万石，其中有官捐4万石。⑥其后，那彦成调任陕甘总督，在甘肃继续倡办义仓。在那里，他所办的义仓规模不小，在运作上和直隶义仓亦颇为相似。

乾隆中晚期，广西、四川、吉林、河南等省相继加入了捐建义仓的行列。大致说来，一直到嘉庆末期，全国范围内举行义仓的省份并不算多，且基本是社、义并举，义谷的储谷规模总体少于社谷，在备荒救灾中所起

---

① 山西巡抚爱必达奏于乾隆十二年二月初七，《清代灾赈档案专题史料（宫中朱批奏折·财政类·仓储项）》，中国第一历史档案馆藏，第1138函第14号。
② 河南巡抚硕色奏于乾隆十三年三月初十，《清代灾赈档案专题史料（宫中朱批奏折·财政类·仓储项）》，中国第一历史档案馆藏，第1138函第32号。
③ 山东巡抚准泰奏于乾隆十三年十月二十六日，《清代灾赈档案专题史料（宫中朱批奏折·财政类·仓储项）》，中国第一历史档案馆藏，第1145函第15号。
④ 直隶总督方观承奏于乾隆十八年二月十九日，《清代灾赈档案专题史料（宫中朱批奏折·财政类·仓储项）》，中国第一历史档案馆藏，第1152函第5号。
⑤ 直隶总督刘峩奏于乾隆四十九年十一月二十九日，《清代灾赈档案专题史料（宫中朱批奏折·财政类·仓储项）》，中国第一历史档案馆藏，第1179函第35号。
⑥ 直隶总督那彦成奏于嘉庆二十一年正月初四，《清代灾赈档案专题史料（录副奏折）》，中国第一历史档案馆藏，3/1850/59。

的作用十分有限。

嘉庆朝，关于义仓的管理规定频频下发，指示仿照社仓事例举行。嘉庆六年（1801年），随着社仓在管理上"归民经理"、官不干预的政策调整，"所有义仓，即照社仓之案，一律办理"。① 议准：

> 各省义仓，听民间公举端谨殷实士民二人充当仓正副，一切收储出纳事宜，责令经理。其公举呈换赏罚年限，岁底报部，照社仓例办理。

又议准：

> 义仓谷石，非本地农民，概不准借。其已借常平、社谷者，不准再借。直隶收成八九分者，加一收息；收成六七分者，免息，每石止收耗谷三升；收成五分以下，缓至次年秋后还仓。凡原借杂粮，按粮价易谷交还。应加息者，照谷加息。河南、山西、广西每石收息一斗，歉年只收本谷，免其收息。湖北、江西出借不收息。

嘉庆十九年（1814年），议准吉林八旗义仓额储本色谷3.4万石。② 照此，义仓设在乡村、春借秋还、加一收息、捐输奖励等，和社仓无二。

道光初年，战乱稍微平息，在朝廷的大力支持下，义仓建设进入了快速发展的轨道。道光元年（1821年），御史陈继义奏请整顿社、义二仓的提议获准，上谕：

> 社仓、义仓，所以辅常平仓之不足，本系良法美意。雍正、乾隆年间，各直省实力奉行，小民均受其益。逮后日久弊生。如该御史所奏，仓正偷卖分肥，州县藉端挪移，胥役从中侵蚀，遂致日久亏缺，仅剩空廒。继则旷废日久，并廒座亦复无存。是以近年直省偶值偏灾，议缓议蠲，从未闻有议及社、义二仓之粟周济穷黎者。夫积贮为生民之大命，此事废弛已久，自应及时兴复，以裕民食。着通谕各直省督抚察看所属州县社、义二仓，现在存者若干，废者若干，以次董

---

① 光绪《大清会典事例》卷193《户部四十二·积储》，商务印书馆1908年版，第5页。
② 同上。

第六章 整体与关联:清代长江中游地区的社仓与其他类仓

率修复。①

道光三年（1823年），安徽地区发生水灾，布政使陶澍在赈灾过程中体会到常平仓、社仓救灾的空虚和低效，上疏建立"丰备义仓"。四年（1824年），他升任安徽巡抚，在安徽率先倡建丰备义仓，并酌议章程，通饬各属出示劝行。其后，随着调任江苏巡抚、两江总督等职，他在江南的十余年里，一直倡导推行"丰备义仓"，并使之成为推动近代江南仓储转型的重要步骤。② 丰备义仓成为这一轮义仓建设具有代表性的成果，后来对同光时期的义仓建设产生了深远影响。

道光五年（1825年），陶澍将其于上年在安徽所定的《劝设丰备义仓章程》共十二条呈报给道光帝，阐述了丰备义仓的建仓、管理及运营特点，主要内容有：

> 乡村无论百余家、十数家，总以里居联络者，公设一仓。每年秋收后，各量力之盈绌，捐谷存仓。出者毋吝，劝者毋勒。或数十石，或十数石，多则一二百石，少即数石、数斗、数升，均无不可。收谷时，公同主簿登记，择一老成殷实人总管，再择一二人逐年递管。仍设四柱交册，分别旧管、新收、开除、实在，明晰登载，互相稽查。……乡村零户，有难于连络者，或每族各为一仓，或一族中，每房各为一仓，或以散户归入附近邻保，共为一仓，均听民便。总在随地制宜，多多益善。果能一处行之有效，而他处自仿照行之矣。设仓宜择善地，不宜近水，不宜近市，以防不虞。建议之初，仓廒未立，或神庙或公祠，或老成殷实之家，仓屋有余者，均可借储。……设仓本系义举，司事之人不容稍有侵蚀，亦不许藉端开销。惟看守仓廒之人系属雇觅，常川在仓，不能不给予工食。责令巡查，遇有风推雨漏，仓板损破之处，立即告知经管之人，及时修理。……捐谷既有成效，即赴地方官呈明立案，以免匪徒阻挠，扰乱章程。以后捐多捐少，收放出入，官吏概不与闻，即里长、甲长亦无许越俎。倘有吏役托名稽查，藉端需索，查处，照诈赃例从中惩治。……积谷既饶，止许添建仓廒，不必推陈出新，以求溢长。亦不必春借秋还，以权利息

---

① 《清实录》第三十三册《清宣宗实录（一）》卷13，中华书局影印本1985年版，第247页。

② 吴四伍：《晚清江南仓储制度变迁研究》，博士学位论文，中国人民大学，2008年，第127页。

战争杜纷，此为最要。惟余谷置田收租，尚可并行不悖，然必积谷实在充裕有余，以少半置田乃可，否则不必。……年丰时和，劝捐较易，果能积有三年、五年之蓄，又不妨略为变通，邀同衿耆划分若干，于乡间添设恤嫠、育婴等会，或于冬间就村庄中鳏寡孤独与外来无告穷民量为赈济，亦所以广任恤也。①

陶澍设立丰备义仓的初衷，是为了革除常平、社仓之种种弊端，这和方观承兴举直隶义仓的初衷相同。与直隶义仓相比，丰备义仓的相似之处在于，义仓设在各乡村，由士民量力捐输而成，仓由民捐、民管、民用等。其与前者的主要区别在于：一是义谷用途，规定不出借、不平粜，只专用于灾年赈济。在陶澍看来，这一点非常重要，即确保此项义谷只积储，不流通，以用于赈济，这是因为救济为义谷第一要务，置买田地虽为经久之计，但不能用于救济，并非目前急务。二是义谷经营方式，规定丰年劝捐，不出借生息。谷石十分充裕后，可少量用来买田收租。三是不将义谷纳入官方的监管，除了将捐谷数额报官立案外，一切仓谷进出事宜，均由仓长主管，地方官概不干预。义谷也无须像在乾隆朝那样，和常平、社仓一样造册报部，只需账务公开，以便乡民互相稽查。可见，陶澍的丰备义仓已具有明显的制度创新意义。

陶澍的建议得到朝廷的认可和赞赏，皇帝下令各州县广而仿行。咸丰二年（1852年），上谕指出，义仓之设，"最为便民至善，封疆大吏果能饬属实力奉行，图匮于丰，自能有备无患"。催促各省督抚察看地方情形，年岁丰歉，广为劝导，加紧劝捐义谷，并据实具奏。②

但各地义仓起步不久，却遭遇咸丰战乱，仓储遭受毁灭性打击，常平、社仓以及义仓大多损耗殆尽。同治六年（1867年）战乱平定后，朝廷立即谕令各地州县及早复兴义仓：

> 向来各直省州县设立常平仓以外，复设义仓，原以广积储而备灾荒，立法本为至善。自军兴以来，地方被贼扰害，旧有义仓，每多废弃，亟应及早兴复，以备不虞。著各直省督抚即饬所属地方官申明旧制，酌议章程，劝令绅民量力捐谷，于各乡村广设义仓，并

---

① 安徽巡抚陶澍奏于道光五年六月初四，《清代灾赈档案专题史料（宫中朱批奏折·财政类·仓储项）》，中国第一历史档案馆藏，第1203函第19号。
② 光绪《大清会典事例》卷193《户部四十二·积储》，商务印书馆1908年版，第4页。

第六章　整体与关联:清代长江中游地区的社仓与其他类仓　213

择公正绅者妥为经理，不准吏胥干预。该督抚当实力奉行，不得视为具文。①

各地开始了恢复义仓的行动。清末建立义仓的特点，是一些地方放弃了对于社仓的追求，只兴建义仓。这种义仓和积谷仓一起，在很多地方逐渐取代了社仓，成为民间仓储建设的主要形式。

二　清代长江中游地区的义仓

就长江中游地区义仓建设而言，和全国义仓的发展步伐大致相似，虽然清初康熙年间就谕令在各地设社仓、义仓，但本地大规模建设义仓主要是从道光初年开始的，之前只有极少州县零星有设。

第一，康熙二十九年（1690年），湖南祁阳县奉文于县城南新建义仓，共6间，后废。② 乾隆四十六年（1781年），知县袁纯德建立永丰义仓，仓位于县署后典隆街火神庙，"左侧中为仓，神祠左右廒口共八间，前为大门三间，缭以周垣"。③

江西雩都县，于乾隆二十一年（1756年）由知县高泽叙在县治左建立义仓。嘉庆二十一年（1816年），奉知府令，县令张湄劝士民捐输义谷，得谷4300石，并亲捐养廉银500两，在县城北门龙船坊建仓一所，分八廒。每逢歉岁，青黄不接，照价发粜。由刘鼎桂、萧成珑二人经理，二人推陈出新，经营有方，复得息谷720石。捐谷士民奏请上司给予职衔、府县恩扁，以示奖励。④

嘉庆六年（1801年），湖南酃县知县刘庆增建立"减粜义仓"。⑤ 二十年（1815年），江西崇仁县乡绅谢廷恩请捐建义仓四十间，建造完成后，"仓廒四十二间，大房七间，瘠房、厨房各一所，绕围砌结砖墙，核计工料银共费元银四千三百二十两"，"捐谷一万石，又捐钱四百千文，入典生息。又捐店一间，岁收僦赀五十八千文，以备守仓平粜各费"。监生吴昌平等还将祖传文恪公书院捐出为义仓基地，谢又花费银500两建仓。⑥

---

① 《清朝续文献通考》卷61《市籴考六》，商务印书馆1936年版，考8170—8171。
② 同治《祁阳县志》卷17《积储》，第28页。
③ 道光《永州府志》卷3（上）《建置志·公署》，第23页。
④ 同治《雩都县志》卷4《公署》，第5页。
⑤ 同治《酃县志》卷6《田赋·积贮》，第23页。
⑥ 《义仓详文》，同治《崇仁县志》卷3《食货志·仓储》，第4—5页。

道光年间开始，在中央和地方官府提倡之下，各州县义仓不断增多，掀起了兴建义仓的热潮，如下述：

湖南桃源县于道光三年（1823年），由"知县谭震捐廉，共买官斛谷四百八十四石一斗，各村共捐官斛谷二万六千五百三十石，共官斛谷二万七千零一十四石一斗"。①

江西泰和县于道光十五年（1835年）举行义仓，"各乡俱建义仓，或一都独建，数都共建不等，其捐数视多寡请议叙"。②

原有义仓之州县，此时趁机清理仓谷，翻修仓廒。前述祁阳县永丰义仓自建立后，先后由傅江左、刘朝上、何用亭等十余家经管，道光三十年（1850年），旧仓将圮，知县任瑛追出程鹏九缴纳陈沅欠谷200石、彭光祖缴纳蒋士福欠谷46石，并旧仓废料等一并变价，将钱用于修建新仓，仓左右各三间。程鹏九续缴谷200石、彭光祖续缴谷110石，用来填补陈沅、蒋士福旧欠，加上刘楷族人摊赔谷40石，共谷351石存贮仓中。此仓到了同治年间，因仓谷亏短、出粜不畅等，将仓谷以及经管之仓长傅江左等十余家屋变卖，仓改为育婴堂，钱充作该堂经费。③

在咸丰太平天国战争期间，义仓和常平、社仓一样受到冲击，像湖南桑植县，江西靖安县、吉安县、义宁县等义仓或"劫掠无存"，或"团练支用"，均受影响。不过，由于此时义仓建设不多，因此相对于常平、社仓而言，影响所及并不显著。战后，补充和兴建仓储成为兴复地方事务的重头戏之一，各地仓储建设大张旗鼓地铺展开来。

江西昭萍县于同治十年（1871年）奉令创办义仓，"合一百八图，同时举行"。知县以所余团练经费买谷3000石，积于城北之崇正书院，颜曰"福惠仓"。又令保甲、绅士于烟户册附载田亩计亩捐谷，择各图适中之地建仓分储，岁荒减价平粜，其鳏寡孤独废疾贫而无依者则赈之，全县108图共积谷5万石。④

同治八年（1869年），湖北省通城县知县陈惟谟劝捐谷石1011石存入永丰义仓。至光绪元年（1875年）义仓存谷5000石。五年（1879年）续增2000石，共存谷7000余石。⑤

湖北大冶县建义仓3所，"陈氏义仓在安昌乡讲堂堡，同治十一年四

---

① 光绪《桃源县志》卷3《赋役志·积贮》，第6页。
② 同治《泰和县志》卷6《政典·储备》，第34—35页。
③ 同治《祁阳县志》卷17《积储》，第29—30页。
④ 民国《昭萍县志》卷4《食货志·仓储》，第37—38页。
⑤ 民国《湖北通志》卷48《经政志六·仓储》，第8页。

第六章　整体与关联:清代长江中游地区的社仓与其他类仓

品封职陈国祥建。张氏义仓在安昌乡官田庄,光绪六年教职张顶勳建。李氏义仓在安昌乡讲堂堡,光绪八年五品封职李怀清建"。①

除了新建义仓外,在咸丰战乱中损毁的州县义仓亦陆续得到恢复。据同治《桑植县志》载:"义仓原储谷六千一百一十六石,系道光二十六年知县朱世熙奉文督绅捐备。咸丰初,售谷二千一百七十石,置当水田七处,岁收租谷二百零五石,绅耆经管。咸丰五年,土匪劫掠无存,现在实储谷一千五百七十五石。"②

另据《吉安县志》载,其丰乐义仓建于道光十五年(1835年),由知府劝绅士捐输于城内建仓,当时积谷达5万石,捐输士民因此得到了朝廷"议叙"奖励。咸丰六年(1856年),"太平天国军陷城,焚掠一空"。同治初年起,逐步修复,先是"就其地陆续修整,不及前之半"。九年(1870年),邑中绅士筹银3000两买谷入仓,又捐谷千石归仓。十一年(1872年),知府筹谷1600石存仓。光绪二十五至二十六年(1899—1900年),知府许道培、知县冯兰森各捐千元买谷,并劝谕绅商共捐谷2.4万石入仓。宣统二年(1910年),省委员黄恩荣和知县易顺豫清查仓谷,实存2.34万石。③

第二,从义仓的设置来看,正如前述,朝廷对于设置义仓的要求在前后期有所不同,早期要求是"乡村立社仓,市镇立义仓"。到了道光年间,顺应时势,令各地举办义仓,"州县中每乡村公设一仓",④ 义仓的设置从市镇到乡村,从政策层面已和社仓不分畛域。

各地义仓种类繁多,其发展也各不相同(见表6—5)。

表6—5　　　　　　清代江西赣州府义仓设置一览

名称	概述
道义仓	在城西,仓廒十间,始设于雍正六年(1728年),储谷12000石。嘉庆二十一年(1816年),巡道查清阿倡捐谷1000石,改建于道署东偏,编长庆丰年多蓄积字为七廒。道光十三年(1833年),巡道萨兴阿续捐1000石,计实储谷3000石

---

① 《义仓记》,民国《湖北通志》卷48《经政志六·仓储》,第8页。
② 同治《桑植县志》卷2《积储》,第12页。
③ 民国《吉安县志》卷16《庶政志·仓储》,第20页。
④ 光绪《大清会典事例》卷193《户部四十二·积储》,商务印书馆1908年版,第4页。

续表

名称	概述
府义仓	在城南宫保府，道光十三年（1833年）知府汪云任购王氏屋建，编农夫之庆实维丰年黍稷稻粱倬彼甫田粒我蒸民岁取十干字，仓廒二十四间，储谷9500石
民义仓	在城南鸳鸯桥，仓廒三座，储谷2500石
商义仓	在宫保府义仓后，道光十三年（1833年）知府汪云任购王氏屋建，与府义仓同建，编永观厥成百室赢止其崇如万亿及姊字，仓廒十六间，储谷5000石
盐义仓	旧在新开路，道光十三年（1833年），巡道李象鹍建，仓廒十六间。十九年（1839年），巡道赵仁基移建于宫保府府义仓左，储谷27575石余。

资料来源：同治《赣州府志》卷8《官厅》，第25—27页。

各仓发展：以上道、府、盐、商、民五义仓储谷于咸丰六年（1856年）因粤匪围城日久，给发兵勇口粮，悉行提用，禀报准销在案。经巡抚耆龄奏准咨部，给发实收，分设谷捐局，陆续收储，并添建仓廒，编诞降嘉禾黍载南亩于以四方终善，且有农夫之庆实维丰年黍稷稻粱倬彼甫田粒我蒸民，岁取十干，永观厥成百室赢止其崇如塘万亿及姊光华复旦景星卿云东西平秩最报惠人等字，共七十二座。同治六年（1867年），知府王德固移交市斛谷59776石，知府魏瀛催收，至十年（1871年）止，连filters共收存市斛谷60993石，分储六十二廒（内且有取卿惠最六廒空，未储谷，平秩报人四廒尚未修），选派绅首赖汝州、冯德垚、陈家杰、黄德撰、徐松龄等经管。

江西赣州府的义仓设置既显示了义仓种类的多样性，也显现出义仓主要设于城市的特点。从长江中游地区各州县情况来看，义仓之设在州县城市、市镇、乡村兼而有之。与社仓有所不同的是，一般府有府仓，（州）县有（州）县仓，乡有乡仓（表6—6），多视积谷情况及规划而定，并不像社仓侧重于乡村。

表6—6　　　　　　　清代湖南省永顺府义仓设置

义仓名	描述
府义仓	由各官吏捐建，同治九年（1870年），知府魏式曾捐廉买谷100石，永顺知县唐赓捐谷100石，前任永顺知县胡启运捐谷50石，府经历王恩照捐谷25石，府教授丁振声捐谷6石，署永顺训导刘华镁捐谷7石，永顺典史周阓捐谷12石，共300石，饬救生局买谷700石，共本谷1000石，分储府仓三廒

续表

义仓名	描述
县义仓	永顺县义仓18处，在城内1处，仓廒三间，由知县以军需余款建立。在各保17处，共储谷3000石
	保靖县义仓共储谷2400石，同治三年（1864年）知县捐设
	桑植县义仓于道光二十六年（1846年）由知县捐置，储谷6116石

资料来源：同治《永顺府志》卷4《仓储续编》，第43—49页。

上表中简单揭示了义仓在城中及乡村的设置情况。义仓在市镇亦有设，湖北江陵县义仓于光绪五年（1879年）由沙市镇绅商捐建，位于沙市刘公祠内，"专贮备荒"。① 湖南湘乡县义仓分城乡设置，永丰市、娄底各设一仓，各都建义仓数处，一在十一都杉树湾，一在二十二都永丰市，一在二十八都青树坪。②

第三，义仓谷来源：主要有劝捐、义田等，这和社仓相类似。

其一，劝捐。

劝捐是最为常见的筹集义谷方式。义仓和社仓一样，都在地方官的主持下兴办，地方官或直接建仓，或带头倡捐，进而带动乡绅士民捐谷建仓。湖南酃县知县刘庆增于嘉庆六年（1801年）建立"减粜义仓"，除"以旧有官租一百三十石尽数拨出，并捐廉率同好义士民公置田亩外"，还捐"烂木桥田六亩，租十二石；上四都蕉塘社官垄田三亩，租六石；南城外龙潭洲田八亩二分，租十六石四斗，荒洲一片"，在他的带动下，乡绅"谭家英捐五都南岸田庄鱼塘六分，租一石二斗；又南岸田一亩一分，租一石二斗"。③

沅陵县于同治二年（1863年）开始倡捐义谷，县境多山少田，产粮不敷使用，主要依靠周边产谷地区贩卖米粮接济。地方官广为宣传，积极倡捐：

县幅员辽阔，田少山多，一县之中，分一、四、五、六、八、十共六都。一都之中有数堡者，有十数堡者，……道路则远近不一，居

---

① 民国《湖北通志》卷48《经政志六·仓储》，第27页。
② 同治《湘乡县志》卷3（上）《建置志·公署·仓廒》，第10页。
③ 同治《酃县志》卷6《田赋·积贮》，第24页。

民则零星较多。且沅邑地方，民间素称困苦，户鲜盖藏，即逢丰稔之年，尚赖上下游产谷各区贩卖谷米来县，以资接济。兼之去夏亢阳日久，禾苗被旱，秋收甚属歉薄，贫民谋食艰难。虽经迭次出示晓谕，有谷之家开仓平粜售卖，诚恐终难足恃。然保富莫要于济贫，济贫莫善于预计，诚如宪谕，若不预筹于平日，必致告歉于临时。积谷一事，有裨于生民者甚大，自应认真劝办，速成义举。尊即将奉发告示，饬令刻匠，刊刷多张，发交各都保正，在于市镇、村庄，各穷乡僻壤，遍帖晓谕，俾使周知，并分别牒移浦市粮府、界亭、县丞暨札饬船溪、马底各巡检，就近遴选公正绅耆督率办理。……始据各都各堡承办首士陆续呈缴册结到县，总计共已捐谷八千零二石一斗五升零七勺。所捐谷石，或在本境建立仓厫，凭众收存封闭。或附入殷实之家，暂时寄存，俟建设仓厫，运放存贮。①

记载较详之江西吉安府丰乐义仓的劝办完整地展现了官为倡率、绅民跟进、同心协力终成义举的详细过程。

道光十五年（1835年），吉安知府鹿泽长奉巡抚裕泰令倡捐府义仓，很快收到官绅士民捐钱共折银8.1万两，买谷并捐谷共5.12万石。按照道光十二年（1832年）吏部奏定的捐输议叙章程之规定，六品、七品等官捐银4000两以上，八品至未入流捐银至2000两以上，经该督抚保奏，尽先选用，即按该员等应选之班，予以本班前用。十五年（1835年），又奏定章程，士民捐银200两以上者，给予九品顶戴；300—400两以上者，给予八品顶带；1000两以上者，给予盐知事职衔；2000两以上者，给予县丞职衔。其有职衔者，八品以上，照前项银数减半折算，给予议叙等。② 不久，江西巡抚裕泰将各捐钱捐谷之官绅士民名单呈上，奏请议叙，其名单见表6—7。

吉安府丰乐义仓所收钱粮折合银两共81000两，其中各官吏所捐共19000两，占23%；士民所捐共62000两，占77%。这种由地方官带头、乡绅士民跟进并在捐输义谷中占主要份额的情况，是各州县建设义仓的主流和常态。

---

① 光绪《沅陵县志》卷12《仓储》，第11—12页。
② （清）鹿泽长编：《义仓全案》，载李文海、夏明方编《中国荒政全书》第二辑第四卷，北京古籍出版社2004年版，第637—638页。

表6—7　道光年间江西省吉安府丰乐义仓官绅士民捐义谷情况统计

捐输折合银两数	候补官员	人数	士绅民人	人数	奏请议叙情况
4000两	候补布政司经历王信冲	1	—	—	尽先选用
3000两	候补训导廖寅宾	1	—	—	尽先选用
	峡江县丞葛钟谟	1	—	—	升用
2000两	候选府经历萧厚城、郭彦煊	2	—	—	尽先选用
	候选盐课提举邱日韶	1	—	—	从优议叙
1500两	—	—	监生王守谦、童生张景星、民人萧一才等	3	盐知事职衔
1000两	捐职布政司理问卢晃，捐职州同刘志峻、萧子范	3	—	—	从优议叙
900两	—	—	贡生黄廉、黄式金，监生侯可均、林凤仪、萧名播，民人黄光礼、刘流芳等	9	八品顶带
300—400两	—	—	监生刘文敬、王芳春，童生罗心传、萧名把等3人，民人杨邦选、黄锡光、陈国桢等18人	23	八品顶带
200两	—	—	监生刘永年、叶远抟，民人贺佐廷、王景岑、李钟等89名	91	九品顶带

资料来源：（清）鹿泽长编：《义仓全案》，载李文海、夏明方编《中国荒政全书》第二辑第四卷，北京古籍出版社2004年版，第638—640页。

注：官绅士民捐输钱粮，按照每钱一千、每谷一石均折算银一两的标准核算，计入表中。

其二，义田。

义田收租也是义仓举办过程中的重要积谷方式之一。同治年间，这种方式大量出现，同社田取租一样，它可以保障义仓谷的不间断供给，使义仓得到持续发展。

捐输义谷、建义仓和开辟义田这两种方式并非截然分开，很多州县往往是先号召百姓捐输义谷建义仓，在建仓过程中又利用现有条件购置义田，支持义仓。以较有规模的湖南辰州府义仓为例，该府义仓原建于道光十一年（1831年），当时在知府王见炜的劝捐下，筹得义谷4310石，其时仓谷尚未充裕。道光二十二年（1842年）十月，知府雷成朴上任后，即号令举办义仓，并带头倡捐银1000两，又传谕沅陵、泸溪两县绅士王友恭等分途劝谕。至次年四月，共劝捐银7500两，六月二十六日，据各首事王友恭、李光明、张开谟、唐世泰等数十人上报，共劝捐银1.1万两，连知府捐银共计1.2万两。这笔钱分作两用：一部分用来新建义仓，因旧建义仓地势低潮，木头腐坏，令原派首事张化兴等于仓后山坡高敞处另建新廒。雷成朴详细记述了义仓规模、布局，"计东西对向仓廒二十间，分内外四栋编列，治本于农务兹稼穑菽载南亩我艺黍稷岁熟贡新二十字，腰墙外南向五谷神祠一栋三间，祠后西向走廊，一栋八间，为盘量谷石之所，二门外东向官厅二间，为各首事勾稽出入之所，大门一座，额以'辰州府义仓'五字……共用过工料银一千九百六十五两七钱二分，均系实用实销，并无虚靡浮冒"。剩下的银两用来购买义田。他变通积贮义谷成法，用所筹捐钱先后买溶田213块，折算共2顷55亩2分，用过田价银9475两，可收净谷918石，召佃耕种，按五五交租，每年可收上仓净谷505石。①

对于购买义田之动机，道光二十四年（1844年），雷知府在《劝买义田说》中阐述得十分清楚：

　　辰郡之有义仓，仓贮谷四千余石，系王前府见炜禀明劝捐以备缓急者。本府抵任接收，方前府交代，尚有应缴存谷价钱一千九百五十四千文，当即查传首事，谕令随时请领，陆续买补矣。因思陈谷既已出粜，自应上谨易新，于仓储始为有益，似此因循延诿，恐日久不无亏缺。本府通盘筹划，思有以济民于久远，而长此有备无患者，则莫若多买义田，使义仓岁岁入新，俾仓储日臻充裕，设遇不虞，庶实有可恃。惟本府意见如此，特再为合郡绅商士庶人等剀切言之：

　　义谷捐之于民而籍其数于官，复选派公正绅士互相纠察，已可保无私橐隐匿诸弊矣，乃往往尤有亏缺者，则以谷易钱之后，民不能禁官不因公那（挪）用也。今本府另劝义田，除将前短义谷如数买补归仓外，如绅商士庶人等果能踊跃捐输，则由本府总计现买义田若干亩，岁可收租谷若干石，详明各宪产案，一面慎选首事妥为经理，从

---

① 光绪《沅陵县志》卷12《仓储》，第1—3页。

第六章 整体与关联:清代长江中游地区的社仓与其他类仓 221

此取谷于地,岁有所增,而斯仓永无空乏矣。

义谷积之于富而散之于贫,酌盈剂虚,立法固已尽善矣。所虑者,谷易为钱,钱未买谷之际,设遇水旱,米贩不来,而郡城素鲜盖藏,专赖商船接济,嗷嗷万口,其何以苟延旦夕乎?今本府广劝义田,除将旧存钱谷加紧封贮外,如绅商士庶人等果能辗转劝捐,则由本府综计捐数多寡,尽买义田,招募殷实佃户,按年交租。纵有偏灾,而义仓之谷陈陈相因,当不至官民束手也。

义谷必出陈易新,或春放秋收,始可免谷粒霉变,乃地方绅士或恐粜存谷价别有那移,每遇应粜之时,必饰词延宕,以致谷多红朽。今本府力祛其弊,特劝义田。如绅商士庶人等果能捐有成数,则以每年所收新谷定次年应放陈谷,如本年收新谷三百石,则次年只出陈谷三百石;本年收新谷五百石,则次年只出陈谷五百石,使仓储永远充盈。而每年粜谷无多,即粜价亦属无多,首事亦易于经理,至买补之时,当不致别虞支绌矣。

义谷或全数散济,或减价平粜,地方官自能因时制宜,传谕该首事遵办。惟仓谷全出之后,或岁仍告饥,何处求不涸之仓,使斯民常常保聚乎?今本府力图其继,急劝义田。如绅商士庶人等果能不惜捐费,则由本府催令首事等速买上等水田,使旱涝皆有所获。如今年收谷三百石,或全数动用,明年又可收新谷三百石。今年收获五百石,或全数动用,明年又可收新谷五百石。从此凶荒有备,长享太平,当亦合郡生民所同深庆幸也。

以上四条皆本府仰体各宪德意,悉心筹划,作未雨绸缪之计,为裒成集腋之谋,所期谕到即捐,慎勿迁延观望,则本府当分别实捐数目详请议叙奖励,断不使乡风慕义者纷纷埋没也。①

从他的这篇官文中,能体会到因为义谷存在容易亏缺、不敷赈济、补充困难等弊病,才设置义田作为应对之策。同时,他也谈到了设置义田的种种好处。在他的敦促下,道光二十四(1844年)、二十五(1845年)两年,府义仓又从乡民李林瀚、罗配玉、张心端等人处购买田地 21 块(有 21 份买卖契约),面积约 255 亩,每岁收租谷 500 余石。②

---

① 道光《辰州府义田总记》卷上,第 17—20 页。
② [韩] 田炯权:《中国近代社会经济史研究——义田地主和生产关系》,中国社会科学出版社 1997 年版,第 83 页。

相比于社田，义田的设置更为普遍，或以捐款购之，或官绅士民直接捐献。江西义宁州自道光年间开始举办义仓，在城乡设仓数处，有几处民间所捐义田见表6—8所示。

义宁州义田的设置可以清楚地反映义田在义仓积谷中的重要地位。当然，义田的设置并不仅仅用于义仓，还有赈济本族贫户之意，是宗族救济的重要方式之一，表中万秋山义田、万飚园妻李氏义田都提到用于"每岁冬底给本族"，许少文义田用于"每岁祭祀费用及酌给众人之资"。同时，州县义仓和安乡龚姓、许姓、万姓、询孙等义仓的建立过程再次显现了乡绅和宗族的紧密关联。

表6—8　　　　　　　　清代江西省义宁州义仓、义田的设置

名称	描述
义仓	在州治东，道光十五年（1835年）州绅倡建，建仓十六间，贮谷40000余石。每岁饥，减价平粜，至秋熟，以所入之钱买谷填还，置有田租100余石。咸丰五年（1855年），城陷，被贼劫散，租息尚存，同治九年（1870年）整饬
义仓	在安乡十都，龚姓志远裔积谷800石，田租100余石，原任星子县教谕龚旭倡首捐建
义仓	在安乡十二都，许姓积谷数百石，同治八年（1869年）呈案
槐里义仓	在安乡十二都，万姓积谷300余石，同治八年（1869年）捐建
兴仁义仓	在安乡九都，平田涂华公裔联建立，贮谷数百余石
询孙义仓	在武乡东洲之中墈，袁询众孙建，积谷500余石
万秋山义田	在安乡十二都汤桥墩子背，捐田租百余石
万飚园妻李氏义田	在安乡十二都万家墈，捐田租20余石
许少文义田	在安乡十二都置买，田租若干
刘静山义田	在武乡带溪，咸丰四年（1854年），封职胡全彬裔捐本里庙垅田租23石，封职胡郁章及裔桂馥捐大塘田租40石，封职景星捐大塘高岭西丰田租16石，仪丰醴皋合捐大塘田租15石，桂生捐租2石，合族花户捐庙垅田租14石
陈金谷义田	在安乡十二都长茅上窑南岸廖家庄后宅门首，共田租50石，每岁减价发粜

资料来源：同治《义宁州志》卷12《食货志·仓储》，第30—33页。

第六章 整体与关联:清代长江中游地区的社仓与其他类仓　223

除此之外,还有一些州县根据自身情况采取的其他做法,比如将闲余经费挪作义谷等。道光四年(1824年),江西泰和县知县徐惠迪上任后,重新整治本县仓储,着重发展义仓,他作文详细记录了具体过程:

> 因查前此各社长缴存谷价银两,既归入嘉庆二十三年清查案办理,尚有李前任流摊无着社谷三千八石零。道光四年,余莅任后,查杨前任移交有育婴会并义仓谷之项,嗣查此间溺女之风尚少,遂拨育婴所输并入义仓,得如千金。其在华五图,则监生王丕猷、监生严奇谟各捐银一千两,给首事康煜、胡秀具领经理,今实贮官斛谷一千七百五十石。五都则饮实(殷实)陈长契捐造义仓一所,并捐官斛谷八百八十石零,首事陈守谦、陈庆青等经理。六都则州同萧征、陶国宝等合捐银约计储官斛谷一千石零,首事增生陈烈经理,任事实心,而中道殂丧,今饬萧必先、罗廷猷接理。七都则州同李承恩、州同匡绩芳各捐银一千两,具领经理者为某某。……盖义、社两仓,名殊义同。嘉庆六年,曾奉部咨一律办理,通行在案,又岂得竟漠外视之?兹各绅士所捐银两买备谷石,共得官斛谷四千七百石,分贮各乡,是实有所储,永以为备。

从这段记载可以看出,因此地民风淳朴,溺女之风不胜,育婴会花费有余,遂将原有育婴会捐项并入义仓,增加储量。同时,将原有社仓之谷仅作了清理,并没有进一步的举动。而对义仓则不然,除将官绅所捐谷物计入义仓外,还规定管理之首事不得擅自借贷,"如遇荒歉,该首事禀县存案,照时价现粜,其价缴库,即于秋熟后买谷,仍贮义仓"①,这些都显示出重视义仓的努力。

第四,地方士绅与义仓的关系:从本地义仓的建立来看,地方士绅与义仓的关系非常密切,不但常常参与捐谷捐田,而且很多人直接建仓。

湖北钟祥县县学生傅惟肖家中富裕,本人一向乐善好施,道光年间,"岁大祲",于是捐田八十亩,设立义仓,"择乡人公正者司其出纳,冬发秋敛,立法甚善",至同治年间仍然造福乡里。②

在士绅建仓的过程中,宗族组织往往掺杂其中,形成宗族、家族义

---

① 同治《泰和县志》卷6《政典·储备》,第34—35页。
② 同治《钟祥县志》卷12《人物下·义志》,第36页。

仓，这是本地义仓较为突出的特点之一。上述义宁州已有所体现，会同、新宁等州县亦比较典型。

湖南新宁县有刘氏一族，分五大房，原居江西，后迁入新宁。新宁当地多住板房，刘氏按照江西惯例，以砖瓦盖房，称为砖瓦房。后在此建义仓，称为砖屋房义仓，主要救助族内贫民。义仓建于道光时期，创建者之一刘长佑作《刘氏砖屋房义仓记》，记载了建立原因及过程：

> 刘氏五大房皆来自江西，吾砖瓦房迁宁邑为最早。……各房相继来邑，城乡异处，即各以所居分房，是为砖瓦房。世业耕读敦孝友，数传而宗支日系家道渐裕，乃还砖屋，购地作室，聚族而处，有老七家、少七家，其相亲相爱，犹然一家焉。自道光庚戌以后，顿遭兵燹，屋尽为墟，人亦零散。……五房宗祠并家塾渐次竣事，惟本房生计日绌，丁口愈稀，慨然以修复砖屋，创置义仓。……重修砖屋若干间，新置义租一千石，与夫何人应支，何事应给，及应给、应支之数、之期，俱详规式，永垂久远。①

宗族义仓一般是为了救助族内贫户而建，刘氏义仓设立的初衷即是为了"本房"之利益。不过，随着义仓的发展和士绅惠及乡里愿望的增强，一些义仓也开始帮助族外乡人。

会同县太学生李元珠"勤俭起家，岁节省余粟，储之里社"，建"李氏义仓"，"里中贫乏者周之，出不索偿，入不计息，里之中嬉嬉然，无枵腹焉"。其子宗耀、宗辉继承父志，将其发扬光大。知县沈联元作《李生义仓记》，记述了其第一次看见李生义仓的情景，"先是康熙六十一年壬寅秋，余莅会，冬十一月，以公经其地，肩舆中，见瓦屋鳞次，询知为李生义仓。询得生父子本末甚悉"。赞其"此长孙良法，紫阳美意也"。"一介之士，家不素封，而慨然为善于乡，此其谊极流俗之所难，况先后济美，不近名，不近功，世德韬光，此君子跂望而不可必得者也。"②

通过修建义仓和管理义仓，地方士绅逐步建立起在乡村社会慈善和公益事业的主导权。

以江西新城县中田镇义仓为例。新城县士绅向有捐谷建仓的传统，明

---

① 《刘氏砖屋房义仓记》，光绪《新宁县志》卷22《艺文志》，第50页。
② 《李生义仓记》，光绪《会同县志》卷12《艺文志》，第13—14页。

第六章 整体与关联:清代长江中游地区的社仓与其他类仓

正统三年（1438年），江岳保出谷千石，建立义仓，受到官府嘉奖。景泰四年（1453年），程伯清出谷600石，"有司请旌"。成化十三年（1477年），杨振邦和其子先后捐谷600石藏社，程正宗捐谷千石。嘉靖年间，朝廷倡办义仓，"建昌四县各有施设，而新城义仓尤多"。乡官王禄于十三都建仓，邓榆、璩佑、杨升各出谷600石备赈，璩佑另外独立建仓于二十二都（县志中为二十一都），"出谷千石，岁贷贫民，不取息"，又捐义田18亩，杨升于五十一都建立义仓。①

清代因之，士绅建立了丰裕仓、和济仓、天济仓、永济仓、妙济仓、永惠仓、绥和仓、十八都义仓、永裕仓、裕原仓、桃溪浒市街义仓、可继仓、广福义仓、允义仓、杨姓樟村祖祠义仓、梅源义仓、吴姓祖祠义仓、胡姓和黄姓祖祠义仓、广义仓、汪氏和丰仓等为数众多的义仓。② 据衷海燕研究，中田镇位于十九都，康熙年间是新城县十大市镇之一，其主要居民为鲁氏、陈氏两大家族，二姓通过联姻形成了牢固的乡族联盟。清中叶，随着乡绅倡导创办义仓成为风气，鲁、陈二姓先后建立家族义仓。陈姓于乾隆三十七年（1772年）建立"陈氏义仓"，鲁姓于乾隆三十九年（1774年）建立"鲁氏家庙义仓"。随后，二姓经协商在中田镇共建义仓"广仁庄"，还用剩余谷石建"永丰仓"。广仁庄为全镇居民共有，其建立的意义在于，一方面，广仁庄作为乡族义仓，对当地社会救济发挥着重要作用；另一方面，作为乡族组织的共有经济，成为当地乡绅举办地方公益事业的主要资金来源。因此，广仁庄实际上已成为乡绅进行社区管理的机构和社区权力中心。③

第五，义谷的使用和经营：在由民捐民管的一般性义仓（为了和其他义仓相区别，不妨称为"公共义仓"）、宗族（家族）义仓和盐义仓三类义仓中，其义谷的使用和经营方式各有不同。除了盐义仓属比较特殊的义仓外，对于公共义仓和宗族（家族）义仓谷的用途和经营方式的异同做如下分析。

其一，平粜和赈济。

公共义仓的名称繁多，包括义仓、储备仓、裕备仓、丰备仓等。在各种公共义仓中，丰备义仓是清中后期影响较大的一类，之所以取名为此，

---

① 光绪《建昌府志》卷3《食货志·恤政》，第4页。同治《新城县志》卷3《食货志·仓储》，第3—4页。
② 同治《新城县志》卷3《食货志·仓储》，第5—20页。
③ 衷海燕：《清代江西的家族、乡绅与义仓——新城县广仁庄研究》，《中国社会经济史研究》2002年第4期，第40—48页。

按照其首倡者陶澍的说法，是取"以丰岁之有余备荒年之不足"之意。①在这股风潮的影响下，本地亦开始行动起来，陆续在省城设立丰备义仓或类似义仓，后来又扩展到一些府、州县城市。例如，湖北省城武昌府丰备仓，建在城内东北隅昙华林，道光十七年（1837年）由湖广总督林则徐建，有廒195间，称为"老仓"。咸丰九年（1859年），总督官闻、巡抚胡林翼增建60间，光绪三年（1877年），总督李瀚章续增72间，均称为"新仓"。至光绪八年（1882年），实存谷16.68万石，由盐法武昌道经管，并委州县官一员驻仓办理。②

湖南省巡抚骆秉章于道光三十年（1850年）在绅士陈本钦呈请之下，召集官绅商议集资筹捐积谷，于省城长沙建立义仓，命名"储备仓"，由陈本钦经理，在常平仓侧建东仓4间，西仓6座，看守人住屋6间，铺面4间，并制备器具，采购谷石。历年修葺，共用费钱5331串，主要由各级官吏捐助。咸丰八年（1858年）移交绅士李概舒经管，实存谷7735石。同治初年，用于减价平粜，后用粜价又买谷6000石，加之盐茶局发银买谷3.4万石，共4万石，一并存贮。同治九年（1870年），因上年水灾造成歉收，又出粜。③

清代长江中游地区各处丰备义仓中，规模较大且载有详细条规的主要有两处，一是江西南昌府丰备义仓，二是湖北黄冈县丰备仓。

南昌府丰备义仓位于省城东万宜巷，于道光十五年（1835年）由各县绅民捐建，初建仓廒117间，续建79间，共196间。该仓用捐钱置买义田，利用田租来保障仓谷供给，"总计各属县绅民共捐制钱十七万五千三百七十串，买田一千一百四十七亩零，每年应收租谷二千三百余石。买地基建仓一百九十六间，买谷六万八千三百六十石，内拨存义宁州平粜谷一万石，靖安县平粜谷五千石，实存仓谷五万三千三百六十石"。义仓地界属南昌府新建县，知府为此立碑记，并有《义仓章程十二条》，以规范管理。④

黄冈县丰备义仓于光绪五年（1879年）奉文办理，绅民捐银2.12万两（内拨修塔顶协署银192两），买谷2万石，就城内原军储空仓32廒加以修葺，又新建13廒，编列字号，以40廒分贮现谷，余空5廒备

---

① 《陶文毅公（澍）集》卷6《奏疏·仓库》，载许乔林编《近代中国史料丛刊》第二十九辑，台北文海出版社1966年版，第609页。
② 民国《湖北通志》卷48《经政志六·仓储》，第5页。
③ 同治《长沙县志》卷10《积贮》，第52页。
④ 《张寅碑记》，同治《南昌府志》卷15《赋役志·仓储》，第81—82页。

储羡余石,"每廒储谷五百石,计四十廒,共贮市斛谷二万石"。亦立有章程。①

上述义仓虽同样名为丰备仓、丰备义仓等,但是,同陶澍所设丰备义仓不同,仓谷并非"不减粜,不出易,不借贷,专意存贮以备歉时",南昌、黄冈丰备仓规定义谷可以用于平粜,一般不出借,灾情重时还可"酌量赈济"。

平粜一事由仓长经理,粜前需报官,粜价要缴官,南昌府义仓章程规定"出粜之时,绅士经理,所有粜价解存粮道库内,官不经手谷石,绅不私存粜价",黄冈县则规定"出粜谷价宜缴官,就近发存城内质铺,以防挪用也",实为"官绅并管"。为防囤买,"每人粜买不得过三升"。秋收后,仓长将粜钱领出,买谷如数入仓。"一粜一籴,均用制备存仓火印斛一体平量,以昭公允。""储完一廒,由县验收发给印条,载明存储谷石数目,粘贴廒口之上,庶出纳分明,免滋流弊"。

本地义谷运营的主要方式一是平粜,二是发典生息。平粜之例再如湖北恩施县,其义仓建于城内,道光十五年(1835年),乡绅李景芳等禀请知府马安时,"劝谕士民捐设义仓,以备荒歉,并捐廉百金,作钱一百三十千文,谕在城中圆通寺右侧原建府仓旧基,修造仓廒五间,缭以周垣,以怀、保、惠、鲜四字编名贮谷,而以鲜字仓为赈仓,以备用一仓为外仓,四仓实共贮大硕谷一千二百八十四硕五斗"。道光二十一年(1841年),"因岁歉平粜,怀、保、惠三仓贮谷,一次所粜之钱,随于秋收价平时买谷还仓,除补足每仓原贮实数外,共得赢余谷三十八硕六斗六升五合,又续收捐谷十五硕,实共贮谷一千三百三十八硕一斗六升五合"。咸丰三年(1853年),"知县任海晏因兵饷支绌,营员移请接济,准将仓谷挪移,后遂积渐废驰"。同治三年(1864年),知府夏锡麒以平粜之盈余为义仓存息之资本,"钱谷互易,出入回环,立法至周"②。

道光十一年(1831年)大水,湖南辰州府"米航阻滞,郡城向无储积,米遂如珠贵,邑人士设法捐赈,荒赖以救"。郡首下令劝捐谷4000石,贮义仓,缓急始有备。又捐置义田,每岁收租500石,"己酉三月大荒,上流阻粜,斗米千钱,城乡几断炊,而雨多日暗,疫疠时作,人情汹汹",于是令开义仓平粜积谷数千石,"不月告匮,民益荒",又令赴常郡买米,获川米成百上千石,"归设粥厂,四城及近乡设卖",救济难民

---

① 光绪《黄冈县志》卷4《赋役志·积贮》,第44—45页。
② 同治《恩施县志》卷2《建置志·积贮》,第6页。

"实万万计"。①

江西靖安县义仓兴于道光十六年（1836年），知县奉令劝捐，乡绅士民捐输过万石，其中5000石贮于县城，建义仓于县东门内法药寺东。道光二十二年（1842年）合邑创修考棚，于是移建于明伦堂后，二十七年（1847年）县"岁偏歉"，知县祁启尊借动义仓谷5000石碾米平粜，又集绅士捐资捐谷5000石接济平粜，平粜时间自四月二十七日起至六月初四日止，长达月余。②

赈济方面，南昌府义谷于咸丰七至八年（1857—1858年）赈济义宁州及碾放吉安府兵米，同治三年（1864年）赈济都昌、彭泽二县，先后动谷3.44万石。黄冈县"设遇成灾年分，自应查明户口，开仓动碾，或量口赈济，或分设粥厂，由官选派公正廉明绅士领运分散"。

其二，出借。

和以南昌府、黄冈县为代表的"丰备义仓"规定谷石用于平粜、赈济，但不准出借不同，一般性的义仓中，一些地方突破了此种限制，他们根据年景和实际需要，或推陈出新，或春借秋还，或无偿赈济，灵活操作，总以既惠济贫民又合理周转仓谷为目的。

湖南沅州府于道光九年（1829年）在知府邱家炜劝捐下，在黔阳、麻阳、芷江三县城内各新建义仓。义仓由公选之绅士二人经理，并由知府出面，拟定义仓仓规共八条，以便各县遵行。在该仓规中，明确规定了义谷出借的程序，沅州府地方六月内开始收割早稻，最迟也不过八月。每年三至五月青黄不接之时，四乡农民需要借谷者，需分别多寡酌借，于七八月间还仓。其出借取息，需查明各乡收成在八分以上者，每斗收息谷五合六七分。如需免息借给，必须司事之绅士核查确实。倘有拖欠，责令司事者赔偿，不准禀官追究。凡是借领义谷者必须为本地农民。已经借领社谷者，不准再借义谷。另外还规定，如收成在五分以下，县官勘察成灾，经批准动用常平仓谷赈济后，需相应拨还义仓谷用以弥补，以便积贮无虚。此外，因为气候潮湿，积谷易于腐坏，即使无人借领，义仓谷每年也必须出陈易新，以存半出半比例，于三四月间按时价出粜，八九月买谷还仓。

沅州府制定的义仓规条关于仓谷出借的要求中，除了出借基本程序和社仓相似外，其特别之处在于，由于社仓分布于各乡村，借还较易，贫民往往优先借领社谷，在这种情况下，不准再借义谷。也就是说，社谷、义

---

① （清）张开谟：《辰州义仓纪事》，光绪《沅陵县志》卷12《仓储》，第52—53页。
② 同治《靖安县志》卷3《食货志·仓储》，第58页。

第六章　整体与关联:清代长江中游地区的社仓与其他类仓　229

谷因其功能相似,贫民不能重复享有救济。另外,义仓的经营,更加强调民间的独立性,官府不承担稽查的职责,衙门吏胥不得过问,即使是里长、甲长亦不许越俎参议。主管之仓长只需于每年年底将册报地方官即可,州县官交代,亦毋庸造册报部,只将任内仓长所报之数立案。如有贫民欠谷,需由主管仓长赔偿,不用官府追究。①

其三,挪作他用。

虽然有沅州府义仓规条中强调义仓民间性的事例,但是,在如丰备义仓那样的例子中固然规定由仓长主管仓务,但平粜、赈济要上报地方官府、平粜之钱要缴官等,这些规定显现了义仓管理和运营中官方力量的渗入,使得大多数地方的义仓和社仓一样,虽然名义上是民办,却无法摆脱官方的影子。遇有地方公事,义谷亦易于被挪用,成为地方临时经费的补充。湖南辰州府义仓曾经在道光年间搞得风生水起,因采用义田养仓,义谷得以源源不断。先是,咸丰五年(1855年),知府准许提标左、后两营以奉拨兵饷不济,借领府义仓谷共市斛4588石,每石照时价折制钱一串,每钱一串,折市平银5.6钱,按九七折库平纹银2492两,该笔费用议定在沅陵、泸溪、溆浦三县解到咸丰七年(1857年)夏饷以及沅陵县应解春饷中以谷价银照数扣还。接着,辰州城守营借领义仓谷817石,以钱折库平银443两,议定在溆浦解到六年(1856年)夏秋兵饷内照数扣还。义仓之谷已尽数借发后,所借之谷因各县难以按期如数归还而引起了轩然大波。据沅陵县知县陈鸿年禀报,该县之所以未能及时缴纳饷银抵还义仓谷价,主要是因为该县负责催征并将征收钱银熔解的银匠苦于民欠过多、无法上缴之故。于是,将所有欠户田产、包括银匠章心禹之水田33块,抵作义谷交差,才账目两清。经此事后,知府沈本泰加强了对于义仓的控制,规定今后只有遇到地方歉收,经府衙门察看情形并向上司请示后才能动用。除此之外,各营县一概不得觊觎挪用。②

其四,发典生息。

和清末社仓的经营方式类似,义仓亦常采用发典生息之法。发典生息之本钱来源于平粜之价、变卖仓谷、所捐之钱等,南昌府丰备义仓于道光二十六年(1846年)变卖仓谷1万石发典生息,"以补义仓经费之不足"。

黄冈县丰备仓规定,除出粜谷价缴官外,其余所存捐钱交当铺发典生

---

① 同治《芷江县志》卷9《仓储》,第22—23页。
② 光绪《沅陵县志》卷12《仓储》,第5—7页。

息,"实存曹(漕)平银一千二百两,现俱分发各质铺具领,按月一分二厘行息,取领备案。所有监守仓廒两人及局用伙食、修整仓廒等项经费,均于此项息银内核实开支,如有盈余,另提发交质铺生息"①。

发典生息之法在本地义仓中颇为常见。沅陵县义仓建于道光十一年(1831年),由知县劝捐义谷4310石贮仓。二十二年(1842年),知府倡令变通义谷为买义田,官绅捐银1.2万两,其中修建仓廒用银165两,买各乡水田用银9475两,其余644两用于买置铺店、发交各典商"取租生息"等。②

又如赣州府义仓,"计至(同治)十年止,存借售盈余洋银一千一百有奇,又存官斛钱六千六百六十八串有奇,又存局借拨还及九年出陈易新盈余洋银七千九百九十六元有奇,议定不准他用,仍存生息,以冀积累增多,俟价贱时一并买谷归仓"。③

再如崇仁县,其合邑义仓于嘉庆二十年(1815年)由士绅谢廷恩捐建,仓四十间,捐谷1万石,并捐钱400千文入典生息。④

三 义仓与社仓的关系

就义仓和社仓的前后相继而言,正如前述,道光朝以前,各州县普遍以建立社仓为主,少有义仓。自此之后,义仓之设逐渐增多,特别是到同治初年,义仓开始大规模加速推进。某种程度上,社仓的凋敝呼唤和促成了义仓的崛起。

清代社仓和义仓本就十分相似,在一般百姓心中,二者并没有实质性的差别,义仓即是社仓,社仓也是义仓,"名不同而实则同"。⑤ 不过,二者终究名目不同,在州县官看来,仍需分别对待,清后期,湖北、江西二省在重建仓储的过程中,对社仓、义仓的重视程度基本一视同仁,很多地方既设社仓,又立义仓,二者互为补充,协同救济。例如,湖北孝感县,社仓在东狱庙前,另有义仓4处,分别为陡冈埠义仓、北泾嘴义仓、小河溪义仓和杨店义仓。⑥ 光绪五年(1879年),江陵县除了在沙市设立义仓

---

① 同治《南昌府志》卷15《赋役志·仓储》,第81—83页。光绪《黄冈县志》卷4《赋役志·积贮》,第44—45页。
② 光绪《沅陵县志》卷12《仓储》,第1页。
③ 同治《赣州府志》卷8《官厅》,第25—26页。
④ 同治《崇仁县志》卷3《食货志三·仓储》,第7页。
⑤ 同治《保靖县志》卷3《食货志·仓储》,第46页。
⑥ 光绪《孝感县志》卷2《营建志·廨署》,第7页。也有记载认为社仓分贮各里,东狱庙前社仓只是其中之一,见民国《湖北通志》卷48《经政志六·仓储》,第11页。

外，由知县柳正笏劝捐，建有兴仁、明义、崇礼、务智和惇信等 5 处社仓。恩施县，义仓原建在城内圆通寺右，即府仓旧址，是道光十七年（1837 年）由知府马安时倡建的，时存谷 1284 石。咸丰年间逐渐废弛。同治三年（1864 年）知府夏锡麒加以整理，至光绪八年（1882 年），存谷 800 石。而其社仓的重建，则是在同治五年（1866 年）由知县朱三恪牵头进行的，建在州县城内沙井巷内，存谷 2392 石。①

再以江西兴国县为例。道光朝以前，该县惟有社仓，而无义仓。社仓兴建于雍正初年，筹谷 1756 石，分贮四关六乡，春借秋还，至乾隆十五年（1750 年）共有本息谷 3119 石。咸丰年间战乱，被焚掠一空，仅剩北隅社仓一所，存谷 32 石，其余颗粒无存。同治初年，知县崔国榜兴建义仓，倡捐义谷，共筹谷 3 万石，义仓兴而社仓愈废。鉴于此，他与绅耆商议，将所捐义谷于各乡分设义、社仓，全县 108 堡，共设仓 108 处，每处仓谷约以二三百石为率，其中在东、西、南、北四关新设义仓 11 所，大足乡新设义仓 71 所，宝诚乡新增社仓 88 所，清德乡新增社仓 102 所，儒林乡新增社仓 49 所，太平乡新增社仓 66 所，义锦乡新增社仓 28 所。②

若从用途来看，二者均属于民间备荒救灾粮仓，在救灾手段上略有不同，各有侧重。社仓前期以借贷为主，在义仓兴起后，其救灾手段转变为赈济、平粜、借贷并举，义仓则以平粜和赈济为主，很少涉足出借，二者之间是相互补苴的关系。同时，由于宗族义仓的兴盛，义仓对于族内以及族外贫户的日常救济，包括赈荒、发放考试费用、救助鳏寡孤独等用力较多，显示出其用途的多样性。因此，就备荒救灾和贫困救济而言，二者各有所长，难分高下。

正如社仓有借用常平仓房的事例一样，义仓和常平仓之间也有类似关联，而且，因着义仓设于城市，有时会出现常平仓谷借贮义仓仓廒的需求。以湖南湘乡县为例，该县义仓设于县望春门内，乾隆年间，改贮捐监谷，为常平仓所用。同治三年（1864 年）奉文劝捐义谷，得谷 1.3 万石，寄存常平仓内。九年（1869 年），因谷价昂贵，经上、中、下三里绅士曾国潢、刘狱晴等人呈请分领平粜，计十八里领谷 4500 石，十六里领谷 4000 石，十三里领谷 3250 石，余谷 2150 石奏补当年团防费用。除十三里领谷存娄底义仓、十六里领谷存永丰义仓外，十八里领谷仍于秋收后买

---

① 民国《湖北通志》卷 48《经政志六·仓储》，第 27 页。
② 同治《兴国县志》卷 10《仓储》，第 20—32 页；卷 41《艺文》，第 70—71 页。

补寄存常平仓内。①

综上所述，清代长江中游地区常平、社、义三仓不但存在一个长期交替演变的过程，而且三仓之间互有关联。中期以前，以常平、社仓为主，之后则出现了分化，常平仓一蹶不振，伴随而来的是湖南省大兴积谷仓，湖北、江西则是社、义仓并举。义仓和积谷仓的兴起呈现出蓬勃生机，随着其资金来源的多元化、经营的创新、规模的扩大、功能的拓展以及宗族义仓等优势，其后发优势愈发突出，在湖南省，积谷仓基本上取代了社仓，成为基层社会救助中主要的民间仓储形式。

第三节　汉口镇的义仓

乾隆朝前期非常重视和强调仓储建设，尤其是在乡村社仓蒸蒸日上的背景下，能否在人口密集、商业发达的市镇仿照乡村试行性质相同的义仓，逐渐引起官员们的注意。武汉素有"九省通衢"之美誉，汉口镇是清代著名的大城镇，乾隆十年（1745年），湖北巡抚晏斯盛历经乾隆七年（1742年）洪水、大雪之后，有感于自己在汉口看到与经历的供应困难，专门上奏《请设商社疏》，提出应对办法：

> 窃民间社仓久经奉旨通行，间阎僻壤，于青黄不接之际，升斗之需，不无小补。惟是大市大镇，商旅辏集，行业专家，祖孙聚处，大者千计，小者百什数。贸易兴盛者有之，消乏者亦有之，其间负贩帮杂而流落无归者亦有之。兴盛之家，衣食足而礼义生，恒产裕而恒心不失。至于消乏之家，下及帮杂负贩、流落无归之徒，窘迫颠连者出其中，好勇疾贫者亦出其中。若遇荒歉之年，生意冷淡，市米顿希，常、社之粮，莫分余粒，未能安堵而高卧也。如楚北汉口一镇，尤通省市价之所视为消长，而人心之所因为动静者也。户口二十余万，五方杂处，百艺俱全，人类不一，日消米谷不下数千。所幸地当孔道，云贵、川、陕、粤西、湖南处处相通；本省湖河，帆樯相属，粮食之行不舍昼夜，是以朝籴夕炊，无致坐困。然而乾隆七年，水泛大歉，积雪连朝，遂亦甚惫。……查该镇盐、当、米、木、花布、药材六行最大，各省会馆亦多，……请令盐、当、米、木、花布、药材六行及

---

① 同治《湘乡县志》卷3（上）《建置志·公署·仓廒》，第9页。

第六章 整体与关联:清代长江中游地区的社仓与其他类仓

各省会馆,随力之大小,各建义仓,积谷米数万石,积贮汉镇。听其情愿捐输,不得官为勒派。……一切出纳,择客商之久住、乐善而谨厚者为义长,听其经理,仍报明地方官查考。地方官亦留心照管,不使折本侵渔,如社仓法行之有效,即推广于各市镇,一例通行,似亦保聚一方之一端也。①

他认为,要想使汉口镇 20 万户商民遇灾得到及时救助,建立义仓是必要的。他希望在汉口由商人设立义仓,如果效果理想,可以仿照乡村社仓的普及,在各地市镇推广建立,以救助城市贫民。晏斯盛是乾隆前期十分推崇社仓制度并在任职地积极推行社仓建设的少数官员之一,他关于汉口义仓的想法显然受到了其社仓经验的激励和启发。

不过,皇帝和中央政府对于这个提议有所顾虑,担心因大米囤积而引致米贵,增加市场风险,乾隆帝朱批曰:"若行之善,则今之一米商即可为乡社矣;若行之不善,是益一行为六行囤积之人,米必大贵",令其与署理湖广总督鄂密达商议筹酌。鄂、晏二人于三个月后再次上奏称:

汉镇为九省通衢,商贾云集,日销米粮不下数千石,皆赖四川、湖南及本省产米州县源源贩运,以资本镇日食及江浙商贩之需,是汉镇虽非产米之区,实为米粮聚集之都会。惟是米粮到镇,俱在船粜卖,不入栈仓,势不能囤积图利。从前偶值米贵,总因商贩未通,非奸商囤积所致。查现在商当等六行共七百余家,询据伊等佥称,捐贮米谷有益商民,各行店久有同心,无不踊跃乐输,共襄义举,情愿捐谷二万四千石,将来尚可陆续报捐。又据伊等佥称,众商俱颇有身家,各营本业,岂肯藉名义举,图利病民,断不肯出此等语。臣伏思积储社仓,随时斟酌情形减粜,以佐常平之不逮,于民生甚有裨益。若奸商囤积,实属病民。但各商在镇开行年久,已成永业,必不藉此囤积获利,自干法纪。即或有不肖之徒希图囤积射利,该地方官密迩查察,加以汛防营弁严密稽查。臣等驻扎武昌,一江之隔,相去不过数里,一有囤积,无不皆知,伊等断不能囤积,致使米贵病民。

---

① (清)晏斯盛:《请设商社疏》,《清朝经世文编》卷 40《户政十五·仓储下》,第 45—46 页。

此奏折再次强调汉口镇设立商社的必要性,并分析了可行性,指出,汉口从前偶值米贵,主要是因"商贩未通",并非奸商囤积所致。现在汉口有商、当等六行共七百余家,均赞同设立商社。且其各自在此开行年久,已成永业,必然不会借此囤积获利,加之督抚驻扎在武昌,一江之隔,便于监管,故此事可行。这些建议虽然不能完全打消乾隆帝的顾虑,却至少使他下定了试行的决心,做出了"果属可行,汝等妥协为之,可也"的批示。①

经过一番争论,汉口义仓得以成立。按照构想,主管之义长应是"久住"之客商,品行仁厚,乐于行善,并且有精明的商业头脑。首次被选中的"义长"是彭启贤,他出身于已入籍汉口的商人家庭,家中有一长兄在外做官,彭本人受过传统教育,博览群书,"凡天文、地理、钱法、盐筴之书,罔不究览"。他掌管着家族生意,热心地方公益,颇具声望,除了被推举担任"义长"外,作为著名的"绅董",还经管桥梁、普济堂等慈善组织。②

从地方官的角度看,以汉口为代表的市镇义仓,与乡村社仓只有捐输对象、设置地点和救助对象的差别,其运行机理应是相同的。可是,汉口义仓在成立后,却与乡村社仓存在诸多差异:首先,义谷的用途是于汉口米价上扬时廉价出售,以平抑市场米价,而非农村社仓常见的借贷。其次,义谷的筹补和增值方式是,遇有川南米船积滞,价贱之时,用平粜之钱"即行买补",而非如社谷靠加息归还。最后,在实际运作中,社谷并非以较低价格出售给普通贫民,而是只卖给那些曾经捐献义谷的行会和同乡会的成员,这一点,使汉口义仓丧失了公共性,成为学者所称的"利益共同体"。③

罗威廉将汉口市镇的义仓视为社仓,他在考察汉口的社区福利状况时指出,如果说在此之前,"社仓的目标在本质上仍是面向乡村,其主要目的乃是确保农村居民的生存"的话,晏斯盛所主持的在汉口设置义仓

---

① 署理湖广总督事务鄂弥达、湖北巡抚晏斯盛奏于乾隆十年八月三十日,《清代灾赈档案专题史料(宫中朱批奏折·财政类·仓储项)》,中国第一历史档案馆藏,第1140函第25号。
② 嘉庆《汉阳县志》卷25《孝友·懿行》,参见[美]罗威廉《汉口:一个中国城市的冲突和社区(1796—1895)》,鲁西奇、罗杜芳译,中国人民大学出版社2008年版,第117页。
③ [美]罗威廉:《汉口:一个中国城市的冲突和社区(1796—1895)》,鲁西奇、罗杜芳译,中国人民大学出版社2008年版,第118页。

第六章　整体与关联:清代长江中游地区的社仓与其他类仓　235

之举,则使得这种格局发生了变化。① 尽管没有明言,他似乎认为汉口社仓的设立有着制度变革的意义,使得社仓的设置方式开始由面向乡村向城乡并举的方向转变。不过,如果详细考察晏斯盛那份著名的上疏,可以得知罗威廉的理解是有所偏差的。这一点还可从另外一个方面得到佐证:在担任汉口义仓的"义长"眼里,他们所经管的是义谷,并非社谷。

汉口义仓的实际运作并非如最初设想的那样顺畅。仅仅四年后,即乾隆十四年(1749年),经管义仓的六行义长即呼吁停止义仓之设,原因在于经管难度太大,颇多滋累,并向湖北巡抚彭树葵提出,将现存义谷2万石平粜,粜价解司,遇有赈恤,即予动用。继任湖北布政使严瑞龙认为,出现这种情形,主要是当初各位商人将此事设想得太过容易,及至当了义长,需时时操心,又有着规则、章程的约束,基本上整年顾不上自家生意,影响甚重,这无异于"强无事之身纳之于有事之地",自讨苦吃,故此纷纷观望。从汉口义仓的积谷情况看,虽历时五载,捐谷仍只有初定的2.4万石,且其中仍有1490石没有缴谷。鉴于此,严瑞龙提出,将义仓转由汉阳府同知、通判分管。但此提议遭到时任巡抚唐绥祖驳斥,认为这无异于将义仓变为官仓,不符原议。严瑞龙不服,又上奏给皇帝,以求定夺。他强调这样做虽与义仓之原则相冲突,但属无奈之举,目的是为了使义仓不致废弃,小民永食其利。乾隆帝令户部议奏,② 户部最终同意了这一建议。

义仓由"民营"转为"官管"彻底改变了汉口义仓的运作模式,仓谷不再只用来平粜,也不再只施恩泽给六行之成员,其买补之策亦无从实施。更重要的是,这一变动无疑直接影响到商人捐谷的积极性。汉口义仓的后续捐谷行动无疑是失败的,除了建立之初各行承诺的2.4万石义谷,自成立后,无人增捐,归官管后,更是与民无干。汉阳府同知、通判随后将义谷运至官仓,汉口义仓作为实体已经消失了,其仓谷则一直保存在府仓中。至乾隆三十七年(1772年)清查,汉阳府同知仓存谷1.2万石,历年粜卖盈余银210两;通判仓存谷1.2万石,历年粜卖盈余银31两。③

---

① [美]罗威廉:《汉口:一个中国城市的冲突和社区(1796—1895)》,鲁西奇、罗杜芳译,中国人民大学出版社2008年版,第116页。
② 湖北布政使严瑞龙奏于乾隆十四年十二月初三,《清代灾赈档案专题史料(宫中朱批奏折·财政类·仓储项)》,中国第一历史档案馆藏,第1148函第25号。
③ 湖北巡抚陈辉祖奏于乾隆三十七年十二月初三,《清代灾赈档案专题史料(宫中朱批奏折·财政类·仓储项)》,中国第一历史档案馆藏,第1170函第3号。

此后，陆续动用仓谷救助贫民：四十一年（1776年），出借谷4813石。[①]四十三年（1778年），从汉阳府同知仓出粜仓谷2000石，收粜价钱1347千文；通判仓存谷1.2万石先后全部出粜，得粜钱银7771两。四十四年（1779年），调拨汉阳府同知仓1万石往被灾之黄陂县协赈。[②] 仓谷大半出尽后，剩余谷和钱渐不知所终。

汉口义仓的建设显然不能算得上成功，晏斯盛当时寄予极高厚望、希望能够在大市大镇推广的意愿也落空了。义仓的兴盛，要等到近百年之后了。

[①] 湖北巡抚陈辉祖奏于乾隆四十一年十二月初二，《清代灾赈档案专题史料（宫中朱批奏折·财政类·仓储项）》，中国第一历史档案馆藏，第1175函第22号。

[②] 湖北巡抚郑大进奏于乾隆四十四年十一月二十二日，《清代灾赈档案专题史料（宫中朱批奏折·财政类·仓储项）》，中国第一历史档案馆藏，第1176函第28号。

第七章 救助与控制：清代长江中游地区的社仓与基层社会组织

作为布设于广大乡村、并以贫民为服务对象的民间性质的仓储，社仓在管理运营的过程中，必然地和基层社会组织、宗族以及地方士绅发生联系，并因之而具有浓厚的地方色彩。

第一节 社仓与保甲、里甲制度

在漫长的传统社会里，基层社会组织是中央集权下基层社会控制的主要手段，它以保甲及里甲为主要内容。因其基层社会控制的属性，亦有学者称为"基层行政组织"。保甲组织起源较早，其原型恐可追溯自《周礼》或《管子》中的地方制度，宋代首次采用"保甲"名称，将侦查和举报罪犯作为其唯一职能，并一度在全国推行，清代得以承继。里甲组织出现较晚，行于明代，建立于元代里社的基础之上，清代的里甲稍晚于保甲制度开设。[1]

一 清代的保甲和里甲制

清代的基层社会组织（乡里制度）以继承前代为始，采前代之长，张哲郎认为：清代除了继承明朝以来的自然村落形态之外，又采用了明代里甲制作为赋役征收的机构。此外，还采取宋代保甲制以维持地方治安，在地方上实施元代的社制作为劝农的组织，同时又设立宋以来的乡约法以宣传教化。[2]

---

[1] [美]萧公权：《中国乡村：论19世纪的帝国控制》，张皓、张升译，台北联经出版公司2014年版，第35—43页。
[2] 张哲郎：《乡遂遗规——村社的结构》，见《吾土与吾民》，生活·读书·新知三联书店1992年版，第219页，转引自杨国安《明清两湖地区基层组织与乡村社会变迁》，武汉大学出版社2004年版，第56页。

一般认为,清代的基层社会组织有广义和狭义之分,广义包含里甲、保甲、图甲、镇、乡、村以及家族、乡族、乡约、会社等,张研将其归纳为:坊厢里社保甲系列;家族宗族系列;民间乡族组织及行业组织系列。① 狭义主要指官方在郡县以下设立的保甲制和里甲制。

保甲制是清代官方在郡县下设立的最重要的基层社会组织。清统治者入关后,面对各地不断发生的反抗活动,首先推行总甲法,以稽察寇盗奸细为主要任务,以安定社会为主要目标。总甲法相当于宋代实行过的保甲法。宋代保甲法为"畿内之户,十家为一保,选主户有干力者一人为保长;五十家为一大保,选一人为大保长;十大保为一都保,选为众所服者为都保正。……每一大保夜轮五人警盗,凡告捕所获,以赏格从事。同保犯强盗、杀人、放火、强奸、略人、传习妖教、造畜蛊毒,知而不告,依律伍保法"。② 顺治元年(1644年)八月,摄政王多尔衮下令:"各府州县、卫所、乡村,十家置一甲长,百家置一总甲,凡盗贼、逃人、奸宄、窃发事故,临佑即报告甲长,甲长报知总甲,总甲报知州县卫核实,申解兵部。若一家隐匿,其临佑九家连坐,甲长、总甲不行首告,俱治以重罪不贷。"③ 此可视为清代保甲制之开端。

康熙四十七年(1708年)再次申行保甲之法:

> 先是顺治元年即议力行保甲,至是以有司奉行不力,言者请加申饬。部臣议奏:弭盗良法,无如保甲,宜仿古法而用以变通。一州一县城关若干户,四乡村落若干户,户给印信纸牌一张,书写姓名、丁男数于上。出则注明所往,入则稽其所来。……十户立一牌头,十牌立一甲头,十甲立一保长。若村庄人少不及数,即就其少数编之。无事递相稽查,有事互相呼应。④

此次基本确定了清代保甲法的组织形式。在保甲法中,户是编联的基本单位,牌是组织的起点,经甲至保,递而上之,从城市至乡村,形成完整的体系网络。其后,经雍正、乾隆两朝多次整饬,其法渐趋于完善,至

---

① 张研:《清代社会的慢变量——从清代基层社会组织看中国封建社会结构与经济结构的演变趋势》,山西人民出版社2000年版,第1—158页。
② 《宋史·志一四五·兵六·乡兵三》,转引自[美]萧公权《中国乡村:论19世纪的帝国控制》,张皓、张升译,台北联经出版公司2014年版,第37—38页。
③ 《清实录》第三册《清世祖实录》卷7,中华书局影印本1985年版,第76页。
④ 《清朝文献通考》卷22《职役二》,商务印书馆1936年版,考5051。

乾隆二十二年（1757年）形成了较为完备的保甲之法。其法共十六款，规定了保甲的编制办法、保甲长的选任、资格与年限、保甲长的具体职责以及各类人户的编排细则等内容。

在推行保甲制的同时，清代还承袭了明代的里甲制。其法与明代类似，仍以一百一十户为里，其中十户为里长户，轮流充当里长；其余一百户分为十甲，每甲十户，设一甲首或甲长。里长、甲首负责调查丁粮钱数、编造赋役册籍、催办钱粮等事务。

清初保甲、里甲并行，互为补充，里甲主赋税，保甲主治安，又稍以里甲为重。自康熙"滋生人丁，永不加赋"，雍正摊丁入亩以后，由于实行只按土地纳税的单一征税标准，人丁编审不再受到国家重视，里甲编审户口的意义遂逐渐丧失，里甲制因编组无从维持而逐渐废弛。乾隆年间下令停止里甲编审，其原有职能改归保甲承担。保甲的职能从过去的"弭盗"扩大到催办钱粮赋税；从事封建教化（负责"乡约"月讲）；参与基层司法（报案、调解乡里诉讼纠纷）；办理地方赈济事务以及其他一切地方杂项公务，如支应往来、雇夫派差、集众救火、收管配犯、查缴禁书、掩埋流尸等。由于清政府不断强化保甲，自乾隆年间开始，逐步形成了国家管理地方"唯保甲是赖"的局面。[①] 保甲办理地方赈济事务一项，包含了保甲长就本地灾情、是否要求减免赋税和赈济等情况向上禀报，并将政府给发的赈救款粮发放到各户手中以及办理地方仓储事务等项。

二 清代社仓与保甲、里甲制度

清代社、义仓从设置到运营均和保甲、里甲有着密不可分的关系，就设置而言，由于清代的保甲法和里甲法的编列一般是以乡村的自然村落为基础，较少打破自然村落的布局和社会结构，所见保、里大多由自然村落组成，因此直接影响了仓储的分布格局。通过将仓储和里甲、保甲紧密结合，清政府实现了进一步从政治上、经济上、人身上全面控制广大农民的目的。[②]

---

① 张建民：《湖北通史（明清卷）》，华中师范大学出版社1999年版，第145—148页；张研：《清代社会的慢变量——从清代基层社会组织看中国封建社会结构与经济结构的演变趋势》，山西人民出版社2000年版，第1—9、24—25页；王先明：《中国近代社会文化史论》，人民出版社2000年版，第25—28页。

② 牛敬忠：《清代常平仓、社仓的社会功能》，《内蒙古大学学报》（哲学社会科学版）1991年第1期，第42—47页。

社仓的推行依托保甲、里甲制度并非清代独创，自宋名儒朱熹建社仓时就确立了以保甲为单位，借谷、还谷均须结保进行。如规定借谷之前先要编排民户，"逐年十二月，分委诸县社首、保正副，将旧保簿重行编排，其间有停藏逃军，及作过无行止之人隐匿在内，仰社首、队长觉察，申报尉司追捉，解县根究。其引致之家，亦乞一例断罪。次年三月内，将所排保簿赴乡官点校，如有漏落及妄有增添，一户一口不实，即许人告审实，申县乞行根治。如无欺弊，即将其簿纽算人口，指定米数，大人若干，小儿减半，候支贷日，将人户请米状核对批填，监官依状支散"。散谷之时，"申府差官讫，一面出榜排定日分，分都支散（先远后近，一日一都）。晓示人户（产钱六百文以上及自有营运，衣食不缺，不得请贷），各依日限具状（状内开说大人、小儿口数），结保（每十人结为一保，递相保委，如保内逃亡之人，同保均备取保，十人以下不成保，不支）。正身赴仓请米，仍仰社首、保正副、队长、大保长并各赴仓，识认面目，照对保簿。如无伪冒重叠，即于签押保明（其社首、保正等人不保而掌主保明者，听）。其日，监官同乡官入仓，具状依次支散。其保明不实，别有情弊者，许人告首，随事施行。其余即不得妄有邀阻，如人户不愿请贷，亦不得妄有抑勒"。还规定社首、保正等编排民户需画押，借谷需填状，都有固定格式。

其编排民户的格式称为"排保式"：

某里第某都社首某人，令同本都大保长、队长编排到都内人口数下项

甲户（大人若干口，小儿若干口，居住地名某处，或产户开说产钱若干，或白烟耕田、开店买卖、土著、外来系某年移来，逐户开）

余开：

右某等今编排到都内人户口数在前，即无漏落及增添，一户一口不实，如招人户陈首，甘赴解县断罪。谨状

年月日

大保长姓名

队长姓名

保正副姓名

社首姓名

第七章 救助与控制：清代长江中游地区的社仓与基层社会组织

以下为借谷时需填的"请米状式"：

> 某都第某保队长某人、大保长某人，下某处地名、保头某人等几人，今递相保委，就社仓借米，每大人若干，小儿减半。候冬收日，备乾硬糙米，每石量收耗米三升，前来送纳。保内一名走失事故，保内人情愿均备取足，不敢有违。谨状
>
> 　　　　　　　　　　年月日
> 　　　　　　　　　　保头姓名
> 　　　　　　　　　　甲户姓名
> 　　　　　　　　　　大保长姓名
> 　　　　　　　　　　队长姓名
> 　　　　　　　　　　保长姓名
> 　　　　　　　　　　社首姓名①

这种类似于"保证书"的状子将保长、社首、队长、借户等人的利益捆绑在内，互相牵制，显然是既欲保证社谷真正帮助那些急需帮助的贫户，又欲保障社谷能及时归还，为社谷的进出提供制度上的保障。

至明，对于社仓的举办方式有所变革，即除保甲之外还需和乡约结合的做法。明人蔡懋德认为社仓应仿照朱子遗意行之，但需依附于乡约，"今宜仿其意而消息之，即附乡约、保甲而行。每乡有约，每约有仓，以本里之蓄济本里之饥，权丰岁之盈救歉岁之乏。缓急相通，不出同井；子母相生，总利吾侪，此乡中人何苦而不乐从哉？"并提出，仓长可由约正、约副兼任，"推仓长。社仓既附约所，即用选举有家有行约正、约副司之，夏散冬收，听在本约通融权贷"。② 明代社仓和保甲、乡约相辅相成，一方面，随着明中后期社仓的普遍设置，带动了保甲、乡约的迅速推广；另一方面，社仓的推行也有利于充分发挥保甲、乡约的作用。③ 保甲以弭盗保富为宗旨，只有和社仓并行，方可安贫保富。而以教化为务的乡约和社仓结合，更能发挥其励俗正风之作用。正如沈鲤所言："如社仓之法行，则里中之善恶贤愚孰可用，孰不可用，皆得周知之，是正教之助，

---

① 俞森：《荒政丛书》《社仓考》，载李文海、夏明方编《中国荒政全书》第二辑第一卷，北京古籍出版社2004年版，第95—96页。
② 蔡懋德：《修复社仓议》，俞森：《荒政丛书》《社仓考》，载李文海、夏明方编《中国荒政全书》第二辑第一卷，北京古籍出版社2004年版，第127—128页。
③ 段自成：《明中后期社仓探析》，《中国史研究》1998年第2期，第121—128页。

又在此矣。"① 明人黄佐亦言："主乡约以励规劝，而谨乡校，设社仓，则寓教与养，秩里社，联保甲，则重祀与戎。身心既淑，礼乐备举，凡以约其情而治之，使乡之人习而行焉，善俗其有几乎！"②

清代举办社仓，亦和保甲制度结合十分紧密，并将之以法令形式确定下来。乾隆《大清会典》就规定："凡民间收贮时，随其所赢，听出粟麦建仓贮之，以备乡里借贷，曰社仓。……按保甲印牌，有习业而贫者，春夏贷米于仓，秋冬大熟，加一计息。"③

三 清代长江中游地区社仓建设与保甲、里甲制度

（一）晏斯盛的构想

长江中游地区社仓建设以保甲、里甲等基层社会组织为依托，这种政治、经济手段相结合的方式也是地方官非常推崇的。这里需要提及的关键人物是湖北巡抚晏斯盛。乾隆前期，社仓建设如火如荼，晏斯盛致力于社仓之制，在任职期间屡屡提出建议，并推行自己的一系列做法。在担任湖北巡抚期间，先后上书《推广社仓之意疏》和《社仓保甲相经纬疏》，提出了关于社仓和保甲结合的完美构想。乾隆八年（1743年），他在《推广社仓之意疏》中指出，社仓之法"用宋朱熹之法而变通行之可也。请于十家一牌，十牌一甲，十甲一堡之中，建立一仓，仓积谷三千石。一家大小口相衡，约为三口。口谷一升，家计三升。一堡千家之人，日食谷三十石，堡仓三千石之资，足支百日。再倍积之，分别极、又、次贫三等，足支一年。虽遇奇荒，人不为动。或曰小州县可二十堡，大州县将百二十堡，大小相衡，将八十堡，堡谷三千石，得谷二十四万石"。

在他的设想中，社仓的设置大约为十甲一堡一仓，每仓积谷3000石，至少可供堡内千家民户食用百日。再积谷增多，甚至可供一年之用。按照这种构想，若遇荒歉，社谷足以保障灾民口粮需求。对于社仓谷来源，他一向不看好劝捐，不认可摊派，这些方法均会增加乡村百姓负担，他主张从常平仓调拨以及从百姓应缴纳的民赋中划拨，即从官府正常税收中返还一小部分，仍以堡为单位买谷贮仓。"请自今民赋各银一两内，以一钱五分，照地方时价入谷于本里堡仓，价贱之处，可五斗；价昂之处，可三斗

---

① 沈鲤：《社仓条议》，俞森《荒政丛书》《社仓考》，载李文海、夏明方编《中国荒政全书》第二辑第一卷，北京古籍出版社2004年版，第116页。
② （明）黄佐：《泰泉乡礼》，《原序》，第1页。
③ 《大清会典》卷12《户部·积贮》，第10页。

第七章　救助与控制：清代长江中游地区的社仓与基层社会组织　243

或四斗不等。本堡本仓，无胥役之勒索，无水陆之脚价，无斗斛大小低昂之欺愚，银谷无需转易。计八十堡，约地丁银五万内，另存银九千两，得谷三万石，八年得本谷二十四万，加一息谷二万四千石，年丰日见其增，小歉用之不竭。"

对于建仓一事，其构想和中央的政策相一致，即先将谷存于里甲公所，待出借息谷渐多，用息谷修建。对于零散民户，不足以编甲、堡的，则就近附着于甲、堡。"或曰户口奇零，不足一甲，甲分奇零，不足一堡，奈何？曰户附近甲，甲附近堡，不限于十。"

社仓的管理上，依靠保甲轮管，社长人选亦按甲轮替。"十甲千家之人，按甲轮管，年清年款，上下交代，随地丁里甲而转。行之既久，人有所恃，安土重迁，出入相友，守望相助。堡甲连比，相为表里。夜不藏奸，地不留匪。"

他认为社仓和保甲相结合的编排方式，能够真正发挥社仓的救济作用。"或曰积之堡与积之官无异，奈何？曰一堡之地，十甲之地。一甲之地，十牌之地也。一牌之地，十家之地也。以本地之谷，存本地之仓，年收年贷，家给而人可得，非若远谷之不能致敛，不递散也。"

社谷充裕，还可供社学之用以及资助堡中贫民。"至于岁庆屡丰，户登康阜，积贮日富，以其余息，因仓之近地，立之社学，膏火可资。息又有余，则堡中之鳏寡孤独婚丧无资者，皆可因而给之也，岂非上治哉。"①

乾隆九年（1744年），他在《社仓保甲相经纬疏》中完善了自己的想法，进而计算出湖北全省社仓所需谷数。"大州县约八十保，四保约一仓，总二十仓。仓约一千二百五十石，总二万五千石。中州县约四十八保，四保一仓，总十二仓。仓约一千二百石，总一万四千四百石。小州县约三十六保，四保一仓，总九仓。仓约一千二百石，总一万八百石。……楚北计大州县三十一，应得谷七十七万五千；中州县十四，应得谷二十万一千六百；小州县二十三，应得谷二十四万八千四百，总一百二十二万五千石。"

并提议将生俊捐常平谷归入社仓名下，以补足社谷额数，使社仓名实俱备。

最后，他总结社仓和保甲相通之理，"天下之民，必有相生相养之实以为之经，而后可行以相保相受之法而为之纬。社仓保甲原有相通之理，

---

① 湖北巡抚晏斯盛奏于乾隆八年六月十一日，《清代灾赈档案专题史料（宫中朱批奏折·财政类·仓储项）》，中国第一历史档案馆藏，第1125函第37号。

亦有兼及之势，彼此之间，一经一纬，大概规模，似有可观"。①

社仓与保甲，一个养民，一个编查户口，二者结合，实际上意味着将所有百姓按照行政区划纳入救济范围，以本里之蓄，济本里之民，既无一遗漏，又不至于互相牵混，一经一纬，十分缜密。

应该说，晏斯盛关于社仓与保甲关系的见解，是对朱子社仓的延续和发扬，只不过更具理想化，在具体实践中更难完全实施。其通过官府正税划拨来筹集社谷的思路注定也是难以落地的。

（二）陈宏谋对社仓与保甲制度关系的看法

罗威廉在他那部对以陈宏谋为代表的18世纪中国的精英意识做出精彩分析的著作中，反对萧公权认为陈宏谋是保甲制度最顽固的支持者之一的观点，指出这一看法虽然不无根据，但是并不全面。若将陈宏谋对保甲制度的看法放到他整个的关于地方社会治理的"公"的思想体系中去考察，可以发现，陈宏谋一方面固然认为保甲制度在地方秩序的控制中是不可或缺的，另一方面，在感情上，他和18世纪中期的文人中弥漫的一股对保甲制度的强烈敌意是保持一致的。在里甲和保甲制并存的时期，二者之间的分工是大致存在的，他将保甲长职权定位于上传下达之类的事情，在他十分看重的地方礼仪活动中，他明确宣布保甲人员没有资格被列入乡饮酒礼邀请的"客人"之列，即不承认他们是地方上的"名人"，认为他们参加乡饮酒礼只会损害这一活动在地方民众中的威望。出于同样的考虑，他禁止保甲人员担任社长这一岗位，而由地方民众信服之人担任。社长是被邀请参加乡饮酒礼的尊贵客人。在设置社仓时，他选择和乡、社、乡约或者里甲组织结合起来，合理配置，但尽力将"保甲"组织排除在外。不过，正如萧公权所指出的，"乡"和保甲制度通常是重合的，尽管陈宏谋并不情愿并更倚重社长，但保甲长事实上通常会参与社谷的借贷事务中去。②

陈宏谋的这种观点和做法主要是在里甲和保甲制度并存时期形成的，实践层面上，社仓和保甲制度总是有着很难切割的关系，随着里甲停止和"唯保甲是赖"局面的逐渐形成，社仓和保甲紧密结合的趋势更加明显。

（三）实践

在实践层面的论述之前，有必要先对长江中游地区的里保制作一梳理

---

① 湖北巡抚晏斯盛奏于乾隆九年七月初六，《清代灾赈档案专题史料（宫中朱批奏折·财政类·仓储项）》，中国第一历史档案馆藏，第1130函第38号。
② ［美］罗威廉著：《救世——陈宏谋与十八世纪中国的精英意识》，陈乃宣、李兴华、胡玲等译，中国人民大学出版社2013年版，第402—403、550—553页。

第七章　救助与控制：清代长江中游地区的社仓与基层社会组织　245

和说明。

　　长江中游地区于顺治年间开始恢复和重建里甲制度。顺治三年（1646年），湖北江夏县将下鹦鹉一里、二里归并为一里。① 十年（1653年），谷城县将明代四十八里改编为十九里，后又缩为六里。② 十一年（1654年），湖南宁乡县将明十七都并为十都。③

　　自乾隆年间停止编审里甲后，各地多有推行保甲制度的记载。湖南桂阳县"乾隆七年清理户册，劝行保甲"。④ 醴陵县"乾隆四十七年，申行保甲之法，稽户口即以保甲册为据"。⑤ 关于编制保甲之法，湖北汉川县载："保甲则以约名，在城五铺一约。乡分东西南北，旧七十二约，今乡有九十七约，东十约，南二十六约，西四十五约，北十六约。约地有阔狭，保甲则按地面派设之。"⑥ 东湖县保甲编排较为整齐，其法为"每十户一牌，十牌一甲，十甲一堡。于是有牌头、甲长、保正之役。自绅衿士庶、军籍兵丁、僧尼道士、铺户行店、庸工流寓，下至本地窃犯，苟系来历明白，无不分别编入。乞丐亦有丐户，付以腰牌。船只各编号次，给以印照"。⑦ 从编排对象来看，相当广泛和全面，自绅庶、民商、僧道乃至乞丐、囚犯以及船只全部纳入编排，无一遗漏。

　　清代长江中游地区保甲制度的推行具有多种实态，十分复杂。杨国安对明清湖北、湖南地区基层社会组织作了系统的分析研究，他认为清代两湖地区保甲组织的功能分为户籍管理、赋役征收以及乡村社会控制三大块，其种类则可分为水保甲、军保甲及族保甲三种。水保甲是针对平原湖泊地区渔户、渔船的编排，军保甲专门针对原卫所军户单独设置，族保甲则以宗族为基础编制，体现了保甲和宗族的结合。通过这几种方法，将人户分门别类进行管辖。在湘鄂西少数民族地区改土归流之前实行土司制度，之后也逐渐编入保甲制度。⑧

　　随着保甲制度的逐步深入和完善，社仓的推行亦不断展开和深化。各

---

①　同治《江夏县志》卷2《疆土志·乡镇》，第11页。
②　同治《谷城县志》卷2《里社》，第3页。
③　嘉庆《宁乡县志》卷2《地理》，第3页。
④　同治《桂阳直隶州志》卷5《赋役志三》，第15页。
⑤　民国《醴陵县志》卷3《政治志》，第2页。
⑥　光绪《汉川图记征实》第6册《保甲》，第15页。
⑦　（清）林有席：《禀复知府咨询地方情形书》，乾隆《东湖县志》卷14《军政上》，第20—21页。
⑧　杨国安：《明清两湖地区基层组织与乡村社会变迁》，武汉大学出版社2004年版，第68—83页。

地保甲无论是水上还是军、族保甲，其编排原则大致相同，但名称、形式不一，县以下有坊厢、乡、都、图、团、保、区、里、铺等，大都随俗而异，若将其归类，既有乡（都、局）—里（团、村）等二级结构，也有乡—都—局等三级结构，还有乡—都—图—里四级结构等，层级结构十分明显。

　　首先，社仓和保甲的"经纬"关系表现在社仓的设置上。正如第二章中的分析，无论在城还是在乡，社仓均依附于里甲、保甲而设。具体而言，分布在城市和农村法定社区，即坊厢及乡、都、团、里、甲等，也就是说，是以法定社区为基础的仓储建置模式。以在城社仓为例，仓主要建于坊厢。根据学者研究，坊厢是清政府在各城市及近城之地制定的区划名称，其编组仍按保甲，只是与乡下名称不同，所谓"城中曰坊，近城曰厢，在乡曰里"。坊厢之下一般辖牌、铺、街、甲，小的城市坊厢之下直接为甲，或村庄、街巷、胡同。① 也有将城外之地称作"坊"的，如湘乡县，康熙三十五年（1696年）"循区编都，为坊三，为都四十有四，各冠以名，仍立十二乡以统之"，其坊多位于城外东、西、南、北方向各数十里。②

　　在农村，由于人口居住的分散性，社仓不可能完全按照晏斯盛所设想的十甲一保、四保一仓的模式建立，而是根据各自的实际情况，择选适中之地，或一甲数仓，或一乡数仓，或一图数仓，总以方便借放为原则。从纵向上看，由于基层组织的层级特征，社仓的设置亦相应具有层级特点。

　　其次，由于社仓和保甲交织重叠，自然在管理和运营上也需依靠保甲的支持。前述晏斯盛提出的"按甲轮管"即意味着以保甲组织为基础管理社仓。社仓一般由社长主管，需要挑选殷实公正、诚实正直之人充任。同时，陈宏谋一再强调，社长和保甲长禁止由同一人担任。在里甲和保甲组织并行时期，主赋税的里甲长可以轮流担任社长，如湖南清江县社仓建于雍正年间，乾隆年间，"分归八十四图，里甲长轮值收贮"，里甲长不但担任社长，连社谷都直接存于其家中，后才建仓于各都分贮。③ 但作为

---

① 张研认为，清代城市中，城内一般自城中十字街分为东西南北四城，又称"坊"，近城之地以东西南北四门为界，称四关厢，或单称"关""厢"。张研《清代社会的慢变量——从清代基层社会组织看中国封建社会结构与经济结构的演变趋势》，山西人民出版社2000年版，第1—9页。
② 同治《湘乡县志》卷1《地理志·坊都》，第13页。
③ 乾隆《清江县志》卷5《仓储》，第11页。

负责地方治安机构的保甲长通常是配合和协助社长的日常工作的,不能兼任社长。

毋庸讳言,社谷敛散和社仓管理必须得到保甲长的协助。这是因为社仓奉行的是"以一里之谷救一里之民"的宗旨,不论是借贷、平粜还是实施赈济,其施救对象一般仅限于本乡里。要确保这一点,社仓谷发放之前,必须由保甲长协同社长事先将甲内民户摸底清查,确认民户所居地点、人口数量、资产及受灾情况,区分等级,或以上、中、下分之,或以极贫、次贫区分,列表说明,以公平发放,防止冒领多领。康熙年间江西巡抚安世鼎制定的社仓条规中即有"发仓储。每保于保甲中预分上、中、下、最下等户,明开存簿,给与领牌,每年候上明文,五月给贷,八月收纳,每石加息二斗"等语。[①]

一般情况下,各州县都强调社谷由社长"掌其出纳",经理一切,虽然保证了社仓的民办性质,但难免产生贪污挪用等弊端,而保甲长的介入在一定程度上对社长形成了制约,起到了监督作用。又由于"按甲轮管",社长定期更换,因此降低了社长侵挪社谷的可能性。

第二节 社仓与团练、团局

嘉道之后,社仓的设置方式发生了变化。自18世纪后期开始,以嘉庆初年白莲教大起义为标志,为了对付起义军和各地支持者,带有准基层武装组织性质的团练出现,太平天国战争后,团练大行其道,和宗族、旧有保甲等参差交错,形成严密而巨大的基层社会控制网络。

白莲教起义发生后,为加强对基层的军事控制,切断起义军和百姓的接触,"控制该地区的人力和粮源",防止更大规模的叛乱,清廷号召在农村地区修筑寨、堡,"首先他们动员村民修筑几百个围寨,把当地的农民集中在里面。然后由新组成的地方团练来防守这些村寨"。[②] 在这个过程中,由于忙于战务,很多地方的社仓发展暂时被搁置下来,有的地方因为举办团练的缘故动用了社谷。而在那些仍坚持在战乱之中发展社仓的地方,无法按照原有保甲编制设置,转而将积贮社谷和发展团练结合起来,以寨、堡为单位建立社仓。

---

① 同治《新建县志》卷24《营建志·仓储》,第3页。
② [美]费正清:《美国与中国》,张理京译,世界知识出版社2006年版,第166页。

随着咸丰年间太平天国战争爆发，团练的发展更加迅猛。湖南省以曾国藩所办团练十分有名，享有"天下之最"的称誉。湖北省团练同样兴盛，几乎县县有设。

在这种背景下，出现了两方面的变化：一方面，保甲和团练出现了融合的趋势，即寓保于团练之中，这往往通过两种方式进行：或者在保甲组织中纳入团练的内容，对原有保甲进行部分改革，使其范围和职权有所扩大；或者以保甲为基础组建团练，达到整合保甲和团练的目的。[①]

据同治《桑植县志》载，咸丰四年（1854年）太平军打入湖南，该县令舒受祺奉命"练团各保"，其保甲法为"以十家为一牌，十牌为一甲，每甲设保正一名"。城内外总共有保正128名，其中"有一甲两保者，亦有两保一甲者，视地势之广狭，人户之疏密以为权宜焉"。保甲清查由州县编写门牌，区分地址、职业、身份、姓名、性别、年龄、户口、是否现居此地等，分别编排，"其清查之法，或某厅州县编第几牌、第几户、某人年岁若干、某厅州县、某籍或居城某铺、居乡某甲，地名某处，种田、住屋，或系已业，或系佃业，有无功名，作何生理，现在家男女、友伙、雇工、仆妇、婢女、寄居男女各大小若干。未在家者，或即本身，或系伯叔兄弟子侄某名、现往何处何事，分别开列，造具循环正册。如有待查，自新者造入另册，以便稽查"。并立有非常规范的门牌式、十家牌式、循环册式等，十分严格。团练举办后，原有保甲有所松动，团练本为防卫"贼"扰之设，具有半军事化的特点，自然和原保甲有所不同。简言之，以原有保甲为基础编团练，以团为单位，设有团勇，由团丁组成，每团由团总、团长牵头，平日训练，战时打仗，其法大概为"各村之内，不拘十家八家，总以衡字相依者，连为一牌，再以牌内声息相通者连为一团，团有长，又于一团之中无论贫富，家出一丁，编为一册。必须年十八岁以上、五十岁以下强壮有力者充之。按村之大小，以定丁之多寡。选择公正老成绅耆充为团总、团长，分别总理约束，并训练技艺。其有畸零户即附于附近团内，一律编查，并责成团清其团，族清其族。如一家有犯，九家同坐。团总、团长实心任事，不得懈忽"。团练经费，团丁、团总、团长口粮等由各保殷实之家量力捐输，交由村内殷实公正之人经管。[②]

[①] 杨国安：《明清两湖地区基层组织与乡村社会变迁》，武汉大学出版社2004年版，第237页。

[②] 同治《桑植县志》卷2《建置》，第22—23页。

第七章 救助与控制：清代长江中游地区的社仓与基层社会组织

另一方面，仓储制度包括社仓在内和团练的结合越来越明显。平日无事时行社仓之法以备荒歉，有事时则作为防剿之资，这成为不少地方举办社仓和团练的基本思路。虽然作为特殊时期的特殊产物，团练并不能算是严格意义上的乡村基层组织，至多只是一个变种。① 但作为两湖地区具有特色的一种组织，它的兴盛对社仓有着特殊的影响，二者构成相互依赖、相互补充的关系。

记载较为详细的湖北襄阳县社仓颇能说明问题。该县原有社仓45所，于乾隆年间并为18所。县居楚上游，为南北要冲，作为白莲教起义首发地，社仓在战乱中全部毁于一旦。咸丰初年，太平军攻入湖北，该县亦受影响。据载，其庞居寺地方有社仓1所，为乡绅王述文倡捐，共6仓，初为社谷，后易为社田，每岁租入用作赈恤孤贫。王述文作有《社仓记》，碑刻放于庞居洞文昌阁中。据记中反映，时逢太平军活动正酣，各地以办团练为要务，因恐经费不足，他和众绅耆商议各乡捐输钱米，由各绅耆自行经理，"俾有事为防剿之资，无事行社仓之法，人心鼓舞"，等捐有成数，乃共同商酌，存其一半办团练以备防剿，用另外一半买谷置社仓，并拟定章程二十四则，设总首、仓首、村首等职，"择老成公正绅耆司之"，其分工为，"曰总首，司全局事宜也；曰仓首，司钱谷也；曰村首，分司各村借户、食户也"，借户为"代食户出借也"，食户即为贫民。如此，可"聚一乡之粟以足其食，合一乡之人以联其情，耳目皆周，毫不能昧，彼此相制，毫不能专，而岁终会计禀呈道署，又有上下互稽之义"。有人提出疑问，在此特殊时期，不先备防剿而先营社仓，是否会"缓急失宜"，王认为"存钱以资防剿，而目前所积谷虚悬而无益于民，不如于无事之时预行社仓"。社仓之设本就是稳定人心之举，团练则为防"贼"而设，借助团练举行社仓，不仅可减轻百姓重复捐输之苦，而且可加强团练的凝聚作用，"平居则相生相养，临变则相扶相持，此团练以固人心之实也"。最终达成统一意见，得以举行。②

团练勃兴，对社仓的设置和管理产生了深远影响。在湖南，采取"谷归团局"的方式管理社谷以及积谷，以防止主管之社长行为不端。

所谓"团局"，是镇压太平天国战争期间举办团练过程中出现的组

---

① 杨国安：《明清两湖地区基层组织与乡村社会变迁》，武汉大学出版社2004年版，"序言"。

② 光绪《襄阳府志》卷11《食货志二·仓储》，第5页。

织。以广西为例,团练的设置一般为:省设团练局,省局以下各府、厅、州县均设总局,总局之下,四乡设大团,圩、镇设小团。团丁来源除鳏寡单丁免派外,家出一丁,准许雇人代替。①

湖南省为举办团练最盛之区。咸丰二年(1852年),湖南巡抚张亮基檄令各州县举办乡团。② 在湖南蓝山县,到咸丰四年(1854年)年底,"四境俱已立团。大姓自为一团,零户数村一团,山民僻远数十家一团,俱以营伍部署之。城内商民则为一团。凡丁壮,年十八以上五十以下者,家各一人或数人,分南团、西团、东一团、东二团、北一团、北二团,是名六团,置备旗帜器械,以时操习"。③

湖南平江县成立团局147处,设每局有团丁百人,将近1.5万人。④ 湘阴县于咸丰二年(1852年)举办乡团,县东西两乡共二十五都,每都所隶一社为一团,每团就远近设局以领之,共有二十九局,下辖200余团,共储谷3万石。⑤

最终,湖南省达到了各州县均设团局的规模。

"团"有官团、绅团之分。"官团"由州县官创办、地方士绅主持,其经费大部分依靠本地士绅筹措捐派,间或在本省兵饷中支拨一部分,大部分不入奏销。"绅团"的经费全由地方自筹,既不取官方分文,自然更无报销所言。局名义上是"官办",但其中管理人员除官员之外,也有士绅参与,可算是处于正规和非正规的官僚系统之间的临时性组织,是官绅及官商携手合作、共同管理的一个机构。

太平天国战争被镇压之后,清政府整顿基层统治秩序的政策有二:一是整顿保甲制度,二是加强团练组织。战后,各地团练基本上延续下来。清廷为了防止原起义区再次动荡,严令各地照旧整顿"乡团"。同治九至十年(1870—1871年),连续饬令湖南巡抚在会党盛行地区认真整顿"团防"。

自团局兴起,仓储迅速和其结合在一起。社仓和团局相结合,一方面以"团局"为单位积储社谷,设立社仓;另一方面,社谷的管理权由乡里收归各团局,由团局董事选举公正富绅担任社长,而非经乡民士绅推举来管理社仓。社长按期轮换,更多地是担任代理人的角色,而非社仓日常

---

① 严中平:《中国近代经济史1840—1894》(上),经济管理出版社2007年版,第474页。
② 光绪《湘阴县图志》卷21《赋役志》,第38页。
③ 民国《蓝山县图志》卷7《事纪篇·中》,第12页。
④ 严中平:《中国近代经济史1840—1894》(上),经济管理出版社2007年版,第474页。
⑤ 光绪《湘阴县图志》卷21《赋役志》,第38—39页。

第七章 救助与控制：清代长江中游地区的社仓与基层社会组织

管理的主导者。同治年间，湖南省宁乡县县令郭庆飚所制定的《社仓章程》中即专门阐明："设首事以防废弛。"即社谷归县团局管理，设首事一人总管其事，各社长只是分领其谷，分别经管。[①] 社长的权力和由此带来的影响均会降低。

社仓与团练、团局的结合可视为清后期社仓构建的一大特点，这表明在晚清"地方军事化"过程中，社仓逐渐脱离了乡村社会备荒救灾的公共救助组织的有限功能，而融为地方军事组织的一部分，承担起备荒和防卫的双重功能。

对于其运行效果，可以湖南省湘阴县为例予以考察。咸丰年间，该县响应号召举办乡团，方法为：东西乡二十五都，各都所隶一社为一团，就团分远近，设局以领之，定为二十九局。此时，知县夏献钰饬令团绅捐置各团社谷。至同治三年（1864年），响应巡抚恽世临积储义谷的号召，知县吴学澄按局，以城局统乡团的方式，照同治元年（1862）捐数推广办理。官司其籍，春秋敛散，各社自为经理。社谷存储稍多，于各团分别存贮（见表7—1）。

表7—1　　同治年间湖南省湘阴县各团局分贮社谷情况

位置	局	团	贮社谷数（石）
县南四局	坿城局	领六团	163
	中堠局	领十七团	1284
	樟树局	领十九团	1482
	文家局	领十三团	953
县东九局	白水局	领十团	1116
	丰仓局	领十一团	1146
	申明局	领四团	454
	高坊局	领十一团	925
	铜盆局	领七团	1430
	塾塘局	领五团	1480
	界都局	领十五团	3410
	武昌局	领十九团	1234
	新市局	领五团	323

[①]（清）《郭庆飚清查社谷禀》，民国《宁乡县志》之《故事编·赋役志·备荒》，第10页。

续表

位置	局	团	贮社谷数（石）
县北十二局	三峰局	领十三团	770
	石子局	领十七团	1694
	营田局	领十三团	916
	归义局	领二十一团	1330
	凤凰局	领十五团	1015
	黄谷局	领十七团	551
	桃林局	领八团	856
	穆屯局	领四团	513
	磊石局	领九团	336
	浒田局	领五团	226
	大荆局	领十一团	657
	长乐局	领九团	1540
县西四局*	文洲局	不详	2313
	仁和局	不详	968
	临市局	不详	1334
	白马局	不详	1158

资料来源：光绪《湘阴县图志》卷21《赋役志》，第38—39页。

注："*"县西四局所领团多毁于水，其能贮社谷者，仅只沙田、文洲、东庄、三合、荆塘、古塘、王通、金盘、湾斗、韩湾、仁和、义合、顺丰十余团而已。

表7—1中各团社谷存储数字，部分来自各团上报，部分来自县册所载，共计各团局社谷3万余石。各团或建社仓收贮社谷，或寄存公庙，储积有年。

不过，即使谷归团局经理，日久，仍然难保无弊。至同治十三年（1874年）清查，发现各团社谷多有侵耗，加之县局派人下乡清查时，饭食、规费等花费，对社谷亦造成一定损耗，存谷少之团，甚至"辄耗其半"，于是乡民渐渐"以团谷为累"，[1] 再次对社仓失去了好感。

---

[1] 光绪《湘阴县图志》卷21《赋役志》，第39页。

第八章 权威与权力:清代长江中游地区的宗族、士绅与社仓

在讨论国家和社会关系以及乡村社会控制诸问题时,宗族和士绅是必然会涉及的话题。

第一节 宗族与社仓

宗族问题是研究中国社会的重要问题之一,也是一个十分复杂的问题。一般认为,江南、华南一带的宗族组织比较典型,对地域社会产生了深远的影响,但20世纪90年代以来的研究成果表明,江西、湖南、湖北一带的宗族势力也很兴盛,甚至在某些时期不亚于华南。在长江中游地区,关于宗族形成的一个显著特点,是以江西省宗族势力为"母体"而形成了具有浓厚宗族色彩的基层社会。江西自宋代就出现了较为发达的宗族文化,明清时期更是全国宗族活动较盛的省份之一。自元末明初及清前期两次大规模的"江西填湖广"浪潮之后,迁入湖南、湖北两省的具有深厚血缘宗法观念的江西移民时刻不忘重建宗法组织。在这一过程中,两湖地区宗族组织逐渐形成,不断发展,至清中后期,已构成大规模、制度化、组织化的宗族重建活动。

已有学者对于长江中游地区宗族组织的结构与特点等作了比较深入的探讨和总结,林济指出:其一,长江中游的宗族组织表现为地缘与血缘的紧密结合,这与该地区处于农业自然经济阶段,以及专制王权的户与户长制影响下所形成的一户一村或一户数村的村户结构家族不无关联。其二,长江中游的宗族组织形成了家庭—亲房—房分—宗族的分层组织结构,具有较强的稳固性与凝聚力。其三,低级士绅成为宗族组织

的主导力量。① 在此基础上，杨国安从组织管理系统、救济保障系统、礼仪教化系统等三个方面讨论了宗族组织对于乡村社会的控制手段和形式。② 徐斌则重点探讨了鄂东宗族的形成发展、各种影响因素及其与地方社会的复杂关系。③

从这些学者的研究成果当中，可以得出一种结论：明清时期，长江中游地区的宗族势力是相当繁兴的，而宗族组织也通过各种手段和形式对乡村社会产生着方方面面的影响。宗族组织在乡村社会中发挥作用往往是以族为单位入手的，首先是作为"保护者"的角色对族内民众的庇护，比如通过设立族田、义庄等形式救助族内贫民。仓储形式也是其中一种救助手段，在讨论"社仓与义仓"的关系时，笔者已指出长江中游地区义仓与宗族之间的紧密联系。谈到社仓，并不如宗族义仓那样多见，不过，这仍然是宗族活动的领域之一。

这一现象同本地宗族的特点有关。本地民众多聚族而居，陈宏谋曾言："直省惟闽中、江西、湖南皆聚族而居，族皆有祠。"④ 在长期的发展过程中，形成了一户一村或一户数村的村户结构，即所谓的"单姓"村落。这对社仓的建设有明显的影响。社仓一般是依照乡里组织寻找合适地点分设，由于百姓居住的分散性，大多数情况下，往往会以村落为单位，一个或数个村落设立一处。因此，一方面造成社仓数量零散众多（乾隆年间归并总仓后有所改观），另一方面，客观上为以"姓"为单位建立社仓提供了可能性。这些社谷既由同姓之人捐出，救助对象自然以族内民众为主。而祠堂和社仓合二为一，也隐含此意。

乾隆七年（1742年），陈宏谋在任江西巡抚时就提出了建立宗族社仓的要求。鉴于当时江西社谷多集中在城中乡民不能借贷的情形，他倡令将社谷分贮各乡村，按地出借。只是这样一来却发现社谷"合之似觉其多，散之实觉其少"，有的地方可借社谷很少，甚至无社谷可借。于是颁布五条劝谕条规，其中特别提出，宗祠可于常规社仓之外另立社仓。因江西有着聚族而居的风习，立有公祠，族内不乏乐善好施之家，必然有捐资赡族之举。如果捐钱，恐怕有借无还，难以为继，又恐争多较少，引发纠纷，

---

① 林济：《长江中游宗族社会及其变迁——黄州个案研究（明清—1949年）》，中国社会科学出版社1999年版，第17—19页。
② 杨国安：《明清两湖地区基层组织与乡村社会变迁》，武汉大学出版社2004年版，第266—281页。
③ 徐斌：《明清鄂东宗族与地方社会》，武汉大学出版社2010年版。
④ （清）陈宏谋：《培远堂偶存稿》卷14《通行社仓事宜檄》，第33页。

第八章 权威与权力:清代长江中游地区的宗族、士绅与社仓 255

不如借此捐为社本,贮于祠内,作为本族之社仓,以利族人。该社仓由族人选举社长管理,报官备案后,由地方官给匾,悬挂于祠堂。社谷听任族内之人年年借还,不和异姓社谷相混淆。以本族之谷借给本族之人,将来生息日多,可以免息,可以赡族,如此,有义仓之实惠,而无义仓之流弊,方为睦族亲亲之道。此外,本着广开谷源的目的,还可以将用于族内讼费的祠堂公租费也作为社本,以作通族缓急资生之计。①

可能是因为陈宏谋在江西任职时间不够长的原因,这条规定未及普及,仅产生了一定的影响。史载,江西泰和县有社仓17所,其中仙槎乡社仓位于古坪村,建于朱姓等祠内,实贮谷1773石,由朱光辉、朱梦龙、朱宏、朱衍、朱光廷、朱嗣魁等捐。② 这条简单的记载反映出,尽管并不是很普遍,但确实在一些地方存在着以各"姓"为单位捐输社谷的现象。捐出的社谷并不是另建社仓收贮,而是存放在本姓祠堂内。

综合三省情况来看,同宗族直接建义仓的情况不同,除了极少数记载外,几乎很难见到宗族大量建立社仓的资料。尽管江西、湖南宗族组织十分兴盛,但关于宗族与社仓的记载资料却寥寥无几,这给我们的研究造成了相当大的困难。

之所以出现这种情形,恐怕和社仓的定位有关。社仓从一开始就被看作是地方公产,服务于本乡本里贫民,虽然省级官员并不反对宗族建立社仓,但是他们更倾向于宗族建立另外一种慈善性质的粮仓——义仓。义仓从乾隆朝兴起之后,一直是呈现公共性质的义仓和宗族、家族义仓并行的态势。在社仓的管理和运营中,地方官力图保持其"公共性",除非宗族自办社仓,是不希望宗族力量渗入公共社仓之中的。不过,从清前期到中后期,随着中央集权力量的削弱和民间力量的崛起,有时候地方官在社仓管理和运营中不得不依赖宗族的力量。

我们仅可从一些零星的记载中窥见此种情形。

以湖北兴国州为例,其社仓建设在前后期有所不同。前期建于雍正三年(1725年),各里均设,共40所。后来因种种原因废弃。光绪五年(1879年),湖广总督李瀚章先后和湖北巡抚潘尉、彭祖贤,布政司王大经令各州县兴复社仓,兴国州分三年筹办,共得谷3万石,知州李辀"按里建仓"收贮,共39处(见表8—1)。③

---

① (清)陈宏谋:《培远堂偶存稿》卷14《通行社仓事宜檄》,第33—36页。
② 同治《泰和县志》卷6《政典·储备》,第34页。
③ 光绪《兴国州志》卷6《政典志二·仓廒》,第8—10页。

256 清代长江中游地区的仓储和地方社会

表8—1　　　　　光绪朝湖北省兴国州社仓分布情形

地点	贮谷数（石）	地点	贮谷数（石）
尊贤坊	315	丰叶里	495
安化里	465	福庆里	450
安乐里	675	宣化坊	405
中丰乐	285	辛安里	630
归化里	540	长庆里	600
修缮里	600	上丰乐	465
下丰乐	495	修净里	660
慈口里	780	乐平里	420
仁义里	270	上阳辛	390
崇庆里	525	朝阳里	420
永城里	510	崇仁里	570
善福里	510	实政里	420
长乐里	510	永福里	600
下阳章	360	宣教里	450
辛兴里	480	乐岁里	510
怀仁里	510	东乡里	600
吉口里	555	辛亭里	240
兴教里	420	上迁里	450
永章里	860	下迁里	270
兴瑞里	780		

资料来源：光绪《兴国州志》卷6《政典志二·仓廒》，第6—8页。

社仓建成后，知州主持制定《社谷善后章程》，对社谷的进出管理和灾年救济等作了详细规定，其主要内容有：

> 社谷虽系按各里应征米数捐收，富者多捐，贫者少捐，而其设立之意则在惠济贫民，保卫地方。不能论原捐之多寡，区别贫富；亦不能论原捐之里甲，较论迁移。总宜以一里之仓谷救一里之居民，保贫即所以保富也。但仓谷有限，居民甚多，一遇荒年，群思争领，最易滋生事端，尤宜预定散放条规，则丰歉之年均有遵守，庶为民之事不致病民也。
>
> 各里均已造仓，凡有社谷概行归仓，不准另有他所，以便官因公

第八章 权威与权力:清代长江中游地区的宗族、士绅与社仓

下乡,随时清查。其出入谷石,概用现发篆烙,里名州斛,以杜弊窦而免歧异。

社长急须饬令保甲协同各姓户长,不论贫富,按户造册,计丁若干口。其族大者,虽数千户统归族长,合为一册,册内注明某房散户长某某。或有同姓不宗者,则归各户长分造各册,若有小姓数十户及数户不等者,亦必各造各册。而户长造册,亦不必挨户查造,照依各姓族谱红丁抄写,以归简便而免遗漏。俟册造齐,由社长照抄一份,以里中所有之谷,按册酌派,谷数计石不计斗,随册呈缴,存案榜示。如遇出粜易新、出借取息、不取息之年,禀请官示,各族户长照数照示具领分给。

社长按册派定谷数,即将原册送交各姓族户长分给散户长,照依册中户口逐细稽查,分别极贫、次贫、又次贫三等,酌定分领数目,预先通知各户均书花(画)押。如遇领谷之年,照此办理,以免临时争论。至丰年收谷还仓,若领谷者有逃亡绝户,无可取偿,准户长于族中公款内提出归还,庶不致有放无收,而地方亦永有此谷矣。

社谷减价出粜及出借不取息,固须先尽贫户,尤应以官示缓征钱粮之年为限。若因存储日久,出粜易新及出借取息,则由社长照依册派数目分给族户长,由族户长分给花户,择其愿领者给发,不必限给贫户,孰可随领随还而无滞碍难行之处。第各里贫富不同,情形互异,凡遇出粜易新及出借取息、不取息之时,尤宜责成社长酌量里中情形,禀请出示照办,以期便民。其未禀官而私动仓谷以作弊论,准里中绅耆禀请查究。①

从社谷章程可知,兴国州的社谷来源于民间捐输,是以"里"为单位劝捐,其存储地点也在各里,并且是单独造仓,不允许另有他所。仅从此看,社仓完全是按照官府的规划建置的,和宗族组织并无关联。这表明从官方推行公共社仓的初衷看,是沿袭旧例,没有将宗族因素考虑在内的。

然而,在社谷的借粜与分发操作层面,却是完全依赖宗族组织进行的。不像公共社仓的习惯做法,社谷分发时并不是由社长直接面对贫户而放粮,也不是按照谁需要就发给谁的原则来发放,而是将核定户等、确定谁来领谷、该领多少等事务交给各姓族长、户长完成。

---

① 光绪《兴国州志》卷6《政典志二·仓廒》,第8—10页。

这里有必要对宗族组织的组织结构作一简单交代。宗族组织主要在血缘关系基础上形成，具有族—房—支、族—支—房—户、始族—分族—支—房—户等组织构成形式。在其内部一般有严格的组织管理系统，这套系统以族规、族长、祠堂等为核心。族长为宗族组织的"领袖"，具有主持祖宗祭祀、掌握族内财政大权，实施族内行政、教化、裁判等权力，在族内享有很高地位。对于族长的职权及其重要性，时人早有明识，湖南《中湘陈氏支谱》云："族长者，一族之领袖。和睦乖戾所由，繁盛衰荣所由，判必才知足以制人，耿介可以服人乃能任此。稍有一节之长，不克胜也。"①

族长一职关乎本族繁衰命运，因此，必须有德有才之人方能胜任。族长是各项族内事务的组织者和领导者。在族长之下，还有一些管理人员，协助族长进行宗族管理。一般于族长外有两套管理系统，一套是依宗族构成产生的房长、户长系统，其管理者分别称为房长、户长；一套是直属族长的宗族管理系统。② 在族内事务的管理上，一般分工为"房长理一房之事，族长担一族之纲"，实行分层制有效管理。

这种管理模式表现在社谷管理上，就和族内其他事务一样，管理者各司其职，保证社谷的发放工作井然有序。在兴国州的例子中，首先，由社长协同保甲长、各姓户长将本里所有民众按户造册，同族同宗且族大者单独造一册，通归族长及散户长负责。同姓不同宗者、小姓者均由户长分别造册。此册造成后，由社长照抄一份，将所存社谷按册分配。其次，遇灾年社谷平粜、出借时，社长按册派定谷数，由户长按册区分贫困等级，核定分领数目，并令各户画押。社长将谷发给户长，由户长分发给各户。如果因社谷存储日久，需要出粜易新或出借取息以促进社谷循环，则同样由社长将谷总数交给族户长，由后者分发给花户。

宗族组织作为社长和贫户、借户之间的中间环节，成为社谷进出流转的桥梁。在这里，我们可以看出官方、士绅、宗族之间的微妙关系：作为官方来讲，在公共社仓的设置和管理中是有意淡化宗族组织的作用的，这从社仓的设置地点、社谷来源、救济范围、社长任命和替换等都可以看出。比如，为了保证公平，社长一职并非由族户长兼任，而是专门推举产生，其更替规定十分严格，"社长原议三年为一届，限满，由旧社长选举

---

① 湖南长沙《中湘陈氏支谱》卷首《族谱·祠约》，转引自杨国安《明清两湖地区基层组织与乡村社会变迁》，武汉大学出版社2004年版，第270页。
② 张研：《清代社会的慢变量——从清代基层社会组织看中国封建社会结构与经济结构的演变趋势》，山西人民出版社2000年版，第78页。

乡里殷实公正四五人,由官访择其中二三人,谕饬接办,俾免旧社长专举招尤。谕定之后,新旧社长不得在乡私相授受,致有扶同捏饰情弊。旧社长必取新社长全收守据存执,一面抄粘禀卸,新社长亦即赴州,另具全数领状存案,方为交接清楚。若有痞棍滥绅身充干预及举报不实,许里中绅耆禀请差究"。新社长由官任命、新旧社长交接社谷需报县府存案才算交接清楚,以及社谷出粜、出借应参照官方缓征钱粮之规定等,尤其是社长动用仓谷需事先由地方官批准一条,都显示出官方防止宗族组织过度影响社仓事务的决心。另外,为了保障社谷的顺利发放和回收,又不得不依赖宗族组织而进行,即使这样,仍然极力将族户长置于协助社长工作的辅助地位。官府不得不依赖宗族组织参与事务中来,但又极力防范和压制宗族组织的作用和行为,这反映了基层社会权力结构的复杂格局。

第二节 士绅与社仓掌控

虽然宗族经手社仓并不多见,但是士绅却绝对是社仓中的重要角色。士绅,或称为乡绅、绅士,作为中国传统社会中一个独特的社会集团(社会阶层),长久以来一直是中外学者研究中国社会相关问题的热点话题。关于其内涵,学者们按照各自的理解给出了多种解释。日本学者酒井忠夫、山根幸夫、小山正明等人对绅士、乡绅的理解比较偏重于身份认定(官职、功名),如山根幸夫主张用"绅士"来概括乡绅,把那些有进士以上资格而与官界有关的绅士称为上层绅士,而把举人、贡生、生员、监生等与官界无关的绅士称为下层绅士。美国汉学界则看重绅士的实际影响,这其中以张仲礼对丁绅士的界定最具代表性,他主张以学衔和功名来划分绅士集团,也就是说,无论是通过科举"正途",还是捐纳"异途",只要取得哪怕最低功名(生员),都应归于"绅士"之行列。他将绅士阶层划分为上、下层两个集团:下层集团包括生员、捐监生以及其他一些有较低功名的人,上层集团则由学衔较高的以及拥有官职——不论其是否有较高的学衔——的绅士组成。一位是瞿同祖沿用了"绅士"(gentry)这一名词,但认为中国绅士阶层实质上是"一个以非正规权力方式控制地方事务的权力层",因此用"地方精英"(local elite)称呼更为合适,不过,他所给的绅士两个阶层的划分类似于张仲礼两个集团的分法。而孔飞力则用"名流"(elite)来称呼中国绅士阶层,并按照其势力大小和影响范围将其分为全国性名流、省区名流和地方名流三类。另一位著名汉学家费正清将绅士界定的范围进一步扩大，认为"中国的士绅只能按经济和政治的双重意义来理解，因为他们是同拥有地产和官职的情况相联系的"，狭义的士绅是通过考试和捐纳取得功名的个人，广义的士绅则是"一群家族"。

后来的大多数学者认同张仲礼的基本界定，并加以修正，如马敏、王先明等学者都强调绅士（特别是明清绅士）的在野性，认为绅士阶层不应该包括政府现任官员。

总体来讲，多数学者虽然对绅士（特别是明清绅士）是由退居的官员和拥有科举功名者所构成这一点上看法基本一致，但对是否应包括在职官员、无身份的庶民地主等还存在分歧。①

但也有不同的见解。费孝通于1953年在美国出版的《中国绅士》一书中认为，"绅士可能是退休官员或者官员的亲属，或者是受过简单教育的地主"。②

笔者所指的"士绅"，采纳学界主流观点，即泛指通过"正途"或"异途"获得功名或有官僚身份的家居者（不包括现任官员），包括上层绅士和下层绅士。之所以不采用"乡绅"的说法，是基于对这一概念的理解仍存在不同的看法。如常建华认为"乡绅"是指本籍现任或原任具有官僚身份和具有进士、举人身份的候选官僚家居者，不包括生员在内。小山正明则以"乡绅"泛指生员以上的各阶层。③结合长江中游地区实际情形，为免引起歧义，笔者选择使用"士绅"一词，泛指生员及以上各绅士阶层。

明清时期地方士绅是基层社会公共事务的积极参与者和组织者，他们往往通过科举考试或捐纳等途径获得功名、学品、学衔或官职，取得绅士身份，从而享有一定的政治、经济、社会特权。在民间生活中，士绅通常利用自身的威望和特权，广泛参与本地地方事务，在基层社会管理中处于举足轻重的地位。

众所周知，中央集权下的传统社会的一个重要特点就是"国权不下县"，即官方正式的管理机构只派出到县一级，县以下广大的乡村社会则主要依靠宗族、乡绅等非正式权力来控制，秦晖将其概括为"国权不下

---

① 参见徐茂明《江南士绅与江南社会（1368—1911年）》，商务印书馆2006年版，第19—22页。
② 费孝通：《中国绅士》，中国社会科学出版社2006年版，第11页。
③ 吴滔：《在城与在乡：清代江南士绅的生活空间及对乡村的影响》，载黄宗智主编《中国乡村研究》（第二辑），商务印书馆2003年版，第36页。

县，县下惟宗族，宗族皆自治，自治靠伦理，伦理造乡绅"。这样的政治生态意味着在传统社会存在两种秩序和力量：一种是"官制"秩序或国家力量，另一种是乡土秩序或民间力量。前者以皇权为中心，自上而下形成等级分明的梯形结构；后者以宗族（家族）为中心，聚族而居形成大大小小的自然村落。每个宗族（家族）和村落是一个天然的"自治体"，这些"自治体"结成"蜂窝状结构"，因此，传统乡村社会是散漫、和谐的自然社会。皇权政治"在人们实际生活上看，是松弛和微弱的，是挂名的，是无为的"。连接两种秩序和力量的，是乡绅阶层。① 虽然我们不能把中国社会政治秩序简单视为"国家—乡村""官方—民间""精英—大众"等二元对立的社会，② 但是乡绅阶层在基层社会中发挥着重要作用这一点却是肯定无疑的。

自然，士绅的众多行为离不开他们背后所依靠的宗族（家族）的支持。费孝通曾讲到："在任何情况下，他们（指绅士）都没有影响决策的真正的政治权力，并且在任何时候都不可能和政治有直接的联系，但他们试图影响朝廷，并且免于政治压迫。统治者愈可怕，绅士的保护色外衣就愈有价值。在这样的环境中，一个人除非是依附于一些大家庭，否则是难于生存下去的。"③ 这段话虽然是从政治对抗角度谈论绅权与皇权的关系，但是却反映了士绅与宗族"鱼与水"的关联。士绅与宗族的关系是相辅相成的，在有些情况下，"士绅与宗族是合而为一的，士绅通过对宗族的控制来实现对农民的控制，从而形成县—士绅（宗族）—小家庭的格局"。④

士绅在中国社会中所处的地位是举足轻重的。张仲礼认为，从士绅所处的地位来看，他们实际上是"官""民"之间的中介人。在政府官员面前，他们是乡村社会的代言人，代表着本地的利益。他们承担了诸如公益活动、排解纠纷、兴修公共工程、组织地方武装等许多事务，视自己家乡的福利增进和利益保护为己任。在地方百姓面前，他们则协助乃至代政府行事，使政府的政策得以贯彻执行，有效地分担了政府对基层社会的管理

---

① 秦晖：《传统中华帝国的乡村基层控制：汉唐间的乡村组织》，载黄宗智主编《中国乡村研究》（第一辑），商务印书馆2003年版，第2页。
② 唐力行认为，基层政权和农民（乡村社会）之间靠两条线连接，一是士绅，一是里甲制度，参见徐茂明《江南士绅与江南社会（1368—1911年）》，商务印书馆2006年版，"序"第9页。
③ 费孝通：《中国绅士》，中国社会科学出版社2006年版，第11—12页。
④ 徐茂明：《江南士绅与江南社会（1368—1911年）》，商务印书馆2006年版，"序"第9页。

职责。①

费正清曾经对中国士绅阶层在乡村社会中的作用作过全面的评价："士绅在每个乡里履行许多重要的社会职责。他们为诸如运河、堤堰、水坝、道路、桥梁、渡船之类的灌溉和交通设施进行筹款和主持修建。他们支持儒家的机构和伦理——创办和维持学校、圣祠和当地孔庙，出版图书，特别是地方史籍或地方志，并给平民大众分发道德说教册子和劝世歌谣。在承平时期，他们给公众生活定下调子。在动乱时期，他们组织并统帅民兵的防守力量。他们日复一日地仲裁纠纷，使当地不致像美国任何一个市镇那样经常发生法律诉讼。士绅还创办慈善事业并运用所托管的经费救济乡间疾苦。他们在官方的请求下向政府捐款，特别是在战争、水灾和饥荒的时期。"②

明清时期，士绅在长江中游地区乡村社会生活中同样有着广泛而深刻的影响。以对两湖地区至关重要的水利工程而言，据韩国学者吴金成的研究，明代湖北水利工程的兴修从建议、助言、乡村言论的提醒到向上表达，甚至于上下官府之间的协调异议，劳动力与工程的获得，工程的推进与监督诸问题，士绅都起到重要作用。他还指出，士绅的作用并不仅仅限于水利问题，而是延伸至社会的方方面面，如在政治上，平定盗贼、土寇、叛乱，担任乡里的裁判、调卜，增设新县等；经济上，建设渡场，修筑桥梁，设置义田、学田，建设义仓，荒年赈济等；文化上，领导乡约，建立祀庙、义学，建立书院，匡正乡俗，打听乡论而建议地方官府垦荒、减免税役等，非常宽泛。③ 他们广泛参与地方政治、经济和文化建设，显示出明清士绅真正作为一个整体（阶层）成为基层社会的实际领袖。

杨国安从水利建设、交通建设、地方教育、慈善事业以及在地方社会秩序的维护等方面综合论述了明清时期两湖地区士绅在乡村社会中的主导地位，认为其在一定程度上左右着地方政局，构成王朝统治的基础。④ 由于研究主题所限，二位学者都没有对仓储与士绅的关系作进一步的讨论。事实上，作为地方公共事务的重要组成部分，兴办仓储是绅士活动的主要

---

① ［美］张仲礼：《中国绅士——关于其在19世纪中国社会中作用的研究》，李荣昌译，上海社会科学院出版社1998年版，第48—68页。
② ［美］费正清：《美国与中国》，张理京译，世界知识出版社2006年版，第36—37页。
③ ［韩］吴金成：《明代社会经济史研究——绅士层的形成及其社会经济作用》，渡昌弘译，汲古书院1990年日文版，第100—110页。
④ 杨国安：《明清两湖地区基层组织与乡村社会变迁》，武汉大学出版社2004年版，第296—309页。

领域之一。从清代长江中游地区社仓建设来考察，士绅不但是社谷捐输的主要力量，而且在社仓具体事务的管理中占据重要地位。

一般而言，由于士绅的生活较为富裕，很多士绅都是当地的富室巨户，因此，在劝捐社谷中，他们总是身先士卒，并理所当然地成为了核心力量。这方面的例子不胜枚举，除了前列之外，再如湖北兴国州于雍正三年（1725年）兴建社仓时，乡绅石廓然"首捐谷百石，为诸里倡率之日，俑丐望门垂涕"。① 湖南长沙县在雍正初年举办社仓时，"劝绅士捐谷，散贮本县十都"。在乾隆四十六年（1781年）前后开始的湖南省大规模筹办社谷的行动中，也是以士绅为主要对象，同样取得了不错的效果。② 湘阴县同治年间由各团绅捐置社谷，不久即得谷30000余石，"其董率劝谕，邑绅陈嵘之力为多"。③

参与社仓的士绅大多有着乐善好施的品格，他们常常兼及其他慈善事务，这类记载在地方志《人物》《义行》等条目中十分多见。而且，如果条件允许，他们会敦促子孙或后辈将自己的善行延续下去，使这些行为带上了"家族"的色彩。

以湖北黄冈县为例，有士绅多人屡屡参与社仓建设：

乡绅余文元，性格朴实，好善乐施，雍正元年（1723年）捐洪山寺社仓谷百石，又捐修棠棣湖桥，置田作为修理费用，"行人便之"。

陶之玿，字荆璞，贡生，雍正二年（1724年），县中发生饥荒，捐谷千石用于平粜，粜价"减十之二"。五年（1727年），仿行社仓法，出谷千余石赈济灾民，所接济者人口众多，又建韩家社桥，捐资三百余金，方便乡民。其子成新和孙国干亦"敦行好义"，平素有种种善行，"亲邻借贷，辄应，折其券。佃农补佃，往往弃之"，又继承祖志，捐社仓谷百余石，乡里称为"善人"。④

士绅刘维桢因在光绪年间捐建社仓而闻名，这也是清末黄冈县仅有的社仓。他也是继承父志者。其父刘熊兴为乡里名绅，字欣园，性格"慷慨好义"，"戚友以缓急告，必应"。⑤ 维桢为其独子，受其父亲影响较大，平生"尤以为善为最乐"。刘熊兴、刘维桢父子两人做了不少造福族人和乡里的善事，史载："其著者如营建祖祠、昭忠祠，置备祭产、义田、义

---

① 光绪《兴国州志》卷22《人物志·义行》，第41页。
② 同治《长沙县志》卷10《积贮》，第34—36页。
③ 光绪《湘阴县图志》卷21《赋役志》，第39页。
④ 光绪《黄冈县志》卷12《人物志·笃行》，第52页。
⑤ 光绪《黄州府志》卷24《笃行》，第23页。

塾、义局、善堂、社仓，设三台河桥渡，皆督其子次第举办。"光绪年间，刘维桢先后捐谷 1200 石建鱼博寺社仓，又捐谷 800 石建陆家庙社仓。因父子二人的种种义举，刘熊兴于光绪六年（1880 年）去世后被喻为"振威将军"。①

对于地方士绅参与社仓建设的情况，另如以下史料记载。

湖南安仁县乾隆年间建总仓 5 所，分布在县城西街、五都张桥铺中街、一都江口州楚兴寺右侧等，又于嘉庆年间在郁石村、军山由乡人捐建 2 处社仓，其中军山社仓建于福佑祠内，嘉庆二十三年（1818 年）由贡生陈世建、庠生欧阳仑等募众捐置。②

江西新城县仓储形式众多，其中唯一一处钟贤社仓位于十九都中田镇，乾隆四年（1739 年）由举人鲁岭梅倡捐营建。七年（1742 年），鲁中进士，至二十二年（1757 年）复扩之，前后储谷 700 石，立社约，春散秋敛以为常。③

泰和县乾隆年间于各乡都建社仓 17 所，至乾隆十七年（1752 年）实存本息谷 7356 石余。生员朱光辉等捐谷 1117 石，生员康集龙捐谷 400 石，均归入社仓。④

从士绅的身份来看，基本上以生员为多。因此，总体来讲，本地参与社仓的士绅主体应该是以生员为主具有较低功名的人，体现出本地下层士绅在地方事务中的广泛参与和影响力。

在社仓的管理上，地方士绅用心颇多。本地的社仓一般由地方官府出面倡办，在士民的协助下筹集仓源、选址建仓，然后交由民间选拔的社长（或称社正副、社首、仓长）经理。雍正年间初办社仓时，长沙、益阳等少数地方曾实行由本里民众轮流担任社长的方法，行之不久，即侵挪亏缺，"良法成弊制也"。之后，遂明确社长一职由殷实端方绅士担任。在考虑社长人选时，不但考虑其绅士身份，更强调他的个人品质和威望，如是否老成持重、众所信服等，希望借助这些德高望重绅士的影响力和号召力使社仓顺利发展。

作为士绅来讲，他们对地方事务有一种责无旁贷的使命感，因此是很乐意参与社仓经营的。社长责任重大，掌管社谷一切敛散事宜。当社谷出借时，社长要根据借户田地收入状况按标准酌量借给；当发生荒歉需要赈

---

① 光绪《黄冈县志》卷 4《赋役志·积贮》，第 48 页；卷 12《人物志·笃行》，第 59 页。
② 嘉庆《安仁县志》卷 3《营建志·仓廒》，第 11 页。
③ 同治《新城县志》卷 3《食货志·仓储》，第 5 页。
④ 同治《泰和县志》卷 6《政典·储备》，第 34 页。

济灾民时，社长要负责查清各户受灾程度，确保每户贫民得到接济；而当秋后仓谷归还时，社长同样需负责亲自核查。此外，日常存储、定期盘查、仓钱增值、账簿开支以及意外情况的处理等，均需社长总体统筹安排。

在这诸多责任当中，最难处理的莫过于社谷的借放，而这也是社仓管理的核心。就社谷出借而言，社长之难在于既要确保将谷借给真正需要的贫民，又要在邻里间搞好平衡，稍有不慎，就会招致怨言，甚至惹出事端。"当其放也，贫者若取诸宫中，强者偏视为己物。谷不称心，乌合者威堪裂眦；数未如意，鲸吞者怒可冲冠。或一人而并数人之所需，或数姓不敌一姓之所取。"而社谷完纳时，社长更是要付出许多辛苦来面对和解决诸多问题。"凡社长必择殷实之人董其事，其人既非官吏，无权无役，所借之米，何人催纳？丰年不完，亦无如何，若还歉收，更难完纳。"

除了面对乡里熟人和贫民，还需应对官府盘查，"吏胥有需索之苦，官府有伺候之劳"。①

围绕社仓，社长和州县官、吏胥之间的关系是十分微妙的，理想的状态是双方力量均衡，但这很难达到。例如，受州县官的指派，前往盘查社仓的吏胥的打扰和不端行为超过了社长所能承受的限度时，这种平衡就会被打破，社长会尽力设法维护自身和社仓的利益。如果有必要，他们甚至会动员同处利益共同体的其他绅士团结起来，共同反抗。

湖北黄梅县于道光初年在兴建社仓过程中发生的一则纠纷颇具代表性。该县于雍正二年（1724年）始建社仓，乾隆年间因种种纷争，将社谷以镇为单位，按各姓尽数按户均分，无一存留。道光元年（1821年），知县杨昌复兴社仓，由于吏胥作风不端，"出示盘查，票拘仓长，勒索陋规"等行为，一时间人情汹汹，引发众怒。此时恰逢新任湖广总督李鸿宾赴省上任，途经黄梅，"士民沿途呈控，且有先行越境而赴告者，不能悉记"。举人邓锦等亦呈文，具禀县丁书鲁玉堂等人借盘查之名勒索钱文，并趁机细述了社仓"弊之出于盘查"的缘由，对盘查惯例提出了质疑：

其言弊之出于吏胥，奈何？则社仓之盘查是已。盖社仓之分，其议起于民间，人皆得谷，家自建仓，分拨维均。兼并者不得逞其谲，

---

① （清）喻文鳌：《东城社仓捐田记》，光绪《黄梅县志》卷16《赋役志·积储》，第3—4页。

安顿得所；侵蚀者乌能用其刁，淘法良而意美，亦浪静而风恬，夫何见困于社谷未分之先，复胎祸于社谷既分之后？奉上宪之来行，假盘查晓谕父老；挟本官之律令，藉盘查恐吓乡愚。户长督以甲长，以盘查勒索四乡；原差继以催差，以盘查苛派通镇。每易一岁，则檄委员下乡，盘查之利市，必不可少；偶调一官，则唤仓长出结，盘查之陋规，愈有所增。悉索未遂者，则以违抗盘查，禀于公而置之囹圄；溪壑已盈者，则云眼同盘查，复于上而脱于覆盆。欺君虐民，操纵由其笔下；舞文弄法，出入任其舌端。盘查本以诘民之奸，岂知民则无奸，而奸之生于盘查者，其奸较酷；盘查祇以防民之蠹，岂知民则无蠹，而蠹之生于盘查者，其蠹更深。喜奇货可居，一任左提右挈；痛大盗不止，犹是火热水深。与其奉行故事，沿此盘查之虚名，则害去半，尚留其半。曷若扫除弊端，革此盘查之旧例。

此文引起李鸿宾的重视，他责令黄州知府认真处理此事，并作出了批示：

　　查社仓谷石系民间自行捐积，以资储备，应听该绅民等公举殷实老成人经理，无许官吏藉端盘查，致兹纷扰。据黄梅县举人邓锦、梅芳等以该县丁书鲁玉堂等盘查社谷勒索钱文等情，纷纷至本部堂行辕具控。如果属实，不特该丁书任意诈赃，难保该县无授意情事。仰北布政司会同按察司，即饬黄州府亲提全案人证，秉公研审确情，按例参办，毋稍徇延。徐占鳌等各词并抄件附行督部堂批黄州知府禀，该县杨昌任内所出示票既经全行缴销，差书亦已分别究惩。地方安静，民无间言。所有邓锦、梅芳等控案，如禀，免再提审，以省拖累。①

从批示来看，对黄梅县社谷盘查案的处理方案为：差书受到惩处，知县杨昌下令使用的盘查票全部上缴销毁，同时还要追究杨昌可能具有的纵容和包庇差书胡作非为的责任。至此，整个事件有了一个比较圆满的结局。

在这次事件中，由于社谷盘查过程中的方式不当和吏胥行为不端，导致引发众怒，百姓纷纷上访。在这个大背景下，正是士绅邓锦、梅芳等人

---

① （清）喻文鳌：《东城社仓捐田记》，光绪《黄梅县志》卷16《赋役志·积储》，第3—7页。

第八章　权威与权力：清代长江中游地区的宗族、士绅与社仓　267

有理有据的控告（当然，其他证据也起了一定的作用，如李鸿宾批示中提到的徐占鳌等人的证词），最终促使湖广总督直接干预和过问此事，才使得事情得以顺利解决。士绅这种替百姓代言的成功，一方面和他们的教育背景有关，邓锦、梅芳等都是举人，属于文化程度较高之人，这类人一般熟读诗书，又对官场规则有一定的了解，他们所写的诉状自然事实清楚，理由充分，更符合官方的要求，比之百姓自身控诉更具有说服力。从邓锦等人对于社谷盘查弊端的描述可以看出，他们的见解是相当精辟的。同时，由于他们特殊的身份和社会影响力，对他们所提出的控告，督抚大员和府、州县官员也必须认真对待，不能敷衍了事。也因此，由他们出面，事情才会得到更快更好的解决。

正像士绅从事其他地方慈善和公共事务那样，尽管社长一职事务繁重，但是，除了日常的纸笔、雇人等管理开销外，担任社长的士绅并不从社仓中领取报酬。当然，他们往往会得到其他方式的回报。比如，若在社长任期内经营得当，经管士绅会得到官府奖励。不像对于捐谷之人的奖励（物质和精神并重），这种奖励主要以精神鼓励为主。可能是得到这种奖励的人比较少，也可能是其他原因，在地方志中很少见到有关记载。少见的例子如江西《永新县志》中载，文裴光，字焕帮，为人公直，善于为人解决争执，生平好做善事，如施棺木、修桥等，曾被选作社长，管理社仓，因其"出入有方，为同里推许"，知县给匾奖励。[①]

有的州县明确规定给社长酬劳，但是社长一般并不接受。如湖北云梦县丰云社仓就规定：每年丰稔，酌拨社谷于社正副名下，每人每年6石，因各倡办首士自愿捐出，"每年酌拨社谷三十六石，归于县城广善堂作善局经费，即注明谷系丰云社社正副等公捐"[②]。将酬劳捐给善堂，也算一大善举。

本地社仓在管理模式方面一般采取"执掌在民、监督在官"的方式，这种模式充分体现了官方正式权力对士绅权力的限制。就官权和绅权的关系而言，一般认为，晚清以来，随着团练等地方武装力量的兴起，士绅在地方事务中的权力得以进一步扩张，官权对于社会的控制能力则不断削弱，对于长江中游地区而言，这一判断亦基本成立。[③] 但是，作为民办性质的社仓，则始终在官府的笼罩之下，士绅的活动空间有限，在如湖北云

---

① 同治《永新县志》卷18《人物志·善行》，第7页。
② 光绪《续云梦县志略》卷1《营建·社仓》，第11页。
③ 杨国安：《明清两湖地区基层组织与乡村社会变迁》，武汉大学出版社2004年版，第314—317页。

梦县丰云社仓的例子中，州县官的权力甚至有扩大的迹象。晚清士绅权力的扩张，并非是通过对社仓的具体经管，而是借助团练、团局的兴起，社仓和团练、团局相结合，从中施加影响，才得以实现。

当然，在社仓的实际操作中，州县地方官始终离不开士绅的协助。同治三、四两年（1864—1865年），荆门直隶州知州刘繁商协同士绅周瀚等共同办理团防，并于州城文昌宫后修建社仓，陆续买谷870石贮仓。七年（1868年），遇有灾荒，遂设粥场，并将社谷尽行售卖。① 从这一简单事例可见地方官对士绅的依赖之深。

从以上的分析可看出，士绅在社仓运营中占据着相当重要的地位，地方官府要依赖他们来推行社仓制度。

从士绅和地方社会控制的角度考察，士绅的行为具有两面性，表面上看，他们积极参与社仓事务，不求回报，将乡民的利益视为己任，实际上，和参与其他地方事务一样，绅士正是通过社仓这一途径提高自己的威望和社会影响，尽管不如义仓那样有较大的腾挪和自由空间，反而受到官方较多的掣肘，士绅仍尽力参与其中，努力维持着自己"地方领袖"的地位。

由于士绅和社仓建设之间的紧密联系，清代本地社仓的发展在一定程度上同士绅的努力是分不开的，他们在增强其对乡村社会控制力的过程中，对社仓的发展也起到了推动作用。毋庸讳言，在某些情况下，由于其个人行为，士绅也会对社仓的建设产生负面影响。比如，一些士绅个人责任心不强或因种种原因热情不高，对社仓疏于管理，致使社谷借放涣散，管理混乱。湖南溆浦县于同治十二年（1873年）因修志需要，"前署令齐侯屡催各处管理仓谷首士将簿籍投局核实，乃匿簿不缴。即送来者，亦出入混淆，缪辄不清。官亦知其势难操切，姑置勿论。志遂无从综敷，竟以含糊了事"。② 因为社谷进出记录混乱而导致无法采用，连新修地方志中也只好含糊了事。《益阳县志》载，各乡社仓因仓谷借放涣散，仓廒年久失修，多有朽坏而衰败，至同治年间清查时已难追一二。③ 造成社谷短缺或社仓朽坏的原因很多，但是同社长本身疏于对社仓的管理是摆脱不了干系的，可以说发生这种事情，社长难辞其咎。

不过，就整体而言，这些现象并不能掩盖和抹杀士绅在长江中游地区

---

① 同治《荆门直隶州志》卷3《政典志三·仓储》，第14页。
② 民国《溆浦县志》卷8《食货志一·积储》，第2页。
③ 同治《益阳县志》卷6《田赋志三·积储》，第60—61页。

社仓发展中所起的积极作用。

第三节　社仓管理和运营中的官员、吏胥、社长、借户与粮户

清代长江中游地区社仓存在着从前期的乡村借贷机构向后期综合性社会救济机构转变的过程，前者主要以民捐民管社谷，每年春夏之交借贷给贫户、秋后还谷为主要特征，后者则以置买社田、出租给粮户，秋后收取租谷，灾年或赈或粜为典型方式。在这个过程中，州县官和代替他们行使监督任务的吏胥、担任社长的士绅、借户、租佃社田的粮户之间关系错综复杂，影响着社仓作用的发挥，反映着基层权力网络的生态。

本节分清前期和后期分别对这种互动关系及其变化作以分析。

一　雍乾时期的州县官、吏胥、社长与借户

本地社仓的管理基本为"官督民办"模式，即"执掌在民，稽查在官"。具体而言，各社长掌管收放，地方官稽其出入，每岁造册上报，对于社仓的管理运营负有监督职责。

社长负责社仓日常管理事务。因此，社长人选之妥当与否，在一定程度上关系到社仓的成败，对社长的挑选必须谨慎。通常情况下，社长由当地绅富推荐，报地方官批准。这是州县地方官发挥对社仓的监督作用的开始。

乾隆七年（1742年），陈宏谋在任江西巡抚时颁布的社仓条约规定，"社长副经理接济，乃地方仗义行善之人，与地保下役不同，凡有身家及矜士等，俱可管理"。[①]

乾隆二十一年（1756年），其《社仓条规二十一则》有"毋论绅矜士者，官宜敦请委任"等语，显示官方对社长人选要求有二：一是身份和资产，凡有身家之人及绅矜士者均可担任，最理想的状态是有身家的士绅，富民亦可；二是品行，只有仗义行善、诚实正直、有名望之人才可担任。这两个条件是并行关系，缺一不可。

对于是否允许具有生员身份的士绅担任社长，湖广总督鄂密达曾鉴于

[①]　同治《新建县志》卷24《营建志·仓储》，第6页。

挑选公正社长之不易，提出"贡监生员，在所不拘"①的想法。一些地方也已经付诸实施，湖北长乐县规定，各保社仓由"该保殷实之户并公正绅监、生员不应试者掌管"。②只要不应试，生监是可以担任社长的。

社长由地方绅民公举，选充之后，报告地方官府，一般由官给执照、戳记，并给条规，以资证明。为防止出现弊端，规定社长要定期更换，"或一年、二年、三年，或轮充官司，因地、因时、因人酌行，不为限制"，如果社长有侵挪贪污等不法行为，一经发现，立即更换，并报官追究责任，"社长中有侵冒不法者，立即革究更换，著追发给执照、戳记"，社长更换时执照、戳记、条规要一并更换，"凡更换社长，将旧执照、旧戳、条规缴官，另给新照、戳记、条规，责成交代接受，以杜新旧牵混、推卸、揆越等弊"。③社长需由官确认，监督社长的定时更换，并对不合格、行为不端的社长追究其责任，是州县官对社长实施监督的具体做法。

社长能否做到行事公正，一方面来自道德层面的制约，需要借助担任社长的士绅自身的道德操守以及来自乡民的外在道德评价；另一方面则来自制度层面的约束，包括地方官的监管和法律的奖惩。

为实现第一层面的制约，正如上述，在选择社长时，要求挑选品行端方、家道殷实、乡里推服的士绅（富民较少）担任，以减少经管社仓中存在的道德风险。而为实现第二层面的约束，则需借助官方的力量。

州县地方官通过对社仓的监管实现其管理职能，那么，如何防止社长作弊呢？

一个途径是对社长上报的载有姓名、人口、家业等内容的花名册进行审核。曾担任湖北布政使的李世倬提出的审核办法为："有司者于春借之时，社长具报之日，即备询其家业名口，而自注于册。或虑家业之消长不时，人口之添退无定，则再于秋还之候，社长具报之日，复询其故而改注之。此不过有司一举笔之劳，不必假手于吏胥者也。自此一岁一周，既可察社长之公私，考民间之勤惰，觇邑中之肥瘠，而奖励由此可施，政治由此可省。……遇有水旱赈济之事，举前所自注之册，计其男妇大小名口共有若干，按多寡之数而赈给之，视贫富之等而酌量之，自无舛错遗漏。"④

---

① 署理湖广总督鄂弥达奏于乾隆十年六月十九日，《清代灾赈档案专题史料（宫中朱批奏折·财政类·仓储项）》，第一历史档案馆藏，第1133函第15号。
② 光绪《长乐县志》卷9《赋役·社仓》，第15页。
③ 同治《长沙县志》卷10《积贮》，第20页。
④ 通政司右通政李世倬奏于乾隆元年五月初八，《清代灾赈档案专题史料（宫中朱批奏折·财政类·仓储项）》，第一历史档案馆藏，第1102函第41号。

第八章 权威与权力：清代长江中游地区的宗族、士绅与社仓

李世倬希望这种由州县官当面询问社长各户情形，并在册上注明，于社谷收放时核对的做法固然在逻辑上说得通，但是过于脱离现实，显然不具有太大的可操作性，乾隆帝对此提议不置可否，并没有照惯例做出批复。

地方官对于社仓的核查，按照规定通常有两种方式：一是常规盘查，一般于年末进行，以便上报数字。二是平时的不定期巡查，通常要求地方官在因公经过乡下时，顺便查问，或者临时性进行突击检查。

实际上，地方官尤其是州县官对于社仓的监管是否真正有效，取决于多种因素，比如，地方官是否能巧妙维持和社长之间的关系。他们的关系十分微妙，更多地呈现出一种彼此制约、此消彼长的态势。一般而言，社长为土生土长的本地人，有着深厚的根基和人脉关系，比之州县官占据天然的本地优势，若社长再作风强硬，那么，州县官自然会失去监管社仓的话语权；反之，若州县官行事果断，比较强势，社长处于弱势地位，则对社仓的监督就相对容易。而无论哪种情形，如果双方关系交恶，互不信任，肯定会影响到对社仓的管理。

湖南安化县社仓的兴衰是一个很好的例子。该县各处社仓创自雍正年间，分布城乡数十处，至乾隆初年，贮社谷7000余石。各处社谷历来系各乡社长经管，日久弊生，官吏不敢干预，也惮于清理，社长、地方官互相蒙混，社谷终归乌有，仓厫废置。至乾隆五十五年（1790年），知县冷紘玉认真清查，追出在城蒋家巷及东路茅田铺社谷2427石，提入县署内，附存常平仓，一律盘补。以后历任知县经管无异，社谷得以不断延续，历经咸丰战乱，一直存续至同治年间。[①] 如此，州县官接手社谷，似乎保障了其存续性，但事实上却造成民谷变为"官物"的结果，失去了民仓的意义。

另外，防范社长有意和代替州县官下乡盘查、监督的吏胥勾结，蒙混过关，导致官方监管流于形式。这一直是各级官员们最为担心的事情。乾隆十年（1745年）六月十九日，署理湖广总督鄂密达曾上奏陈述社长种种不端行为：

> 查社谷春放秋收，加一起息。近闻社长愚弄乡民，多收息谷。当未开仓之先，串同亲属，私立借约，并且自捏诡名，多造借纸。每届青黄不接之候，乡民往借，竟乏升斗。甚或乘谷价昂贵，悄行粜卖，秋收始行买补，一石几获两石之利。其尤奸猾无赖者，仓中侵蚀大

---

① 同治《安化县志》卷16《经政·仓储》，第2页。

半，一经盘查，则借亲友谷仓请验。又或捏称谷尽放出，欠在乡民。其或被人首告，则勾通猾胥，蒙蔽官司，浸寻日久，莫可究诘。①

此折列举了社长多收息谷、私借社谷、私卖社谷以谋厚利，却在地方官盘查时弄虚作假，甚至在被人告发时和吏胥相互勾结，以蒙蔽官司，逃脱监管的行径。

一般而言，各省级官员对社仓事务大多态度积极而明确，在中央政府屡屡下文建设社仓时，往往大表决心，并力促成事。而州县一级官员的态度则不尽然。他们的表态固然亦十分积极，但实际操作起来，则并非都尽心尽力，一些地方是能捱一日是一日。乾隆十二年（1747年）三月十七日，湖南巡抚杨锡绂奉令各属勒限建造总仓，却无奈地发现，各属"或称农忙，或称雨雪，多事延捱"，逼得他向户部申请要追究这些尚未建仓之处地方官的"溺职"罪。②

在一些地方，还不免存在这样的现象：因为将社仓"委之于民"，一些州县官遂"视同膜外"，对于运行和监管社仓之事缺乏积极性，态度暧昧，执行不力，"纵有察覆之名，不过照例开单申报"，造成一些地方社仓条议虽然极为尽善但百姓却不沾实惠的现象。从各种文献记录来看，这种情形似乎并不少见。乾隆八年（1743年），湖南按察使明德考察社仓，发现湖南省虽号称有社谷三十余万石，每州县各有数千石至一万石不等，但很多地方"虽有社仓之名，而无社仓之实"。州县官只追求社谷数量上不致亏缺，能向上交差，至于社谷的发放、领借情况以及百姓是否受惠，根本不予关心。一些地方采取由各社长分领社谷、自行掌管的做法，以图省事。在选择社长时，仅以田产作为衡量标准，"止以有田者充为社长"，"田多者领多，田少者领少。每名领谷自十余石至一百余石不等，竟有一县之谷，分给一百余人掌管者。既无仓廒，又无社副，大都系社长自行营运，量报息谷，与民食毫无裨益"。③

也因此，社长行事涣散或舞弊侵蚀等情形一直未绝。据湖南巡抚陈宏谋记载，丰城县有社长侵蚀社本、捏名借作之事；泰和县有士民久已报

---

① 署理湖广总督鄂弥达奏于乾隆十年六月十九日，《清代灾赈档案专题史料（宫中朱批奏折·财政类·仓储项）》，第一历史档案馆藏，第1133函第15号。
② 湖南巡抚杨锡绂奏于乾隆十二年三月十七日，《清代灾赈档案专题史料（宫中朱批奏折·财政类·仓储项）》，中国第一历史档案馆藏，第1139函第3号。
③ 湖南按察使明德奏于乾隆八年闰四月初九，《清代灾赈档案专题史料（宫中朱批奏折·财政类·仓储项）》，中国第一历史档案馆藏，第1125函第1号。

第八章 权威与权力：清代长江中游地区的宗族、士绅与社仓 273

捐，而社长不即转报、借谷又不收息之事；湖口县则有所拨社本至今尚未出借之事等。此外还有"或社长亏空而虚数作抵，或刁民抗欠不还而留抵新借，或虽已报捐而谷终未收仓，或有从前侵谷名虽报完，而至今仍难著追，或保甲长分借，出借数多，还仓数少，或地方刁民先则强借，后则抗欠，社长副畏其无赖，隐忍报完，以图将来弥补"① 等，不一而足。在他看来，这些问题的形成，都是因地方官不实心经理之故。

有时候，地方官粗放式的监管方式也会给社长带来困扰。比如，有的州县官在核查社谷时，"止核成数，有本谷一千者，必报息谷一百。不问其曾经借出与未经全借者"，② 社长不得不赔付息谷，亦为所累。

为此，各省督抚强调通过道府官员对州县社仓的巡查、抽验发现并解决问题。乾隆十一年（1746年）六月二十四日，湖北巡抚开泰奏报："应饬各道府即于巡查所至，遇有存贮社谷之处，就便抽验。倘有侵那等弊，务须究明确情，将该社长分别重轻，责革更换，仍勒限追赔还仓。其亏缺过多者，并将失察之该州县声明揭报，不得瞻徇。如此每遇巡查，下属按季抽验，检测周历，在各道府就便举行。"③ 以此警示州县官实力稽核。

除了和州县官、吏胥打交道之外，担任社长的士绅在社谷借还中需要面对借户，这是社仓的核心事务，也是其价值所在。作为乡村借贷机构的社仓能否长期延续，取决于其社谷贷放和还谷工作的顺利进行与否。这意味着，理论上，社仓必须每年保证一定数量的借贷，以获得一定数量的息谷；秋后必须保证借户能按时还谷，才能获得本谷和息谷，实现社谷的循环和增殖。这对社长无疑是个不小的挑战。面对乡情乡谊的环境压力，社长既需将社谷借给真正的贫户，又需对付强借多借，稍有不慎，即启争端。秋后收谷还仓工作更是充满诸多不确定性，贫户逃亡、无力还谷、不肯还谷等，固然可以借助官府的强制力进行干预，并且在省级官员制定的社仓章程中有"保人代还"的规定，但总体上社谷催还属于社长的责任，若有短缺，社长需要承担赔还的后果，这加剧了社长和借户之间的紧张关系。其结果导致一些正直公正士绅不愿意继续担任社长一职，而这反过来又导致社仓管理的质量下降，增大了社仓被品行不良的劣绅以及强徒把持的可能性。

---

① （清）陈宏谋：《培远堂偶存稿》卷16《再饬清查社谷檄》，第32—33页。
② 湖北巡抚晏斯盛奏于乾隆十年七月二十二日，《清代灾赈档案专题史料（宫中朱批奏折·财政类·仓储项）》，中国第一历史档案馆藏，第1133函第25号。
③ 湖北巡抚开泰奏于乾隆十一年六月二十四日，《清代灾赈档案专题史料（宫中朱批奏折·财政类·仓储项）》，中国第一历史档案馆藏，第1136函第11号。

二 清末社仓中的州县官、社长与粮户

随着政治经济变化和社会变迁,清末长江中游地区社仓制度发生了显著的改变,围绕社仓事务,以州县官为代表的官方权力和以社长为中心的民间权威二者之间的关系出现了转换和调整。一个总的趋势是,在恢复和重建遭受破坏的旧有社仓的过程中,州县官对社仓掌控的权力大大加强,以士绅为主体的社长权威逐渐下降,并由此引发吏胥、社仓借户、粮户、贫户等关系的变化。

正如本书前述,湖北当阳县通过将社仓收归城中的方式直接由县官接管。而以云梦县丰云社仓为代表的清末湖北省社仓制度则变革尤甚,社仓采取官置社田、收取租谷的方式经营,这大大降低了社仓靠贷放收取息谷来运营的风险性。丰云社仓的社田来自州县官的划拨,其管理和运营中官方权力的渗透也较为明显,社仓不再具有乡里属性,总社、社长更多地成为代替官府行使管理仓储职能的代理人,社仓出现了本质性的变化。在收取租谷时,州县官会派守城兵丁弹压,并张贴布告,限期缴谷,逾期由官差追究办。社谷平粜散赈时,除兵丁弹压外,捕厅派差共同维持现场秩序。需要赈济的时机,由社长视察灾情,分别轻重,禀官报赈,官、绅、民公议,达成一致,则赈之。同时,社长下乡看租、跟随局丁轿夫、社谷进出时兵丁、捕厅派出人员均有伙食供给,不许需索。[①] 丰云社仓的管理中,粮户、贫户和社长的关系转变为粮户、贫户和州县官府之间的关系,社长和州县官、社长和粮户、贫户的矛盾也转换为粮户、贫户和州县官府之间的矛盾。这种因关系的变化而带来的矛盾点的转移,正是清末社仓的突出特点。社仓不仅是地方政府财政收入的组成部分,而且是由政府主导的地方性事务中的重要一项。

---

① 光绪《续云梦县志略》卷1《营建·社仓》,第3—13页。

结　语

一　清代长江中游地区社仓的功能和实效

在充分探讨了长江中游地区社仓制度的发展演变及其与地方社会的关系之后，我们可以尝试对社仓的功能和实效做出分析和总结，这也是本研究的重要目的之一。

应该说，社仓的功能和实效之间是有内在联系的，功能是对其性质和作用的探讨，实效则是功能的具体表现。对于社、义等仓的性质和社会功能，不同学者从不同的研究角度，提出了不同的观点。较早有徐建青的"社会积累说"，认为封建社会的仓储积累有两个特点：其一，仓储积累是作为农民个人积累的补充而存在，反映了小农经济下积累主体的特殊性。其二，仓储积累是在社会剩余产品的分配与再分配过程中形成的，其形成有不同的途径和方式。首先由农民将剩余产品的一部分以地租形式交给地主，以赋税形式交给国家；其次地主将地租的一部分以赋税形式交给国家；最后各自将所得剩余产品的一部分以仓储形式储备起来，形成封建社会积累。[①] 这是典型的用马克思主义政治经济学理论来看待仓储性质的观点。

随着研究的深入和视角的转换，出现了"社会管理"说和"社会积累"说、"社会控制"说和"公共领域"说等，近年来，又出现了"社会保障"说，等等。融合上述观点和看法，结合对长江中游地区社仓的研究体会，笔者以为，社仓的社会功能可以用主功能和辅功能来概括。

（一）社仓的功能

从社仓设立的目标来看，储粮备荒是其最根本目的，可以说是其主功能。社谷主要通过两种方式发挥备荒作用：一是常年性借贷，二是灾年救

[①] 徐建青：《从仓储看中国封建社会的积累及其对社会再生产的作用》，《中国经济史研究》1987年第3期，第31—48页。

助。前者主要是以"春借秋还"的形式进行，一般征收10%—20%的利息，通过接济农民种子、口粮帮助贫民维持生存以及简单再生产的需要。这一方式至少在嘉道之前非常普遍；后者则是在灾歉之年通过平粜、赈济以及出借等多种形式尽力帮助灾民渡过难关，为了使灾民不至于陷于绝境，这时候出借是减少或不取利息的。这一方式在道光之后逐渐成为主要形式，尤其是在同光时期部分省份大规模重建社仓期间。

社仓的辅功能主要指社谷用于地方公共事业或福利事业，这一般是在社谷相对充裕、因连年丰收而致借贷者减少等情况下进行。比如，在乾隆四十五年（1780年）前后曾由官方出面，规定将息谷变价上缴官府，以用于地方水利等公共事务。这样做，既使仓谷避免因存贮过久而腐烂变质，又支援了地方公共事业，可谓一举两得。在云梦等地还规定将社长等所得报酬交给善堂，支持慈善事业。

也有官府对社谷临时性动用，这种一般为战事的应急性征用，如在嘉庆和咸丰战乱期间，官府征收社谷用于乡勇口粮、团练费用甚至修城费用等，以弥补地方政府财政缺口。

从对社仓的主功能和辅功能的简单分析可以看出：作为一项政府提倡的社会公共措施，民间性质的仓储的主要作用在于通过常年性和临时性救助贫民来起到稳定地方社会秩序的目的，加强对乡村社会的控制。同时，社谷还用于地方水利、福利、慈善等活动，甚至用于补充地方政府财政开支的不足，表明社仓事实上已经成为地方公共事务不可缺少的一部分。

（二）社仓的实效

理论上讲，同常平官仓相比，社仓的优势在于方便快捷。由于属民仓性质，社谷的发放不需要像常平仓一样必须层层申报，经批准后才能放谷，而是由社长根据天气、民众意愿等因素决定开仓放谷时机，一边报官，一边放谷，比较灵活。同时，社仓广泛分布在乡村各处，离百姓距离较近，借还便易。而且，社谷是每年春夏出借，百姓可以及时得到救助，而不必忍受高米价的盘剥。同民间高利贷相比，社谷的优势在于借贷利率较低。社谷的借贷利率一般为1%—2%，而民间借债的利率高达3%—5%，[①] 二者相差2%—3%。如果在这两方面运转正常，那么，百姓就可以及时得到必要的救济，而不必身陷高利贷之苦。

不过，社仓到底在多大程度上履行了自身的功能，充分体现出自身的借还便捷和利率低廉等优势，是需要厘清的。对社仓功能的探讨应该从地

[①]（清）陈宏谋：《培远堂偶存稿》卷13《社仓规条》，第8—11页。

方资料入手，探寻更真实的记载。遗憾的是这方面的记载非常稀少，即使有，也是寥寥数语，难辨其详。

如湖南宁远县，其社仓建于雍正元年（1723年），有社长挪移等弊，后经设法追补，始获原谷，12所社仓共贮谷6827石，"壬申（1752年）岁饥，民食多藉此济焉"。[①] 这样的实例初步证明了社仓的救灾功能，但由于缺乏量的统计，仍给人比较模糊的印象。

就社谷存贮的数量而言，在雍乾时期和同光时期，各地普遍有社谷较为可观的社仓，不过，这些数额不算少的社谷量，对于保障贫民的生活和生产的意义究竟有多大，恐怕还需要从社谷存储数量与人均得谷数的对比来衡量。为此，我们选取社谷存贮数额最大的乾隆时期来分析，利用乾隆年间各省按照朝廷要求逐年上报的民数谷数奏折，制成表9—1。

表9—1　　　乾隆年间长江中游三省社谷储量与人口对比

年份	户口（口）/社谷（石）/人均社谷（石/人)		
	湖北省	湖南省	江西省
乾隆六年（1741年）	—	—	6362721/154529/0.02
乾隆七年（1742年）		8445179/372333/0.04	
乾隆八年（1743年）	5528742/357201/0.06	8510189/381900/0.04	7551100/236730/0.03
乾隆九年（1744年）	—	8568556/395588/0.04	
乾隆十年（1745年）	—	—	8122335/231643/0.03
乾隆十一年（1746年）	7283667/479341/0.06		8260141/272352/0.03
乾隆十三年（1748年）	7527486/463631/0.06	—	8428205/265047/0.03
乾隆十五年（1750年）	7676239/522823/0.07	8689615/373632/0.04	8607903/288673/0.03
乾隆二十三年（1758年）	—	8771639/478522/0.05	
乾隆二十四年（1759年）	—	—	10236051/637850/0.06
乾隆二十五年（1760年）	8052404/631534/0.08	8816691/492966/0.06	10736084/660451/0.06
乾隆二十六年（1761年）	8080603/645650/0.08	8829320/433039/0.05	11006640/676667/0.06
乾隆二十七年（1762年）	8137947/573440/0.07	8854608/485423/0.05	11069061/692292/0.06
乾隆三十一年（1766年）	8335887/593820/0.07	8966339/535061/0.06	11391552/758765/0.07
乾隆三十四年（1769年）	—	—	11624266/673927/0.06
乾隆三十五年（1770年）	8504070/476260/0.06	9063466/542965/0.06	11688319/655381/0.06

---

① 乾隆《宁远县志》卷7《赋役·仓谷》，第1页。

续表

年份	户口（口）/社谷（石）/人均社谷（石/人)		
	湖北省	湖南省	江西省
乾隆三十七年（1772年）	8566727/648347/0.08	9086641/569755/0.06	11804201/606073/0.05
乾隆三十九年（1774年）	8707764/585855/0.07	11666889/574934/0.05	14157370/632325/0.04
乾隆四十一年（1776年）	14815128/558281/0.04	14989777/583060/0.04	16848905/718959/0.04
乾隆四十五年（1780年）	15186707/417594/0.03	15423842/591138/0.04	17632743/403771/0.02
乾隆四十七年（1782年）	—	15584609/509059/0.03	
乾隆四十九年（1784年）	16643277/548049/0.03	15788066/684709/0.04	18652752/420280/0.02
乾隆五十年（1785年）	17079009/549608/0.03	15934628/735588/0.05	
乾隆五十七年（1792年）	—	16667227/738538/0.04	
乾隆五十八年（1793年）	20238150/516051/0.03	16821387/743058/0.04	20374156/414453/0.02

资料来源：本表根据第一历史档案馆藏乾隆朝《宫中朱批奏折（财政类）》各省上报的"民数谷数折"编制。

数据显示，终乾隆一朝，湖北、湖南、江西三省人均社谷数大体保持在0.02—0.08石。这说明，即使是乾隆朝一直采取积极鼓励政策，大力发展仓储，使得社仓发展处于清朝最鼎盛的时期；并且，即使是在乾隆四十五年（1780年）前后各省风调雨顺，连年丰收，无人借谷，以至于各督抚都以积谷过多为累，申请将社息谷变价解司的情况下；又或者，尽管并非每一个人都需要社谷救济，官方公布的人口数也未必准确，[①]有一点却是可以肯定的，那就是人均社谷数的标准是偏低的。如果按一家五口的常见家庭规模来计算，每户可得到社谷在0.1—0.4石之间，同样没有超过1石。

再以具体州县的情况来考察，根据第二章统计数据，分别选取仓数与谷数相对较多的湖北麻城县和较少的湖南临湘县来作比较。麻城县雍正时有社仓112所，至乾隆十一年（1746年）共贮社谷1.41万石。据乾隆六十年（1795年）统计，当时土著、流寓、大小、男女共282998口，[②]以此计算，人均拥有社谷仅0.05石。再看仓数很少、储谷也较少的临湘县，

---

① 魏丕信认为，1749年的官方人口数字是公认被严重低估了的，参见［法］魏丕信《18世纪中国的官僚制度与荒政》，徐建青译，江苏人民出版社2006年版，第187页。
② 民国《湖北通志》卷48《经政志六·仓储》，第14页。光绪《麻城县志》卷10《食货志一·户口》，第2—9页。

有社仓 3 所，嘉庆年间储谷 1270 石，此时有人口 369797 口，[①] 人均社谷量更是微乎其微。

为了进一步说明人均社谷量的大致数字，再以湖南辰州府各厅州县为例说明，详见表 9—2。

表 9—2　　乾隆年间湖南省辰州府各厅州县社谷与户口情况对比

厅州县	社谷数量（石）	社谷总数（石）	户口数（口）	人均社谷数（石）
沅陵县	2376	8669	四县民户 17642，男妇 77565。苗户 10705，男妇 50427。共计男妇 127992	0.07
泸溪县	2295			
辰溪县	2221			
溆浦县	1777			
乾州厅	1400	1400	民户 5110，男妇 24554。苗户 2594，男妇 14106。共计男妇 38660	0.04
凤凰厅	1327	1327	民户 12249，男妇 51382。苗户 6585，男妇 21221。共计男妇 72603	0.02
永绥厅	不详	不详	民户 283，男妇 1628。苗户 1028，男妇 5100。共计男妇 6728	不详

资料来源：乾隆《辰州府志》卷 9《赋役》，第 5—29 页。

清代辰州府下辖四县三厅，均设有社仓。除永绥厅数目不详外，其他四县二厅人均社谷数在 0.02—0.07 石，比三省统计的数字更低。当然，地方志中可能同样存在户口数的统计不准确等问题。不过，从辰州府各厅州县以及麻城、临湘等县情况来看，人均拥有社谷量大致维持在 0.02—0.09 石，不超过 0.1 石。

这个数量对于保障贫民的粮食安全意义究竟有多大，我们可以透过其维持灾民口粮的时间长短来衡量。参照乾隆五年（1740 年）朝廷规定的赈济标准，"各省赈济米数，每名日支三四合或至七八合不等，其间数目参差，见无成规。嗣后大口日给米五合，小口日给二合五勺，多少适中，著为定例"。[②] 按官方的赈济标准，以大小各一口之平均数计算，则每日

[①] 同治《临湘县志》卷 4《食货志》，第 2、18 页。
[②] 乾隆《大清会典则例》卷 54《户部·蠲恤二》，第 22 页。

需米 0.00375 石。再按照公认的"二谷折算一米"折算,① 每日需谷 0.0075 石。那么,每人平均 0.02—0.09 石社谷可供 2.6—12 天的口粮。也就是说,社谷最多可供全省人口 12 天食用,而具体到州县,则最多只能供不足 3 天食用。

这一数字为乾隆年间社仓储谷较多、社仓发展较好时期的统计,显然同乾隆时期湖北巡抚晏斯盛所设想的按堡设仓,"一堡千家之人,日食谷三十石,堡仓三千石之资,足支百日。再倍积之,分别极、又、次贫三等,足支一年"②的前景相去甚远。

不可否认,社谷当然只供贫民使用,用全部人口来作为参考值,自然是不合适的。不过,鉴于社谷只接济本乡里贫民,即使同一州县,各处社仓无论是仓数量还是社谷量均千差万别,不管何种方式计算,都难以得到一个较为清晰的结论,因此,有关社仓的实效的探索其实是很难达成的。我们至多只能从以上的分析得到一个大致的印象,社仓的救助对于贫民而言,很可能的确只能是"不无小补",即所谓"聚之可见其多,散之则见其少"。这是乾隆时期的大致状况。而到了同光时期,由于社仓数量减少、谷量下降(相比乾隆朝)、救济手段多元,它对乡村及偏远地区贫民的救助意义因而变得更不明显,本身的独特性也变得更为模糊了。

若以清代前期社仓最主要的使用方式——借贷来考量,情况又如何呢?

首先,正如前述,社谷出借利率比之民间借贷利率要低得多。陈宏谋在乾隆前期任江西巡抚时曾指出,江西民间谷石借贷利率高达四五分不等,③ 即 4%—5%。同治初年,长沙知府丁宝桢则指明,当地民间出借谷石利息为三、四分不等,即 3%—4%。④ 可见,终清一代,二百多年间,民间借贷谷石一直维持着高达 3%—5% 的出借利率。而社仓谷石的借贷利率大多在 1%,最多不超过 2%。社谷出借的低利率优势显而易见。

但是,贫民要真正能够享有这种优惠,需要一些基本条件:比如,社谷必须保有合适的数量,且保存得当;社谷每年必须保持一定的出借率。即使做不到出借 50%(存半借半),起码也要使社谷活动起来;所借社谷

---

① 刘翠溶:《清代仓储制度稳定功能之检讨》,《经济论文》1980 年第 8 卷第 1 期。
② (清)晏斯盛:《推广社仓之意疏》,《清朝经世文编》卷 40《户政十五·仓储下》,第 39 页。
③ (清)陈宏谋:《培远堂偶存稿》卷 13《社仓规条》,第 8—11 页。
④ (清)丁宝桢:《积谷收放赈借章程》,同治《安化县志》卷 16《经政·仓储》,第 2—3 页。

必须保证及时归还，才能源源生息，连绵不绝，等等。

对于农户需求量和社谷出借量之间的比例关系，徐建青持乐观态度。她的研究成果表明，南北方情况不同，若以农民种子口粮量来考察，假定全部口粮种子都需要外部提供，青黄不接时间一般按两个月计，则按照官方的口粮赈济量，在北方，一户共需米9.6斗，折谷1.92石。若以种子借贷量来观之，按照官方规定的借贷量，两个月共需种子口粮3.12石。按最大借贷量二石计，可满足64%的需要量。如果按灾年赈济三个月算，每户共需种子口粮4.08石，社仓可解决49%的需要量。在南方，则每户常年需种子口粮2.32石，灾年为3.28石，社仓可解决60%—85%的需要量。由此估算出：如果农户在全部种子口粮都需要外部解决时，社仓可满足需要的程度，在北方一般为50%—65%，在南方低者为55%，高者达80%以上。结论为：考虑到只借贷给贫困户，一般农户又无须全部借贷等情况，社仓提供的量与多数农户的基本需求量是相符的。[①]

应该说，徐建青的结论确实令人振奋，但是，这种结论是否适合于长江中游地区的情形，还有待进一步的论证。不过，从地方志的记载来看，赞扬社仓者有之，批评社仓弊端的更多，恐怕难以在此问题上给出积极的回答。

就仓谷的出借率而言，对于仓谷出借的比例，可存六借四，或存半借半，其中以存半借半为多。灾歉严重的话，可以尽数出借。出借利率多为1%—2%。如果按照这一经营模式，理论上，社谷可以实现自我增殖，社谷多了，理所当然，每年出借数量就会更多，对贫户的扶助与救济力度就会更大。

对于仓谷的出借收息、周转频率等问题，最有力的证据是有明确的量的统计，而这历来是研究社仓的一个难点。徐建青对这个问题做过翔实的分析，她收集江西、江苏、安徽、广东、福建、山西、湖南七省17州县的社仓经营资料，对利息、仓谷的周转率等问题进行了研究。她指出，社仓年平均周转速度在0.9次以上的有9县，占总数的56%。在这9县中，受益面在10%以上的县有六个，占67%，[②] 由此观之，社谷的运营大体还是不错的。

但也有学者指出，徐建青的结论过于乐观了，其数据计算不一定准

---

① 徐建青：《从仓储看中国封建社会的积累及其对社会再生产的作用》，《中国经济史研究》1987年第3期，第31—48页。

② 同上。

确,她在计算仓谷周转时,假设仓谷的借贷率为50%,这恐怕和各州县的实际借贷率有出入。即使以此为据,社谷年平均周转速度达1.0次以上的州县仅为7个,占总数的41%,这意味着每年有超过一半的州县社仓无法完成一年一次的借贷。①

如果着眼于江西全省情况,似颇能说明问题。乾隆七年(1742年),江西巡抚陈宏谋整饬仓储,将一向贮于城中的社谷20余万石分拨各乡,按地出借,并推算十年之后,可以得到本息谷40余万石。② 至四十四年(1779年),已有额贮本谷41.19万石,息谷32.38万石,本息共谷73.57万石。而其每年出借总数大致在10万左右,不到总数的2/10,即不到20%,还不到50%的一半。为存谷过多、难于存贮和管理所累,江西巡抚郝硕奏请将息谷全部平粜出售,和福建、安徽等省一样,今后息谷积至5万石,即应出售一次,将粜价解司,用作地方农田水利之用。③

具体到各州县的情况,可以湖南湘潭县为例,编写于乾隆二十一年(1756年)的《湘潭县志》中记载了各都社仓数和存贮的社谷数,但并没有标明具体的年份,根据县志的编写时间推断,这些社谷数至少应存在于编写年份之前。因此,不妨就将它们视为编写年的统计数据。在嘉庆二十三年(1818年)版本的《湘潭县志》中,有截至乾隆四十五年(1780年)规定将社息谷粜价解司时各都的社谷数目。通过这前后两组数据的对比,大致可以观察到社谷的年平均周转情况(表9—3)。

表9—3　　　　乾隆时期湖南省湘潭县社谷周转情况统计　　　单位:石

社仓名	社谷数 乾隆二十一年 谷数	社谷数 乾隆四十五年 息谷	社谷数 乾隆四十五年 总数	年平均出借谷石数 (按10%—20%利率计算)	年平均出借率(%)*
在城社仓	775	45	820	19—9.5	2.5—1.3
一都社仓	866	161	1027	67—33.5	7.7—3.8
二都社仓	331	41	372	17—8.5	5—2.5
三都社仓	551	100	651	42—21	7.6—3.8

---

① 吴四伍:《晚清江南仓储制度变迁研究》,博士学位论文,中国人民大学,2008年,第66页。
② (清)陈宏谋:《培远堂偶存稿》卷14《通行社仓事宜檄》,第36页。
③ 江西巡抚郝硕奏于乾隆四十四年九月初九,《清代灾赈档案专题史料(宫中朱批奏折·财政类·仓储项)》,中国第一历史档案馆藏,第1176函第12号。

结　语　283

续表

社仓名	社谷数 乾隆二十一年 谷数	社谷数 乾隆四十五年 息谷	社谷数 乾隆四十五年 总数	年平均出借谷石数（按10%—20%利率计算）	年平均出借率（%）*
上四都社仓	297	37	334	15—7.5	5—2.5
下四都社仓	305	67	372	28—14	9—4.5
上五都社仓（金盘岭）	934	88	610	—	—
上五都社仓（碑头市）	—	111	712	—	—
下五都社仓	463	37	490	15—7.5	3—1.5
六都社仓	461	37	498	15—7.5	3—1.5
七都社仓	771	148	947	62—31	8—4
八都社仓	678	99	777	41—20.5	6—3
九都社仓	678	76	754	32—16	4.7—2.4
十都社仓	1298	140	1438	58—29	4.5—2.3
十一都社仓	702	88	784	37—18.5	5—2.5
十二都社仓	658	86	741	36—18	4.5—2.3
十三都社仓	389	51	440	21—10.5	5—2.5
十四都社仓	718	72	789	30—15	4—2
十五都社仓	651	91	745	38—19	5.8—2.9
十六都社仓	662	84	736	35—17.5	5—2.5
上十七都社仓	501	72	571	30—15	6—3
下十七都社仓	165	26	191	11—5.4	6.7—3.3
十八都社仓	339	47	386	20—10	6—3

资料来源：乾隆《湘潭县志》卷11《积贮》，第2—4页；嘉庆《湘潭县志》卷17《积贮》，第27—30页。

注："*"从嘉庆版县志的数据来看，基本上将乾隆二十一年（1756年）版县志记载的社谷数作为实贮数（有少数社谷数存贮误差，但不超过10石），剩余的作为息谷变价解司。因此，可以将乾隆版本登载的社谷数作为社本谷数来看待。故，年平均出借率计算公式为：年均出借谷石数÷乾隆二十一年（1756年）社谷数×100% = 年平均周转率（%）。

除了无法计算的十五都社仓外，从乾隆二十一年到四十五年（1756—1780年），24年间湘潭县社谷的年均出借率在9%—1%浮动，最多也没有超过10%，大部分集中在6%上下。这远远低于"存半借半"即50%的出借率，这一结果表明：尽管社谷的出借利率（1%—2%）远低于民间的借贷利率（3%—5%），但是，事实上，即使在积谷较多的时期，却一直保持着非常低的出借率。

这再次证明，社息谷增多，并不意味着一定会给农民带来更大程度的帮助，其实效性也会大大降低。

另一则记载更不乐观。据光绪《南昌县志》载，该县社谷"自乾隆十六年至五十九年，并无开除挪动。……据县册，现存社谷一万八千四十三石一斗九升八合八勺，然询之各乡村，无知之者，并社正副之名亦不闻焉。时道光初，而谷已乌有，册为具文。……嘉庆四年，奉例不经官吏之手，自是民无扰累，其法亦遂放驰，至阿志时已荡然矣"。①

这段文字显示，即便是在乾隆年间社仓运转良好时期，社仓存谷充裕，但因为并没有每年出借，因此对于乡民来说是十分陌生的，连社长之名也全然不知。这说明社谷发挥作用的一个基本前提——每年保持一定的出借率，在一些地方压根儿无法实现。这种现象抵消了社谷出借利率低于民间借贷利率的优势。而社谷出借率低，还会造成社谷增殖减少。社息谷少，则仓谷折耗、修仓等各种费用就无从划拨，必然又引起士绅不愿承充社长、仓房失修、折耗增多等后果，对社仓的发展造成不利影响。

再来检视社谷归还的情况。理论上，社谷通过出借后加息归还，实现自我增殖的目标，是清前期社仓生存的基本模式。尽管出借利率较低，而且遇灾还需减免收息，但如果正常出借，正常加息还谷，社谷还是可以实现盈利的。只是，这里存在着一定的风险，即富户有能力还谷，但不需要借谷；贫民缺乏还谷的能力，但却非常需要借谷。换言之，这里就存在着社仓的盈利和救济两个目标之间的矛盾：社谷要想盈利，必然要考虑将谷借给富户；而要想实现社会救济的目标，则必须优先考虑贫户。② 但是，将社谷出借给贫户，这一举动本身就隐含着不能如期足额还谷的风险，加之自然灾害、社会动乱、管理不当、农民贫困化等，愈发加剧了还谷的困难。因此，社仓制度设计本身就存在着难以克服的矛盾。

对于社仓制度弊端的反思，中央政府和有识之士从未停止过。尤其是各级地方官，面对中央政府频提要求加强仓储建设、却又不提供任何实质

---

① 光绪《南昌县志》卷9《建置志下·仓储》，第27页。
② 吴四伍：《晚清江南仓储制度变迁研究》，博士学位论文，中国人民大学，2008年，第76—77页。

性帮助的现状，只好自己想办法突围。因此，才有晚清以湖北云梦县为代表的探索。可惜，因为王朝没落的大局势，这种有益的探索并没能够继续下去，并在更大范围内、更大程度上挽救社仓的衰落。

综上所述，考虑到人均社谷量偏低、社谷周转情况不太理想等情况，加之管理不善、社会动荡、自然灾害等因素的影响，可以得出结论：清代长江中游地区社仓曾经在前期和后期有着较快发展，确实在扶助贫民、救济灾荒中有一定的作为，使得贫民得沾实惠，并且和基层社会组织、地方士绅等有着紧密联系，客观上起到了稳定民心、维护基层社会统治秩序的作用。但是由于种种因素的影响，应该承认，这种作用的发挥又是比较有限的。

还需提及，社仓的衰落并不意味着民办仓储体系的整体性衰落，从社会新陈代谢的角度看，晚清义仓、积谷仓兴起并取而代之，在地方储粮备荒和地方社会秩序的整合中担负起应有的职责，和其他慈善组织、慈善活动一起，共同构成了基层社会救助中的一道防线。

二　清代社仓实践中的中央与地方、官僚与士绅

在清代社仓的建设与运作中，代表国家的官方权力、官方权力的具体实施者——地方官僚以及"官"与"民"之间的中介——地方士绅，他们各自有着不同的利益诉求和倾向，对于社仓建设也有着不同的态度和行为，因而导致着不同的结果，对社仓发展也有着不同的影响。

作为有意推行的一项储粮备荒的措施，中央政府对包括社仓在内的仓储的举办态度一直是十分明确的，那就是肯定和鼓励。在这个过程中，强烈的"国家干预"是必然的。清朝建立政权伊始，中央政府就下令恢复和兴办仓储，此后，这一政策一直延续至其统治结束。不过，在对于如何建设、如何管理以便顺利推行社仓的问题上，朝廷的态度很多时候是相互矛盾的。魏丕信指出："为了保证对理想状态的分散化与社区控制（相对于官方控制）的这种承诺，为了防止弊端蔓延，相当程度的官方监督被认为是不可缺少的。"[①] "与雍正帝认为应该避免官府插手社仓管理的态度不同，乾隆年间总的趋势是加紧了州县政府在组织和会计方面的控制。"[②]

然而，官方监督常常会产生意外的结果。例如，扰民、勾结挪用、虚

---

① ［法］魏丕信：《18世纪中国的官僚制度与荒政》，徐建青译，江苏人民出版社2006年版，第196页。

② 同上。

报、侵蚀等，当出现这些弊端的时候，中央政府又会修改这一政策。因此，到了嘉庆年间则强调除了每年终按照各社长所报数字上报外，官府不应该插手社仓的具体管理。至同治、光绪年间，中央政府决心重新举办社仓，又一次加强了州县官府对社仓管理的控制。在是否应该由官方监督以及如何监督的问题上，中央政府一直在摇摆不定，陷入左右为难的境地。正如古人云："社仓之有裨于荒政也，夫人而知之矣，所难者，董之得其人，而理之得其法。将督之以官，则恐以勾簿致扰；将听之于民，又恐以狥隐渐弛。此立法之初，原以听之民，而其后究不能不稽之以官，盖以竞绌互用，而亲民之职每用踌躇调剂于斯也。"①

社仓在运行过程中不可避免会产生一些弊端。这些弊端有些是基于社仓制度本身存在的"难以克服"的问题而产生的，对官方造成了严重困扰。比如，在社谷归还的环节中，因各种原因引起的民欠时有发生，造成仓谷短缺。对于这个问题，官府通常的做法是勒令社长追欠。但社长无职无权，加之存在借户逃亡绝户等情形，追赔大多没有什么效果，最后或者令社长赔补，或者只好蠲免。

再如，在挑选和任命社长的问题上，官府最大的困难在于"任人难"。按照要求，理想的情况是"公正殷实"者担任社长，但实际情况是"公正者未必殷实，而殷实者不皆公正"。此外，由于社仓制度本身的弊端，官府的困难还在于，那些符合条件、有能力管理仓储的人在竭力躲避，而那些自告奋勇者很可能是一些恶棍无赖之徒。② 对于诸如此类的问题，尽管官方也想尽办法，但始终没有从根本上予以解决。

在中央政府下令兴办社仓的过程中，地方官僚的态度是不尽相同的。从推行社仓制度开始，省一级的上层官僚（督抚）就尽力和朝廷保持一致，因其直接听命于中央政府，其政绩好坏决定了仕途的升降，加之确实有一批有能力又充满热情的官员愿意有所作为（如陈宏谋），所以对于社仓一事能积极响应，并尽力推行，比如制订章程、催促和监督等。而府州县一级的下层官僚对于此事的态度却比较复杂，大致可以分为两类：一类是积极肯干、殚精竭虑为地方百姓谋福利的官员（如光绪年间云梦县知县吴念椿），这批人将关乎百姓福祉的事情当作自己义不容辞的责任，在举办社仓过程中，干得有声有色，想方设法使之造福乡民。另一类则是敷

---

① 乾隆《武冈州志》卷2《建置·仓场》，第10—11页。
② ［法］魏丕信：《18世纪中国的官僚制度与荒政》，徐建青译，江苏人民出版社2006年版，第197页。同治《通城县志》有"殷实户百记规避，不肯承认，牧令始将粗给之户迁就签掌"等语，也说明了这一点。同治《通城县志》卷5《建置》，第12页。

衍了事之辈，这类人报有"多一事不如少一事"的心理，对上面布置的事情往往是被动响应，要么是"睁一只眼闭一只眼"，对上司的命令大打折扣；要么上级催促过急，就匆忙上马，弄得百姓鸡犬不宁，人情汹汹，不但没有便民，反而招致民累（如雍正初年的情形）。

对于这一点，致力于仓储建设的陈宏谋深有感触，乾隆七年（1742年）春，他在任江西巡抚，大力整饬社仓，要求将集中在城中的社谷分拨各乡，出借给贫民，却发现一些州县官并不太乐意从事，采取种种借口推诿蒙混，要么为了图省事，借故为难借谷之民，却声称是民不愿借；要么借口难以推举，迟迟不定社长人选，使得社仓无法运转。他无奈地指出："近闻各属多以已经拨定，可免上司驳查。其分贮之远近、社长之有无以及如何出借，全不计及。民间尚不知社谷在于何地，目下如何借，将来如何还者。过此不借，又成纸上空谈矣。各县中私心浅见者，早不乐有此举，今因此借口，尤易卸责。此时便无实心，漫不经理，安望后来也？"①

他只好再加督促和指导，以促使他们行动起来。

如果说雍乾时期州县官推行社仓的压力主要来自督抚的话，到了清后期，这种压力有一定程度的减轻，中央政府、督抚都更像是常规性的强调，而并未出台专门的社仓章程，此时州县官的个人选择对社仓的成败起到了比以往更大的作用。

另外，作为民间力量的代言人，担任社长的地方士绅是社仓的管理者，其个人品德和能力直接决定社仓发展的好坏乃至成败。在社仓举办之初，士绅是非常乐意参与社仓建设的，带头捐谷、建仓、管理等十分积极，对于社仓管理中出现的弊端（尤其是吏胥的不法行为）能主动出面寻求解决之道。然而，随着时间的推移，由于社仓弊端丛现，加之社长一职责任太大，回报太小（尽管他们并不十分计较回报），又容易因社谷分配得罪乡人，出于对自己名誉的珍惜等考虑使他们的态度发生了微妙的变化，很多人由当初的带头参与逐渐变成回避退让，不再愿意担任社长。这使得很多地方的社长一职为不肖之劣绅所把持，贪污挪用社谷的现象屡屡发生，给社仓发展造成严重的负面影响。正因如此，清后期各地州县官普遍加强了对社仓的干预，以期挽回局面。

官方对地方士绅的态度也是矛盾的。一方面，他们必须依赖士绅来建立并管理社仓，没有士绅带头捐谷，各地社仓的建成恐怕是十分困难的；

---

① （清）陈宏谋：《培远堂偶存稿》卷13《谕社仓出借事宜》，第37页。

而没有士绅出面义务管理社仓，社仓的生存也是难以想象的。另一方面，官方又不信任这些"地方精英"，担心他们管不好社仓。当社仓发展到一定程度的时候，官方就会反复强调其监督之责，比如乾隆时期，这种不信任也是导致士绅失去对社仓的兴趣和热情的原因之一。也因此，道光年间开始，宗族、士绅转而热衷于建立受官方权力牵制更小、由其直接控制的宗族义仓，而不是社仓。

地方官对士绅这种矛盾的态度是晚清仓储制度变革的动因之一。在湖南省积谷仓建设中，省级官员考虑的主要问题即是过去社仓基本为士绅所操持，担任社长的士绅因个人行为不端、疏于管理对社仓造成的负面影响，解决之道是社谷、积谷均归团局所有，由"局"举派品行可靠之富绅担任社长、义长，每三五年一换，以欲降低各士绅对积谷仓的具体影响。"局"一般为官绅、官商合作的机构，由士绅主持日常事务，士绅因而得以积谷局为集结，当积谷增多，实力增强时，士绅和积谷局在地方公共事务中的影响反而相应扩张。由此，官绅之间的权威与权力博弈塑造着地方社会变迁的更为复杂的过程。

三 社仓与地方社会研究的区域性特色
——兼与长江上游和江南地区的比较

关于清代长江中游地区社仓与地方社会的研究，是否有不同于其他地区的区域性特点？为了弄清这一点，有必要将其放到一个更大的范围内进行考察，至少，我们可以通过和长江上游以及江南地区的比较，达致对于长江流域有关此问题的整体印象。

清代长江上游四川地区的社仓建设肇始于乾隆初年，比雍正初年全国性的社仓建设热潮要来得晚一些，这主要是因为明末清初以来长达四五十年的战乱所致。乾隆元年（1736年），清政府令四川建社仓，允准其督抚所请，其方法为，将粜卖常平仓谷价银除了买补还仓外，剩余价银均买社粮，"以为民倡"，其余则来自民捐。[1] 后来又动用杂税银、地赋银等官银购买过社粮，加之民捐，社仓继续发展。这种以常平仓谷盈余购买社谷用以启动社仓的方式，显示出乾隆朝各地社仓建设的灵活性。

不同于长江中游地区社仓在乾隆中后期社谷储量达到最高值的时间段，四川省是于嘉庆中期做到这一点的。与长江中游地区和江南地区不同，虽然并未受到咸丰年间太平天国战争的直接影响，但四川省作为

---

[1] 光绪《大清会典事例》卷193《户部四十二·积储》，商务印书馆1908年版，第2页。

"产粮大省",却承担着为战区清军作战补给军粮兵饷的任务,社谷和常平仓谷一起被用作地方军事和其他开支。清后期,和湖南省一样,仓谷由民捐改为摊派,光绪初年四川巡抚丁宝桢下令以按粮户收成多少摊派的方式筹募积谷,但其储存额比前期有明显下降,到20世纪初更是大半空虚,这表明,随着地方动乱的加剧,地方财政状况逐步恶化,地方仓政随之逐渐衰落。[1]

而其更为重要的可比之处则在于社仓事务管理中所体现出来的国家—社会关系的变动。学者发现,清末新津县社仓出现了与湖北省云梦县丰云社仓相似的变化。新津县社仓设于乾隆时期,至清末,社仓取消了仓谷借贷、收取息谷的做法,改为用社谷置买社田、收取租谷的办法维持运作,社长的职责随之由过去的仓谷贷收变为管理社田、收取租谷、赈灾发放,成为地方政府管理地方仓储事务的代理人。在这一过程中,地方官府通过协助追佃逐步渗入社仓的事务之中,插手社仓的日常维护与修葺,甚至干预社长("社仓经首")的选任与经替,社仓的官方色彩日益浓厚。社长职责重大而自主权却有所减少,导致地方士绅参与社仓的兴趣减弱,一些士绅会找借口来搪塞,以躲避担任社长一职。[2]

那么,清代江南地区的社仓情况如何呢?江南地区社仓兴起的时间为乾隆前期,江苏省稍早于浙江省,江苏省社仓的创建得力于乾隆五年(1740年)徐士林出任江苏巡抚时的大力推动,而浙江省社仓的全面铺展则是在杨廷璋于乾隆二十一年(1756年)始任浙江巡抚、闽浙总督之后。江南地区的社仓建设在乾隆时期兴盛一时,但至道光初年却几乎废弛,个中原因,和借户还谷难、社长选人难、捐谷难等社仓的制度缺陷,以及州县官、吏胥、社长等人行为不端的弊端有关。自道光初年江南丰备义仓兴起,其后借力太平天国之后的地方社会重建,义仓、积谷仓获得发展机遇之后,社仓已基本退出了地方的仓储系统。[3]

综合以上对于长江上游和江南地区社仓与地方社会的粗略介绍,与长江中游地区的情况加以比较,可以看出,以社仓为切入点,政治因素、社会环境、政府政策、地方官员和地方精英的行为等不仅影响到地方政治变

---

[1] 王笛:《跨出封闭的世界——长江上游区域社会研究(1644—1911)》,中华书局2001年版,第515—519页。
[2] 李德英、冯帆:《清末社仓经首选任与乡村社会——以四川新津县社济仓为例》,《四川大学学报》(哲学社会科学版)2014年第4期,第36—47页。
[3] 黄鸿山、王卫平:《清代社仓的兴废及其原因——以江南地区为中心的考察》,《学海》2004年第1期,第131—135页。

迁，也在相当程度上左右着地方民间性质的社会组织和社会活动。

若从时间上进行纵向考察，长江流域各省在雍正、乾隆时期普遍出现了社仓建设的快速发展，其中，湖北省在雍正初年就已出现过一次兴建社仓的热潮。这显然不只取决于中央政府的政策，而主要和政治、社会因素，省级官员的能力和热情有直接关系。太平天国战争对于长江流域的地方仓储产生着巨大影响，不但损害到身处作战区和太平军占领区的长江中游和江南地区的地方仓储，还将四川省作为清军后勤补给站给牵扯进来。在太平天国之后的地方社会重建中，湖北、江西这些受战乱侵扰相对程度较轻的省份选择恢复旧有的社仓、义仓，当然其规模和仓谷储量已大不如前。而受扰程度较深的湖南、江南地区和给政府军提供补给的四川省，为了尽快取得积谷的成效，采取按田亩"摊捐"的强制方式广建义仓、积谷仓，在少数仍有社仓存谷的地方，将社谷一并归入其中存储。社仓作为一个仓储实体已经基本消失。

另外，若从社仓管理方式和官绅互动层面探究，长江上游和中游相似之处甚多，而与江南地区社仓的情况迥异。

王国斌指出，江苏、浙江的社仓有地方精英管理的传统，在明代后期乃至雍正、乾隆时代，并不像全国大多数地区那样在官方管理之中。他指出，19世纪仓储情况显示出"一种精英活跃的江南模式，可能已变得更为普遍。对于社仓，官方很少加以领导，更不进行系统监督"。[①] 此外，他和魏丕信又指出，虽然在那些省一级的官员感兴趣的和有竞争的地方，仓储的运作更可能成功。然而，到县一级，当地精英的态度和资源可能是决定仓储成败的更为重要的因素。[②]

魏、王二人关于仓储研究的时段是从清初至19世纪中叶（1850年），他们认为，自太平天国开始，清代仓储系统已然崩溃。若以长江流域来考察，这种判断显然是不够谨慎的。清末长江上游四川省和中游湖北省州县社仓的例子，已经证明了地方官对于仓储管理力度的加强和社仓在地方社会救济中所担负的角色，这反映了"江南模式"的局限性和清末地方社会的丰富性，其与作为经济和文化中心的江南地区和处于中心地带之外的其他地区共同构成了一个具有不同面相的"中国社会"。

---

① ［美］王国斌：《转变的中国：历史变迁与欧洲经验的局限》，李伯重、连玲玲译，江苏人民出版社2005年版，第109页。
② Pierre-Etienne Will &r. Bin Wong, *Nourish the People: The State Civilian Granary System in China, 1650-1850*, Michigan: Center for Chinese Studies, The University of Michigan, 1991.

主要参考文献

一 历史文献

（一）档案

中国第一历史档案馆藏部分清代档案。

中国第一历史档案馆编：《雍正朝汉文谕旨汇编》，广西师范大学出版社1999年版。

中国第一历史档案馆编：《乾隆朝上谕档》，档案出版社1991年版。

中国第一历史档案馆编：《咸丰同治两朝上谕档》，广西师范大学出版社1998年版。

中国第一历史档案馆编：《光绪宣统两朝上谕档》，广西师范大学出版社1996年版。

（二）官书、政书、文集、笔记、资料汇编等

（元）脱脱等撰：《宋史》，《四库全书》本。

（清）张廷玉等撰：《明史》，《四库全书》本。

（清）乾隆官修：《清朝文献通考》，浙江古籍出版社影印本1988年版。

（清）乾隆官修：《续通志》，《四库全书》本。

（清）乾隆官修：《续通典》，万有文库，商务印书馆1935年版。

（清）乾隆官修：《清朝通典》，浙江古籍出版社1988年版。

（清）乾隆官修：《清朝通志》，《四库全书》本。

（清）三泰等纂：《大清律例》，《四库全书》本。

（清）刘锦藻撰：《清朝续文献通考》，浙江古籍出版社影印本1988年版。

（清）贺长龄辑：《清朝经世文编》，台北文海出版社有限公司影印本1987年版。

（清）葛士濬辑：《清朝经世文续编》，台北文海出版社有限公司影印本1987年版。

（清）纪昀等纂：乾隆《钦定大清会典》，《四库全书》本。
（清）纪昀等纂：乾隆《钦定大清会典则例》，《四库全书》本。
（清）昆冈等纂：《钦定大清会典事例》，中华书局影印本1991年版。
《清实录》，中华书局影印本1985—1987年版。
（清）潘锡恩总纂：《嘉庆重修一统志》，中华书局1986年版。
（清）赵尔巽等撰：《清史稿》，中华书局1998年版。
（清）乾隆官修：《康济录》，同治八年（1869年）刻本。
（清）沈惟贤编，陆润庠署：《皇朝政典类纂》，上海图书集成局铸印。
（清）俞森：《郧襄赈济事宜》，湖北教育出版社2002年版。
（明）黄佐：《泰泉乡礼》，《四库全书》本。
陈高傭等编：《中国历代天灾人祸表》，上海书店影印本1986年版。
戴逸总主编，王和主编：《二十六史大辞典》《人物卷》，吉林人民出版社1993年版。
《湖北文征》（第1—13卷），湖北人民出版社2000年版。
湖北省武汉中心气象台编：《湖北省近五百年气候历史资料》，1978年版。
李文海、夏明方主编：《中国荒政全书》，北京古籍出版社2003—2004年版。
李文海、夏明方、朱浒主编：《中国荒政书集成》，天津古籍出版社2010年版。
故宫博物院编：《故宫珍本丛刊》之湖南、江西卷，海南出版社2001年版。
江苏古籍出版社编：《中国地方志集成》之湖北、湖南、江西卷，江苏古籍出版社1996年版、2001—2002年版。
沈云龙主编：《近代中国史料丛刊》，台北文海出版社1966年版、1971年版、1976年版。

（三）地方志

1. 湖北省：

嘉靖《宜城县志》，嘉靖四十二年（1563）刻本之抄本。
嘉靖《罗田县志》，民国十五年（1926）铅印本。
嘉靖《大冶县志》，嘉靖十九年（1540）刻本。
嘉庆《湖北通志》，嘉庆九年（1804）刻本。
民国《湖北通志》，宣统三年（1911）修，民国十年（1921）刻本。

乾隆《湖北下荆南道志》，乾隆五年（1740）刻本。
康熙《湖广武昌府志》，康熙二十六年（1687）刻本。
同治《江夏县志》，同治八年（1869）刻本。
乾隆《武昌县志》，乾隆二十八年（1763）刻本。
光绪《武昌县志》，光绪十一年（1885）刻本。
乾隆《嘉鱼县志》，乾隆五十五年（1790）刻本。
同治《重修嘉鱼县志》，同治五年（1865）刻本。
同治《蒲圻县志》，同治五年（1866）刻本。
同治《咸宁县志》，同治五年（1866）刻本。
光绪《续辑咸宁县志》，光绪八年（1882）刻本。
同治《崇阳县志》，同治五年（1866）刻本。
同治《通城县志》，同治六年（1867）活字本。
光绪《兴国州志》，光绪十五年（1889）富川书院刻本。
同治《大冶县志》，同治六年（1867）刻本。
光绪《大冶县志续编》，光绪十年（1884）刻本。
光绪《大冶县志后编》，光绪二十三年（1897）刻本。
同治《通山县志》，同治七年（1868）心田局活字本。
乾隆《汉阳府志》，乾隆十二年（1747）刻本。
乾隆《汉阳县志》，乾隆十三年（1748）刻本。
同治《续辑汉阳县志》，同治七年（1868）刻本。
民国《夏口县志》，民国九年（1920）刻本。
同治《汉川县志》，同治十二年（1873）刻本。
光绪《汉川图记征实》，光绪二十一年（1895）刻本。
光绪《孝感县志》，光绪八年（1882）刻本。
同治《黄陂县志》，同治十年（1871）刻本。
光绪《沔阳州志》，光绪二十年（1894）刻本。
光绪《黄州府志》，光绪十年（1884）刻本。
乾隆《黄冈县志》，乾隆二十四年（1759）刻本。
光绪《黄冈县志》，光绪八年（1882）刻本。
光绪《蕲水县志》，光绪六年（1880）刻本。
光绪《罗田县志》，光绪二年（1876）刻本。
光绪《麻城县志》，光绪八年（1882）刻本。
民国《麻城县志前编》《麻城县志续编》，民国二十四年（1935）铅印本。

光绪《黄安县志》，光绪八年（1882）刻本。
咸丰《蕲州志》，同治二年（1863）修锓本。
光绪《蕲州志》，光绪十年（1884）重校本。
康熙《广济县志》，康熙三年（1664）刻本。
光绪《黄梅县志》，光绪二年（1876）刻本。
光绪《德安府志》，光绪十四年（1888）刻本。
道光《安陆县志》，道光二十三年（1843）刻本。
道光《云梦县志略》，道光二十年（1840）刻本。
光绪《续云梦县志略》，光绪九年（1883）刻本。
雍正《应城县志》，雍正四年（1726）刻本。
光绪《应城县志》，光绪八年（1882）蒲阳书院刻本。
同治《随州志》，同治八年（1869）刻本。
同治《应山县志》，同治十年（1871）刻本。
康熙《安陆府志》，康熙八年（1669）刻本。
乾隆《钟祥县志》，乾隆六十年（1795）刻本。
同治《钟祥县志》，同治六年（1867）刻本。
光绪《京山县志》，光绪八年（1882）刻本。
光绪《潜江县志》，光绪五年（1879）传经书院刻本。
民国《天门县志》，民国十一年（1922）石印本。
光绪《襄阳府志》，光绪十一年（1885）刻本。
同治《襄阳县志》，同治十三年（1874）刻本。
同治《宜城县志》，同治五年（1866）刻本。
乾隆《枣阳县志》，乾隆二十七年（1762）抄本。
民国《枣阳县志》，民国十二年（1923）铅印本。
民国《南漳县志》，民国十一年（1922）石印本。
同治《谷城县志》，同治六年（1867）刻本。
光绪《光化县志》，光绪十年（1884）刻本。
光绪《归州志》，光绪八年（1882）刻本。
光绪《续辑均州志》，光绪十年（1884）均州志局刻本。
同治《郧阳志》，同治九年（1870）郧山书院刻本。
同治《郧县志》，同治五年（1866）刻本。
同治《房县志》，同治四年（1865）刻本。
同治《竹溪县志》，同治六年（1867）刻本。
同治《竹山县志》，同治四年（1865）刻本。

同治《郧西县志》，同治五年（1866）刻本。
同治《保康县志》，同治五年（1866）刻本。
嘉庆《荆门直隶州志》，嘉庆十四年（1809）刻本。
同治《荆门直隶州志》，同治七年（1868）刻本。
同治《当阳县志》，同治五年（1866）刻本。
民国《当阳县补续志》，民国二十四年（1935）铅印本。
同治《远安县志》，同治五年（1866）刻本。
乾隆《荆州府志》，乾隆二十二年（1757）刻本。
光绪《荆州府志》，光绪六年（1880）刻本。
乾隆《江陵县志》，乾隆五十九年（1794）刻本。
光绪《续修江陵县志》，光绪三年（1877）刻本。
同治《石首县志》，同治五年（1866）刻本。
同治《公安县志》，同治十三年（1874）刻本。
同治《松滋县志》，同治八年（1869）刻本。
同治《枝江县志》，同治五年（1866）刻本。
同治《监利县志》，同治十一年（1872）刻本。
同治《宜都县志》，同治五年（1866）刻本。
同治《宜昌府志》，同治五年（1866）刻本。
乾隆《东湖县志》，乾隆二十八年（1763）刻本。
同治《续修东湖县志》，同治三年（1864）刻本。
光绪《兴山县志》，光绪十一年（1885）经心书院刻本。
光绪《长乐县志》，光绪元年（1875）增刻本。
同治《长阳县志》，同治五年（1866）刻本。
光绪《巴东县志》，光绪六年（1880）刻本。
道光《鹤峰州志》，道光二年（1822）刻本。
光绪《续修鹤峰州志》，光绪十一年（1885）刻本。
同治《增修施南府志》，同治十年（1871）刻本。
光绪《施南府志续编》，光绪十年（1884）新旧志合编本。
同治《建始县志》，同治五年（1866）刻本。
同治《恩施县志》，同治三年（1864）麟溪书院刻本。
同治《咸丰县志》，同治四年（1865）刻本。
同治《宣恩县志》，同治二年（1863）刻本。
同治《来凤县志》，同治五年（1866）刻本。
光绪《利川县志》，光绪二十年（1894）钟灵书院刻本。

黄冈县志编纂委员会编纂：《黄冈县志》，武汉大学出版社1990年版。

鹤峰县史志编纂委员会编纂：《鹤峰县志》，湖北人民出版社1990年版。

随州市地方志编纂委员会编纂：《随州志》，中国城市经济社会出版社1988年版。

恩施土家族苗族自治州地方志编纂委员会编纂：《恩施州志》，湖北人民出版社1998年版。

钟祥县县志编纂委员会编纂：《钟祥县志》，湖北人民出版社1990年版。

麻城县地方志编纂委员会编纂：《麻城县志》，红旗出版社1993年版。

仙桃市地方志编纂委员会编纂：《沔阳县志》，华中师范大学出版社1989年版。

襄阳县地方志编纂委员会编纂：《襄阳县志》，湖北人民出版社1989年版。

汉阳县志编纂委员会编纂：《汉阳县志》，武汉出版社1989年版。

天门市地方志编纂委员会编纂：《天门县志》，湖北人民出版社1989年版。

武昌县志编纂委员会编撰：《武昌县志》，武汉大学出版社1989年版。

咸丰县志编纂委员会编纂：《咸丰县志》，武汉大学出版社1990年版。

湖北省地方志编纂委员会编纂：《湖北省志·大事记》，湖北人民出版社1990年版。

南漳县地方志编纂委员会编纂：《南漳县志》，中国城市经济社会出版社1990年版。

枝城市地方志编纂委员会编纂：《宜都县志》，湖北人民出版社1990年版。

京山县志编纂委员会编纂：《京山县志》，湖北人民出版社1990年版。

崇阳县志编纂委员会编纂：《崇阳县志》，武汉大学出版社1991年版。

黄陂县志编纂委员会编纂：《黄陂县志》，武汉出版社1992年版。

应城市地方志编纂委员会编纂：《应城县志》，中国城市出版社 1992 年版。

新洲县志编纂委员会编纂：《新洲县志》，武汉出版社 1992 年版。

汉川县地方志编纂委员会编纂：《汉川县志》，中国城市出版社 1992 年版。

老河口市地方志编纂委员会编纂：《老河口市志》，新华出版社 1992 年版。

红安县志编纂委员会编纂：《红安县志》，上海人民出版社 1992 年版。

洪湖市地方志编纂委员会编纂：《洪湖县志》，武汉大学出版社 1992 年版。

阳新县县志编纂委员会编纂：《阳新县志》，新华出版社 1993 年版。

嘉鱼县地方志编纂委员会编纂：《嘉鱼县志》，湖北科学技术出版社 1993 年版。

襄樊市地方志编纂委员会编纂：《襄樊市志》，中国城市出版社 1994 年版。

五峰土家族自治地方志编纂委员会编纂：《五峰县志》，中国城市出版社 1994 年版。

2. 湖南省：

乾隆《湖南通志》，乾隆二十二年（1757）刻本。

嘉庆《湖南通志》，嘉庆二十五年（1820）刻本。

光绪《湖南通志》，光绪十一年（1885）刻本。

乾隆《长沙府志》，乾隆十二年（1747）刻本。

嘉庆《长沙县志》，嘉庆二十二年（1817）增刻本。

同治《长沙县志》，同治十年（1871）刻本。

嘉庆《善化县志》，嘉庆二十三年（1818）刻本。

光绪《善化县志》，光绪三年（1877）刻本。

光绪《湘阴县图志》，光绪六年（1880）县志局刻本。

雍正《浏阳县志》，雍正十一年（1733）重修，顺移堂藏版。

同治《浏阳县志》，同治十二年（1873）刻本。

民国《醴陵县志》，民国三十七年（1948）县文献委员会铅印本。

乾隆《湘潭县志》，乾隆二十一年（1756）刻本。

光绪《湘潭县志》，光绪十五年（1889）刻本。

同治《宁乡县志》，同治六年（1867）刻本。

乾隆《湘乡县志》，乾隆十二年（1747）重修，本衙藏版。
嘉庆《湘乡县志》，嘉庆二十二年（1817）刻本。
同治《湘乡县志》，同治十三年（1874）刻本。
嘉庆《益阳县志》，嘉庆二十五年（1820）刻本。
同治《益阳县志》，同治十三年（1874）刻本。
嘉庆《安化县志》，嘉庆十六年（1811）刻本。
同治《安化县志》，同治十年至十一年（1871—1872）刻本。
同治《攸县志》，同治十年（1871）刻本。
同治《茶陵州志》，同治十年（1871）刻本。
乾隆《衡州府志》，光绪元年（1875）补刻本，据乾隆二十八年（1763）刻版增刻。
乾隆《衡阳县志》，乾隆二十六年（1761）刻本。
同治《衡阳县志》，同治八年（1869）刻本。
光绪《衡山县志》，光绪元年（1875）刻本。
光绪《耒阳县志》，光绪十一年（1885）刻本。
嘉庆《安仁县志》，嘉庆二十四年（1817）刻本。
同治《安仁县志》，同治八年（1869）刻本。
同治《常宁县志》，同治九年（1870）右文书局刻本。
同治《酃县志》，同治十二年（1873）刻本。
康熙《永州府志》，康熙三十三年（1694）刻本。
道光《永州府志》，道光八年（1828）刻本。
光绪《零陵县志》，光绪二年（1876）刻本。
乾隆《祁阳县志》，乾隆三十年（1765）刻本。
民国《祁阳县志》，民国二十年（1931）刻本。
康熙《永明县志》，康熙四十八年（1709）刻本。
光绪《永明县志》，光绪三十三年（1901）刻本。
光绪《东安县志》，光绪元年（1875）刻本。
光绪《道州志》，光绪四年（1878）刻本。
同治《江华县志》，同治九年（1870）刻本。
嘉庆《新田县志》，嘉庆十七年（1812）刻本。
光绪《宁远县志》，光绪二年（1876）崇正书院刻本。
道光《宝庆府志》，道光二十九年（1849）刻本。
光绪《邵阳县志》，民国十八年（1929）铅印本。
康熙《武冈州志》，康熙二年（1663）刻本。

同治《武冈州志》，同治十二年（1873）刻本。
道光《新化县志》，道光十二年（1832）刻本。
同治《新化县志》，同治十一年（1872）刻本。
同治《城步县志》，民国十九年（1930）活字本。
光绪《新宁县志》，光绪十九年（1893）刻本。
乾隆《岳州府志》，乾隆元年（1736）刻本。
嘉庆《巴陵县志》，嘉庆九年（1804）刻本。
光绪《巴陵县志》，民国三年（1914）曹作弼补版重印，光绪二十六年（1900）刻本。
同治《临湘县志》，同治十一年（1872）刻本。
乾隆《华容县志》，乾隆二十五年（1760）刻本。
光绪《华容县志》，民国十九年（1930）朱德龙铅印本。
乾隆《平江县志》，乾隆二十年（1755）增修刻本。
同治《平江县志》，同治十三年（1874）刻本。
嘉庆《常德府志》，嘉庆十八年（1813）刻本。
同治《武陵县志》，同治二年（1863）刻本。
嘉庆《龙阳县志》，嘉庆十八年（1813）刻本。
光绪《重修龙阳县志》，光绪元年（1875）刻本。
光绪《桃源县志》，光绪十八年（1892）刻本。
嘉庆《沅江县志》，嘉庆二十二年（1817）刻本。
乾隆《辰州府志》，乾隆三十年（1765）刻本。
同治《沅陵县志》，光绪二十八年（1902）补版重印本。
道光《辰溪县志》，道光元年（1821）刻本。
民国《溆浦县志》，民国十年（1921）活字本。
同治《沅州府志》，同治十二年（1873）增刻乾隆本。
同治《黔阳县志》，同治十三年（1874）刻本。
同治《新修麻阳县志》，同治十三年（1874）刻本。
同治《芷江县志》，同治九年（1870）刻本。
宣统《永绥厅志》，宣统元年（1909）铅印本。
光绪《乾州厅志》，光绪三年（1877）续修刻本。
民国《永顺府志》，民国十九年（1930）铅印本。
同治《永顺县志》，同治十三年（1874）刻本。
光绪《龙山县志》，光绪四年（1878）续修刻本。
同治《保靖县志》，同治十年（1871）刻本。

同治《桑植县志》，同治十一年（1872）刻本。
同治《直隶澧州志》，同治八年（1869）刻本。
乾隆《安乡县志》，光绪六年（1880）盛赓补刻本。
光绪《石门县志》，光绪五年（1879）刻本。
同治《安福县志》，同治八年（1869）刻本。
民国《慈利县志》，民国十二年（1923）铅印本。
康熙《郴州总志》，康熙二十四年（1685）刻本。
嘉庆《郴州总志》，嘉庆二十五年（1820）刻本。
乾隆《永兴县志》，乾隆二十七年（1762）刻本。
光绪《永兴县志》，光绪元年（1875）、光绪九年（1883）刻本。
嘉庆《桂东县志》，咸丰九年（1859）章濂增刻本。
同治《桂东县志》，同治五年（1866）刻本。
民国《宜章县志》，民国三十年（1941）活字本。
光绪《兴宁县志》，光绪元年（1875）。
乾隆《桂阳县志》，嘉庆七年（1802）吴乘时增刻本。
同治《桂阳县志》，同治六年（1867）刻本。
光绪《靖州直隶州志》，光绪五年（1879）刻本。
同治《绥宁县志》，同治六年（1867）刻本。
嘉庆《通道县志》，民国二十年（1931）石印本。
光绪《会同县志》，光绪二年（1976）刻本。
同治《桂阳直隶州志》，同治七年（1867）刻本。
民国《平阳县志》，民国十五年（1926）刻本。
民国《蓝山县图志》，民国二十一年（1932）刻本。
同治《嘉禾县志》，同治二年（1863）刻本。
同治《临武县志》，同治六年（1867）增刻本。
乾隆《清泉县志》，乾隆二十八年（1763）刻本。
同治《清泉县志》，同治八年（1869）刻本。
宣统《清泉县乡土志》，宣统元年（1909）活字本。
嘉庆《永定县志》，道光三年（1823）刻本。
同治《续修永定县志》，同治八年（1869）刻本。
道光《晃州厅志》，道光五年（1825）刻本。
光绪《古丈坪厅志》，光绪三十三年（1907）铅印本。
湖南省志编纂委员会编：《湖南省志》第1卷《湖南近百年大事纪述》，湖南人民出版社1979年版。

3. 江西省：

光绪《江西通志》，光绪七年（1881）刻本。
同治《南昌府志》，同治十二年（1873）刻本。
光绪《南昌县志》，1960年江西省图书馆铅印本。
同治《新建县志》，同治十年（1871）刻本。
同治《丰城县志》，同治十二年（1873）刻本。
同治《进贤县志》，光绪二十四年（1898）刻本，据同治十年（1871）刻本增刻。
同治《奉新县志》，同治十年（1871）刻本。
同治《靖安县志》，同治九年（1870）活字本。
同治《义宁州志》，同治十二年（1873）刻本。
同治《武宁县志》，同治九年（1870）刻本。
同治《瑞州府志》，同治十二年（1873）刻本。
同治《高安县志》，同治十年（1871）刻本。
嘉庆《上高县志》，嘉庆十六年（1811）刻本。
同治《重修上高县志》，同治九年（1870）刻本。
咸丰《袁州府志》，咸丰十年（1860）刻本。
民国《宜春县志》，民国二十九年（1940）石印本。
同治《分宜县志》，同治十年（1871）刻本。
同治《萍乡县志》，同治十一年（1872）刻本。
民国《万载县志》，民国二十九年（1940）铅印本。
同治《清江县志》，同治九年（1870）刻本。
同治《新淦县志》，同治十二年（1873）活字本。
同治《峡江县志》，同治十年（1871）刻本。
同治《新喻县志》，同治十二年（1873）刻本。
光绪《吉安府志》，光绪二年（1876）刻本。
民国《庐陵县志》，民国九年（1920）刻本。
同治《泰和县志》，光绪四年（1878）周之镛续修刻本。
光绪《吉水县志》，光绪元年（1875）刻本。
同治《永丰县志》，同治十三年（1874）刻本。
同治《安福县志》，同治十一年（1872）刻本。
同治《龙泉县志》，同治十二年（1873）刻本。
同治《万安县志》，同治十二年（1873）刻本。
同治《永宁县志》，同治十三年（1874）刻本。

乾隆《莲花厅志》，乾隆二十五年（1760）刻本。
同治《永新县志》，同治十三年（1874）刻本。
光绪《抚州府志》，光绪二年（1876）刻本。
同治《临川县志》，同治九年（1870）刻本。
同治《崇仁县志》，同治十二年（1873）刻本。
同治《金溪县志》，同治九年（1870）刻本。
同治《宜黄县志》，同治十年（1871）刻本。
同治《乐安县志》，同治十年（1871）刻本。
同治《东乡县志》，同治八年（1869）刻本。
同治《建昌府志》，同治十一年（1872）刻本。
同治《南城县志》，同治十二年（1873）刻本。
同治《新城县志》，同治十年（1871）刻本。
民国《南丰县志》，民国十三年（1924）铅印本。
同治《泸溪县志》，同治九年（1870）刻本。
同治《广昌县志》，同治六年（1867）刻本。
同治《广信府志》，同治十二年（1873）刻本。
同治《上饶县志》，同治十一年（1872）刻本。
同治《弋阳县志》，同治十年（1871）刻本。
同治《玉山县志》，同治十二年（1873）刻本。
同治《贵溪县志》，同治十年（1871）刻本。
同治《铅山县志》，同治十二年（1873）刻本。
同治《广丰县志》，同治十一年（1872）刻本。
同治《兴安县志》，同治十年（1871）刻本。
同治《饶州府志》，同治十一年（1872）刻本。
同治《鄱阳县志》，同治十年（1871）刻本。
同治《余干县志》，同治十一年（1872）东山书院刻本。
同治《乐平县志》，同治九年（1870）翥山书院刻本。
道光《浮梁县志》，道光十二年（1832）增补刻本。
民国《德兴县志》，民国八年（1919）刻本。
同治《安仁县志》，同治八年（1869）刻本、同治十一年（1872）刻本。
同治《万年县志》，同治十年（1871）刻本。
同治《南康府志》，同治十一年（1872）刻本。
同治《星子县志》，同治十年（1871）刻本。

同治《都昌县志》，同治十一年（1872）刻本。
同治《建昌县志》，同治十年（1871）刻本。
同治《安义县志》，同治十年（1871）活字本。
同治《九江府志》，同治十三年（1874）刻本。
同治《德化县志》，同治十一年（1872）刻本。
同治《德安县志》，同治十一年（1871）刻本。
同治《瑞昌县志》，同治十年（1871）瀼溪书院刻本。
同治《湖口县志》，同治九年（1874）刻本。
同治《彭泽县志》，同治十二年（1873）刻本。
同治《南安府志》，光绪十二年（1886）刻本，据同治七年（1868）刻本重修。
同治《大庾县志》，同治十三年（1874）刻本。
同治《南康县志》，同治十一年（1872）刻本。
光绪《上犹县志》，光绪十九年（1893）刻本。
同治《崇义县志》，同治六年（1867）刻本。
同治《赣州府志》，同治十二年（1873）刻本。
同治《新昌县志》，同治十一年（1872）活字本。
同治《雩都县志》，光绪二十九年（1903）刻本，据同治十三年（1874）刻本重修。
《信丰县志》，据乾隆十六年（1751）刻本重印。
乾隆《兴国县志》，乾隆十五年（1705）刻本。
同治《兴国县志》，同治十一年（1872）刻本。
乾隆《安远县志》，乾隆十六年（1751）刻本。
道光《安远县志》，道光三年（1823）刻本。
同治《安远县志》，同治十一年（1872）刻本。
道光《龙南县志》，道光六年（1826）刻本。
光绪《龙南县志》，光绪二年（1876）刻本。
乾隆《长宁县志》，乾隆十四年（1749）刻本。
光绪《长宁县志》，光绪三十三年（1907）活字本。
道光《定南厅志》，道光五年（1825）刻本。
同治《定南厅志》，同治十一年（1872）刻本。
道光《宁都直隶州志》，道光四年（1824）刻本。
光绪《瑞金县志》，光绪元年（1875）刻本。
光绪《石城县志》，光绪十八年（1892）刻本。

民国《石城县志》，民国二十年（1931）铅印本。

（四）族谱、家谱

孙益悉纂修：《楚汭孙氏四修支谱》，民国三十八年（1949）湖北黄冈孙氏乐安堂木活字本。

谢基瑶等修，谢基极等纂：《长沙白泉谢氏族谱》，民国二十四年（1935）湖南长沙谢氏宝树堂铅印本。

符宗国等纂修：《符氏七修家谱》，民国三十年（1941）湖南长沙符氏木活字本。

（清）龚氏修：《龚氏九修族谱》，同治六年（1867）湖南新化武陵堂木活字本。

谢雪尧纂，谢庭生等修：《谢氏族谱》，民国二十七年（1938）湖南平江中文梓局木活字本。

龙赓尧纂修：《万载义井龙氏重修族谱》，民国二十七年（1938）江西万载龙氏忠孝堂木活字本。

刘殿虎等纂修：《万载源头刘氏九修族谱》，民国三十七年（1948）江西万载刘氏木活字本。

（清）王氏修：《王氏族谱》，光绪二十九年（1903）江西庐陵王氏太原堂木活字本。

徐文明纂：《徐氏八修族谱》，民国三十八年（1949）江西丰城徐氏彦仲堂石印本。

杨景鹨纂：《兴国福岭杨氏十修族谱》，民国四年（1915）江西赣县杨氏木活字本。

二 今人论著

（一）中文资料（按著者名字的汉语拼音排序）

1. 著述

常建华：《社会生活的历史学——中国社会史研究新探》，北京师范大学出版社 2004 年版。

长江流域规划办公室编：《长江水利史略》，水利电力出版社 1979 年版。

常建华：《清代的国家与社会研究》，人民出版社 2006 年版。

陈春声：《市场机制与社会变迁——18 世纪广东米价分析》，中山大学出版社 1992 年版。

陈锋：《陈锋自选集》，华中理工大学出版社 1999 年版。

陈锋主编：《明清以来长江流域社会发展史论》，武汉大学出版社2006年版。

陈桦、刘宗志：《救灾与济贫：中国封建时代的社会救助活动（1750—1911）》，中国人民大学出版社2005年版。

戴逸主编：《简明清史》，人民出版社1995年版。

邓拓：《中国救荒史》，北京出版社1998年版。

方行、经君健、魏金玉主编：《中国经济通史》（清代经济卷上中下），经济日报出版社2000年版。

费孝通：《中国绅士》，中国社会科学出版社2006年版。

复旦大学历史地理研究中心主编：《自然灾害与中国社会历史结构》，复旦大学出版社2001年版。

湖北省水利志编纂委员会编：《湖北水利志》（征求意见稿），1988年。

湖北省水利志编纂委员会编：《湖北水利志》，中国水利水电出版社2000年版。

康沛竹：《灾荒与晚清政治》，北京大学出版社2002年版。

李汾阳：《清代仓储研究》，台北文海出版社2006年版。

李向军：《清代荒政研究》，中国农业出版社1995年版。

李文治、江太新：《中国宗法宗族制和族田义庄》，社会科学文献出版社2000年版。

刘秋根：《明清高利贷资本》，社会科学文献出版社2000年版。

马宗晋、张业成等：《灾害学导论》，湖南人民出版社1998年版。

孟昭华：《中国民政史稿》，黑龙江人民出版社1986年版。

孟昭华编著：《中国灾荒史记》，中国社会出版社1999年版。

梁庚尧：《南宋的农村经济》，新星出版社2006年版。

林济：《长江中游宗族社会及其变迁——黄州个案研究（明清—1949年）》，中国社会科学出版社1999年版。

彭雨新主编：《中国封建社会经济史》，武汉大学出版社1994年版。

彭雨新、张建民：《明清长江流域农业水利研究》，武汉大学出版社1993年版。

任放：《明清长江中游市镇经济研究》，武汉大学出版社2003年版。

王笛：《跨出封闭的世界——长江上游区域社会研究（1644—1911）》，中华书局2001年版。

王继平：《晚清湖南史》，湖南人民出版社2004年版。

徐斌：《明清鄂东宗族与地方社会》，武汉大学出版社2010年版。

徐茂明：《江南士绅与江南社会（1368—1911年）》，商务印书馆2006年版。

夏明方：《民国时期自然灾害与乡村社会》，中华书局2000年版。

严中平：《中国近代经济史1840—1894》（上、下册），经济管理出版社2007年版。

杨国安：《明清两湖地区基层组织与乡村社会变迁》，武汉大学出版社2004年版。

曾国安：《灾害保障学》，湖南人民出版社1998年版。

张建民：《湖北通史（明清卷）》，华中师范大学出版社1999年版。

张建民、宋俭：《灾害历史学》，湖南人民出版社1998年版。

张研：《清代社会的慢变量——从清代基层社会组织看中国封建社会结构与经济结构的演变趋势》，山西人民出版社2000年版。

郑功成：《中国救灾保险通论》，湖南人民出版社1994年版。

中国大百科全书出版社编委会编：《中国大百科全书》，中国大百科全书出版社1992年版。

周荣：《明清社会保障制度与两湖基层社会》，武汉大学出版社2006年版。

［美］费正清：《美国与中国》，张理京译，世界知识出版社2006年版。

［美］黄宗智主编：《中国乡村研究》（第一——四辑），商务印书馆2003—2006年版。

［美］罗威廉：《救世——陈宏谋与十八世纪中国的精英意识》，陈乃宣、李兴华、胡玲等译，中国人民大学出版社2013年版。

［韩］田炯权：《中国近代社会经济史研究——义田地主和生产关系》，中国社会科学出版社1997年版。

［美］王国斌：《转变的中国——历史变迁与欧洲经验的局限》，李伯重、连玲玲译，江苏人民出版社2005年版。

［法］魏丕信：《18世纪中国的官僚制度与荒政》，徐建青译，江苏人民出版社2006年版。

［美］张仲礼：《中国绅士——关于其在19世纪中国社会中作用的研究》，李荣昌译，上海社会科学院出版社1998年版。

2. 论文

鲍晓娜：《略论清代的常平仓与社仓（义仓）之政》，《光明日报》1987年11月11日。

钞晓鸿、郑振满：《二十世纪的清史研究》，《历史研究》2003年第3期。

陈春声：《清代广东社仓的组织与功能》，《学术研究》1990年第1期。

陈春声：《论清末广东义仓的兴起——清代广东粮食仓储研究之三》，《中国社会经济史研究》1994年第1期。

陈锋：《清初"轻徭薄赋"政策考论》，《武汉大学学报》（人文社会科学版）1999年第2期。

陈锋：《日本明清社会经济史研究的进展》，《光明日报》2000年11月10日。

陈关龙：《论明代的备荒仓储制度》，《明清史》1991年第11期。

陈建凯：《清代江西社仓的时空分布与运营》，《农业考古》2016年第3期。

陈兴民：《简论灾害救助的社会保障功能》，《许昌师专学报》1999年第3期。

丁先学：《两湖平原小资源的开发利用、保护与管理》，《武汉大学学报》（社会科学版）1990年第4期。

段建宏、岳秀芝：《明清晋东南社仓、义仓初探》，《唐都学刊》2010年第3期。

段自成：《明中后期社仓探析》，《中国史研究》1998年第2期。

龚汝富：《浅议中国古代的社会保障体系》，《光明日报》2001年12月4日。

谷文峰：《清代荒政弊端初探》，《黄淮学刊》（社会科学版）1992年第4期。

胡忆红：《晚清民间慈善组织湘潭县积谷局研究》，《求索》2011年第7期。

胡忆红：《民国〈湘潭县积谷局志〉述评》，《中国地方志》2014年第11期。

华立：《清代保甲制度简论》，中国人民大学清史研究所编《清史研究集》第6辑，光明日报出版社1988年版。

黄鸿山、王卫平：《清代社仓的兴废及其原因——以江南地区为中心的考察》，《学海》2004年第1期。

黄鸿山、王卫平：《传统仓储制度社会保障功能的近代发展——以晚清苏州府长元吴丰备义仓为例》，《中国农史》2005年第2期。

黄鸿山：《元代常平义仓研究》，《苏州大学学报》（哲学社会科学版）2005 年第 4 期。

黄均霞、苏寒莎：《论清代湖南社仓的地理分布》，《湖南工业大学学报》（社会科学版）2013 年第 4 期。

简婷：《晚清湖南赈灾救灾》，《船山学刊》2002 年第 2 期。

康沛竹：《清代仓储制度的衰败与饥荒》，《社会科学战线》1996 年第 3 期。

李德英、冯帆：《清末社仓经首选任与乡村社会——以四川新津县社济仓为例》，《四川大学学报》（哲学社会科学版）2014 年第 4 期。

李向军：《试论中国古代荒政的产生与发展历程》，《中国社会经济史研究》1994 年第 2 期。

李映发：《清代州县储粮》，《中国农史》1997 年第 1 期。

梁庚尧：《南宋的社仓》，《史学评论》1982 年第 4 期。

林化：《清代仓储制度概述》，《清史研究通讯》1987 年第 3 期。

刘翠溶：《清代仓储制度稳定功能之检讨》，《经济论文》1980 年第 8 卷第 1 期。

卢鹰：《秦仓政研究》，《人文杂志》1989 年第 2 期。

陆士祯、杨小强：《中国古代社会保障典制考评》，《中国青年政治学院学报》1997 年第 3 期。

罗丽馨：《明代灾荒时期之民生——以长江中下游为中心》，《史学集刊》2000 年第 1 期。

毛佩琦：《明代的社会保障》，《光明日报》1997 年 6 月 3 日。

穆崟臣：《近百年来社仓研究的回顾与展望》，《中国农史》2011 年第 3 期。

牛敬忠：《清代常平仓、社仓的社会功能》，《内蒙古大学学报》（哲学社会科学版）1991 年第 1 期。

任放：《明清长江中游市镇与仓储》，《江汉论坛》2003 年第 2 期。

邵鸿：《西汉仓制考》，《中国史研究》1998 年第 3 期。

邵永忠：《二十世纪以来荒政史研究综述》，《中国史研究动态》2004 年第 3 期。

邵正坤：《论汉代国家的仓储管理制度》，《史学集刊》2003 年第 4 期。

宋平安：《清代江汉平原水灾害多元化特征剖析》，《农业考古》1989 年第 2 期。

宋平安：《清代江汉平原水灾害与经济开发探析》，《中国社会经济史研究》1990年第2期。

唐林生：《清代湖南的社仓》，《衡阳师范学院学报》，2014年第2期。

王日根：《明清基层社会管理组织系统论纲》，《社会学》1997年第4期。

王日根、陈瑶：《晚清湘潭民仓与地方政治的变迁——基于〈湘潭积谷局志〉的分析》，《社会学研究》2009年第5期。

王水乔：《清代云南的仓储制度》，《云南民族学院学报》（哲学社会科学版）1997年第3期。

汪火根：《明代社仓的社会功能初探》，《湖北民族学院学报》（哲学社会科学版）2003年第4期。

汪火根：《明代仓政与基层社会控制——以预备仓和社仓为例》，《龙岩师专学报》2004年第2期。

王卫平、黄鸿山、康丽跃：《清代社会保障政策研究》，《徐州师范大学学报》（哲学社会科学版）2005年第4期。

王卫平、戴卫东：《明代传统社会保障政策述论》，《宿州学院学报》2005年第5期。

魏章柱：《清代台湾自然灾害对农业的影响和救灾措施》，《中国农史》2002年第3期。

吴承明：《中国经济史研究的方法论问题》，《中国经济史研究》1992年第1期。

吴定安：《朱子社仓之法及其影响》，《江西社会科学》2000年第12期。

吴洪琳：《论清代陕西社仓的区域性特征》，《中国历史地理论丛》2001年第3期（第16卷第1辑）。

吴洪琳：《清代陕西社仓的经营管理》，《陕西师范大学学报》（哲学社会科学版）2004年第2期。

[韩] 吴金成：《明代湖北农村的社会变化与绅士》（上、下），《食货月刊》第17卷第1、2、3、4期。

吴滔：《明代苏松地区仓储制度初探》，《中国农史》1996年第3期。

吴滔：《论清前期苏松地区的仓储制度》，《中国农史》1997年第2期。

吴滔：《明清苏松仓储的经济、社会功能探析》，《古今农业》1998

年第 3 期。

吴滔：《明清时期苏松地区的乡村救济事业》，《中国农史》1998 年第 4 期。

冼剑民：《清代佛山义仓》，《中国农史》1992 年第 2 期。

徐思钦、宋平安：《清代江汉平原经济开发简论》，《中南民族学院学报》（哲学社会科学版）1995 年第 3 期。

杨明：《清朝救荒政策述评》，《四川师范大学学报》（社会科学版）1988 年第 3 期。

杨政、秦建明、魏叔刚：《丰图义仓调查记》，《考古与文物》1995 年第 6 期。

姚建平：《清代两湖地区社仓的管理及其与常平仓的关系》，《社会科学辑刊》2003 年第 4 期。

姚建平：《内功能与外功能——清代两湖地区常平仓仓谷的采买与输出》，《社会科学辑刊》2005 年第 4 期。

杨鹏程：《二十世纪初湖南的自然灾害与米荒》，《船山学刊》2003 年第 2 期。

杨鹏程：《古代湖南仓储研究》，《湖南科技大学学报》（社会科学版）2004 年第 4 期。

叶依能：《明代荒政述论》，《中国农史》1996 年第 4 期。

叶依能：《明清时期农业生产技术备荒救灾简述》，《中国农史》1997 年第 4 期。

叶依能：《清代荒政述论》，《中国农史》1998 年第 4 期。

喻光明、王朝南、陈平：《江汉平原农田渍害机理研究》，《地理研究》1993 年第 3 期。

余新忠：《1980 年以来国内明清社会救济史研究综述》，《中国史研究动态》1996 年第 9 期。

张大鹏：《朱子社仓法的基本内容及社会保障功能》，《中国农史》1990 年第 3 期。

张建民：《清代湖北的洪涝灾害》，《江汉论坛》1984 年第 10 期。

张建民：《对围湖造田的历史考察》，《农业考古》1987 年第 1 期。

张建民：《清代江汉——洞庭湖区堤垸农田的发展及其综合考察》，《中国农史》1987 年第 2 期。

张建民：《"湖广熟，天下足"述论——兼及明清时期长江沿岸的米粮流通》，《中国农史》1987 年第 4 期。

张建民：《清代湘鄂西山区的经济开发及其影响》，《中国社会经济史研究》1987年第4期。

张建民：《明清农业垦殖论略》，《中国农史》1990年第4期。

张建民：《明清长江中游山区的灌溉水利》，《中国农史》1993年第2期。

张建民：《明清汉水上游山区的开发与水利建设》，《武汉大学学报》（人文社会科学版）1994年第1期。

张建民：《中国传统社会后期的减灾救荒思想述论》，《江汉论坛》1994年第8期。

张建民：《论明清时期的水资源利用》，《江汉论坛》1995年第3期。

张建民：《碑石所见清代后期陕南地区的水利问题与自然灾害》，《清史研究》2001年第2期。

张建民：《明清时期的洪涝灾害与江汉平原农村生活》，载于复旦大学历史地理研究中心主编《自然灾害与中国社会历史结构》，复旦大学出版社2001年版。

张建民：《明代两湖地区的宗藩与地方社会》，《江汉论坛》2002年第10期。

张建民：《饥荒与斯文：清代荒政中的生员赈济》，《武汉大学学报》（人文与社会科学版）2006年第1期。

张建民、鲁西奇：《深化中国传统社会减灾救荒思想研究》，《光明日报》2003年1月14日。

张国雄：《明代江汉平原水旱灾害的变化与垸田经济的关系》，《中国农史》1987年第4期。

张国雄：《清代江汉平原水旱灾害的变化与垸田生产的关系》，《中国农史》1990年第3期。

张家炎：《江汉平原清代中后期洪涝灾害研究中若干问题刍议》，《中国农史》1993年第3期。

张家炎：《明清江汉平原的农业开发对商人活动和市镇发展的影响》，《中国农史》1995年第4期。

张家炎：《明清长江三角洲地区与两湖平原农村经济结构演变探异：从"苏湖熟，天下足"到"湖广熟，天下足"》，《中国农史》1996年第3期。

张落成：《江汉平原土地资源及其合理利用》，《自然资源》1994年第1期。

张品端：《朱子社仓法的社会保障功能》，《福建论坛》（文史哲版）1995年第6期。

张全明：《社仓制与青苗法比较刍议》，《史学月刊》1994年第1期。

张岩：《论清代常平仓与相关类仓之关系》，《中国社会经济史研究》1998年第4期。

赵新安：《雍正朝的社仓建设》，《史学集刊》1999年第3期。

郑利民：《湖南仓储制及其在赈灾中的作用和弊端》，《株洲师范高等专科学校学报》2003年第1期。

钟家宁：《明代云南济农仓初探：明代仓储制度研究之二》，《学术研究》1995年第2期。

衷海燕：《清代江西的家族、乡绅与义仓——新城县广仁庄研究》，《中国社会经济史研究》2002年第4期。

钟祥财：《中国古代的荒政管理思想》，《国内外经济管理》1990年第10期。

朱士光：《历史时期江汉平原农业区的形成与农业环境的变迁》，《农业考古》1991年第3期。

朱浒：《二十世纪清代灾荒史研究述评》，《清史研究》2003年第2期。

吴四伍：《晚清江南仓储制度变迁研究》，中国人民大学，博士学位论文，2008年。

(二) 外文资料

Derk Bodde: Herry A. Wallace And The Ever – Normal Granary, The Fay Eastern Quaterly, Vol. 5, No. 4, Aug., 1946。

Hoshi Ayao（星斌夫）：《中国社会福祉政策史の研究——清代の赈济仓を中心に一》，东京图书刊行会1985年版。

Pierre – Etienne Will &r. Bin Wong, *Nourish the People*: *The State Civilian Granary System in China*, *1650 – 1850*, Michigan: Center for Chinese Studies, The University of Michigan, 1991.